本书系国家社科基金重大委托项目"改革开放历史经验研究"(2015MZD009)、国家社会科学基金项目"中国产业结构演变中的大国因素研究（1949-2010）"（11BJL015）、国家哲学社会科学重大招标课题"现代伦理学诸形态研究"（10ZD&072）、国家哲学社会科学重大招标课题"生命伦理的道德形态学研究"（13&ZD066）的阶段性成果。

中国社科研究文库

CHINESE SOCIAL SCIENCE RESEARCH LIBRARY

德里达解构主义的马克思主义研究

孙全胜 ｜ 著

九 州 出 版 社

JIUZHOUPRESS

图书在版编目（CIP）数据

德里达解构主义的马克思主义研究／孙全胜著．--

北京：九州出版社，2021.6

ISBN 978－7－5225－0170－3

Ⅰ．①德… Ⅱ．①孙… Ⅲ．①德里达（Derrida，

Jcques 1930－2004）—马克思主义—研究 Ⅳ．①B565.59

②A81

中国版本图书馆 CIP 数据核字（2021）第 122984 号

德里达解构主义的马克思主义研究

作　　者	孙全胜　著	
责任编辑	周弘博	
出版发行	九州出版社	
地　　址	北京市西城区阜外大街甲 35 号（100037）	
发行电话	（010）68992190/3/5/6	
网　　址	www. jiuzhoupress. com	
印　　刷	三河市华东印刷有限公司	
开　　本	710 毫米×1000 毫米　16 开	
印　　张	17	
字　　数	305 千字	
版　　次	2021 年 7 月第 1 版	
印　　次	2021 年 7 月第 1 次印刷	
书　　号	ISBN 978－7－5225－0170－3	
定　　价	95.00 元	

序

本书是在博士论文的基础上写就的。本书的写作,是一次自我省思的过程。在本书的写作过程中,我经常被一些问题困惑。我经常在思考马克思主义为什么能在中国发扬光大,更思考中国传统文化是如何与马克思主义紧密融合在一起的,以苏联为代表的社会主义国家为何遭受了挫折。最后,我终于明白了,是历史和现实决定了我们必须走这一条路。

东欧剧变,让我多少有些失落。读研后,更是浑浑噩噩,我已经失去自我太久。在德里达思想的"幽灵"里,我才知道自己是谁。原来,我就是一个白痴,一个人云亦云的蠢货,一个碌碌无为的蝼蚁。鲁迅说过:人要向新的道路走去必须学会遗忘。可共产主义蓬勃辉煌的历史怎么能够遗忘?所以,当我写完论文最后一个字的时候,我没有感到丝毫的轻松,心里反而更加空虚和紧张。我既没有马克思的激情,也没有德里达的豁达,我有的只是更矛盾的心态。

我们需要的到底是什么?是马克思为全人类幸福而不断斗争的精神,还是德里达一再呼吁的宽恕不可宽恕的?是毛泽东"自由是对必然的认识和对世界的改造"的满腔热情与自信,还是哈姆雷特"生存还是毁灭"的犹豫与追问?到底哪种精神才是济世良策?到底哪种价值才是永恒的准则?也许,我们最需要的是纯真,一种面对自己的内心,毫无羞愧的纯真。斗争只是一种形式,一种达到幸福的手段,它时常与战争联系在一起。可是,我分明感到,仅仅有斗争是不够的。马克思主义发展到今天,也抛弃了"阶级斗争"为纲的理念,这体现了它具有与时俱进的品质。

德里达在《马克思的幽灵》当中,探讨了与马克思的"幽灵"对话的当代意义,形成了被学界称为"幽灵政治学"的学说。"幽灵政治学"以东欧剧变后的国际形势为背景,以如何继承马克思的异质性思想遗产为考察对象,以实现现实政治的公平正义为宗旨,架构起理想与现实之间的桥梁,体现着特定的伦理意蕴。伦理学的宗旨是关注人类的生存困境,实现有节制的理想生活。因此,德里达要彰显马克思批判伦理精神的时代意义,也是为了在"幽灵"的指令中,探寻生存的价值,以便让人们更好地回归生活的本真意义。"幽灵政治学"介于哲学与非哲学之间,以马克思的"幽灵"为讨论对象,以祛除现实政治的灾难为目的。因此,德里达要发现并且发现了马克思的"幽灵",并非仅仅为了从解构意义上补充政治理论,而是为了从马克思的"幽灵"中寻求生活的真谛,以便让人们学会更好地生活。

鲁迅说过:"以前早有路了,以后也该永远有路。"苏联解体、东欧剧变只是马克思主义遭受的暂时挫折,也是马克思主义的一次涅槃。马克思主义要想获得新生,就必须历经地狱之火的焚烧,就必须历经由死向生的锤炼,假使历经不了狱火的磨炼,侥幸得来的新生也只能是昙花一现。"幽灵政治学"启示我们:马克思主义是带给人世间光明和正义的使者,它背负着人类的崇高理想和爱恨情仇,投身于熊熊烈火中自焚,以旧生命的终结换取新生。① 马克思主义经历这次磨练,定会给人类带来更美好的未来。

马克思和德里达同属犹太人,这也让他们惺惺相惜。在理想信仰上,马克思很早就超越了自己的民族身份,坚决同犹太教划清了界限,也坚决同自己家庭的宗教信仰划清了界限。德里达也保持着对犹太社团和西方宗教社团的警惕。他们都反对"律法不可更改"的犹太教教义,努力为人类建构更好的知识规则,以实现人类的解放;在对资本的态度上,犹太民族是非常善于经商的民族,对资本充满渴望,而马克

---

① 传说中,凤凰的生命500年一次轮回,当凤凰的生命快终结时,便会集梧枝以自焚,通过烈火的磨炼获得更美好的新生。这种新生是以濒死为代价的,需要承受巨大痛苦。德里达的"幽灵的轮回与复形"与"凤凰涅槃"有近似的意义,东欧剧变对社会主义的人们也是一种痛苦,但是只要总结这种失败教训,就能让马克思主义发出更灿烂的光芒。

思和德里达都批判资本带给人类的灾难,尤其是马克思花费大量时间研究了资本的运作过程;在对历史的认知上,德里达和马克思都从宏观的角度理解历史,抛弃了西方一直以来从个人角度观察世界的方法。德里达认为,人类社会一直在堕落,需要回到古代的"黄金时代",而马克思认为,人类社会是不断发展的,人类能够通过自己的努力实现共产主义。在理想实现的手段上,马克思和德里达都充满救世精神,渴望人类"复归"简单、纯粹、美好的时代,只不过他们开出的方法不同——马克思是希望通过斗争实现共产主义,让人类实现自由全面的发展,而德里达则期望通过"爱"和"宽恕"实现"新国际",让人类社会更多元化、个人发展更全面;在著书立说上,马克思和德里达都是著作等身。不同的是,马克思的著作是服务于无产阶级的,努力让思想变成改造世界的武器,语言上尽量做到通俗易懂,让人民群众更好地理解,而德里达的著作是想促进人类思维方式的改变,其语言晦涩难懂,充满双关语,让人很难理解他的本意。在现实影响上,马克思的思想已经变成现实,推动了社会主义国家的建立和发展,为人类的解放事业做出了巨大贡献,而德里达的解构主义的影响主要表现在建筑和艺术上,其影响力远远不及马克思。由于德里达的文本不如马克思的文本那么通俗易懂,这给本书的解读造成了一定的难度。虽然本书尽力想弄懂德里达的本真意思,但由于其"两歧性",必定让本书呈现"不完美的状态"。但世界本来就不存在"完美",我们只能尽力去追求"完美"。

德里达在东欧剧变之后,才走向马克思,受到一些人的赞扬和批评。赞扬者认为,德里达在共产主义遭受"挫折"的时候,积极"拥抱"马克思,体现了一个哲人的"良知";批评者认为,德里达在东欧剧变之后才"解构"马克思,真是挑了一个好时候。德里达的回答是:解构是无法在前马克思主义时期进行的,解构的策略就是在众人都沉默的时候才开始说话。哈姆雷特反复追问:"生存还是毁灭,这是一个值得考虑的问题;默然忍受命运的暴虐的毒箭,或是挺身反抗人世间的无涯的苦难,通过斗争把它们扫清,这两种行为,哪一种更高贵?"显然德里达和马克思都选择了反抗。马克思反抗的是现存的一切不合理制度,希望推翻一切不合理的现实,建立更美好的社会。德里达反抗的是人类两千多年来形成的思维模式。马克思引导人类建立了更美好的社会制度,而德里达指出了弊病,却没有开出"药方",只是让人类思想变得更混乱。人类是更崇尚统一、和谐、稳定的,所以马克思建构的美好、纯粹、全面的"共产主义"赢得广大人民群众,而德里达倡导的多元、分离、非中心的"新国际"只能成为"书斋中的哲学"。德里达陷入对哈姆雷特生存困境的深深思索中,无法自拔,马克思早就说过:哲学应该改造世界,而不是"解释世界"。我们要继承马克思的精神,就要创新出符合广大人民群众实践的哲学。

　　本书得到国家基金项目的资助,也得到很多人的帮助。本书是怀着对马克思的崇高敬意写就的,正如德里达所言:"我们都是马克思的子孙,无论如何,我们都需要马克思的指导。"如今,德里达的"解构主义马克思主义"也已成为显学,本书力求"回到思想史","回到经典文献","回到基本范畴",但由于成书仓促和笔者能力有限,书中难免有不足之处,也更乐意看到学界的批评。

孙全胜

2016 年 2 月 20 日于上海长宁夏雨岛

前　言

　　解构主义在当代西方是一个影响甚大的思潮,已经广泛渗透到人文社会科学的各个领域。德里达作为西方马克思主义后现代思潮的代表,其具有救世情结的解构观,涉及正义、希望、死亡、工作、艺术、宗教、权力、家庭、暴力、幸福、宽恕等人生必然遭遇的真实问题。生存只是人的本能,活得更好才是人类永恒的希望。如何让人们活得更好,则是哲学必须关注的问题和思考的价值所在。抱着让人们学会更好地生活的目的,德里达在东欧剧变后,走进了马克思的"幽灵"。

　　东欧剧变之时及其后一段时间,马克思主义展示给世人的,一面是西方自由主义者弹冠相庆"马克思主义已经死亡",一面是前社会主义国家曾经信仰坚定的共产党员的纷纷退党。马克思主义成了历史博物馆的"青铜器",社会主义变为"专制"的代名词。在"混乱的时代",德里达以哈姆雷特重整乾坤的勇气和毅力,通过《马克思的幽灵》一书呼唤马克思的真精神。

　　本书在分析论证相关解构思想基础上,通过解读《马克思的幽灵》,认为它是德里达在东欧剧变后,用解构的方法对如何继承马克思思想遗产的思考之作。

　　本书详细分析了《马克思的幽灵》的成书背景、内容及当代价值,认为其研究对象是马克思主义,它的成书背景是东欧剧变及之后的"混乱时代",它的目的是要求人们继承"好的马克思主义",即马克思的批判精神和"弥撒亚精神",以建立一个公正、民主、宽恕的"新国际",从而唤起人们对现实的批判和对更美好的生活的追求。它的价值就是肯定了马克思主义的时代意义,为马克思主义的当代出场提供

1

了路径,因此,德里达对马克思"幽灵"的论证,在一定意义上,也是对马克思主义当代价值的肯定。

本书还认为,德里达此时走向马克思,并不意味着他真正转向马克思主义,而不过是他用以反对其他中心话语的"霸权"的一种策略,即其解构思想的体现。《马克思的幽灵》质疑的中心话语,是以福山为代表的"历史终结论"。因此,《马克思的幽灵》并非马克思本真精神的体现。但《马克思的幽灵》中对马克思"幽灵"价值的肯定,却对我们如何在新的历史时代,在马克思本真精神的指引下,回归现实,以学会更好地生活不无启迪。

本书还分析了德里达"幽灵政治学"的当代价值。"幽灵政治学"对于当代马克思主义的出场具有很大价值。马克思主义的批判精神仍然延续到当代的社会批判理论中。马克思主义社会批判是当代社会现象批判的孕育者。当代出场的社会现象批判是在对消费社会的各种空间现象及其意识形态的审思中形成的,并集结为三大出场形态:空间生产批判、景观生产批判、符号生产批判。列斐伏尔由空间生产建构起来的日常生活批判是德波景观生产批判理论的逻辑起点,并在鲍德里亚的符号生产批判中得到延续。

马克思主义中国化的当代出场路径是以实践为导向对马克思主义理论进行中国式解读的有层次、有结构的理论创新和实践创新的过程。即:在具体观点上,对马克思主义理论进行吸收、借鉴,并结合分析中国的实际、中国的文化哲学、革命中的错误思想;在具体理论上,以实践的问题为视域,对理论重新建构;在整个理论体系上,中国化马克思主义又是以主客观相统一为线索和视域解读马克思主义的理论。这一路径是有层次的,但是结构的;这一路径是气势恢宏的,但又联系实际;这一路径包含着结合论、创建论、解读论的观点,但又扬弃了这三者的观点。马克思主义中国化的这一路径并不会完结,正像毛泽东所说"认识史没有完结"一样,这一路径将被有意识地进一步丰富完善,进而指导新时期中华民族伟大复兴的大业。

目　录
CONTENTS

绪　论

　　曾经风光无限的马克思主义,在当代哲学话语中似乎颇受冷落。随着东欧剧变,马克思主义的声誉似乎降到了现实的冰点,各种反对马克思主义的声音甚嚣尘上,而且理直气壮。在这种"炎凉"的世态下,德里达(Jacques Derrida,1930—2004)却挺身而出,"不合时宜"地撰写了《马克思的幽灵》,公开呼吁要维护这个"幽灵"。这既让那些惯于见风使舵的人大跌眼镜,也让我们这些戴惯了有色眼镜的人大惑不解。这究竟是德里达"语不惊人死不休"犀利风格的又一次展示,还是这位哲人面对重大社会问题的又一次"正面直言"? 这些让我们费解的问题,迫使我们僵化的头脑在灵动中,去追寻他解构的马克思主义的思想轨迹。

一、国内外研究现状

　　《马克思的幽灵》是德里达在东欧剧变后,用解构的方法对如何继承马克思思想遗产的思考之作。在书中,德里达用解构的思维和方法解读马克思主义,提出了所谓"共产主义终结"后,如何继承马克思的思想遗产的问题,从而形成了被学界称为"解构的马克思主义"的学说。虽然德里达在其他的文本中对马克思主义也有论述,如《马克思及其子孙们》,但无疑,《马克思的幽灵》是德里达解构的马克思主义最主要的文本。因此,国内外学界对德里达"解构主义的马克思主义"的研究,往往是和《马克思的幽灵》的研究结合在一起的。

　　本书探讨德里达《马克思的幽灵》一书的解构的马克思主义思想,借鉴了国内外研究《马克思的幽灵》的许多理论成果,在此,首先对国内外学界对《马克思的幽灵》一书的研究状况做简要的述评。

　　(一)国外研究现状

　　1. 欧美学界研究现状

　　《马克思的幽灵》自 20 世纪 90 年代刚一问世,就引起了国内外学界的热烈响应和争议,而且这种响应和争议直到今天仍然热度很高。该书自 20 世纪 90 年代末传入中国以来,一直是国内学界研究的一个热点,十余年的研究取得了丰硕成果。对这些成果进行梳理,有利于我们更好地立足现实在未来做好深入而有价值的创新研究。

解构主义与马克思主义的关系,在西方尤其是北美很长一段时间以来就引起了学者的注意。值得注意的是,德里达在北美的影响远远大于其在西欧的影响,尤其是在美国,德里达的思想产生了广泛的影响。他的思想不仅深刻触及了美国的哲学领域,而且影响了这个国家整个的知识生活以及社会、政治与批判思想。因此,对德里达解构马克思主义研究的人数,美国远大于西欧。早在1982年,美国学者麦柯·瑞安(Michael Ryan)在其著作《马克思主义与解构》中,就对马克思主义和解构主义的关系做了初步的探讨。英国学者特里·伊格尔顿(Terry Eagleton),对解构主义的马克思主义有更深入的研究。伊姆雷·塞曼(Imre Zeeman)则在美国《马克思主义反思》杂志2000年夏季号发表了《关于幽灵问题:论德里达的幽灵观》评论文章,对德里达解构的马克思主义做了较全面的评述。

《马克思的幽灵》自发表以来,反对和赞成的声音均不少。1999年,美国学者米切尔·施普林格(Mitchell Springer)编辑出版的文集《幽灵的界线:与德里达论战》,对这一争论的论文做了较全面的收集。文集收集的是当代的一些理论家对《马克思的幽灵》一书的看法和德里达回应这些看法的文章:《马克思及其子孙们》。它汇集了以芒瑞、内格里(Antonio Negri)、杰姆逊(Fredric Jameson)、蒙塔格(Richard Montag)为代表的支持派和以伊格尔顿、艾哈迈德(Aijaz Ahmad)和刘易斯(Lewis Mumford)为代表的批评派的对立观点。批评派认为,《马克思的幽灵》是德里达"语不惊人死不休"犀利风格的又一次展示;而赞同派认为,《马克思的幽灵》是这位哲人面对重大社会问题的又一次"正面直言"。

批评派主要由一些亲近马克思主义的人士组成。他们认为,德里达解构的马克思主义根本与马克思主义的本真精神毫不相干。例如,英国的新一代马克思主义批评家伊格尔顿就批评道,德里达解构的马克思主义,根本不是马克思主义,它已经背离了马克思主义的基本原则,是一种没有马克思的马克思主义。更明确地说,德里达在拥护马克思的批判精神的名义下,贯彻的是解构主义的精神和原则。在这里,马克思主义只是一种为解构主义鸣锣开道的工具。为此,他写了《没有马克思主义的马克思主义》一文对德里达解构的马克思主义的实质进行了揭露。伊格尔顿指出:"这部著作里的每一个字都带着一种自命不凡的色彩。夸耀做作的反问句一个接着一个,而句式则冗长沉闷,不失为一种供人戏仿的文字。"①刘易斯和艾哈迈德认为,德里达解构的马克思主义,具有明显的"去政治化"的企图,马克思的"幽灵"成了"非政治化"的马克思,这显然违背马克思主义一再强调的"改变世界"实践的要旨。刘易斯的《幽灵学的政治:德里达的马克思的幽灵》一文,指出德里达解构的马克思主义,祛除了马克思主义当中的核心概念和基本原则,特别是祛除了作为马克思分析一切的工具的"阶级"概念,必将导致在社会革命和政治实践当中的"犹豫"与"悲观",从而把具有革命性的马克思主义消解为温和的"幽灵政治学"。艾哈麦德的《和解的德里达:"马克思的幽灵"与解构的政治》一文,则指出德里达解构的马克思主义和马克思主义有本质的不同。他反对德里达拒斥共产主义运动与实践的立场,认为《马克思的幽灵》充满了苦难与救赎的宗教氛围,这必然导致解构的马克思主义中革命立场、原则的丧失。

因此,在批评派看来,德里达解构的马克思主义是一种没有马克思的马克思主义,它已经背离了马克思主义的基本原则,无助于马克思主义的当代出场。

当然,也有一些学者,对德里达的《马克思的幽灵》中的观点表示理解和认同。支持派认为,德里达解构的马克思主义有助于马克思主义的重新理解。例如,芒瑞、内格里、杰姆逊、蒙塔格分别写作了《去质料化的马克思,或德里达的幽灵》《幽灵的微笑》《被窃的马克思书信》《被武装和未命名的精神:德里达的马克思的幽灵》等文章,对德里达在《马克思的幽灵》中的观点表示理解和支持。他们原则上支持和赞同德里达对马克思主义的幽灵化解读,认为马克思的"幽灵"与德里达解构主义的世纪相遇,有助于激活马克思主义的生命力,并缩短了马克思主义与当下时代的距离。因此,在他们看来,是激情使德里达做出了出人意料的举动,也是爱使德里达对马克思主义的解构得以进行。德里达对马克思主义的解构,为马克思主义的发展开启了一扇门。德里达逝世之后,美国批评理论家文森特·B. 雷奇(Vincent. B. Rech)撰写了《晚期德里达:主权的政治》一文,认为,德里达晚年的思想主题展现了一位富有良知的思想家对当代政治问题的关切与思考,而《马克思的幽灵》是这一思想主题的重要表述,"回顾过去,德里达最著名的政治论述仍旧是他在《马克思的幽灵》一书中对后冷战时期的新世界秩序的十大弊端的谴责。他自始至终坚持这种全面的控诉"②。美国著名社会学者托马斯 C. 帕特森

---

① 〔英〕特里·伊格尔顿:《历史中的政治、哲学、爱欲》,马海良译,中国社会科学出版社1999年版,第120页。

② 〔美〕文森特·B. 雷奇:《晚期德里达:主权的政治》,见王宁主编:《文学理论前沿》(第五辑),北京大学出版社2008年版,第201页。

(Thomas C. Patterson)则从考古学的角度与马克思的"幽灵"展开了对话,他在《马克思的幽灵:和考古学家会话》中,论证了马克思思想对很多考古学家都发生了影响。①

因此,在支持派看来,德里达解构的马克思主义,有助于重新激活马克思主义的活力,并缩短马克思主义与现时代的距离,重新点燃人们的革命热情。

综上所述,西方学者围绕《马克思的幽灵》,从正反两个方面对德里达解构的马克思主义进行了评析。批评派看到了解构的马克思主义的非马克思主义的特质,这无疑是正确的。支持派指出了解构的马克思主义对现实的积极影响,也有一定的道理。尽管一些人不认同德里达的观点,但对于他的勇气还是相当钦佩的。从中,我们也可以看出解构的马克思主义具有肯定和否定的双重意义。

2. 日本学界研究现状

在东方的日本,德里达的解构主义得到了一定程度的传播和研究。德里达去过日本三次,在日本,他的著作得到了很好的翻译。日本有一批曾经在法国生活过的哲学家,他们当中的译者很了解法国的情况,可以直接从法文文本翻译德里达的著作,"日本人翻译了我的全部作品,而且快得惊人"②。卓有成效的翻译,促进了日本学者对解构思想的研究。

除了翻译,日本学者同样对德里达的解构思想做了一定的研究。例如,现任东京大学研究生院综合文化研究科教授的高桥哲哉的《德里达:解构》一书,就用散文化的语言从德里达的生平、成长经历、求学过程以及德里达思想的来源、德里达的解构理论、德里达的政治思想等不同方面,介绍了德里达的思想,这从本书的标题中就可见一斑。此书虽然简短,但对德里达的解构思想有深刻的理解。例如,该书第四章立足德里达晚期著作的解读,认为解构思想是把"语言"和"法律"作为两个焦点而展开的一种"正义"论。由此可见,日本不但有一些对德里达的著作做了很好翻译的翻译家,而且还有一些能够从内部认识解构主义的哲学家。

总之,大体上可以说,在国外,学者对《马克思的幽灵》的研究,分成截然不同的两派。批评派认为,德里达解构主义的马克思主义消解了马克思的"在场",而无建构之功。他们认为,德里达的解构主义的马克思主义就是对无产阶级专政理论的摧毁,对阶级斗争理论的摧毁,就意味着对传统马克思主义的诋毁……而赞同派认为,解构主义的马克思主义的意义就是打破了传统马克思主义的封闭性、

① 〔美〕托马斯·C. 帕特森:《马克思的幽灵:和考古学家会话》,何国强译,社会科学文献出版社2011年版,第1页。

② 张宁:《解构之旅·中国印记——德里达专集》,南京大学出版社2009年版,第16页。

稳定性和单一性,从而启发人们打破集权主义,启发人们要自由思考,改变对无知和愚昧以及浅薄的迷恋。它的反叛反映了当代马克思主义的现状:传统的那种僵化的思维模式作为看待世界的方式已经给人类带来诸多弊端,它需要找到一种新的出场方式,以更好地引领现实。

(二)中国学界研究现状

国内外学界关于德里达这一学说的研究成果层出不穷,研究观点可谓众说纷纭,研究现状主要集中在"解构主义的马克思主义"的形成原因、发展历程、存在的问题、基本意义等方面。

1. 台港地区研究现状

德里达是和另一位已过世的法国思想家福柯在哲学观点上十分接近的大师级人物,论影响力犹有过之,不过在台湾显然知道福柯的人远多于德里达,这同德里达的解构理论较难被人理解或许有很大关系。台湾的汪立峡在德里达去世后,发表了《不在场的在场者——德里达与马克思》的纪念性文章,此文围绕着德里达的《马克思的幽灵》一书,高度评价了"幽灵学"①的当代价值,认为德里达肯定会以一个"不在场的在场者"的身份,继续发挥他的影响力,启发人们对解放和革命的热情与实践。

德里达在 2001 年去过香港,并在香港中文大学做了题为"全球化与死刑"的公开讲演,因此,在香港,德里达有一定的知名度,但目前为止,香港并没有一本详细介绍解构思想的著作。

由此可见,台港地区对德里达的解构思想缺乏系统的研究,大多关注的只是德里达的晚期思想对民主和自由的启迪。

2. 大陆学界研究现状

解构主义在中国大陆的影响始于 20 世纪 80 年代。刚开始,学者对解构主义的研究主要集中在文学、美学等领域。进入 20 世纪 90 年代以后,"解构"一词频繁出现在哲学、政治、历史、法律、文学等学科领域及媒体中,大陆学者对解构主义的研究也在上述领域展开。1999 年,德里达的《马克思的幽灵》的中文译本出版②,立即引起了学者的注意,纷纷撰文表达自己的理解。2001 年,德里达 16 天

---

① "幽灵学"是有些学者对德里达的解构的马克思主义的称谓,岳梁在 2008 年出版的《幽灵学方法批判》一书中,提出了"幽灵学"的定义,他认为"幽灵学"就是用解构主义的思想方法或思维研究马克思主义特定阶段思想的一种学说。

② 《马克思的幽灵》的中文译本,由中国人民大学出版社出版,继 1999 年版后,又于 2008 年出版了第 2 个翻译本。法国 Galilee 出版社出于交流思想的考虑,免费赠予《马克思的幽灵》的翻译版权。

的中国之行①,更使学者们的研究达到一次小的高潮,大有"开谈不说德里达,读尽书籍也枉然"的态势。

随着德里达的著作不断翻译到国内,学者们开始更进一步探讨其思想的主旨要义,以及它自身体系的"自为性",也同时进一步认识到德里达思想对其他"后"思潮的奠基和生发作用。

对德里达《马克思的幽灵》的研究,在其书出版初期,曾经有两种不同的反应和声音。一些人坚决肯定该书中的基本观点,大声欢呼德里达对资本主义历史终结论的批判。但由于那时正值东欧剧变,因此,欢呼者们对德里达书中的一些观点多少有一点为我所用的态度,断章取义地引用德里达的某句话,来证明马克思主义仍然存在巨大的生命力。而另一些人,则直接否定该书的基本立场,厉声斥责德里达对资本主义的批判"不痛不痒",甚至把德里达看成资产阶级的代言人。

近年来,随着,全球化的进一步推进,中国与世界的进一步交流,学者们对德里达解构思想的理解和阐释有了更多的理性包容和多样。

就研究总体看,虽然大陆学界对德里达解构的马克思主义研究起步较晚,但研究的人并不少。目前而论,国内研究解构的马克思主义的代表人物主要有:尚杰、陈学明、方向红、杨耕、陆扬、任平、岳梁、张一兵、肖锦龙、杨生平、李振等。此外,杜小真、张宁、何一②、汪堂家、佘碧平、胡继华、夏可君、蒋梓骅等对德里达著作的译介做了大量工作。

就研究层面看,可分为三类:一是研究视域上注重结合马克思的相关理论探讨解构的马克思主义,如任平、肖锦龙等。任平近年来结合马克思主义的出场路径,阐释解构的马克思主义的当代价值。在《当代视野中的马克思》中,他用马克思主义的"出场学"③对德里达的"幽灵学"做了解读,在《今日马克思主义:如何超越后现代主义的地平线——与雅克·德里达〈马克思的幽灵〉的对话》中,则认为解构主义视域下的马克思主义只是解构精神;肖锦龙在《德里达的解构理论思想性质论:文化的视角》中,则从马克思主义的文化视角,结合德里达的身份背景,对其解构思想的性质做了界定,认为解构主义既不属于哲学,也不属于文学,但事实

---

① 1989年,中国社会科学院曾经邀请德里达访问中国,却因故搁浅。1999年,北京大学率先启动邀请,复旦大学、上海社会科学院、南京大学、香港中文大学随后跟进,促成了德里达为期16天的中国之行。德里达在中国总共做了三次讲演、七次座谈,依次访问了北京、南京、上海、香港四座城市。

② 《马克思的幽灵》是多位学者共同翻译的成果,译者注明何一,是"合译"的意思。

③ "出场学"是任平近年来关注和研究的重点之一,他认为"出场学"是探索马克思主义出场问题的哲学范式,它研究的对象就是马克思主义的出场语境、出场路径和出场形态等问题。

是:"无论在哲学界还是文学界,现在没有一个思想家可以忽略雅克·德里达的作品。"①

除此之外,还有从宏观视角展示德里达解构的马克思主义,如陈学明、张一兵、杨生平、李振等。陈学明在《走进马克思——东欧剧变后西方四大思想家的思想轨迹》的第一章中从宏观的角度探讨了德里达的"幽灵政治学"的当代价值和意义,还不时写论文探讨"幽灵政治学"。他认为德里达对马克思主义的解构,有利于我们更好地继承马克思的遗产;张一兵近年来在完成了对阿尔都塞(Louis Al-thusser)的"结构主义的马克思主义"研究之后,开始关注德里达的《马克思的幽灵》一书。在《德里达幽灵说的理论逻辑》一文中,他围绕着德里达的解构思想,阐释了德里达试图维护"马克思的幽灵"的真实意图,并比较详细地分析了德里达解构的马克思主义的理论逻辑基础;杨生平从一种通常的视角来解读德里达的晚年思想,在《解析德里达的〈马克思的幽灵〉》一文中认为,德里达所倡导的马克思的批判精神实际上只是解构主义精神的拓展,德里达所弘扬的马克思的弥撒亚精神实际上只是一种延异精神;李振的《解构与解构的马克思主义——德里达思想研究》一书,对解构的马克思主义做了介绍和分析,认为解构的马克思主义是对作为"真正的时代精神的精华"的马克思主义的肯定,"对现代民主的人民性质、民族自觉、大学制度、马克思的幽灵性和友谊政治学等的讨论,表明德里达解构思想的现代特征,表明结构本身就带有强烈的建构因素"②。

二是研究方法上,注重用诠释学、解释学等方法分析德里达的思想,如尚杰、陆扬、赵天成与李娟芬等。尚杰多年从事德里达思想的研究,近年来他开始涉猎德里达《马克思的幽灵》一书。在《"看不见的现象"暨"没有宗教的宗教"——再读德里达〈马克思的幽灵们〉》一文中,他试图把《马克思的幽灵》一书中德里达的思想与德里达的解构主义哲学联系起来;在随后写作的《精神的分裂——与老年德里达谈话》一书中,他开始了与德里达独白式的讨论。陆扬较早从事德里达思想研究,他于1996年就出版了《德里达——解构之维》一书,此书依托德里达的早期文本对其解构思想做了比较详细而系统的介绍。在《德里达和马克思》中,他认为解构主义的马克思主义强调了马克思文本的异质性,"解构主义将强调马克思主义文本的'异质性',即它怎样一面打破了唯心主义传统特别是黑格尔的传统,

---

① 肖锦龙:《德里达的解构理论思想性质论:文化的视角》,中国社会科学出版社2004年版,第3页。

② 李振:《论德里达解构的政治哲学思想》,载《华东理工大学学报》(社会科学版),2003年第4期。

一面又怎样在更深的层次上,依然受着各种形而上主题的统辖"①。他近年出版的《德里达的幽灵》一书,则以后现代的视角和方法探讨了德里达走进马克思的"幽灵"的"政治学转向";赵天成与李娟芬的《马克思的幽灵与现实》,则从阐释学的角度肯定了解构的马克思主义对重新解读科学社会主义的价值。

三是研究结论上,注重从不同角度界定德里达的解构理论,如岳梁、杨耕、方向红等。岳梁的《幽灵学方法批判》是从"幽灵学"的角度对德里达解构的马克思主义进行比较全面而系统研究的一本著作,认为解构的马克思主义就是幽灵学。他认为,"幽灵学是对马克思主义的解构,充其量只是几个口号和马克思主义的一种极为偏狭的形式"②。杨耕在《德里达:从解构主义转向马克思主义——解读〈马克思的幽灵〉》一文中则从肯定的角度,探讨了德里达从解构主义转向马克思主义的价值。方向红在《幽灵之舞:德里达与现象学》一书中,运用现象学方法解读了德里达的晚期思想,认为解构的马克思主义把共产主义解读成弥赛亚主义,这暴露了解构主义的局限。

总之,国内学界在近年来对于德里达的研究达到了高潮,一批研究成果包括高质量的著作和学术论文相继发表,使德里达解构思想的研究领域不断扩展。虽然仍有一些误解,但日益深入的研究终于使学者们认识到:德里达解构主义的马克思主义的主要哲学贡献不是对马克思主义哲学的消解和反叛,而是唤起了我们对苏联式共产主义体制的反思和对惯常生活的质疑。

尽管如此,国内学者对德里达解构的马克思主义的研究显然还很不够,这主要表现在对德里达解构的马克思主义的解读和评价不够准确和客观。这一方面是由于德里达的大量著作至今还没有被翻译到国内,已翻译的译本也大都转译自英文。③ 另一方面也是由于少数学者还受传统意识形态批判思维模式束缚,在研究西方的思想成果时,相对而言,批判、排斥多,吸收、分析少。

总之,虽然十余年来国内学界对德里达理论的研究成果不菲,但如何在既有研究的基础上,结合其晚年的重要文本,深入探讨德里达解读马克思思想的方式、内容、解构的价值,如何通过这种探讨,理解德里达对马克思理论遗产的继承,以及这种"继承"对当下中国坚持马克思主义哲学的意义,仍然是在德里达思想研究乃至整个西方马克思主义研究中,有待深化的问题。

---

① 陆扬:《德里达和马克思》,载《哲学研究》,1996 年第 5 期。
② 岳梁:《幽灵学方法批判》,人民出版社 2008 年版,第 6 页。
③ 德里达总共写了将近 100 种著作,到目前为止,中文译本大约有 20 多种。中国学者对德里达著作的翻译从 1997 年开始大量增加。其中 1998 年—2006 年达到了高潮。近年来,对德里达著作的翻译有所减少,但学界对后马克思主义思潮的关注持续升温。

因此,国内学界一方面要加快德里达著作翻译的进度;另一方面要加强与西方学界的交流,引进国际学界新的思维、方法、观点,拓展解构马克思主义的研究领域,以便对发展有中国特色的马克思主义理论①有所裨益。

加快解构主义马克思主义的研究需要引进新的视角、采用新的文献解读方法,并要与中国特色的社会主义的实践相结合。任何真正的哲学都是反思时代的产物。在理论建构活动中,当人们还没有认清客观规律时,必定处于盲目状态。只有在充分认识必然规律的前提下,才能得出真理性认识。马克思主义作为一种科学的理论,体现的是思想作为人类认识的工具理性。它的逻辑出场既是一个从解构到建构、从继承到改造、从批判到升华的不断改造的本然逻辑过程,又是一个从人本到唯物、从分散到凝练、从凝练到实践不断创新的应然逻辑过程。正确的做法应是既要坚持"拿来主义",在继承传统文化的基础上,取其精华,去其糟粕,古为今用,西为中用,又要坚持理论的尊严,对任何一种选择都要尊重,在坚持独立人格和听从内心道德律的指引下,勇敢解构,不断追求更美好的未来。因此,研究德里达解构主义的马克思主义,不仅是为了从理论上对这一思想进行分析,更重要的是吸取其有益部分指导现实,从而推动社会向好的方向前进。

二、研究思路与论文框架

(一)研究思路

本书主要采用历史学的方法研究德里达解构的马克思主义。文章围绕着解构主义与马克思主义的关系这一主题,以对德里达思想发展具有重要影响的历史事件作为划分德里达思想各个时期的主要标志,以德里达的思想轨迹为重点,以德里达在不同历史时期对马克思主义的态度变化即解构的马克思主义的产生、发展为主要内容,并结合《马克思的幽灵》的文本解读,阐述德里达解构的马克思主义。

在分析过程中,本书坚持唯物史观的指导方法,注重分析时代和现实对意识的影响。全书通过文本与现实相结合的分析方法来论证主题。具体来说,主要采用了三重维度来阐述德里达思想的发展:一是对德里达思想发展轨迹有重大影响的历史事件的维度,以时间顺序展开叙述;二是各个时期德里达思想的维度,以解构主义分析方法来阐述;三是时代和环境的维度,静态与动态相结合分析德里达

---

① 中国特色的马克思主义理论,也就是中国化马克思主义,以笔者来看,主要有毛泽东思想、邓小平理论、"三个代表"思想、科学发展观、习近平新时代特色社会主义思想等。它们的相同点就是都坚持了马克思的无产阶级专政等基础理论。

解构的马克思主义的发展轨迹。

本书对德里达解构的马克思主义的研究是建立在掌握相关文献的基础上进行的,本书在确定理论框架时,注重对德里达最重要的那些代表文本展开分析。在研究解构的马克思主义时,必须坚持科学的态度,秉持良知的研究方法,尽量做到客观公正。因此,本书在分析德里达的《马克思的幽灵》的文本时,坚持用一种细读法去解读,对其中的关键性话语尽量给出自己的理解,以此通达德里达的真正用意。

此外,本书在表述上力求生动流畅。在写作过程中,力求深入研读文本,在广泛搜集和参阅相关资料的基础上,尽量对德里达眼中的马克思形象,进行认真、明晰、生动的梳理和阐释。力求通过形象而具体的语词,将德里达晦涩隐匿的思想,明白畅晓地展现出来。

总之,本书坚持依托逻辑和历史的统一,以此贯通德里达的思想背景,显示德里达解构的马克思主义"精神"的非马克思主义渊源。这样,我们就能明确接受或者排斥德里达的结论的依据,才能确定在什么意义上接受和排斥德里达所提供的马克思思想遗产的继承方案,找到理论批判的切入点。

(二)论文框架

本书由绪论、正文和附录三个部分组成。

绪论部分简单综述了国内外学界对《马克思的幽灵》的研究概况;并扼要阐述了文章的思路,结构和主要采用的研究方法,以及研究的所得和不足。

正文分为七章,探讨德里达解构的马克思主义。以德里达解构思想的出场顺序为节点,以解构主义与马克思主义的关系程度为阶段来安排章节。各章节内容主要包括:

第一章　简介德里达的生平及其学者们对其思想的评价,指出德里达无疑是20世纪著名的思想家之一。他的文本的晦涩难懂增加了人们理解其思想的难度,也导致对其思想评价的众说纷纭。但德里达解构思想对传统形而上学的反叛,打破僵化,倡导多元,在理论界产生巨大影响的同时,也启迪我们如何从不同维度,深入理解马克思的思想,以便"学会更好地生活"。

第二章　阐述了德里达解读马克思主义的方法即解构主义的出场语境及其内涵,并对其价值做了简单的概括。在20世纪60年代,解构主义的产生既适应了时代精神的立场,也吸取和超越了前辈学人思想成果的结果。解构主义自产生以来,招致许多误解。有人认为,它消解了终极意义,否定二元对立,只能导致虚无主义。其实,解构具有否定与肯定的双重意义。解构不是只有破坏,而是在破坏的同时,也有着建设。因此,它不是走向虚无主义,而是能启发人们自由地思考。

第三章 探讨了德里达在东欧剧变后走进马克思主义的时代背景和理论路径。在马克思的批判精神中,德里达发现了自己解构思想的影子,这促使他要维护马克思的"幽灵"。福山的"历史终结论"催化了他的这一行动。德里达要反对福山的"历史终结论",提醒人们不要高兴得太早,虽然马克思主义变成了"幽灵",但"幽灵"绝不会善罢甘休,它还会瞅准机会出来"复仇"。德里达呼唤的马克思的幽灵",是在时代最需要它的时候到来了。

第四章 阐发了德里达呼唤马克思"幽灵"的现实目的。首先,循着德里达的思路,探讨了德里达语境中"向死亡学会生活"的含义。德里达认为,生活,按其本初意义,是不能自己学会的,也就是说,人是不能自己学会生活。因此,向其他事物学会生活是我们唯一的选择。德里达在一系列的追问后,得出结论:要学会生活,只能在生与死之间进行,而生与死之间的东西就是鬼魂。因此,我们必须向死后的灵魂学习。在这个"脱节的时代",向马克思的"幽灵"学习,是我们学会生活的唯一可能。在马克思的"幽灵"中,我们可以获得很多生活启示。

第五章 讨论了德里达视域下的马克思"幽灵"的境遇与当代价值。德里达指出,马克思主义已经成为人类的遗产,它必然为我们所共同享用。没有马克思的遗产,也就没有人类的将来。当今世界许多问题的解决必须求助于马克思的"幽灵"。而作为"幽灵"的马克思的走向,就是继续指引我们的生活。德里达用"幽灵们"来表示马克思主义具有"异质性"。面对这份复杂的遗产,需要对它过滤、筛选和批判,他号召人们只继承"好的马克思主义",包括马克思的批判精神和弥赛亚精神,并认为只有建立"新国际"才能拯救这个颓败的世界。德里达的马克思主义观是马克思的激情与解构的面目的复杂结合。《马克思的幽灵》是一个复数的解构的马克思主义观的文本,它具有双重的意义,它是德里达在一定程度上对马克思的致敬和怀念,也是德里达利用马克思的批判精神对解构主义的进一步展开。它对我们的启示就是:抱定信心,坚信马克思主义会有美好未来。

第六章 论述了马克思"幽灵"的当代出场,特别是论述了马克思社会批判精神的当代出场。马克思主义社会空间生产批判伦理是在对资本主义社会空间生产及其道德形态的批判、审思中出场的,其中彰显了马克思等人对资本主义社会空间生产现象及其伦理意识本然形态的探索,对其实然形态的解构和对其应然形态的建构,进而集结成三大伦理形态:在意识现象形态方面,通过批判资产阶级意识形态,提出了实践的空间生产意识形态批判伦理;在经济现象形态方面,通过批判空间生产中资本运作过程,提出了商品批判伦理;在社会现象形态方面,通过批判人本学唯物主义的直观性,创立了唯物的社会空间批判伦理。马克思主义社会空间生产批判伦理在当代再次出场,并进而形成了三种出场样态:空间生产过程批判、景观生产机制批判、消费—符号生产模式批判。

第七章 论述了马克思主义中国化当代出场的路径。无论何种思想要继续前行而不是停滞僵化,必须破除前人思想的纠缠与桎梏。这种除旧布新是把解构和建构结合起来的实然逻辑过程。马克思主义就是在批判地继承前人的观点基础上而不断创新发展的,这种创新是一个把解构和建构相结合的理论重构过程。中国马克思主义的生成机制是以实践为导向,对马克思主义理论进行中国式阐释的过程。在基本原理上,在马克思等人论述的基础上,展开积极的思想对话,对原理进行论证和推广;在具体观点上,以实践问题为视域,对中国传统文化进行吸收、借鉴并结合中国具体实际,对观点进行补充和完善;在整个理论体系上,把时代精神和现实实践结合起来,以主客观相统一为线索和视域建构中国马克思主义。

本书最后认为,马克思主义当年传入中国时,指引我们走向平等和自由。中国化马克思主义的本然逻辑是以现实问题为指引对马克思主义进行解构到建构的过程。历史总是在一脉相承中不断前进,马克思主义也在不断解构和建构中自我完善。以往的哲学家只是以不同方式解释世界,而马克思则强调通过实践改变世界。今天,它虽然经受了挫折,但它不会消失,仍将继续指引我们前进的道路。马克思论述了共产主义的实现条件和路径,阐释了异化劳动和私有制消除的方式,这对于当代中国构建和谐社会、实现"中国梦"有一定的积极价值。我们需要理清社会和个人的关系,尊重每个人的生存权利,实现每个人的全面提升。

三、研究意义及待深化的问题

(一)研究意义

本书围绕着解构主义与马克思主义的关系这个主题,梳理了解构的马克思主义思想轨迹,分析了《马克思的幽灵》这一文本所体现的思想,总结了德里达对马克思主义幽灵式的解读对我们的启示,有如下的理论意义。

一是在一定范围内对德里达解构主义的研究领域有所拓展。就已有的德里达解构理论研究来看,大部分针对的是德里达早期解构理论的解读,而且主要集中在文学、美学等领域。本书没有限于德里达早期解构理论及时代背景,而将焦点聚于东欧剧变后全球出现的新问题,结合德里达晚年文本探讨马克思思想的"当下性"。在新的时代环境里探讨了解构主义的出场语境、解构主义与马克思主义的关系、德里达解构的马克思主义的内容、德里达解读马克思的方式、德里达视角下马克思主义遗产的继承问题等内容。这些内容是在一定范围内对德里达解构思想理论研究的拓展。

二是在一定程度上对解构的马克思主义的理论成果有所丰富。就解构主义与马克思主义关系来看,现有大部分的研究成果主要是指出德里达在东欧剧变后维护马克思主义的意义,也有的分析了德里达《马克思的幽灵》的局限,但多局限于德里达的理论本身,而较少结合德里达犹太人的身份去分析。本书没有囿于德里达理论的抽象分析,而是结合其犹太人身份,在论证其理论轨迹与人生踪迹的关联中,凸显其理论特色及其成因。本书结合德里达的人生经历和思想轨迹,分析了德里达解构的马克思主义的溯源、内涵及意义,从这个较新视角分析德里达解构的马克思主义,是在一定程度上对解构的马克思主义理论研究的进一步丰富。

三是一定层次上有助于深化对马克思主义的认识。本书以德里达《马克思的幽灵》的文本为重点,揭示了德里达解构的马克思主义的具体内涵、德里达解读马克思的方式、德里达视角下马克思主义的继承问题等内容。当德里达用解构主义来解读马克思的"幽灵"的时候,是带着忐忑的心情来感受前辈学人思想的,他用自己犀利的笔锋来描述马克思思想的深邃和见解的深刻,怀着崇敬的心情,用精巧的文字,记下自己对马克思的认识,一点也不敢亵渎先辈贤人。德里达所处的是资本主义的混乱时期,他力图揭示资本主义造成的阶级矛盾,期望通过重拾马克思的批判精神,摧毁陈旧的社会制度和思维模式。这些认识可以深化人们对马克思主义的认识。

四是一定意义上有利于坚定人们走中国特色社会主义道路的信念。随着全球化的推进,西方的价值观念日益渗透。① 中国经过30多年的改革开放后,也出现了要求推行西方式体制的声音。如何在新世纪坚持中国特色的社会主义?② 本书通过分析德里达对马克思"幽灵"的呼唤,表明马克思仍然是我们的"同时代人",但社会道路的曲折复杂性启示我们,只有将马克思主义与中国的现代化实践相结合③,在行进的道路中不断反思,我们才有希望最终实现自己的目标。共产

---

① 西方关心中国,主要缘于关心中国这个庞大的市场。传播西方价值观念的主要是一些关心国家与民族生存的爱国人士。他们在海外呼吁西方国家能超越本身的利益来促进中国的现代化进程,但任何事情都应该结合本国的国情,否则很可能只是"空想"。可以预见,中国的现代化进程将会是一个前途无限光明但道路漫长曲折的过程。

② 在苏联和东欧各国共产党政权倒台十几年后的今天,如何看待共产主义,如何过渡到一个文明、民主、富强的现代化国家,如何延续我们民族的薪火传承,是摆在我们面前的一个现实问题。

③ 以笔者看来,马克思主义在中国的发展,实际是两个结合的过程,即与中国的国情结合(马克思主义中国化)和与人民群众的利益需求结合(马克思主义大众化)。

主义制度的建立需要几代人的不断努力,中国作为当代最大的社会主义国家责无旁贷。只有先将中国建成生产力发达的国家,中国才有能力去担负维护世界和平的责任。当代中国提出实现中华民族伟大复兴"中国梦"的目标,就是为了提升中国的综合国力,以为人们的共同发展提供客观条件。

(二)待深化的问题

本书在大量阅读德里达文本、认真梳理其理论脉络、分析德里达解构理论要点的基础上,以德里达《马克思的幽灵》的理论内核为基点,通过阐述德里达解构思想的基本范式,揭示了其解构的马克思主义的具体内涵;通过论述德里达运用解构方法实现其对马克思思想的解读,论证了其对马克思理论遗产独特的理解和表达方式;通过德里达对马克思"幽灵"呼唤之声本质的揭示,论证了当今世界坚持社会主义的曲折性和必要性。但由于笔者本人能力有限,也出现了一些不足和待深化的问题。

首先,由于笔者学识有限,解读很可能是粗略的,尤其是对于德里达这样晦涩的哲学家的文本。因而对一些理论知识可能存在理解上的偏差。

其次,笔者对德里达解构思想的全部内涵还缺乏相对深入的理解和研究,对解构的马克思主义只是选择了与本书写作关系最密切的、自己认为最为关键的因素来探讨。因而无论是在阐述的展开上,还是在问题的分析和论证上,都不够全面和深入。

最后,书中的个别观点尚待考证。如本书认为,《马克思的幽灵》就是德里达在东欧剧变之后,用早期的解构思想对马克思思想解读的结果,但实际上恐怕并不一定如此。因为《马克思的幽灵》是一个复杂的文本,它体现的是多方面的思想。

当然,这些不足的地方和没有进一步研究的领域,将为笔者未来的研究,提供进一步思考的余地和空间。我们应该继续以文本解读的方法探讨德里达的马克思主义观。以马克思文本与德里达文本之间相互碰撞、相互激活、相互解构而让意义在流动中呈现。我们应该超越后现代主义的地平线,认真思索哲学,特别是思索马克思主义哲学在当代的自我理解、自我创新的方式问题,以重建当代视野的马克思主义。

第一章

大雅云亡①:德里达的"在场"与"退场"

虽然雅克·德里达曾经蜚声思想界,但他的人生经历并不顺利。作为一个出生在法国殖民地的犹太人,他经历过长时间的种族歧视和压制。这种压制使德里达崇尚自由、民主、人权,使他在做《马克思的幽灵》讲座时,首先向克里斯·哈尼(Chris Hani)——这位南非杰出的黑人解放运动领袖致敬,使他在面对"历史的终结"时,决定做出回应。②

在《马克思的幽灵》里,德里达用"在场"与"退场"表示马克思"幽灵"的出场轨迹。这里,我们也借用"在场"与"退场"来表示德里达的人生轨迹。

第一节　在场:"从没学会过生活"的人生之路

德里达的《马克思的幽灵》就是由"最终,我当然希望学会生活"③开场的。的确,如何才能学会更好地生活,这既是我们必然会遭遇的问题,也是我们必须认真思考的问题。但是,正如德里达自己问的:"我们会懂得怎样去生活吗?"④至少弥留之际的德里达明确地告诉我们,他自己最终并没有学会生活,而且是完全没有学会。由于"没有学会生活",德里达的一生很不平坦。尽管活得艰辛,但他不拒绝生命。在 74 年的人生之路上,德里达坚定而不自负,为自己的人生负责,为自己的选择负责,认真地做了他应该做的事,认真地拒绝了他不愿意不喜欢的事。

---

① 《诗经·大雅·瞻卬》:"人之云亡,邦国殄瘁。"后人以"大雅云亡"代指有崇高威望的学界泰斗或家中能诗文的长辈去世。本书用此句表达对德里达思想的崇敬。
② 与福山相同,德里达也把东欧剧变看作"历史的终结",但与福山不同的是,德里达关注的是"资本主义胜利"背后的东西,即人类的灾难、时代的混乱。
③ 〔法〕雅克·德里达:《马克思的幽灵——债务国家、哀悼活动和新国际》,何一译,中国人民大学出版社 2008 年版,第 1 页。
④ 〔法〕雅克·德里达:《马克思的幽灵——债务国家、哀悼活动和新国际》,何一译,中国人民大学出版社 2008 年版,第 1 页。

德里达不愿意谈早年的经历，"啊，你想要我告诉你诸如'我出生于阿尔及尔郊区埃尔比亚一个被同化的小资产阶级犹太人家庭，然后如何如何……'这类事情，真的有这个必要吗？行个方便，恕我不能从命"①。这是 1982 年德里达被认为携带毒品而被捕事件几个月之后对有关他的童年经历和个人背景的回答。犹太民族是个充满苦难而又坚强的民族，它历经伤害而又从不绝望，历经苦难却又永存希望。作为犹太人的德里达，一生也充满曲折与不平，"他的前半生伴随着艰辛与坎坷，他的后半生则充满争议与荣耀"②。落泪是不幸的，但只要把泪水铸成闪光的金子，就会成为人生的宝贵财富。德里达正是把辛酸与坎坷磨练成了金子，他才成为任何磨难都打不倒的坚贞学者。

德里达于 1930 年 7 月 15 日诞生于法属殖民地阿尔及利亚首都南面埃尔比哈区一个被同化的犹太人家庭，他的父亲是一名酒品推销员，他的母亲是普通的家庭主妇。因此，德里达家并不是"书香门第"，也没有"哲学血统"，他是自学成才的。他很小的时候就迷上了哲学书籍。在中学读书的时候他特别爱踢足球，整天在操场上踢得满头大汗。德里达后来多次谈到自己一个未实现的梦想，那就是成为一名职业足球运动员。1942 年，受纳粹控制的法国维希政府决定实行严厉的歧视犹太人的政策，于是，刚迈进中学大门的德里达第一天就被赶回了家，虽然那时的德里达肯定还不明白被赶出去的原因，但是那次被驱赶的经历深深地伤害了他幼小而敏感的心灵。这件事情对德里达影响很深，以致他后来在回忆文字中反复提到 1942 年对他的创伤："我问自己我如此经常的旅行难道不是因为我总是被学校开除的缘故。我从别处来，别处。"③

痛苦的经历使德里达带上了终生的伤痕，这使他更宽容和平地观察世界和生活；挫败感也使德里达学会了思考，他喜欢上了阅读，在阅读中他找到了传统和现实的关联。"文学以这样一种独特的方式，同被称为真理、小说、幻觉、科学、哲学、法律、权利、民主的东西相关联。"④德里达把文字比喻成"药"。⑤ 于是，通过

---

① 〔英〕克里斯托弗·诺里斯：《德里达》，吴易译，昆仑出版社 1999 年版，第 1 页。
② 汪堂家：《汪堂家讲德里达》，北京大学出版社 2008 年版，第 1 页。
③ 张宁：《解构之旅·中国印记——德里达专集》，南京大学出版社 2009 年版，第 74 页。
④ 〔法〕雅克·德里达：《一种疯狂守护着思想——德里达访谈录》，何佩群译，上海人民出版社 1997 年版，第 33 页。
⑤ 德里达认为，文字既是"良药"又是"毒药"，文字的这种矛盾性是西方形而上学的源头。德里达在《柏拉图的药》中，对文字的这种特性做了阐述。我们也可以把德里达的全部文本看作一剂药。这剂药，既是良药，又是毒药；既是解药，又是迷药、麻药；作为提供这剂药方之人，德里达既是医生也是巫师。不明白这一点，我们就会陷入德里达究竟是睿智哲人还是学术骗子的无休止的争论。

阅读,德里达发现了真理和正义,并认为这是治疗各种灾难的"良药",这使他找到了坚守自己精神世界的法宝。

被赶出学校的德里达,后来终于被一所民办学校接纳,1947 年 6 月的中学会考,他却失败了。几年后,19 岁的他乘船去报考巴黎高等师范学校。他第一次参加招生考试时没有达到及格线,几经努力终于被录取为高师预备班学生,并于 1952 年顺利毕业,成为巴黎高等师范学校的正式学生。1955 年,他决定在学校教书,于是参加了法国大中学校哲学教师考试,却因为口试成绩不及格,没有如愿。又经过一年的辛苦,他终于考取了教师资格。这一年,他也从巴黎高等师范学校毕业。同时,德里达领到了哈佛大学特别听课生的助学金,在美国度过了一年,在此期间,他与玛格丽特·奥库蒂里埃(Margaret Okuirieri)结成伴侣。

回到阿尔及利亚后,德里达服了两年兵役,并希望成为军队的教员,但未能如愿。1959 年,他又回到法国,在孟德斯鸠高级中学担任哲学教员。1960 年,他返回巴黎,担任索邦大学的助教。1964 年,他接受阿尔都塞的邀请调到巴黎高师工作。他在巴黎高师总共干了 20 年,但一直是地位很低的助理讲师。因此,德里达感到,在巴黎高师"这个享有盛名的机构中我是被边缘化的"[1],但无疑巴黎高师良好的学术氛围为他的思考提供了优良的思想土壤。1966 年,德里达到美国的约翰·霍普金斯大学(The Johns Hopkins University)参加学术会议,他大胆而深刻的文风,开始引起专家的注意。

德里达经过长时间的思考,终于酝酿出辉煌的思想之果。1967 年,他的思想像超新星爆发一样,震惊了学术界,这一年,他的思想闪出了令人目眩的光环。他一口气推出了《论文字学》《书写与差异》和《声音与现象:胡塞尔现象学中的符号问题导论》三本哲学著作。这三本书宣告了以德里达为核心的解构主义思潮的诞生,从此,他开始质疑传统的形而上学,倡导多元和宽容。这一年,也就成了"德里达年"。生活就是这样,吃苦的时候,无人知晓,成功的时候,却天下皆闻。德里达通过这三本书,获得了登上历史舞台的机会。从此,思想界升起了一颗耀眼的明星,在法国也掀起了一股解构主义的理论思潮。1975 年,德里达开始在美国的耶鲁大学授课。从这时起,他和媒体打成一片,声誉也随之日益升温。他的声誉"如日中天",终于成了一个超级偶像,他成功了。

然而,正如一枚硬币的两面,德里达声名显赫的另一面,是被人误解和嘲弄。

在一些政客眼里,德里达就是不受欢迎的"持异见者"。因此,1981 年 12 月发

---

[1] 〔法〕雅克·德里达:《书写与差异》(上),张宁译,生活·读书·新知三联书店 2001 年版,第 6 页。

生了德里达在布拉克机场以"非法贩运毒品"的罪名被捷克警方逮捕的事件。这是捷克政府的圈套。被警方"搜出"的毒品是由当局指派的人故意放在德里达手提包里的。德里达被带到警署,接受了长达 8 小时的盘问,被扒光衣服,照了许多照片。由于法国总统弗朗索瓦·密特朗(Francois Mitterrand)对捷克政府的施压,他才被释放。

在保守学者眼中,德里达的思想就是"歪门邪道",就是登不上台面的"下里巴人",就是戏剧舞台上小丑的"插科打诨"。因此,当 1992 年剑桥大学准备授予德里达荣誉博士学位时,遭到包括美国大哲学家奎因(Willard Van Orman Quine)在内的 19 名学者的联名抗议。尽管如此多的反对声音,剑桥大学最后还是决定授予德里达荣誉学位。他还是得到了多数人的理解。但是,无论是褒扬还是贬低,德里达都淡然处之,这些都影响不了他的心境。他就如同一只犀牛,只知道埋头向前冲。

历史是一条长河,它会淘尽一切功利和是非。德里达曾经很得意,曾经很失落。得意之时众星捧月,把他夸得洁白无瑕;失落之时受尽冷眼,把他贬得一文不值。如同六月的天气,有时晴朗无比,有时却暴风骤雨。其实,他就是百花中的一花,德里达应该是一束玫瑰花。他的美丽让人嫉妒,他的刺又让人不敢接近。但是,如果你宽恕一个人,灵魂就会宽恕你自己,保守学者不宽恕德里达,只是因为他激进的思想刺痛了他们的心。

德里达讲出了人的生存与时代的普遍性,讲出了超越时代的永恒性,从而具有久远的穿透力。世界被黑暗遮盖,人们在相互仇杀。苦海无边,何处是岸? 是生活改变了我们,还是我们造就了地狱? 高洁的灵魂,沉重的肉身,我们该何去何从? 是什么让我们选择紧闭心门? 选择死亡,是因为已经无路可走;而选择坚守,是因为还心存希望。德里达反对传统,正好说明他对传统理解之深。因为只有深爱祖国的人,才会"爱之深、责之切",才会痛感旧的封建思想必须废除。心怀正义的人,才会为苦难流泪,为罪孽自责。德里达追求的精神家园,其实很简单,在那里没有追名逐利,没有钩心斗角,没有虚伪做作,只有诗意地生存,独立地思考,健康的人格。希望是未来之母。德里达的心灵就像一个长途跋涉的朝圣者,坚定执着,仰望故乡碧蓝的天空,他把明月作为自己的指引。它如同站立在旷野的一株芦苇,为我们指明了一条到达"天国"的路。重建精神家园在根本上是从苦难到救赎之路。救赎就是渴望纯真与善良,渴望它的到来、它的存在。这就是精神家园作为道路的意义。

超越还是拯救? 显然,德里达特别讨厌世俗的功利、权势、功名、利益等庸俗标准蒙蔽了成人的眼、成人的心,而儿童的心是纯真的,是还没有受到污染的一张白纸,因此,德里达倡导自由和宽恕,其实就是倡导拯救我们的精神家园。因此,是自由和宽恕支撑了德里达的希望,但精神家园从来都征途漫漫,原有的精神家园已经破败不堪,而新的精神家园的建立,仍遥遥无期。世界也许只是梦境,可是希望并不是赌注,风卷残云之后,一片虚无。德里达也相信希望与绝望、虚妄相通,但在绝望和挣扎之时,他始终没有放弃努力和希望。他的追寻四处飘散开来,飘出了喧嚣的尘世,飘出了疲累的灵魂,飘过了夜晚的圆月,飘过了碧绿的海滩,苦心求索,呼唤着美得令人窒息的精神家园。他深知,只有努力才能到达家园的路,只有进行思想革命才能改变水深火热的生存处境。正是因为有了善良与真爱,人生才有了意义。而人生的下一刻会发生什么,不是期待和恐惧能预测的。德里达终究没有给我们提供出一条新路,可有前进的勇气就是可贵的。

在生命的最后几年,德里达病得相当严重,时常需要可怕的化疗,但他坦然面对病魔,继续思想道路。①

第二节　退场:莫衷一是的褒贬评说

探究别人死后的状态,尤其是要探求别人死后的思想,本身就是一种纠结。因为人的思想是最变化无常的,即使是在人死掉之后也还是会变化的。这件事是我不想去做的,但这件事我又应当去做。自从走入德里达,我的身心与灵魂就不再安宁。死亡是肉体和精神的完全消逝,是在场的彻底离场。死者倘不被活人记住,那就是真的销声匿迹了。可德里达并不这样认为,他认为,死亡只是退居幕后。死亡会把幕后的东西呈现在我们面前。这些不经意就会出场的东西,让我们在惊恐中反思。他把这些东西称之为"幽灵"。幽灵往往令人极度不安,人们对幽灵有着双重恐惧。只要能忘记过去的一切,我们就能重获新生,但有些东西是不能忘记的。德里达的"幽灵"就是这样的东西。

2004年10月8日,雅克·德里达这个名字退场了,成为一个四处漂泊、弥行弥远的"幽灵"。本书借用"幽灵"一词,只是比喻,用以说明人死后其精神、思想对后人的纠缠,在后人中引发的争论、思考等。德里达的"幽灵",即德里达的思想

①　德里达晚年很关注"宽恕"的问题,并认为"宽恕不可宽恕的"才是真正的"宽恕"。马克思与德里达的立场显然不同,马克思的个人目标是,为了全人类的幸福而奋斗,就是最幸福的人。而德里达显然不想为成为最幸福的人,而去做一些事。在他看来,无论如何,残害自己的同类都是不正确的,即使打着正义的旗号。他晚年关注死刑,并呼吁废除死刑。

对后人的纠缠。一个人一旦离开这个世界，他就丧失了出场的权利，获得离场的意义，而变成一片片可涂抹的碎片。他者死后，我们只能与纠缠不清的记忆为伴，因为，后人的祭奠与怀念，往往脱离不了时代的色彩和个人的印记，所以，我们所怀念的德里达其实已经不是那个纯粹的德里达了。况且，每一个人本身都有不被理解的方面。马克思的"幽灵"是这样，德里达的"幽灵"也同样如此。

德里达一直强调马克思的"幽灵"是复数——不是"幽灵"，而是"幽灵们"①。没想到，德里达死后，变成"幽灵"之后，人们对他的评价也是多种多样。在他离世后短短一周时间内，褒扬和不屑的声音充斥在世界的诸多角落。本当盖棺论定的时刻，却众说纷纭。有人扼腕捶足，称他的离世是"法国思想界继萨特去世后最大的损失"；有人拍手称快，称他是"一个江湖骗子，终于一命呜呼"……到底该如何评价德里达？他是"刚强骨气的仁人志士"，还是"追赶潮流的学术小丑"？是"睿智的学者"，还是"虚伪的江湖骗子"？是"坚贞的思想大师"，还是"罪恶的贩毒分子"？这些本不相干的评价，都出现在德里达身上。

关于德里达的评价，就像高原上的风，不是一缕。如何面对这些评价，是我们解读《马克思的幽灵》的前提。

然而，被诅咒、谩骂的不一定就是小人。② 马克思不就曾经是他那个时代受贬斥、驱赶的人？今天，面对德里达是谁这个问题，虽然我们依然有点手足无措。但毕竟德里达在这世界已经走了一遭，他曾经的一串串或深或浅的人生脚印不会马上就从人们的脑海中消失。于是，"德里达是谁"这个问题，就不是完全无解的。

他是解构主义的主要代表、著名的犹太哲学家；他是喜欢闪烁其词而又爱自我辩解的家伙；他不是个好学生，多次被赶出学校，50岁那年才获得博士学位；他是一个好情人，虽然弥留之际的他，祈福"同性结合"，期望消除婚姻，但他始终未与结婚几十年的糟糠之妻离婚，尽管与另一位女哲学家"偷情"，并育有一子；他被一些传统哲学研究者骂为"学术骗子"，认为他的解构主义除了破坏一无是处。甚至，他还曾被捷克警方当作一名罪大恶极的毒贩……这些对立的两极都在德里达的身上体现出来。德里达究竟是天使还是魔鬼，究竟是深爱人类的哲人还是口是

---

① 《马克思的幽灵》的法文本题目是"Spectres de Marx"，德里达用了复数来表示马克思的"幽灵"有很多个，而非只有一个。

② 马克思遭到资产阶级的无理谩骂和诅咒，只不过因为马克思思想会触动他们的利益。资产阶级用各种手段驱赶马克思，让马克思的生活充满艰辛。马克思和燕妮总共生了四女二子，只有3个女儿长大成人。活下来的3个女儿：大女儿珍妮39岁去世；二女儿劳拉和丈夫自杀；三女儿艾琳娜最后也和爱人自杀。马克思一生过得贫困潦倒，也许正因为过得很辛苦，才更渴望改变不合理的社会制度，才有了解放全人类的宏伟理想。

心非的伪君子？也许,他本来就一半是天使,一半是魔鬼。人性是复杂的,马克思说,人所具有的我都具有。作为哲学家的德里达当然具有人的一切东西。人性的好与坏、善与恶都在他身上有所体现。对于德里达身上的微小缺点,我们无须介怀。因为,这是人的共性。就如孟子所说,人皆有善端。其实,有时候天使与魔鬼仅在一念之间。

我们无缘无故地来到这个世界,又无缘无故地死去,真像一场游戏。也许我们日常谈的都是无关紧要的琐事,只有学会生活才是最重要的事。我们随地球漂浮在太空中,生命本身就是一种很庞大的神秘存在。生存与死亡,都是我们需要用勇气来面对的。德里达之死使我们有了平和看待他的机会。死亡给了我们哀悼的义务,而哀悼的目的常常是为了呼唤"幽灵"出场。而"幽灵"的出场,首先是需要通过辨认墓地来进行的。因此,为了召唤德里达的"幽灵"出场,我们需要确定墓地里面埋葬的东西,即"幽灵"的原型。人生需要热爱、同情和敬畏。生命的本质不是享受幸福,而是承受灾难。不能承受不幸才是最大的不幸。高贵的灵魂都蕴藏着深刻的悲观。这种悲观掺杂着无法消除的绝望,绝望于整个人生和世界。在一个窒息和痴呆的社会,人的生存真是如履薄冰。要生存就必须服从现实,而所谓"现实",便是不去做不可能、不合逻辑和吃力不讨好的事,在有着无数可能、无数途径、无数选择的社会,找到自己的最佳位置,在情感和现实之间找到一个明智的平衡支点,避免落到一个自己痛苦、别人耻笑的境地。当然,一切终会过去,就像宽阔的大海,再大的狂风巨浪,都会归于平静。如今,德里达撒手人寰,他在人间所有的在场意义也一齐消散了,喜欢他的人感到由衷的悲痛,仇视他的人感到特别的快意。他的妻子,他的情人,谁又知道她们的感受如何？可是感到轻松和快意的不少,德国《明镜周刊》不就毫不隐晦地把德里达叫作江湖骗子吗？① 一个哲学家居然被人称为江湖骗子,他的离去,好像是一种解脱。他们笑着看他出殡,简直要摆酒庆祝了。

德里达被一些人恶狠狠地诅咒,甚至在他死后也不宽恕他,这似乎让人难以理解。但是只要我们稍稍回顾一下思想史,就会发现这并不奇怪。雅典公民用"民主权利"终止了苏格拉底的喋喋不休,只因为他刺痛了希腊的良心;斯宾诺莎被禁止回到祖国的土地,只因为他向往自由;晚年的尼采终于用发疯来缓解痛苦,只因为他崇尚纯粹的生活。思想家的人生之路充满坎坷。真正的哲人几乎总是

———————

① 《明镜》周刊(德语:Der Spiegel),常译作《明镜周刊》,是一个在德国发行的周刊,每周的平均发行量近110万册。1947年创刊,用德文和英文在汉堡出版。在德里达去世后,它发表了《江湖骗子,一命归西》的评论文章。

不幸的,他们可以很轻松地宽恕一切,世界却从来都很难宽恕他们;他们替大众追问生活的意义,却往往被认为是无事生非。他们很难被大众理解和接受的主要原因就是他们的智慧总是超出时间的限制,他们的思想总是跨越空间的阻隔,对于俗世的人来说,他们就是怪人与疯子,因为他们的言行总是那么与潮流格格不入,所以他们被妖魔化。哲人的痛苦是不小于精神病人的,因为,他们是清醒的却是绝望的。是的,我们很难超越平凡的生活,而当哲学家试图超越时,我们却百般阻挠。雅典法院以莫须有的罪名审判苏格拉底,并非要彰显什么正义和高贵的神的智慧,而是要置他于死地,只是因为他揭穿了承认无知才是智慧这一事实。德里达也充满忧患,时刻清醒,没有僵化的粉饰,没有假意的奉迎,只有勇敢与执着,他毫无保留地向你谈起自己对传统思想的真切感受。

作为一个现时代的哲学家,德里达同样受到了诸多误解。因为他从不跪拜在权威的脚下,而是站着生活;因为他从不屈从于思想的专制,而是主张独立的思考和精神的自由;因为他反对僵化的同一,而主张多元与差异,所以,他的离世招致如此冰炭水火的评价。纷纭的评价不过是表明:德里达虽然退场了,但他的思想却不断纠缠着人们,让他们不能泰然。

当然,德里达逝世后,出现多元化的评价也符合历史法则,因为逝者离去之后就只能像庐山一样,永远屹立在历史之中。不同历史阶段的人们,都会站在不同的角度,对历史人物进行重新审视。现实的苦难,凸显了追求精神家园的重要。童心的纯真,凸显了精神家园的美丽。黑暗中的人们应该更渴求光明,可现实与之相反,人们不但不渴求光明,反而压制任何形式的革新与进步。人的生活没有了爱,就是动物的生活;人的生活没有了纯真,就是地狱的生活。德里达虽然也是在揭示以往思维模式的弊端,但它的重点不在于记述过去,而在于抨击无情的现实,哀叹精神家园的失落,表达对真善美的追求。德里达除了控诉令人窒息的人情世态外,更主要的是讴歌儿童的纯真与善良,以达到唤醒世人的良知、革新居民的思想的目的。德里达的文风散乱,没有清晰的逻辑,继承了后印象派、达达派和至上主义等艺术实践观点。面对大众堕落为景象的奴隶的惨痛现状,德里达倡导用想象力的艺术革命祛除现实的苦难。这显然具有乌托邦色彩。他书写的不是"刀光剑影"的"横眉冷对千夫指"与"我以我血荐轩辕",而是悲凉的心痛,是纯真、自由、淳朴的家园遭到侵蚀的悲凉。

真理的探求,从来都不是只有勤奋和汗水就能完成的,他更需要勇气和百折不挠的精神。德里达生前从不把污蔑放在心上,他把它们像蛛丝一样轻轻抹去。真正的哲学家就要勇敢地去做一颗铜豌豆。不论处于顺境还是逆境,都要坚持不懈。命运即使开再大的玩笑,也要坦然面对。俗人都在快乐地顺从生活,而哲学家为什么要痛苦的思考呢？答案只有一个：为了更好地学会生活。真正的哲学家会悲悯世人的磨难，做一个内心柔和的人，把握好自己能掌握的那部分命运。正如木经雕琢方成佛，真正的哲学家也必定经历了一系列磨难。但磨难从来都不能把他们打倒，因为他们有一个信念：这个世界上一定存在着善良，值得我们奋斗到底的。

蜡烛的意义绝不仅仅是燃烧自己，而是带来了光明。德里达的人生历程给我们的启示就是，活着就应该真心地做些有意义的事，就要勇敢地去做一个有骨气的人。德里达作为20世纪法国著名的学者，既拒斥时代潮流，又追赶时代潮流。德里达作为解构主义的鸣锣开道者和鼓手，他通过反抗时代潮流，以唤醒人们回归纯真的生活，历经磨难真情在。德里达历经人生的坎坷，才明白了童真的可贵。回归故园是永恒的话题。为了使人们学会更好地生活，真正的哲学家会正视命运的磨难，做一个内心坚强而有担当的人，不屈服、不放弃。因为有坚定的信念，真正的勇士从来不能被打败。在这种执着的追求中，德里达完成了对理想精神家园的追求，成了黑暗中盛开的一朵希望之花。德里达对精神家园的追寻，是在黑暗中寻求希望之光，是在细雨中呼喊彩虹，是在残垣断壁中用心灵歌唱。德里达对精神家园的追寻，是以追求真善美为基础向"天国"的迈进，是无路可走后的坚定与执著，它让希望和信心穿越荒漠到达永恒。

解构主义作为"思想生活"断裂处的呈现，给日常生活带来了希望。平日就是麻木庸常的日子，德里达把平日的时间撕裂，导致人生中最有价值的一个希望的呈现。在晚期资本主义，生存法则是比道德法则还要高尚的"道德法则"。一切善良和宽容，不过是可笑的佐料。于是，"爱"在彼此的仇恨中沦落。人心险恶，勾心斗角让整个社会乌烟瘴气。每个人都鄙视别人而不屑面对自己的错误与丑陋，不屑坦诚地剖析自我。什么道德、律法，在欲望面前都成了毫无用处的垃圾。解构主义体现着特定的道德价值观。它是灵动的世俗图画，是立体的复调乐曲，是曲折的社会批判诗，是道德之花的萌芽，是超脱之果的凝聚，是喧哗的尘世风景和冷静决然的情感在空间的定格，它引发无限遐想。我们面对的并不是冷冰冰的道德说教，而是浸透了泪水和微笑的真挚探讨。德里达通过描述虚无的思想和冷酷的世态，表明道德应该成为人生指南。当我们把道德当作自律，看作责任，不再给道德添加太多功利意义之时，心态便会平和下来。因此，我们需要用道德约束欲望，用良知抵制迷途幻梦，才能在人生旅途中获得坦然和刚强。

现实并不是一帆风顺，日子里有诸多不开心，像在黑夜里行走看不到希望。可希望是人们的精神之树，心灵之花。它可以产生各种各样的奇迹。当善良与真爱在现实中化成泥土尘埃之后，希望是建构未来的唯一图腾。作为写作的大师，德里达在描写刻画上已经进入自由的王国。他寥寥几笔就为我们勾勒了一幅理想的精神家园画卷。故乡的精神家园并不是完美无瑕，可它丰富了人们的思想，滋润了人们的灵魂，培育了良善。这样的精神家园如同灵魂的理想栖息之地，它带给人们春天的气息、烂漫的朝气、纯真的魅力、雪白的信念。智慧的代价就是痛苦，要生活就必须坦然。大家都有自己不经意的放纵生活，也有内心柔弱的时刻。自己问心无愧，那就是美好的生活。君子养浩然之气，太阳出来，乌云就会散去。世界本是幽暗混沌，是爱给世界带来光明。在喧嚣烦躁的尘世中，德里达使我们获得了心灵的宁静，引发了我们对真善美的渴望与追求。正是靠着勇敢和热情，他不顾一切，只是狂热地追求着自己的理想。

本章小结：

本章通过叙述德里达的人生轨迹和他去世后纷纭的评价，说明了德里达及其思想的复杂性，揭示了在德里达"退场"后，研究他的解构思想的现实意义。

通过德里达的人生轨迹，我们可以看出：德里达是永远行进在路上的人，永远追求真理和正义的人。如今，德里达逝世了，但德里达的思想仍在发挥潜在的作用。因为他所关注的"问题"至今仍然没有解决。我们仍处于一个混乱的时代。德里达之死使我们有了平和看待他的机会。死亡给了我们哀悼的义务，而哀悼的目的常常是为了呼唤"幽灵"出场。因为，死亡只是退居幕后。死亡会把幕后的东西呈现在我们面前。这些不经意间就会出场的东西，就是"幽灵"。而"幽灵"的出场，首先是需要通过辨认墓地来进行的。因此，为了召唤德里达的"幽灵"出场，我们需要确定墓地里面埋葬的东西，即"幽灵"的原型。

在德里达失去在场的意义之后，适宜的是与德里达的"幽灵"一起去追寻生活的意义。精神家园毕竟只是人期待的梦境，而不是一个现实的所在。德里达在梦醒而又无路可走的彷徨中追寻那守藏的但同时是遮蔽的家园。这样，德里达的精神家园就有了双重特性：一是忧愁孤独，表现为痛苦、烦躁、彷徨。二是欢乐希望，表现为战斗、执著、信念。因为希望，这分裂性的两重特性得到暂时的和谐。因为希望，德里达沿着分裂的症状继续前进。不论现实多么灰暗残酷，我们都应该怀着宽恕的心对待一切。因为世界上总有一种真爱，是只知付出，不求回报，永远都无怨无悔的。因此，让我们带着感恩的心，走上人生的风雨路。我们需要在智慧的引领下，与现实功利保持距离，与善良结伴而行，才能在思想之路上从容前行。

德里达说,"唤起记忆即唤起责任"①。我们追忆德里达"幽灵"的原型,承担的责任就是唤起正义和良知。其实,正义和良知就生活在我们身边,只是我们有时选择了遗忘。②

---

① 〔法〕雅克·德里达:《多义的记忆——为保罗·德曼而作》,蒋梓骅译,中央编译出版社1999年版,第1页。
② 维护正义是共同的责任,尤其是社会、政治的责任,而达到真、善、美则是个人的权责和追求,正义与良善既互补又不同。善良是品质,正义是良善发挥的条件,而善良又能促进正义的实现。社会需要正义,个人需要修养。个人需要不断"克己复礼"以适应社会,也需要建立公平正义的社会以保障个人的权利。

第二章

思考"幽灵"的方法：德里达解构思想及溯源

东欧剧变之后，就在不少一向以"正统马克思主义者"自居的人纷纷倒向自由资本主义而对马克思主义落井下石之时，原本漠视马克思主义的德里达却开口为马克思说话了。他的《马克思的幽灵》中的诸多词句，如"没有马克思就没有将来"，"我们都是马克思主义遗产的继承者"等，已成为我们频繁引用的名言。

德里达解构思想的出场形态体现于其两歧性的文本和多重性的思想语境。作为一种哲学的某种非哲学思考，德里达的解构是对西方传统形而上学哲学中以逻格斯(Logos)的"在场"为中心的二元对立的等级结构的解构。"逻格斯"来源于古希腊哲学，哲学家赫拉克利特最早采用了这个范畴，指称一种隐秘的规则、理性的秩序。德里达认为，西方文化就是逻格斯中心主义的。"逻格斯"等同于中国的"道"。德里达解构中心、定见，建构多元、开放、模糊，从历史与现实的边缘寻找价值。德里达忠实于历史，记住了历史。正是沉重的使命感与忧患意识，使他选择了批判。本书要探讨德里达眼中的马克思形象，这就不得不涉及德里达的早期解构思想。因为德里达对马克思的解构，始终贯穿着早期解构的理论和方法。因此，《马克思的幽灵》无疑是德里达运用其解构理论与思维分析马克思主义的成果。要理解德里达的《马克思的幽灵》，首要的是需要了解德里达的解构理论及其特征，以及德里达思想的渊源。

第一节　两歧性：解构思想的文本

解构思想的文本批判是通过对文本进行外在性的解读实现的。德里达的解构(Deconstructivism)概念已经深入人心，但是当被问到究竟什么是解构时，人们又似乎无言以对，最根本的原因是我们不知道德里达解构思想批判的方法与思路。暴力可以消灭人的肉体,却不能杀死一个"幽灵"①。如今,德里达离世了,但他的"幽灵"仍在人间徘徊。"幽灵"的踪迹之一,就是德里达两歧性的文本。德里达的著述颇丰,总共有100多种,德里达的思想发展大体可分为早、中、晚三个时期。早期著作,以《书写与差异》《论文字学》《声音与现象:胡塞尔现象学中的符号问题导论》为代表;中期的代表作有《播散》《哲学的边缘》《明信片》《丧钟》《耳朵传略》等;晚期则以《马克思的幽灵——债务国家、哀悼活动和新国际》《多义的记忆——为保罗·德曼而作》等为代表,目前德里达的这些代表作均有中文译本。

一、解构的游戏性文本

中国古代文学作品讲究含蓄与意境,这一方面固然是审美的需要,另一方面也是专制高压下的产物。德里达生活在民主的现代西方,他的文风为何还这么隐晦? 这是他的故意为之,还是情不自禁地流露?

德里达认为,"所有的意义表示都必然是模棱两可的"②,他的文本也处处充满两歧,以至有人用黑手党做比:"一个如今已经老掉牙的说法是,黑手党和解构主义之间的区别就在于,前者向你发出的提议你无法拒绝,后者向你发出的提议你无法理解。"③维特根斯坦(Wittgenstein Luding)曾经说过,把精神说清楚是一个巨大的诱惑。其实,要把德里达说清楚,也是一个巨大的诱惑。如果只是粗读,完全会把德里达视为反对真理和正义的敌人。

德里达的解构复杂艰涩、歧义丛生,而他又喜欢闪烁其词和自我辩解,这既使其思想呈现出混沌的状态,又使他突破了学科界限的壁垒,其解构思想展现出了多重性的语境。正如他曾经指出的:"这种多重性以及它在不同国家里表现出的形式的多样性,使它从一开始就是一个世界性的事物。"④德里达解构思想的出场形态体现于其两歧性的文本和多重性的思想语境。

德里达的文本零散而晦涩,文字的表达夸张而跳跃。如雄鹰之傲视寰宇,慧眼背后是一对如椽的铁翼。德里达应该是性情中人,思考所至,即笔端所至,所以

---

① 这里借用"幽灵"一词,如同前面注释的,指代的是思想对后人的影响和纠缠,德里达的"幽灵"指称的就是德里达的思想对后人的影响和纠缠。
② 〔法〕雅克·德里达:《多重立场》,余碧平译,生活·读书·新知三联书店2004年版,第21页。
③ 〔英〕斯图亚特·西姆:《德里达与历史的终结》,王昆译,北京大学出版社2005年版,第29页。
④ 〔法〕雅克·德里达:《多重立场》,余碧平译,生活·读书·新知三联书店2004年版,第125页。

德里达的文字没有踪迹可寻。"落叶满空山,何处寻行迹",德里达文本的思路与众不同,用语新颖奇特,文字就像天空下雾蒙蒙的毛毛雨,让我们感到飘忽不定,一头雾水,抓不到丝毫的踪迹。也许是故意,或者是无心,德里达的文本也看不出个人经历的影响。他的文本风格属于过分"精英化的写作"①,这给我们的理解设置了大量障碍。

　　德里达的写作近似一种文字游戏,而"这种文字游戏充其量不过是一种诡辩式的胡言乱语,几乎算不上是严肃的、寻求真理的讨论"②。德里达的文本不只难懂,他的思想产生速度又极快:"德里达不同寻常的出版速度既令人难忘又令人气馁。"③正是这些因素,把我们和德里达隔开了距离。德里达来到了不属于他的时代,他的一意孤行和疯狂偏执的解构,注定让那些深受传统逻格斯中心主义影响的人接受不了。也许,文本的难度造成了德里达的寂寞,他往前追溯没有知音,往后眺望不见来者。德里达自己就曾明确宣称,虽然以后可能会出现几十个能看懂他的书的优秀读者,但现在的人们还没有开始读他的书。

　　德里达以随心所欲的高超技术与解构策略进行文本创作,既没有遵循固有的学术规范,也没有清晰可辨的道路,更没有确定的思想主题,文本花样繁多,着笔天马行空,不留痕迹,不被理解是其常态。与其说德里达的写作是在寻找真理和意义,不如说他的写作是在文字游戏中自由嬉戏。德里达的文本"通过无限的循环和指称,从符号到符号,从描述者到描述者,在场本身不再有地位;没有人为任何人而存在,甚至不为他自身而存在;人们再也不能支配意义,人们再也不能中止意义,意义被纳入了无穷无尽的意指运动中。符号系统没有外观"④。德里达的智慧就在这种互文的写作中显示,当真理和意义被消解,文字的形而上意义便消失殆尽,德里达的文本便散落地呈现在读者面前斑驳陆离如锦。德里达认为每一个语言符号包括了由能指与所指两个部分。所指即当能指这样的声音—形象在社会的约定俗成中被分配与某种概念发生关系,在使用者之间能够引发某种概念的联想。读者面对的不是有确定意义的"所指",而是模糊混乱的"他者"⑤。

----

① "精英化写作"这一说法,是相对于"大众化写作"而言的,德里达在文本中,用创造性的文字方式表达思想,一般的读者是难以读懂的,因为它充满了拗口的词汇。

② C. Norris:*Derrida*,London:Fontana press,1987,p. 79.

③ 〔英〕克里斯蒂娜·豪维尔斯:《德里达》,张颖、王天成译,黑龙江人民出版社 2002 年版,第 3 页。

④ 〔法〕雅克·德里达:《论文字学》,汪堂家译,上海译文出版社 1999 年版,第 339 页。

⑤ "他者"(the other)和"自我"(self)是一对相对的概念,西方人将"自我"以外的非西方世界视为"他者",将两者截然对立起来。所以,"他者"的概念实际上潜含着西方中心的意识形态。宽泛地说,他者就是一个与主体既有区别又有联系的参照。

德里达解构了传统的语音中心主义(phonocentrism),认为相比于语言,文字具有更为丰富的表达空间,文字更能表达心灵。因此,他主张在文字中寻找"他者"。在德里达看来,语言一旦成为文字,就既不能控制其意义,也不能掌握其被解读的过程,在这种创作者和意义双重退场的情形下,文字成了可以被不同读者不断解读的东西。每个读者都可以把自己的经历、体验加入阅读中,从而使文本具有新的意义,解构就是让阅读者或者信息接收者,开始参与主导意义的产生。"如果说写作的焦灼不是也不应是被确定了的一种精神情感,那是因为它本质上不是作家经验性的变动或感情,而是对这种焦虑的责任,是那个必要狭小的言语通道的责任,因为所有可能的意义都在那里相互推挤互相阻挠以挣脱显形。"① 因此,德里达在写作时尽量保持文字的原生态样貌,尽量保证行文的随意性和流动性。德里达的文本的另一个特点是有大量的脚注。这些富有穿透力的脚注或许透露着德里达解构思想的蛛丝马迹。但这些脚注不仅仅是些引证,更多的是些支离破碎的思考片段。而支离破碎就是德里达的写作方式和风格。② 德里达明确宣称:"诚然,如果有许多非常优秀的读者(可能,在世界上可能有几十个),实际上,这将在不久后有机会出现;但另一方面,在我死后十五天或一个月,什么都不复留下,除了在图书馆的正规收藏。我向你发誓,我由衷而同时相信这两种假设。"③ 到处是悬崖峭壁,到处是歧路弯道,只有无限自由后的迷茫,历经沧海桑田后的孤独。既然有无限选择,那就是没有选择;怎样都行就是无论如何都不行。只有叹息、绝望、犹豫,失去判断力,却欲罢不能。作为读者,与德里达的狭路相逢,既是痛苦的思考之路,又是艰辛的朝圣之旅。

因此,接近德里达的困难可能是我们面对德里达著作的开始。书写本身是自由的行动,文字是自由的,禁锢书写是一种遮蔽。在著作中,德里达不断采用现象学的方法,引入符号的象征意义,让文本的意义变得多元化。他平铺直叙的语言风格让其在意境营造上获得了充分的能动性,打破了特定时空中客观事物的局限,同时也给读者提供了广阔的想象空间,使文本中的有限意象蕴含着无限的思想内容。面对德里达的著作,我们能打开书卷,却不识其中的文字;能看清字句,

---

① 〔法〕雅克·德里达:《书写与差异》,张宁译,生活·读书·新知三联书店2001年版,第19页。
② 王国维在《人间词话》说:"古今之成大事业、大学问者,必经过三种之境界:'昨夜西风凋碧树。独上高楼,望尽天涯路。'此第一境也。'衣带渐宽终不悔,为伊消得人憔悴。'此第二境也。'众里寻他千百度,蓦然回首,那人却在灯火阑珊处。'此第三境也。"以笔者看来,德里达的思想大抵也应该经历了这三种境界。
③ 这是德里达在最后的谈话——《我正和我自己作战》中对自己的文本评价。由此可见,德里达清楚自己著作的晦涩性,也表明了他知音难觅的落寞心情。

却不懂言语的意思。就像面对天书,我们不知从何处开始解读;就像面对五行阵,我们找不到出去的路;就像面对一只刺猬,我们不知道从哪里下手抓住它。读德里达,最痛苦的莫过于他把我们带到一个无极的处境之中,在这个境况中,处处充满了选择,歧路,但却又不是一无所有的虚无,也不是怎样都行的自由,而好像如此,也许如此,怎样都不能获得圆满⋯⋯叹息,绝望,犹豫,失去判断力⋯⋯我们心中充满彷徨,就如同陷入单相思,明明知道不太可能有结果,可还是控制不住自己的胡思乱想。但这就是哲学。哲学就是让那些想理解它的人欲罢不能。对于德里达的文本,我们既不是重整乾坤的哈姆雷特,也不是能够理解他的伯乐,而只是一个匆匆的过客。何况,疯狂是不需要理解的。我们注定只能是悲惨的遭遇。也可能只是走马观花,蜻蜓点水。包括解构主义在内的西方哲学是棵大树,枝繁叶茂。我们只能摘取几片树叶。德里达的文本的确很少有人理解。早在1992年,就有人直言不讳地指出:"阅读德里达的麻烦是,出汗太多,回报太少。"①这是英国杂志《经济学人》对德里达文本的评论,该年剑桥大学决定授予德里达荣誉博士学位,为此支持派和反对派争论不休——此后,德里达的思想才逐渐为一些欧洲学者接受。那么,德里达的思想真的就不可能被清楚地解读吗?显然不是。实际上,再隐晦难懂的学说也有能读懂的一天。对于德里达的文本,只有努力是远远不够的。但不退缩,起码是一种态度。

德里达的文本很容易让人坠入其温柔的怀抱,让人很难刻意保持我之唯物主义对他唯心学说的藐视,从而让人在无意识、不知不觉的情况下,就被一些冥冥的驱动力量所控制。对与错,爱与恨,君子与小人,文明与野蛮,美丽与丑陋,善良与邪恶,一对对泾渭分明的概念,控制着人的价值判断,阴阳对立,非此即彼。德里达消解了这一概念,让人意识到世界的多元。德里达让人突然意识到为什么就没有第三条判断标准。解构主义想努力摆脱它们,可它们如同一条巨蟒紧紧地缠住人的头脑。于是,读者感到自己思想充满偏见,尽管读者不是故意的,可当读者意识到自己的愚蠢时,难见其真人。德里达的读者就像被幽灵引导的人,在人生的十字路口。这种引领并没有经过读者的审查也没有问明读者的目的,在不由分说中,就让读者的行程陷入一种不辨方向的泥潭。关键是,此时读者也是可以拒绝的,可读者只是麻木与冷漠。读者的脑子一片空白,只能像被摄取魂魄一样,追随德里达的幽灵,一道去经受解构世界的浑噩与欢愉。

听智者斥责胜过听愚者唱歌,渐渐地,读者每天都沉醉在解构中。游泳在解

---

① 在一些分析学者看来,德里达的著作毫无建树,只是充满了愤恨的情绪,不值得阅读。这也符合西方的宗教文化传统:要多付出,去关爱世界和他人,而不是批判和仇恨他人。

构的海面上，食无心，睡无意。虽然脑袋被解构得支离破碎，可读者依然沉迷于这种半梦半醒的状态。尽管读者明白解构德里达是艰难的事，但在内心深处还是有一种说不出的兴奋。就如同新生的婴儿极其渴望纯白的奶水，也如同一个六神无主的人极力想通过外界事物证明自己。读者希望抓住德里达这根救命稻草，走出世俗的污泥，不要让自己继续在尘世中沉沦。在那一瞬间，生活的诗情充满了读者早已不再年轻的人的心。越是想不通，越是纠结；越是得不到，反而要穷追不舍。读者就如同一个掉进暗恋深渊的孤家寡人，一心一意想要弄明白德里达的微言大义。读者渴望能走进德里达的内心世界，与他进行亲密接触。每天沉迷于这种状态。一个幽灵也不断出现在读者的面前，使读者像哈姆雷特一样，犹豫不决，怀疑世界，怀疑感情。德里达文本的一丝一角都使读者痴迷。

德里达文本的内容和信息量着实丰富，很多晦涩抽象的哲学话题，内容对于普通读者而言，实在有点高深，很难懂。德里达不停地游荡，从这里到那里，不停遭遇各种各样的人，和他们谈话，谈论不同的话题。他不停地醒来又睡着，反反复复，一度以为自己已苏醒，却又坠入梦境中。他一次次摆脱，一再苏醒，究竟是真实的人生还是荒谬的梦境。梦只要不停止，那就是真实的；那么，人生不也可以这么看？那么，是不是很多人也是在这样的反复中？理解他们，必须先理解自己。死亡、生命、虚无、恐惧、幻想、梦境……并不是说我们必须沉寂在这样的不间断的思索中，不断难过压抑。只是在说，多些时间抚慰心灵，听听心的声音。

德里达写了将近一百本著作，在这些著作中，他不断变换自己的理论立场，加上他的写作本身就是对翻译之不可能性的经验，他的著作拒绝有效的翻译，因此，他的文本呈现出相互矛盾的特性，即"两歧性"。这种"两歧性"使德里达的文本从一开始就是一个复数的"幽灵"，不同的学者能以迥异的角度对它做出完全相反的解读。德里达从来不曾使我们能在一种单义的认知方式中有效地谈论他，在"德里达"的署名下面，是从来无法还原的多义性。

二、解构的解读模式

正如对马克思的解读存在着"以西解马""以苏解马""以马解马"等多种模

式①,国内外学界对德里达解构思想也存在着多种解读。

在国内,围绕着解构的性质,对德里达的文本主要有"文字游戏说"和"生命运动说"两种解读。"文字游戏说"由张隆溪最早提出,他认为:德里达的文本就是杂乱的文字堆积,解构除了消解,毫无建构,它只能导致走向虚无主义。"生命运动说"以郑敏、白艳霞为代表,他们认为:德里达的文本体现的是浓厚的反理性主义的人本价值。

这两种解读模式,可以说从不同角度看到了德里达文本的特点和意义。其实,德里达的文本的确晦涩性的特点,但这种晦涩性特点恰好给不同的解读提供了方便。这也显示出德里达思想的多元性和复杂性。因此,面对德里达的文本,仅仅有这两种解读模式显然是远远不够的。

在西方,围绕着德里达的思想内容,对他的文本主要存在着三种解读模式,即"保罗·德曼式解释""列维纳斯式解释"和"尼采—海德格尔解释"。

第一种解释模式把德里达的文本视为游离于文学与哲学之间的"语言游戏"。这种解释模式主要关注的是德里达的早期文本。这种解释模式认为:德里达始终保持着对文学的热爱,并从解构的语言观出发,创造出了一种哲学化的文学语言,从而打破了哲学与文学之间的壁垒。持这种观点的,有费里(Luc Ferry)、雷诺(Alain Renaut)等人。他们认为德里达的文本打破了文学与哲学的界限,既不是纯粹的哲学文本,也不是纯粹的文学作品,而是两者的结合。在德里达看来,语言是一种符号,本质上是一种游戏,没有最终的所指。语言的意义最终是不确定的。在解构了"逻格斯中心主义"(logocentrism)之后,文本就只剩下文学了。德里达一生的文笔令人捉摸不定,本身就不像是哲学的手法,其解构也是先从文学开始的。

第二种解释模式更多地把德里达的晚年著作考虑进来,这就是德里达所谓的"政治伦理学转向"②后写的一系列文本。这一解释模式认为:德里达的晚年著作深受列维纳斯(Emmanuel Levinas)"他者"思想的影响。这种解释模式把德里达

---

① 国内外学者对马克思主义有多种解读方式:"以西解马""以苏解马""以马解马"。"以西解马"是采用西方哲学,特别是采用西方马克思主义人道主义的方法解读马克思主义,认为马克思主义也注重人的发展,这种解读方式特别重视马克思的早期文稿;"以苏解马"是用苏联理论界的观点,特别是采用列宁、斯大林的观点解读马克思主义,强调马克思主义是科学;"以马解马"是用马克思、恩格斯著作中的观点解读马克思主义,这是我们应该坚持的解读方式。

② 国内外的一些学者认为,德里达的思想在晚年发生了一个"政治伦理学转向",这种观点的论据就是:自20世纪80年代以后,德里达发表了一系列探讨政治、宗教和伦理问题的著作。本书对这种看法有所保留,并认为,德里达对政治、伦理是始终关注的。但单从德里达的文本看,他的确在晚年写了大量探讨政治伦理等方面内容的著作。

的晚期文本与早期文本截然分开,认为晚期文本只是德里达运用早期解构思想对现实生活的干预。德里达晚年的"幽灵政治学""他者伦理学"等思想是从列维纳斯及其好友布朗肖(Maurice Blanchot)的思想中发展出来的。这一解释模式是把德里达的思想分为理论的与应用的两个部分。

第三种模式是把德里达的一系列文本都考虑进来,认为它们始终贯彻着对传统形而上学哲学的批判。这种解释模式认为德里达继承了尼采、海德格尔等人反传统形而上学的精神。如哈贝马斯(Jurgen Habermas)认为,德里达的功绩就在于解构了西方传统的形而上学哲学。而这一反传统形而上学的精神承自尼采、海德格尔等人。哈贝马斯认为,德里达是因为不满于西方几千年来贯穿至今的哲学思想,所以对那种传统的不容置疑的哲学信念发起挑战,对自柏拉图以来的西方逻格斯中心主义传统大加鞭笞。

这三种解释模式,可以说看到了德里达著作包含的哲学、文学、政治伦理学等方面的内容。其实,德里达文本涉及的内容远不止这三个方面,这三种解释模式都存在一定的偏差,因为德里达作为一个伟大的思想家,其思想是多元的复杂体系。因此,面对德里达的文本,任何一种单一的解读模式都是不科学的,至少是不全面的。

德里达打破了学科之间的界限,"德里达主要关心的一件事就是要打破各学科领域的严格界限"①。但总体来看,德里达的文本表现出了两种倾向:一是强调哲学和文学的亲戚关系;第二是突出哲学和政治的联姻关系。

针对第一种趋势,德里达指出,尽管哲学家自以为超越了文本的隐喻结构,生产出一种净化了的语言,但哲学和植根于隐喻和修辞基础上的文学一样,都是语言符号系统。"在文学中,哲学语言在某种意义上也是一直存在的。"②在德里达文本中,哲学与文学的关系如此紧密,以至有人把解构当作文学对哲学的报复。而德里达认为:"我的文本既不是哲学的表示,也不是文学的表示。"③他自己既不属于哲学家,也不属于文学家。但事实是"无论在哲学界还是文学界,现在没有一个思想家可以忽略雅克·德里达的作品"④。第二个趋势是,德里达晚年愈来愈关心现实,他不仅用政治观点回答与他有哲学分歧的人,也用他的行动表明自己

---

① 〔英〕克里斯托弗·诺里斯:《德里达》,吴易译,昆仑出版社1999年版,第2—3页。

② 〔法〕雅克·德里达:《德里达与凯尔尼的对谈》,见凯尔尼主编:《与当代大陆思想家的对话》,曼彻斯特大学出版社1984年版,第83页。

③ 〔法〕雅克·德里达:《多重立场》,余碧平译,生活·读书·新知三联书店2004年版,第79页。

④ 肖锦龙:《德里达解构的思想性质论》,中国社会科学出版社2004年版,第3页。

的哲学观点。德里达说,哲学在生活中有时是具有政治意义的东西。

海德格尔(Martin Heidegger)说:"语言乃存在之家园,人类在这个家园里诗意地栖息。"在海德格尔看来,语言不仅仅是交流、对话、交往的工具,也是人类存在的方式,跟艺术一样,它既保存了人类的历史,又彰显了人类的现实存在。人类活在自己的语言中,语言也是具有感情的,它有着人的喜怒哀乐等情绪。理想和现实结合的创作原则既赋予文本以自然的结构美感,又使文本既讲出了人的生存与时代的普遍性,又讲出了超越时代的永恒性,从而使德里达的文本结构具有了真善美品格。意境是写作和欣赏、评论文学作品的一把标尺。意境有主客统一、情景交融、虚实相生和韵味无穷等美学特点。其实,每个人都有自己的坚持,不管以什么样的方式坚持到底都是一种幸福。德里达的文本有着混沌的叙事结构、生动形象的人物塑造和极富张力的语言,深深吸引着读者。它是凝固的图画,是立体的交响乐,是曲折的赞美诗,是善良之种的萌芽,是希望之花的盛放,是纯真之果的凝聚,是温馨的风景和安逸的情感在空间的定格,是一个由优美语言与闪光思想所构成的独特世界,它引发无限遐想,不仅可以品味一时,更可以受益一生。德里达用心记载,我们也唯有用心欣赏,懂得心灵的碰撞才会擦出最美的火花。

一些读者希望在德里达文本的字里行间,能捕捉到他们眼中的马克思形象,也希望在德里达文本里疏忽和遗漏的地方找出一点解构主义的破绽。而且,他们还天真地想,既然德里达能与马克思的"幽灵"交流,他们未必就不能与德里达的"幽灵"交流。德里达一本不太厚的小册子却把他们带进晕晕乎乎的状态,如梦如醉。一些现象学的术语,读者很是不懂。这让他们尝到了狂妄者的痛苦,也感受到了冒失者的难堪。当读者鼓起勇气准备看第二遍的时候,已经没有了一开始的激情与狂躁;那份热情冷却成寒冬的冰。因此,最初,很多读者是抱着一颗侥幸之心踏上旅程的,内心既浮躁又无知,更缺少一种内在的淡泊与安详。他们强加给德里达解构主义的是功利与目的,既做不到无欲无求,也不能放下传统思想的重负。他们希望用德里达的观点证明马克思主义仍然存在强大的生命力,但他们心里很清楚,唯心与唯物的划分原则仍像幽灵般地占据着他们的头脑,左右着他们的思维,他们心中仍存在着"非此即彼"的是非判断标准。读者知道自己见识浅陋,根本就没有达到和德里达对话的资格,也肯定逾越不了德里达与我之间的鸿沟。但是,射出的弓箭怎能回头? 何况是一颗漂泊太久的心。读德里达的书,读者感到一种虚无——世界的虚无,流动中的虚无。① 坚守是一种无言的指令。读者不自觉地追随德里达投入云端的深处。尽管云端的深处什么也没有,他们只能

---

① 世界是从"有"到"有",还是从"无"到"有"? 也许一切根本就没有规律?

得到虚无。但读者还是希望,这一追随,能追到一份心灵的安详与和谐,能追到那片象征纯真和希望的鸽子毛。读者怀着忐忑的心情,参与着解构的工作。在心灵深处,读者仍然听见解构的呐喊声从遥远的 20 世纪传来。一场臆想的消解消失了,读者即刻进入一种混乱的意识中。而此刻,读者既没有触摸到德里达文本的秘密,也没有抓住那片象征和平与善良的洁白羽毛。读者只模糊地感到,解构主义也是对新的主义的建构和追求。反叛使僵化的世界重新激活,具有创造力,灵动起来,就像一潭死水,因为一块石头被重新激发出一点活力。

德里达的文本写作也是一次朝圣旅程。解构主义的写作选题往往是很突然的。在德里达的文字里,总能让人感受到一股拂面而来的自然之风,这自然之风,如青云出岫般曼妙,似漱泉传林一样清新。德里达的文字是那样的自然,尽弃人为造作之痕,宛如山泉之曲折奔流,最后终于汇成了飞凌山岩的急瀑,震荡起撼人心魄的天籁之音! 这些意象形成了特定的画面,而有些意境是德里达在描绘的基础上联想出来的。这些美丽的意境让读者受到了美的熏陶。德里达作为一个成熟的思想家,他的行文有自己的风格,这无可置疑;面对德里达的著作,不同的人能从不同的角度做出迥异的解读,这也无可厚非。这些不同的解读恰恰从另一个方面说明了德里达思想的丰富性和多重性。

第二节　多重性:解构思想的内涵

对于解构与哲学的关系,德里达曾指出:"解构不是简单的哲学。从严格意义上讲,哲学是一种希腊—欧洲式的东西,马克思是哲学家。解构力图超越哲学思考。在哲学内部解构。"①解构不屑于与传统的形而上学哲学为伍,它要超越传统,打破学科界限,因此,解构的意义总是多重的。

一、解构的内涵及实质

德里达的"解构"概念,继承自海德格尔的"解构"(Destruktion)概念。"Destruktion"一词在德文中的意思是,从本质或结构上粉碎、捣毁、破坏某物。"Destruktion"这个词在法文中也早已存在,只是在德里达之前,很少被人使用。德里达在海德格尔的"解构"概念的基础上,赋予"Destruktion"一词新的含义。他强调,对"解构"的概念不应以拆解(dessoudre)或摧毁(détruire)来理解,而应去分析

---

① 杜小真、张宁:《德里达中国讲演录》,中央编译出版社 2003 年版,第 82 页。

形成解构理论的时代背景等因素。

尽管德里达一直很迟疑使用"解构"一词，但我们仍能从他的一些论述中概括出它的内涵及实质。

其一，解构的实质是对西方传统形而上学哲学的解构。

德里达站在后现代的高度，回溯传统，发现了西方传统形而上学哲学的缺点。德里达是不屈服传统的人，他要把旧的形而上学哲学的僵化世界击碎。鲁迅的《狂人日记》中的"狂人"面对传统礼教思想大胆地发出了疑问，德里达的解构主义则是对西方传统形而上学哲学的发问："解构主义的本质是反传统，其要害是离经叛道，或者说是对传统的经院哲学的反叛和解构。"[①]

德里达认为，西方的形而上学传统思想，以"逻格斯中心主义"和与之相适应的"声音中心主义"为总体特征，是一种"在场"的形而上学思维模式。在他看来，这种传统的形而上学思维模式是以两极的对立性或二元论为思考前提的，它将一系列范畴、概念决裂开来，螺旋式上升，最后在上帝这个最高存在物那里得到统一。在这种二元对立中，"并没有对立双方的和平共处，而只有一种暴力的等级制度"[②]。德里达认为，这种严格的二元对立的等级结构，将人类的道路最终归为一条，将人类的思维僵化为非此即彼的单一模式，除此之外，别无选择，这是对人类思想的戕害，是不合理的。这造成人们思维的表面化、片面化、简单化、情绪化，不是自大就是自卑，这是一种霸权，是接受和拒绝的极端，是欢乐和痛苦的极端。于是，德里达带着解构的激情和智慧不顾一切地向传统的形而上学开火，他把反权威作为自己义不容辞的责任。

德里达不是考据型的学者，也不是靠搜引资料引证自己观点的单面人，他只是一个本真的解构者。虽然，"任何想要界定'解构理论'的尝试立即就会遇到德里达狡黠地设在路途的形形色色的诸多障碍"[③]。实际上，解构也是一种哲学，但不是我们通常所理解的哲学。解构是面向未知、继承和转化已知的开放的思想。解构让哲学不再成为一门学问，使思想不再分化成流派，只有对话、反思、祈祷。解构是传统之子，更是传统的"叛徒"。"解构作为一种阅读和批评的模式，首先是将反传统和反权威引为己任。"[④]德里达的"解构"是对西方形而上学中以"逻格斯"的"在场"为中心的二元对立的等级结构的解构。也就是说，德里达的首要任

①　岳梁:《幽灵学方法批判》,人民出版社 2008 年版,第 11 页。

②　J. Derrida:*Positions*,Paris:Minuit Press,1972,pp. 56—57。

③　〔英〕克里斯托弗·诺里斯:《德里达》,吴易译,昆仑出版社 1999 年版,第 112 页。

④　陆扬:《德里达的幽灵》,武汉大学出版社 2008 年版,第 11 页。

务就是解除逻格斯中心主义对人们思想的束缚。解构主义批判狂热，批判对理性的膜拜，反对二元对抗的狭隘思维模式。德里达认为，应当解构传统的单一模式。当然，这一模式并不仅仅指社会的构成方式，还包括个人思维的模式。传统是我们过度、无序创造的作品。它以纯洁的面目推行着暴政。在美丽的花边下，是粗糙不堪的沉重。在这种二元对立中，其中一方高居发号施令的地位——无论是在价值，还是逻辑——都统治着另一方。人是逆天的动物，试图用自己的二元理性，解读宏大的世界，这是骄傲的妄想。德里达的解构是从批判语言中的二元对立思维入手的。在德里达看来，逻辑性决定了语言的如何表达，可实际上，人的语言并不是完全由理性控制的，潜意识起着更大的决定作用。而且，语言有自己的内在规律。人用文字表达声音，是对语言的遮蔽。德里达继而解构了传统形而上学中二元对立思维，人们用二元对立的思维思考世界，是对多元世界的人为简化，是缺乏论证的。既然二元对立是对多元世界的简化，那么一元中心论，更是人类思维的偏狭。

因此，德里达的著作始终贯穿着反形而上学传统的精神，"德里达的作品普遍被认为是对形而上学的解构，针对西方形而上学借以构成并仍在继续借以构成的那些值得怀疑的比喻和假设，做出了一系列复杂而深入的思考"①。德里达自己也承认："我最初的解构实践是对欧洲中心论和西方哲学的界限提出疑问。不是为了质疑它们，而是从逻格斯中心主义和语音中心出发就它们本身思考。"②

其二，解构在"解构"的同时，也在进行着"建构"。

解构在思想批判的同时，也在进行着"建构"。攻城不易，筑城更难。任何"解构"的同时，也是在进行着潜在的"建构"。思想领域尤其如此。德里达被看作是解构与摧毁的代名词，这让他很委屈，因此，他一有空就为自己辩解："建构与解构不是二元对立的关系。解构不是去摧毁什么再重建什么。解构是对不可能的肯定。它不是完全否定性的。"③实际上，"解构"不是传统意义上的概念，也不单单是一种怀疑与批评的方法，而是思想变革行动。它在对西方传统形而上学哲学的解构当中，也在"建构"着某种东西。它要建构的就是一种责任，一种呼唤宽容和正义的责任。这种责任是通过反对单一、倡导多元来实现的。德里达在绝境的思想实验中，建构了以多元和宽恕为基础的友爱政治。对于不理解德里达思想的人来说，他是一个破坏者，只知道摧毁，只知道否定；可对于那些懂得他的思想的人

① 〔美〕乔治·瑞泽尔：《后现代社会理论》，谢立中译，华夏出版社2003年版，第168页。
② 〔法〕雅克·德里达：《解构与全球化》，载《南京大学学报》，2002年第1期。
③ 张宁：《解构之旅·中国印记——德里达专集》，南京大学出版社2009年版，第37页。

来说,他的文本却是畅快淋漓,就像一剂苦口良药,能让人惊出一身冷汗,重获自由思考的痛快。

人应该根据世界的本来面目去思考,而不是从自己的主观出发去认识世界。由此,德里达指出:对世界终极和本质问题的追问是人类害怕"虚空"的体现。因为人类脱离不了自身的角度看世界。人如果脱离了自己的所见所闻所思所想,那就是空白或者黑暗。其实世界是无始无终无形无色的,既没有价值,更没有规律,甚至人类也只是一种偶然产生的会自身移动的物质集合体。德里达认为,世界既然没有起始也没有终点,则唯有丰富和庞杂。至于真理,那只是人为自然界立法,是人类借以安慰自己的工具。那么就不必自己束缚自己,那么一切都皆有可能。德里达试图告诉我们,摆脱恐惧,勇敢地认识世界,比虚妄的幻想更有价值。

在德里达那里,解构的目的是无止境的,它不包含任何好奇、探索真理的意义。它不是引向重建,而只会带来进一步的解构。但并非一切东西都可以解构。德里达认为,"正义"是不可解构的,因为"正义"是给予"他者"的礼物,是一种无条件的责任和义务。德里达只是承认世界的多元,反对偏狭和盲目。既然根本没有中心,就应该以多元的开放心态去容纳多元的世界。德里达因此告诉我们,对待任何理论的最好态度就是不把它当作教条。对待传统也并非砸烂一切,而是要批判地继承。即使承认宇宙的无始无终,也并不妨碍人们充实地生活。解构主义是一种"道"——一种世界观层次的认识,而不是一种"器"——一种操作的原则。实际上,解构主义是结构主义继续发展的必然结果,是其逻辑上的延伸,因此有人也把解构主义理解成为后结构主义。结构与解构是一种既延续又断裂的关系,延续主要表现在语言研究、形式研究、跨学科研究等方面,断裂则主要表现在它们具有不同的理论基础、研究思路及宗旨等方面。德里达分析了传统遗产的悖论,揭示了我们生活在怎样一个荒谬的世界之中。

因此,解构既是破坏又是建设,既是消散又是汇集。解构除了是一种激进的批判,还是一种思想运动,它在等待事变的发生,它在等待完全的正义的到来。

二、解构的策略

解构的过程是通过对文本进行外在性的解读实现的。对"无"的建设,对"中心"的解构,把中心解构为无,是破坏和毁灭,也是建设和新生,这需要策略。虽然德里达强调,解构主义不是一种可操作的方法,但解构的过程也在执行一定的策略。解构的过程,既是把握细节、寻求矛盾的过程,又是大胆假设、小心求证的过程,"解构不是事后某一天从外部介入的操作,它总是已经在作品中工作,只需善于或能够区别好的或坏的部件,好的或坏的石块,因为好的始终可能就是坏的"①。德里达带着对传统形而上学的不满,把解剖刀对准其要害部位。他的解构动作熟练沉稳。他胆大心细,又具备扎实的学识功底,每一个解构步骤都井然有序,绝不拖泥带水,该做锐性分离的时候就大胆地用解剖的刀切割,该做柔性综合的时候就温柔地用纱布包扎。无论多么复杂的情况,他总能从容不迫地冷静处理。这让我们想到艺术、精致等词汇。高明的他在做解构时,如同在雕琢一件工艺品,不懈地追求完美。解构工作在他眼中,不仅是一份工作,更是在创作一件有意义的艺术品。对于德里达来说,"细致"和"严谨"是永恒不变的主题词。德里达从来就不是个冷酷的"刽子手",他更像一个高明的医生。他要发现传统思想的病变之处,然后穷追猛打,"直捣黄龙"。德里达就像一个顽皮的孩子,怀着好奇的心,细微处发现前辈学人思想的矛盾之处,然后解剖一番。

德里达逐渐进入对人们思想中根深蒂固的一些观念进行批判,最终导致对整个人类思维模式的反思。"解构就是由不同的人,不同的语言,不同的文化,不同的记忆来改变既定的观念等级。解构并不是纯粹的否定,它里面包含肯定,就是要回到源头寻找原初的'是'。去掉传统的'中心'主义。"②解构不是一门操作技术,"解构不是,也不应该仅仅是对话语、哲学陈述或概念以及语义学的分析;它必须向制度、向社会的和政治的结构、向最顽固的传统挑战"③。虽然人们把德里达的思想称为"解构主义"④,但"解构主义"不是只有撕扯,而无黏合;不是只有个体,而无责任;不是只有激情,没有尊敬,而是还有神圣,还有积极的力量。正如德里达所说:"我个人坚信解构可以通过新的方式激发进步、解放和革命。"⑤它要建构的就是一种责任,而不是瓦解之后再去重建什么。解构本身是一种追求行为及肯定体验,也不全是批评性的。"解构不是一种批评活动,批评是它的对象;解构总是在这一或那一时刻,影响着批评和批评理论的洋洋自信,这就是说,影响着决

---

① 〔法〕雅克·德里达:《多义的记忆——为保罗·德曼而作》,蒋梓骅译,中央编译出版社1999年版,第83页。

② 杜小真、张宁:《德里达中国讲演录》,中央编译出版社2003年版,第82页。

③ 〔法〕雅克·德里达:《一种疯狂守护着思想——德里达访谈录》,何佩群译,上海人民出版社1997年版,第21页。

④ "解构"在德里达思想中是一个不断补充和完善的概念,因此,单凭一种角度、一种解读模式是很难将其读懂的。为了更贴近德里达思想的本意,也鉴于"主义"一词的多重含义,笔者尽量避免使用"解构主义"一词。

⑤ 〔法〕雅克·德里达:《解构与全球化》,许钧译,载《南京大学学报:哲学·人文科学·社会科学版》,2002年第1期。

断的权威,即事物可被决断定夺的最终可能性;解构乃是对批评教条的解构。"①解构的过程既是把握细节、寻求矛盾的过程,又是大胆假设、小心求证的过程。只有勇敢的心灵才能做到。俗人眼中的疯子往往是先锋的智者。人类要勇于反思自己的错误。戴着脚铐跳舞,这需要多么坚韧的能量跟智慧,比起决绝地离开,这又是多么的悲怆,多么的伟大,多么的不可思议。所以,德里达试图告诉人们更好的生活不在过去,不在现在,而在未来。而未来将如何生成,怎样到来,他却没有说。总之,读者不知道该向何处去。批评者们认为,德里达的这种解构策略是一种破坏行为。在正统学者眼中,德里达的解构方法就是"旁门左道",就是不登大雅之堂的"野狐禅",是戏剧舞台上小丑的"滑稽戏法",这带有撕裂的痛楚的第一印迹,肯定影响了他的解构思想,使他成了一个在路上的人,一个精神上的漂泊者,使他拼命地阅读和"发愤著书"。

因此,解构是通过对文本进行外在性的解读实现的,虽然它不是一种可操作的方法,但在解构的过程中也在执行着一定的策略。

德里达用逐步拆解的方法将传统思想的堡垒一一攻破,从而打开自由思考和新的生活之门。"延异"(difference)是事物的延缓变异运动,是事物的普遍现象。"延异是一种普遍现象,它并不是分离、偶然或对立的,而是一种阶段式运动,一种时间上的差异化,一种并非对立的相异性。因此延异包含着同一性和相异性的双重含义,既有差别又有一致。"②德里达解构的思路就是:立足于既定的概念、遗产、现象、理论体系,发现其内部矛盾与悖论,从而陈列出崭新的空白内容。这是一种对文本所进行的外在性阅读。德里达认为,只有通过阅读,解构的策略才能得以实现。因此,对于解构来说,阅读是首要的基本任务。德里达往往采用"以子之矛攻子之盾"的方法,揭示出传统逻格斯中心主义自相矛盾的地方,从而祛除人们的幻想,解构始终避免正面立论、直接对峙。其基本的立场就是倡导自由与宽容,批判僵化与固执,强调差异和多元。德里达的解构也是在等待一定时机中把处于中心的思想拉下神坛。解构必须通过宽容的姿态,深刻介入实践领域。德里达用谨慎科学的论证方法,找出被传统思想遮蔽的内容,从而达到解构的目的。德里达将自己的视阈盯住文本的物理形迹,讲究互文性。德里达的解构一直向前流动,这种流动来历不明却道行很深。这种流动,或许是受了某种精神或幽灵的驱使。德里达奉行的解构风格,就是在文本边沿的补空处寻找具有现实意义的信

---

① V. B. Leitch:*Deconstructive Criticism*,New York:Columbia University Press,1983,p. 205.
② 〔法〕雅克·德里达:《多义的记忆——为保罗·德曼而作》,蒋梓骅译,中央编译出版社1999年版,第83页。

息。"我时不时地用了解构这个字眼,但它与破坏毫无关系。"①在德里达看来,解构不只是一个简单的阅读过程,而是一个从历史和现实的边缘中寻找价值的过程。

德里达勇敢地质疑传统思维模式,试图从思维方式的转变促进人类世界向好的方向发展。他认为,传统的思维方式是二元对立的辩证法支配的,这种思维模式把任何事物都分为对立的两方面,两方面围绕着一个"至高存在"斗争旋转,导致人们不是走向一个极端,就是走向另一个极端。这种思维模式在黑格尔的辩证法中得到了充分展现。德里达试图解构这种传统的思维模式,建立多中心和多元评价标准。在他看来,无论是本体论还是绝对论,无论是认识论还是先验论,都没有达到对世界的真正认识。勇敢地摒弃是创新的前提。对传统糟粕文化的摒弃并不排斥创新,相反,任何一个能傲立潮头的民族,其文化都是民族性和时代性的结合。文艺复兴时期,人文主义者们把处在传统封建神学束缚中的文化解放出来,撕扯下宗教的神秘外衣,显示出人的价值和尊严,从而对当时的政治、科学、经济、哲学的发展产生了巨大促进作用。由此可见,传统文化不是为了保存的,而是为了更好地发展。历来的启蒙运动,往往只是破坏了传统文化的形式,如建筑、字画等,而对桎梏人们头脑的传统逻格斯中心主义往往难以撼动。因此,继承和弘扬解构主义,主要的还是反对保守思维模式,本质上是一种解构与建构的统一,是面向时代的一种创造,是在创造中摒弃,在推陈中出新。

德里达质疑现代性和理性。现代性宣扬人的独立自主,主张人走出愚昧和顺从,成为自然和自己的主人。工业文明伴随启蒙运动而来,启蒙就是用理性认识改造自然。理性既可以战胜迷信和专制,又能控制自然,虽然推动了社会和科技进步,奠定了资本主义文化意识形态,但是也破坏了人的伦理价值,让人的社会实践行为脱离伦理制约。工业文明凭借先进的技术建立起对自然的管理和统治,让人们习惯于专业化和技术化的实践模式,自觉认同自然与伦理的二元分离。传统技术理性给人类带来全球性危机,迫使人们思考传统思维模式问题。解构主义就是在人类遇到理性文明挑战人类生存的背景下出现的。解构主义的出现,既是因为人类必须应对思维模式问题,更好地认识自然界的规律,又是由于人们意识到思维观念必须转变,打破传统逻格斯中心主义范畴形式和目的的分离、自然与伦理的区分,以通达真实的生活。人们在时代的困境中认识到,必须发掘清醒而纯粹的力量,以解决人类与自然的对立,以正确认识人类的现实存在和未来命运。

---

① 〔法〕雅克·德里达:《结构,符号,与人文科学话语中的嬉戏》,见王逢振、盛宁、李自修主
编:《最新西方文论选》,漓江出版社1991年版,第153页。

总之,德里达打破了学科之间的界限,我们对于德里达的理解和纪念也同样必须打破学科界限,进行跨学科研究。虽然,解构的大幕早已落下,但解构的原则已深深地渗透到所有相关的领域。解构思想具有多重的内涵,它既不属于一种主义,更不属于一种哲学,它的意义总是多元化的。这种多元化的意义使它从一开始就变成世界性的思想。它的实质是要打破严格二元对立的西方传统逻格斯中心主义的封闭性结构,在解构的过程中,它打破了学科界限,倡导多元,肯定宽容。

第三节 吸取与超越:解构理论源脉

德里达在其文本中很少谈及他的个人经历,他的文本也看不出个人经历的影响。因此,苦难的童年经验和求学经历给德里达思想的形成只是提供了一种可能,主要是潜意识的影响,是潜在的、表面的;而真正能形成他自己思想的,还是建立在对时代精神和前人思想的批判和吸收上,这是实践的、内在的。

一、解构是时代精神的体现

任何一场思想的风暴都是伴随着精神的阵痛而来的。时代精神是时代政治经济等的反映。马克思认为,任何真正的哲学都是时代精神精华的反映。但每一个时代的精神是多元的。解构主义不可能是时代全部精神的体现,但它肯定体现了一部分时代精神。当历史的车轮滚滚驶进 20 世纪时,中国正处于腐朽的清王朝的统治之下,而西方正在孕育着一场思想革命。耶稣基督无论如何也不会想到,自己会在这样的情形下被宣判寿终正寝。真是一个毁灭性的世纪,各种信条被打碎。爱因斯坦的相对论打破了牛顿绝对的时空观点①,让回到过去成为理论上的可能;弗洛伊德的精神分析说则打破了人类理性的光华,揭开了潜意识的冰山一角;尼采的意志论则消解了最高存在的可能性,使"超人"代替上帝降临到大地上。上帝被西方人称作世世代代的靠山,它作为最高的存在,是西方人深信不疑的,因此,当尼采判决"上帝死了"的时候,西方人把他骂为疯子。但这个疯子的狂言诳语深深影响了西方的思想。我们应该承认喊声不断的尼采,实际上是个很

---

① 按照马克思的观点,时间具有一维性,即单向前进,不可逆转。爱因斯坦的相对论是说时间会随着物质形式的改变而变慢,两者都不否认时间在运动。但时间果真不可逆转、果真不能停止?物质不灭、能量守恒,可我们又如何知道宇宙是有限还是无限的?如何推断出辩证法的三大规律?

坚强的人。尼采质疑上帝的存在,其实否定的是世界有终极意义。这种否定精神为德里达所继承,欧洲的"新左派"①运动则直接催生了解构主义的诞生。解构不想成为"主义",因此,"不能将'解构'称之为'解构主义'"②。解构也不是虚无的"达达"③,因此,没有所谓的"德里达达主义(Derridadaism)"④所谓的"德里达主义"只是一部分分析哲学家对解构主义的诬蔑。⑤

全球化的浪潮席卷世界各地,其背后的支柱是资本及其逻辑(近代理性形而上学)。我们处在一个异化的时代,物质世界(社会意义上)是商品拜物教的天下,精神世界则是虚无主义的天下。人类拥有的技术越先进,自身反而越被忽略。资本本身给我们带来的是前所未有的进步,但这种进步本身带有一股强制性。这当然来自资本本身的"天性",它促使人们在进步的同时,也将需求的强制赋予人们文明世界。我们不是需要,而是"被需要"。大众化潮流带着这种需求的强制性在当今时代所向披靡。我们的需求得到满足的同时没有幸福感可言,需要对于我们来说成了一个概念符号、一个无线循环的逻辑系统。欲望本身被资本纳入理性的怀抱中,让欲望来代替人类的真实需要,让人类的文明中充斥物欲本能,当然这种本能披着理性神圣光环。相反,对真理的追求则被人们所忽视,这表现在当代人对艺术情感和哲学思维的冷淡化和庸俗化上。因此,虚无主义的出现也并非偶然。因为失去安身立命之本的人类,必然会处在无家可归的状态。所以,当我们

---

① 欧洲的"新左派"中,成就最高的是英国"新左派"。"新左派"运动发端于1956年,在20世纪80年代达到兴盛时期,目前暂时处于式微状态。它的基本理念是:反斯大林主义、反核武、推动全球正义等。

② 〔美〕怀特等:《2001年度新译西方文论选》,陈永国等译,漓江出版社2002年版,第364页。

③ 达达主义,语源于法语"达达"(dada),意为空灵、糊涂、无所谓;法文原意为"木马"。达达主义是1916年至1923年间出现于法国、德国和瑞士的是一种无政府主义艺术运动,它试图通过废除传统的文化和美学形式发现真正的现实。达达主义者对一切事物采取虚无主义的态度,他们常常用帕斯卡尔的一句名言来表白自己:"我甚至不愿知道在我以前还有别的人。"他们主张否定一切,破坏一切,打倒一切。因此,达达主义是虚无主义在文学上的具体表现。它反映了第一次世界大战期间西方某些青年的苦闷心理和空虚的精神状态。德国心理学家G.哈特曼(G. Hartman)称德里达的学说为"德里达达主义"(Derridadaism),是想说明德里达的思想具有虚无主义的特征。

④ H. Hartmann, *Saving the Text*: *Literature/Derrida/Philosophy*, Baltimore: The Johns Hopkins University Press, 1981, p. 33.

⑤ 为了反对剑桥大学授予德里达荣誉博士学位,以B. 史密斯为首的19位分析哲学家联合署名致信剑桥大学,在信中,他们认为,德里达的解构主义只是把达达主义的奇巧淫技带入了学术研究领域,解构主义只证明了当代法国哲学家的可笑。解构主义充满了无厘头的攻击,没有太多的学术价值。德里达对此的回应是:解构主义比分析哲学更像哲学。这些分析哲学家对剑桥大学的干预是完全没有理由的。

沾沾自喜地以为拥有丰富的物质文化产品时,其实我们都在做资本的代言人。

我们当代人生活在一个科学与技术统治的时代之中。包括我们中国人在内,都在一个词语——全球化的影响之下,走着知识论的路线。这条路线是西方人走出来的,这是一条崇尚理性主义的路线,它要求理性超越感性去切中那完美的实在。这条路线既给我们带来了很多益处,但是同样让我们痛苦。马克思在《巴黎手稿》中就以睿智的目光发现了现实中的弊端,那便是异化。异化是资本本身的基础,同时资本又巩固着异化。异化表明知识论路线给我们带来的悲哀。这种悲哀又表现为当代西方人的"无家可归的状态"。正是时代面临了这种困境,所以"坐而论道"的哲学家们挺身而出。他们深入时代深处,重新开始思考那隐藏在生活之中的"道",以图拯救芸芸众生。而存在主义就是这样的哲学流派之一。这也应验了那句话——哲学是时代精神的精华。正是因为人们崇尚这种脱离感性生命的理性抽象,所以危机便伴随而来。在这种理性原则的支配下,我们以资本作为追求的原则与目标。最后我们只剩下利益与欲望。战争便随之而起,天灾与人祸往往会使我们人类重新面对自己,反省问题的所在。只要是历史参与者,不论是伟大人物、人民群众,还是所谓的历史反面人物,都在一定程度上影响着历史。

资本主义技术理性导致人的异化,造成单向度的人。以美国为主的资本主义新型霸权社会,由技术理性统治,压制了反对意见和人的批判性、超越性,实现了社会的同一化和一体化,让社会和人都只有单一方面或维度。单向度的人就是失去批判和超越能力的人,没有能力去追求和想象与现实不同的新生活。人的单向度呈现在政治、经济、文化、思想等多方面,呈现了一个病态的资本主义社会。其一,在政治领域,当代社会成了没有反对意见的集权的单向度政治权利。技术制造了大量财富,让社会的包容力更强,不断消除各种反对力量,让阶级趋于同化,让工人阶级一体化。技术理性让具有反抗主张的无产阶级成为政府的顺民,自动放弃暴力革命主张,不再批判社会,与资本运作融为一体。工人阶级的单向度过程是在技术的支持下,不断机械化和自动化,工人的生产条件得到改善,体力劳动的强度降低。早期资本主义工人贫穷到只有劳动力可以出卖,通过劳动力维持生活,而资本家凭借压榨工人获得财富。工人阶级过着悲惨的生活。在当今的富裕社会中,科技改善了工人的生产地位,日益顺服于资本运作制度,不断同化于社会。其二,在消费生活领域,有真实需求和虚假需求的区别。虚假需求是为了社会利益强加给个人的,让艰辛、痛苦、侵占变得普遍化,让人们沉迷于享乐,认同别人的爱恨。发达工业社会凭借传媒大肆传播着资本意识形态,制造大量虚假需求,让大众被动接受媒体宣传的生活方式,而大众没有觉察媒体宣传的只是虚假需求,而把这些当作真实需求,让大众失去个性和反抗性。其三,在文化领域,技术理性消解着文化中的对抗因素。以往,高雅文化和现实是对立的、不可调和的,高雅文化是对现实的反抗,与现实保持距离,为少数精英享用,为他们提供消除现实苦难的理想。在当代社会,高雅文化不断世俗化、商业化,不断消除与现实的差距,凭借媒介将艺术、哲学、资本运作、政治意识形态和谐地融为一体,清除了文化的反对力量,消除了文化与现实的对立,让文化与现实一体化了。其四,在思想领域,哲学的任务就是清除现实存在的事实,让思想独立于现实政治,发挥意识形态作用,如实呈现现实存在。但当代哲学对现实不再批判,失去了质疑精神,只是不断肯定现实。

20世纪的60年代,是革命造反的年代。在中国,是轰轰烈烈的"打倒阎王,解放小鬼"的"文化大革命"①;在西方,奉行"自由和快乐"的"新左派"登上了历史舞台。这种"新左派"运动在法国进行得最激烈。1968年,在法国发起了被称为"五月风暴"的学生造反运动,强调对现实存在的批判,并认为人的解放主要就是性欲的解放。解构主义就诞生在这样的时代背景之下。"新左派"运动很快销声匿迹,但心怀天下的学者并没有停止思考的脚步。既然革新运动在行动上归于失败,那就发挥思想在变革中的力量。于是,以德里达为代表的激进学者把矛头对准传统思想,开始了另一场艰苦卓绝的斗争。"在一个多元化的后现代社会里,有人'无聊',就一定有人在踏踏实实做着'有意义'的事情。"②德里达的解构主义在后现代的郁闷社会中诞生,他把自己的一腔热情献于对传统形而上学哲学的解构。

二、解构是对前人思想的继承

人的尊严就在于有思想。如果没有思想,人真要暗无天日了。可真正思想的形成从来就不是一帆风顺的,它需要经历"山重水复"的考验,才能达到"柳暗花明"的境界;探索真理的路,也从来是窄的,它需要"上下求索",才能"九死不悔"。因此,任何一个思想大家的形成都是一次艰苦的思想再创造过程,它离不开对传统思想的批判和吸收。德里达思想的形成也是综合了前辈学人思想的成果,其

---

① 德里达也崇尚"文化变革","文化变革"的主要途径是"总体性"变革,变革要在经济、政治、文化领域同时进行,要在日常生活中吸取养分。变革的首要任务就是质疑传统文化,实行文化变革。"文化变革"要发挥身体的潜能,重新发现节日的价值。德里达致力于通过"文化变革"实现思维方式的转化,却没有改变日常生活的物化状态,最后只成了乌托邦的幻想。实践早已证明,通过艺术变革实现社会进步只是"可爱而不可行"。实际上,思想文化和思维模式的演变有自己的规律,人为的强制是不可行的。

② 王治河:《〈后现代理论〉导读》,见〔美〕贝斯特、凯尔纳:《后现代理论:批判性的质疑》,张志斌译,中央编译出版社1999年版,第4页。

中,胡塞尔、海德格尔、索绪尔等人的思想对于德里达思想的形成有着重要影响。

首先,德里达吸取了胡塞尔的现象学的方法。①

德里达的解构工作是从论述胡塞尔(E. Edmund Husserl)的现象学开始的。他早期表述的解构观念就体现在《胡塞尔几何学起源引论》中。德里达对胡塞尔的《几何学起源》极其重视,"就这本40页的著作中他做了170页的评介"②,但是德里达对胡塞尔的现象学并不是盲从,他只是用胡塞尔的哲学方法,建构自己的哲学体系。实际上,德里达终其一生,对现象学从来就没有产生过真正的信仰,他继承的主要是"悬搁""本质还原"等现象学的方法。在笔者看来,"现象学方法"与其说是一套规范的方法,不如说它是一种"面对事实本身"的求实态度。德里达从现象学中首创了一个陌生的法语单词"différance"③,并从中发现和证明了解构学说最重要的支柱理论——"延异"④原理。

其次,德里达继承了海德格尔的反逻格斯中心主义的立场与思路。

德里达对西方形而上学的"解构",继承了海德格尔的立场与思路。德里达的早期解构主义著作也可以看作海德格尔反对逻格斯中心主义的继承与发展。因此可以说,德里达的反逻格斯中心主义立场的源头就是海德格尔的相关理论。海德格尔之所以创造"此在"一词,在于他体悟到黑格尔哲学的伟大之处与不足之处。更进一步说,是为了进行批判。为了方便自己的说话方式,以及让大众不至于重新被形而上学所吞噬。但是,这项工作本身是存在"二律悖反"的,因为我们一旦开口讲话便需要语言作为载体,需要理性作为支撑。世界会以特定的形式显示给人,而事物的显示只是人先天理性建构的产物。这个理性产物,不是事物本身,而是先天综合判断的结果。人的知性能力凭借建构自然概念为认识领域制定法则,人的理性能力凭借建构自由范畴为实践领域制定法则。苦乐介于认识和欲求之间,让判断力和欲求结合在一起。文本的互文性具有特殊意义。符号的批判

---

① "现象学的方法"从来都不是现成的一套规范体系,毋宁说它就是"现象学的态度",即"面对事实本身"才是所谓的各位现象学家所共有的意识。尽管如此,现象学的创始人——胡塞尔还是建立了类似"方法论"的理论。这套理论可以看作胡塞尔对意识进行现象学分析的示范。

② 〔英〕克里斯蒂娜·豪维尔斯:《德里达》,张颖、王天成译,黑龙江人民出版社2002年版,第9页。

③ 语法单词"Différance"系德里达将法语中的"Différence"一词的词尾"ence"改拼为"ance"而成。实际上,两词只有e和a的差别。汉语通常翻译为"异延""衍异""延异"等。

④ "延异"是对"Différence"一词最常用的翻译,它是德里达自创的术语,在解构主义的理论体系中,它居于非常重要的地位。所谓"延异",即延缓的踪迹,与代表着稳定的逻格斯中心主义针锋相对,代表意义的不断消解。"延异"作为后现代理论的代表,典型地体现了后现代主义平面化、碎片化的理论倾向。

主体带有强烈的阶级意识。理论必须虚假,才能被人们承认。讯息消解了意义,引发了"内爆"(implosion),使社会成为"超可能"。德里达的独特之处,就是他在海德格尔批判的基础上,针对逻格斯中心主义的各种成规提出了自己积极有效的解构方法,这项宗旨也为其他解构主义者继承。

再次,德里达超越了索绪尔的结构主义语言观。

德里达反对索绪尔(Ferdinand de Saussure)系统语言学,他的解构主义就是要反叛结构主义的语言霸权。索绪尔认为,文字和语言是两种不同的符号体系,文字只是语言的附属,文字存在的唯一理由就是表现语言;德里达却恰恰相反,认为文字不仅是语言的缔造者,而且是人类文明的缔造者,"文字缔造了人类文明,如果人类仅仅停留在无文字的婴儿声音、口语、声音的水平,就没有今日的文明"[①]。德里达的语言观最终导致对话在很大程度上取决于修辞和语言游戏。工具理性和文字书写对符号生产有重要意义。语言随意组合意义,塑造社会关系和组织,让能指和所指产生隔阂,但能指和所指也能互相影响,共同构造出虚假的世界。总之,符号让元语言塑造社会组织和关系。符号造成了晋升的假象,制造了等级和差别,让人们误以为差异就是进步。符号用不停地变动制造社会进步的幻觉,给人们带来虚假的希望,以为通过努力就可以获得自己想要的。符号的变动只是幻觉,造成关切的假象,实际仍按照旧有的模式运行。符号的意义呈现出对个体的关怀,渗透着资本的意识形态,展示着处于异化当中的人的冷漠和麻木。符号让物品脱离其实际功能,变成虚假满足目标。语言有着意指的特性。语言的意义不是由人与人的关系,而是由系统的差异形成的。语言的意义处于不停变动之中,没有固定的指称对象。语言有着变动的特性,消除形式上的不公带来实质的不公,构成资本的意识形态工具。符号的意义在于区分等级和身份,即凭借占有符号呈现个体的地位和身份。"德里达语言观的一个后果就是,所有对话在很大程度上都会依赖修辞和语言游戏。"[②]这样,他最终消解了语言的意义。

最后,德里达吸收了萨特的"想象"说。

萨特声称,"想象"的结果之一就是形象。他主张凭借"去生活化"的策略来实现艺术的想象。萨特的想象说建构了行动与想象的相互排斥,这与德里达静观与行动的对立有异曲同工之妙。在萨特看来,我们生活的世界本不该存在,而原本的世界是存在的。完美的罪行接近现实,但现实总是在变化,原罪会蔓延,终有

---

① 〔法〕雅克·德里达:《论文字学》,汪堂家译,上海译文出版社1999年版,第128页。

② 〔英〕斯图亚特·西姆:《德里达与历史的终结》,王昆译,北京大学出版社2005年版,第67页。

一天罪会发展到不可救赎。社会存在是充满巫术的神学,是无动机、无痕迹、充满秘密的完美罪行。但社会存在表面是完美罪行,实际也通过表象露出马脚,还是有露出真面目的一天。人生永远处于绝望、死亡的过程中。人生就是各种死亡和痛苦意识的旅程,始终无家可归,始终流浪,被剥夺了希望和美好记忆,是荒谬的,人生的意义就是反抗荒谬。一个人要成为自己,先要在世界上存在,才会在社会中有自己的本质。德里达的解构主义扬弃了萨特的想象说。其一,德里达将萨特的行动与想象的对立转换成静观与行动的相互隔离,将萨特的"想象"说与德里达的"解构"嫁接起来,把形象化转换成想象化;其二,德里达将萨特主张的"去生活化"的行动实践,应用到社会批判,认为人的这种行为导致现实只剩下形象;其三,德里达扩大了萨特学说的边界。解构批判伦理还沿袭了日常生活异化说。日常生活批判伦理起始于列斐伏尔的批判,这构成了德里达研究当代发达工业社会生产的逻辑起点。

不可否认的是,其他的哲学家,如尼采、弗洛伊德、列特斯维劳斯、保罗·德曼等人的思想,对德里达也产生了重要的影响,不过,由于德里达本人的思想相当庞杂,而且他对别人思想的吸收也是本着"为我所用"的目的,别人对于他的思想的影响可以说是零散的,不成系统的。也许正是这一点才成就了作为20世纪伟大的哲学家和思想家的德里达。

第四节　启发自由地思考:解构理论实旨

德里达的解构具有横跨当代生活的先锋意义,它为我们不断求智的哲学提供了一种反逻格斯中心主义理论。德里达不但发现了真理,而且高扬了善行,他的解构向传统思想的黑暗和恐怖发起了进攻,他扯下了传统思想的遮羞布,暴露了传统思想丑陋的一面,当然会遭到用传统思想掩饰或安慰自己不安心灵的人们的恐慌和围攻。批判是渴望,顺从是恐惧,因此,在许多人眼里,德里达就是一个不可理喻的思想狂徒,他的学说就是一文不名的语言游戏。他要打破禁锢,以便解放思想。而打破禁锢,当然会遭到固守传统思想的人们的仇恨。有一种心理叫忌妒贤能,有一种心态叫墨守成规,有一种行为叫粗暴批评,有一种阻碍叫群体围攻。知识会使人傲慢自大,而爱心却能造就真人。疯狂,其实是探索者的外在特征,是先锋者的内在本能,这不是张扬,也不是狂妄,而是对俗世的超越。德里达是用思想之箭向传统发射,所以,他的箭就必须得坚挺和锐利。因为,传统不是泥巴墙,而是铜墙铁壁,要彻底地击穿它,就必须疯狂和惊世骇俗。

一、解构遭受的误解

解构主义自产生以来,招致许多误解,有人认为,它消解了终极意义,否定了二元对立,只能导致虚无主义。其实,解构主义不是只有破坏,而是在破坏的同时,也有着建设。因此,它不是走向虚无主义。它的价值就是打破了长期占据人们思想头脑等级森严的二元对立的僵化思维模式,使我们能够自由自在地思考。

解构最关注的是传统形而上学哲学的不足,好像要竭力证明这个世界上所有的学说都是不完备的。德里达解构一切,唯独不解构自身。德里达的解构主义是对西方传统逻格斯中心主义的反叛,其自身必然是激情大于理智,最终只能成为是一种偏见对另一种偏见的批判。虽然德里达一再声明"解构"也包含着"建构",但其文本的不确定性也无可辩驳地会导向虚无主义。这也是不可避免的情况,因为打破僵化后总会有短暂的静寂与空白。

德里达的解构主义最被传统学者诟病之处,就是消解了一切"在场",而无建构之功。解构主义的这种局限给了批评它的人以口实。

批评者们认为,德里达的解构就是否定,就是摧毁:对传统形而上学的摧毁,对逻格斯中心主义的摧毁,对语音中心主义的摧毁……甚至,"是不负责任的悲观主义","是对哲学事业的蓄意破坏"。① 他们认为,德里达的解构主义对打破传统哲学的束缚很有启发,很能让人警醒,但它没有为我们提供任何正面的、积极的、建设性的东西。在一些学者看来,解构主义就意味着对传统的诋毁、否定和指责,意味着取消中心、否定一切在场的意义,甚至有学者认为,解构主义意味着否定一切的虚无主义和相对主义。这些学者认为,结构主义是稳定、和谐,解构主义则是消解、颠覆,因此解构与结构是水火不容、你死我活的敌对关系。

批评者们还认为,德里达对待传统哲学的颠覆,是源于他早年的痛苦经历,甚至批评这种颠覆在我们内心深处只能唤起"怨"和"恨"的情感。在他们看来,德里达一生曲折,充满磨难。所以自然就有一股幽怨之气,使他不吐不快。而传统的形而上学哲学就成了他发泄愤怨的对象。但是,我们应该知道世界上从来就没有纯粹的爱与恨,它们总是相互包含的。德里达表面冷酷的面孔下隐藏的是一颗火热的爱人类的心。他的"怨"和"恨",绝不是在逞一时之快,不是要打倒某人,

---

① 〔英〕斯图亚特·西姆:《德里达与历史的终结》,王昆译,北京大学出版社 2005 年版,第 30 页。

更不是为了"要成功"①,而是面对残暴被迫又无奈的选择。如果不用抗争,黑暗就会逝去,当然是皆大欢喜的事。德里达对传统的反叛,是为了追求真理,是为了更好地使人类学会生活。传统思想的卑劣激发了德里达的良知和勇气,引起了他心灵的波动和思想的纠结。解构主义实质是向正义和真爱的复归,从德里达的行文里,流露出浓浓的人情味。德里达的"爱",不仅有深刻的一面,更有平凡的一面,更多的是出自于一个普通人的爱,出于人的天性的爱。在他看来,个人的生存当然要适应环境,但对罪恶有反抗的责任和义务,宿命之外,还有抗争,规则之上,还有良知。德里达常常不惜代价、不爱惜自己的羽毛、不计成败地要坚持自己的主张,对传统的哲学做着无情的解构。这表明,德里达是一个十分率真的人,一个真正爱好和平的人,一个真正的人道主义者。

对于解构理论的批评,德里达也做了一些回应。他指出:"解构并不是对系统性结构的简单地消解,它依旧讨论关于本源、本源与构成本源的事物之间的关系问题以及结构的封闭性和整个哲学结构的问题。"②也就是说,解构不只是对封闭性的摧毁,它还是对如何学会更好地生活的思考。

值得注意的是,作为一个纯粹的思想家,德里达没有自闭和自恋的陋习,他完全敞开自己,承认解构的缺点和不足。因此,当有人问德里达是否意识到自己思想的局限时,他肯定地说:"我不只是意识到自己的局限,而且它也是我的焦虑所在。"③很明显,德里达明白解构主义正是因为具有特定的情境适应性,亦即情境局限性才可能是有意义的。德里达试图超越传统的二元对立思维模式,实际上却没有超越,传统的逻格斯中心主义深深地扎根在人们的头脑中,人的局限性让人只能用二元对立的方式看待世界。德里达的主要贡献是揭示了二元对立思维模式的弊端。

因此,认为解构只是否定的看法既简单又天真,既朴素又幼稚。它并没有深入理解德里达解构思想的本质,只是一种"雾里看花""水中捞月"。他们不明白德里达解构思想的激情背后更多的是对残酷现实的忧虑、清醒与抗争,他们不知道这个世界本来就是无比精彩和多元的,他们的批评恰恰从反面肯定了解构的消解意义。

---

① 作为西方人的德里达并没有确定的类似"治国、平天下"的人生目标,他更重视过程。在笔者看来,中国的儒家文化具有功利的特性,使国人更重视目标的实现,而忽视实现目标的过程,而且这些目标往往是个人性的。这导致唯目的是从,而忽视方法、手段,最终导致"八面玲珑""不择手段""毫无原则"。当然,也需要指出,在僵化、高压的环境里,大部分人只是希望能够生存下来,而不可能考虑如何才能活得更好。

② J. Derrida, *Of Grammatology*, baltimore:Johns Hohnkins University Press,1976,p. 158.

③ 张宁:《解构之旅·中国印记——德里达专集》,南京大学出版社 2009 年版,第 39 页。

二、解构的意义

在理论上,解构主义显现出一种对传统形而上学"教条"诠释构架的背离。德里达解构思想的理论形态是在对传统社会及其意识形态的实然样态的反思、批判中生成发展的。解构的消解意义就是打破封闭性、稳定性、单一性,从而催生观察和思考世界的新视角和方法。

解构的消解意义之一,就是打破传统思维模式对人们的束缚。

解构主义警示人们,人不可能完全把握宏大的世界,只能宽容地看待一切,"是对人类自以为是的傲慢的一个警示,这警示告诉人们,任何规模宏大的现象的整体,比如,意义和历史,都必定不会完全为人所掌握。而与此相反的任何观点,则都是'极权主义'"①。德里达撕下了传统思维模式的伪善面纱,露出其丑陋狭隘的真面目。他启发我们要自由思考,没有传统思维模式的束缚,解放自己的大脑,战胜内心的恐惧,努力挣脱无知、愚昧以及麻木的泥潭。鲁迅说要救救孩子,而救救孩子,先要救救大脑。真假智慧是有区别的,干坏事的知识,不是真正的智慧。蝇营狗苟的计谋,也不是真正的计谋。德里达启示我们:绝不能再冷漠地、蒙昧地、麻木地自以为是了,不能再欺世盗名地推崇那些大家都不相信的道理了,要真正地认清世界和自己。只有大胆无畏的思考,才具有永恒的尊严。思想的变革比现实的革命运动更具意义。德里达启示我们绝不能再屈辱地、愚蠢地活着了,不能再被当权者冠冕堂皇地说教愚弄了,不能再恐惧战栗地顺从恐吓了,不能再虚情假意地互相欺骗了;要战胜自己的恐惧,要独立、有尊严地思考,扫除奴颜婢膝、冷漠麻木的习气。克服罪恶,直至遗忘,才是人类的福分。不是不要价值和良知,而是不要专制和压制,要正视触目惊心的现实苦难和人性残暴,要摆脱无知、恐惧、偏执和诽谤,作良心上的反省,要找寻新的规则和道路安抚心灵。一部思想史就是压抑天才的历史,尼采大胆说出"上帝死了",是孩童式的纯真,而德里达继承了尼采对传统僵化思想的消解,是真正的悲悯。他期望每个人都受到尊敬。德里达对传统僵化思想的消解,是真正的智慧思考。

解构的意义就在于:既充分认识到世界的复杂性和人的局限性,又坚持对公正的深刻信仰,将现实主义的冷静与理想主义的热情结合起来,努力使人类社会变得更加美好。伦理问题一直和解构紧密相连,使它具有了救世情结。在德里达那里,解构与其说是一种方法,不如说是一种责任:作为一种方法,解构在20世纪

---

① 〔英〕斯图亚特·西姆:《德里达与历史的终结》,王昆译,北京大学出版社2005年版,第86页。

60 年代中期就已大致形成;作为一种责任,博爱和宽容的倡导在德里达的文本中随处可见。解构是文学批评、思想批判和多元倡导。解构一切,但不嘲弄一切。德里达与传统为敌就是与自己为敌。解构是绝境中的思考,是面向未来的责任。德里达始终保持清醒的头脑,反对任何一种教条主义。对于传统,他主张既不能摧毁,也不能遗忘,而是找回被传统遮蔽的东西。解构始于提问,提问是它思考的前提。

解构的消解意义之二,就是开启了人们思考当代哲学问题的一个新的视角。

传统逻格斯中心主义已经进入我们的血液,解构主义做着不懈的反抗。站在高处,俯瞰历史,必定是一片空旷和虚无。德里达站在后现代的高地,回溯传统,发现了西方形而上学的缺点。解构主义的反叛反映了当代西方哲学的现状:传统形而上学哲学那种僵化的思维模式作为看待世界的方式已经给人类带来诸多弊端,它已经难以适合时代的需要,哲学需要找到一种新的思维方式,以更好地切入现实。世界本来就是宏大庞杂的,没有规则和秩序可言,要摆脱"人类中心主义"的束缚。人类一直以来都把自己当成是宇宙的中心,然而事实上,人类在宇宙中的地位要比人们想象的还要低下得多。从来就没有一个人能达到"宇宙在手,万物在心"的境界。人类本来就是非理性的、本能性的,而异端往往是人类精神生命力的体现。生活有幸福的片段,但更有哀伤的时刻;有令人崇敬的"大爱",但更有让人痛苦的"卑鄙"行为。我们要睁开勇敢的眼睛看待真善美帷幕后的假恶丑,要镇定地追求事物的真相,不被恐惧束缚,大胆思考,慎重行动。解构主义的一个原则就是包容,让每个人都能发出自己的声音。解构主义为西方哲学开辟了新的思维空间,开启了人们思考当代哲学问题的一个新的视角。

德里达的解构是一种"哲学的某种非哲学思考"。解构除了是一种批判,它在期盼自由和宽容的到来。"一种解构的思维——这是我在此主要关心的东西——总是已经发表了声明并因此也是允诺的不可简约性,还有某种公正观念(在此指的是与法律相分离的公正观念)的不可解构性。这样一种思维若是没有对一种激进的、无止遏的、无限定的(理论的和实践的——正如人们曾经说的)批判的合法性的证明,便无法运作。这种批判属于一种对即将到来的绝对未来保持开放的经验的运动,也就是说,属于一种必然是不确定的、抽象的、旷野般的经验的运动,这种经验被衬托、被展现、被交付给一种等待,即等待另一种经验,等待事变的来临。"①德里达的解构,不只是许多哲学家曾经经历过的怀疑、批判、破坏、否定,不

---

① 〔法〕雅克·德里达:《马克思的幽灵——债务国家、哀悼活动和新国际》,何一译,中国人民大学出版社 2008 年版,第 84 页。

是一种虚无主义或相对主义的思想方法,不是不择手段、不遗余力地将一切既定的价值颠覆。在德里达那里,解构和建构有同等重要的地位。德里达在一边解构、消解、批判的同时,也一边建构其意义,或者说,解构是建立在充分建构的基础上的。解构消除了长期占据人们思想头脑的逻各斯中心论、形而上学传统以及它在社会其他领域的影响。从总体上,解构主义更强调认识上的动态性、发展性,反对封闭、僵化的理论体系。它更强调思想上的自由和解放,要冲破一切禁锢和束缚,建构多元文化、多样思想。

其实,不是解构主义导致虚无主义,解构主义所做的工作正是通过文本细读来反对虚无主义、怀疑主义和相对主义。面对指责,德里达明确地指出:"30 年来我一直在尝试,清晰地和不厌倦地尝试反对虚无主义、怀疑主义和相对主义。"① 我们应该大度、宽容。因为,世界本来就是自由的、多元的,只有开放才是正常的,任何压制和封闭都是违背历史潮流的。② 大千世界,非富多彩,每一种色彩都具有平等的地位,丝毫不应该因为某些人的利益而贬低一些色彩。对任何一种学说,不加分析地采取"一棒子打死"的做法,是不明智的,也是没有益处的。因此,解构也是肯定性的,它的宗旨就是消解传统思维模式,启发自由思考。

德里达对逻格斯中心主义的反叛,是思想解放,是灵魂呐喊,是告别乌托邦,是走上反思之路。它触动了长期占据人们思想头脑的逻各斯中心主义,消解了等级森严的"顺我者昌,逆我者亡"式的二元对立思维模式。它号召宽容异端、博爱众生,以平等、自由等普世价值来学会生活。它不啻是传统形而上学哲学的暮鼓,新启蒙思想的晨钟。批判在人类的思想进程中有重大作用,就像美玉,在潜在价值被发现之前,它们必须先得到清理和抛光。德里达的解构可以说是一种批判的进取精神,是一种怀疑精神。他给人类带来了深刻的绝望和希望,其结果是死亡后的重生。知道得越多,就会越确信,也越迷茫。解构打破了我们长久的迷梦,使我们惊醒,从而明白曾经的愚昧和无知。解构主义也反映了当代人类思想的困境:时代在飞速发展,人类需要以新的思维方式思考生活与世界。对此,我们应该心存感激。对于他的激进,我们真的没有必要太在意。因为,德里达对思想大家的解构绝不是文人相轻,也不是肆意诋毁,而是纯真的质疑和商讨。

德里达对发达资本主义社会现状及其理论形态的剖析,对其本然逻辑追问和

---

① 〔法〕雅克·德里达:《一种疯狂守护着思想——德里达访谈录》,何佩群译,上海人民出版社 1997 年版,第 212 页。

② 西方的主流观点认为,人当然不能想干什么就干什么,但只要没有伤害别人,任何人都没有权力干涉别人的行为。在西方一些学者看来,精神是纯属个人的事情,不应该和政治挂钩。

对其应然逻辑的探索与建构,进而形成了三大理论形态:一是文本形态批判,解构的过程是通过对文本进行外在性的解读实现的,其中包括词语的反思、写作理性与方法的批判、解读与阅读的批判等,这种文本批判体现了解构的文学应然批判逻辑;二是思想形态批判,它的实质是对西方传统形而上学哲学的解构,其中包括传统思想批判、思考方法批判,彰显了解构的意识形态应然批判逻辑;三是日常生活形态批判,解构打破保守和等级森严的秩序,使我们能够自由自在地思考与生活,其中包括等级秩序批判、现实政治批判等,蕴含了解构的伦理应然批判逻辑。

　　历史就是一幕幕的戏剧,即使再伟大的英雄也不过是匆匆的过客。无数个人在历史上空动情地表演,并在自己的舞台上演绎缤纷人生,描绘历史画卷。在飞速发展的时代,德里达的解构主义肯定会被其他思潮超越,它的原则肯定会被另一些原则代替,但超越的首要前提是继承。德里达解构主义的不足就是,揭示了一种病痛,却没有开出有效的药方;理论上有了反思,行动上却无所作为。梦醒了,却找不到要走的路。在这种"混沌"的情状中,世界似乎成了一个嘈杂的大戏院,每个人都成了戏剧舞台上的演员,只有虚幻、伪装、假面,唯独没有纯真、善良、真爱。人类的前进路上,单有批判和反思是不够的,须要有积极的主张,对生活有所启示。"不满于现状"当然是向上的车轮,但提出正面的主张才是哲学家的责任所在。德里达惊醒了我们,却没有给我们路。但路从来都是从没路的地方闯出来的。因此,醒着总比沉寂在睡梦中好。解构是过去和未来之间的空白,这种空白需要我们去填补。

　　解构主义对传统形而上学的反叛,在理论界产生巨大影响的同时,也启迪我们如何从不同维度,深入思考现实和世界。虽然理论不能产生现实的力量,但理论可以驱动我们采取行动,改变不完美的世界。德里达的目的是通过使人们摆脱逻各斯中心主义的束缚实现的,可是人们可能又要陷入一种非"逻各斯"中心主义的迷宫,这样的"解构"必然还要被解构。"我尽我之所能在自己的语言中也在别人的语言中通过阅读去跨越这种局限。"①德里达不仅反叛了历史,更忠实了历史,记住了历史,"解构的构成:它不是混合物,而是记忆、是对历史的忠实、是那些过去的历史遗迹与异质性、与那些全新的东西、与某种突破之间的张力运动"②。正是沉重的使命感与忧患意识,使他选择了批判。德里达的解构理论给我们提供了一种新的思维方式,启示我们要打破僵化的传统,自由自在地生活。因此,尽管

---

① 张宁:《解构之旅·中国印记——德里达专集》,南京大学出版社 2009 年版,第 39 页。
② 肖锦龙:《德里达的解构理论思想性质论——文化的视角》,中国社会科学出版社 2004 年版,第 13 页。

德里达的身体已经远离我们,但他的"幽灵"却将继续指引我们找寻前进的路。

本章小结:

本章通过叙述德里达思考"幽灵"的方法,即解构主义的内涵及其源脉,论证了德里达思想的丰富性和多元性,阐述了人们对解构思想的不同解读,揭示了解构思想的价值。

德里达的文本晦涩难懂,这给人们的理解设置了障碍。德里达打破了学科的界限,他的解构思想也呈现出多重的内涵。它的实质是对西方传统形而上学哲学的解构。而解构的过程是通过对文本进行外在性的解读实现的。解构主义不是无源之水、无本之木,它的产生既是适应了时代精神的立场,也是吸取和超越了前辈学人思想成果的结果。"解构主义马克思主义"的伦理主张绝不是无关痛痒的,也不是消极无用的,而是基于责任意识的积极思考。德里达启发我们要摆脱僵化的伦理判断,挣脱偏执和诽谤,达到真正的理解和对话。通过批判发达工业社会,德里达的批判伦理思想彰显了横跨当代生活的积极价值,它为我们提供了一种反权威、反封闭的价值法则。德里达的批判伦理虽然沿袭了其解构的基本方法与策略,但两者还是有很大异质性的,并不是像有些人认为的只是一种诡辩式的胡言乱语。他的批判伦理很注重思想的实践性、应用性,而其解构理论更多体现了思想的批判性、多元性。

解构具有否定与肯定的双重意义。它的反叛反映了当代西方哲学的窘境:传统形而上学哲学已经不再适合时代的需要,它需要变革陈旧的二元对立思维模式,以更好地思考现实问题。"解构"是一个政治问题,它不代表乌托邦,而是所有可能的乌托邦的终结。无论如何,"解构"是未来的乌托邦所能想象的绝对分离,是从更大意义上的反资本主义的社会主义游离。"解构"的意义就是:在资本主义的霸权时代,提供别的可能性。"解构"提供国家发展的备用系统,其形式本身就是一个代表性的冥想激进的差异,激进的差异性,以及社会整体的身份性。"解构"的政治根本动力总是躺在身份和差异里,这样的政治目的是想象和现实的结合,是召唤一种政治理想的冲动和实践。

第三章

发现"幽灵":德里达与马克思的相遇

人生就是不断地追寻,德里达在追寻生活意义的时候,肯定也经历了一系列的思想转变。但正所谓"落花有意,流水无情",任何想给德里达思想分期的做法①,都只是一厢情愿。这不仅因为德里达拒绝给自己的思想做任何分期,"如果解构是可能的,那是因为它不相信任何形式的分期"②,更因为德里达的理论本身难觅内在一致的轨迹而难以分期。但自从20世纪80年代以后,德里达思想的关注焦点从文学、哲学等领域转向政治、宗教等领域,他发表了一系列探讨政治、宗教和伦理问题的著作,其中《马克思的幽灵》尤其引人瞩目。③

东欧剧变之前,德里达从来不明言他与马克思主义之间的关系。当法国"新左派"运动热火朝天的时候,德里达躲在书斋,远离运动;在东欧剧变、西方自由主义者纷纷欢呼马克思主义"寿终正寝"的时候,德里达却一反常态挺身而出,要维护马克思的"幽灵"。为此,他专门于1993年4月在加利福尼亚大学思想与社会研究中心举办的"马克思向何处去"的学术讨论会上,做了两次长篇发言。之后,经过补充和删减,汇集成《马克思的幽灵》一书出版。《马克思的幽灵》是德里达一部取得热烈反响的著作。④ 在书中,德里达用解构的思维和方法解读马克思主义,提出了所谓"共产主义终结"后,如何继承马克思思想遗产的问题,从而形成了

---

① 目前学术界,对德里达的思想分期有两种划分方法。第一种,以德里达思想的关注点和文风特点为依据,把他的思想分为三个时期,即把德里达的思想发展划分为早、中、晚三个时期。第二种划分方法是把德里达的思想分为两个部分:一为理论的,二为应用的。主要是以20世纪80年代末为界。这两种划分方法都把德里达后期思想看作是前期解构思想的展开和应用。

② 方向红:《幽灵之舞:德里达与现象学》,江苏人民出版社2010年版,第1页。

③ 这里说《马克思的幽灵》尤其引人瞩目,是相对而言的,实际上,《马克思的幽灵》在西方主流视野里,并没有引起太多关注。在西方关注它的大多是一些"马克思主义理论家",而在西方,马克思主义研究不是"显学"。

④ 虽然《马克思幽灵》反响热烈,但我们应该明白,这本书毕竟只是即兴演讲汇集成书的,很多观点只代表他当时的想法,所以,不能完全引用书中的观点来论证马克思主义的生命力。

被学界称为"解构的马克思主义"①的学说。

第一节 "向马克思致敬"：幽灵显形的时代背景

"解构主义马克思主义"理论形态是在对东欧剧变后的当代社会现象及其伦理意识的批判、审视中出场的，是用解构的策略对当代发达工业社会现象及其伦理意识进行批判、审视的学说。其中蕴含着德里达对马克思批判精神的致敬和复归、对当代发达工业社会现象的批判和对理想生活情景的建构。它作为马克思社会批判理论的当代出场，是理性的逻辑批判，其成败利弊遵循着独特的理论形态：对传统逻格斯中心主义及其伦理意识的批判决定了它的基本取向和生成逻辑；解构的独特方法和策略表征了它的出场形态；对当代发达工业社会现实及其伦理意识的批判表征了其批判维度；批判伦理追求理想生活的本性彰显了其伦理主张。"解构主义马克思主义"批判的出场遵循着本然—实然—应然②的逻辑顺序，并集结成三大批判向度：日常生活批判、意识形态批判和政治现象形态批判。"解构主义马克思主义"对我们学会更好地生活有真切的现实价值。德里达为我们提供了一种反教条、反封闭的伦理意识形态。这不仅对于瓦解资本主义意识形态有推动意义，对于实现理想生活，也起着重要作用。

德里达对马克思主义的反思，选择的是当大多数西方人回避，甚至唾弃马克思"幽灵"的时候，因此，对他而言，《马克思的幽灵》不是"对马克思主义的为时已晚的整合"③，而是自己在一定程度上向马克思的致敬和复归。在德里达看来，东欧剧变标示着一个"新时代"的悄然开始。这个新的时代与马克思当年所处的时代究竟有何变化？ 在德里达看来，人类社会并没有实现完全的正义和公平，当代

① 解构的马克思主义与结构主义的马克思主义有很大不同。一般而言，结构主义的马克思主义还是真心维护马克思主义的，如阿尔都塞强调马克思的科学性，参加了共产主义的一些活动。德里达对马克思的"幽灵"的维护，只是为了关切现实的灾难，启示人们学会生活。

② 本然、实然和应然是事物发展的三个层面。本然就是事物的本来面目，表明事物本来就如此。实然是作为个体事物的物质成分和特征，它只表明事物是事实上存在的，而不明事物是如何存在的。应然则表明事物的样态是怎样的。本然是"体"，实然和应然是"用"，是事物的具体样态，是本然的展开。理论有其自己的演化发展规律，是其本然逻辑，理论的发展应符合客观世界规律，这是其应然逻辑。理论的演化既能符合客观世界，也有偏离真实的倾向，这是其实然逻辑。

③ 〔法〕雅克·德里达：《马克思的幽灵——债务国家、哀悼活动和新国际》，何一译，中国人民大学出版社2008年版，第84页。

发达工业社会更没有胜利,而是处于全面危机之中。为此,他批判了发达工业社会的不合理现象及伦理意识。

一、脱节的时代

"现在该维护马克思的幽灵们了",德里达用一个"该"字表明了自己维护马克思幽灵的正当性。那么,德里达与马克思的"幽灵"相遇的时代是个什么样的时代?这个时代已经发生了什么和将要发生什么?这个时代与马克思当年的分析究竟有何不同?

"这是一个脱节的时代。这个世界出毛病了。"①德里达借用《哈姆雷特》剧中的台词,给东欧剧变后的时代定了基调。

表面上看,马克思的"幽灵"出现的时代,是共产主义国家纷纷倒戈、自由资本主义向全球高歌凯进的时代。声称为绝大多数人谋利益的共产主义运动"中道崩殂",而宣称民主和人权的资本主义社会却日益兴旺发达。② 但德里达并不完全这样认为,他绕过时代的表面,发现了它的内在特征。德里达以睿智的目光发现了时代的弊端:当代人处于工具理性的时代,在全球化的大潮中,走着符号编码的消费路线。这是一条崇尚扩张和放纵的路线,它用虚假取代真实,用符号关系取代交际关系。在符号生产的操纵下,人堕落为脱节时代的牺牲品和奴役者。

德里达批判了单调、贫乏和封闭的日常生活秩序及伦理意识。东欧剧变及其后的时间,社会主义国家纷纷进行经济和政治改革,在经济上建立市场经济制度,在政治上则建立起民主政治体制,而发达工业社会不但克服了金融危机,而且凭借着全球化运动向整个世界阔步前行。声称要解放全人类、实现共产主义理想的无产阶级运动遭受重创,而高举自由和尊严的发达工业社会却欣欣向荣。对此,德里达清醒地指出:发达工业社会的繁荣只是表面现象,它内部隐藏着深刻危机。人类并没有随着工业社会的全球化运动而实现理想社会,资本引发的各种危机和灾难仍旧普遍存在;社会阵营的冷战虽然已经成为历史,但发达工业社会却产生了新的矛盾和对立。发达工业社会把生产力的发展、财富的增长当作目的,而把人的需求当作手段。资本使人从属于物,成为物的附属品。因此,发达工业社会非但没有实现普遍繁荣,而是处于全面危机当中。

---

① 〔法〕雅克·德里达:《马克思的幽灵——债务国家、哀悼活动和新国际》,何一译,中国人民大学出版社2008年版,第76页。

② 这与列宁的预测并不完全相同,列宁预测,20世纪是帝国主义的最后阶段。但我们应该记住马克思的教诲:"资本主义的灭亡和无产阶级的胜利是同样不可避免的。"

德里达指出了现实世界的不公和黑暗，阐述了对时代生活进行批判的意义，倡导宽容和多元，并描绘了解构后的美好未来。声称自由和平等、"让统治阶级在共产主义革命面前发抖吧"①的无产阶级运动遭受重创，而高喊人权和尊严，主张"按照自己的面貌为自己创造出一个世界"②的发达工业社会非但没有土崩瓦解，反而日益呈现繁荣景象。这与列宁的预测恰恰是相反的。但德里达没有受这些主流观点的裹挟，他沉入时代的深处，发现了资本的颓败趋势。在他看来，各种暴力和压制仍旧横行无忌。正如，伟大的事件都会出现两次"第一次是作为悲剧出现，第二次是作为笑剧出现"③一样，柏林墙被推倒后，西方主流意识非常兴奋④，立马宣布马克思主义已经"终结"，庆祝的旗帜充斥大街小巷。这几乎是一种惯例，因为，每次长久的压抑，都必定伴随一次搞笑的狂欢。然而，面对狂欢的人群，德里达清醒地指出，世界并没有随着冷战的结束而变得更好一些，对立国家的战争虽然暂时结束了，但各种恐怖和灾难仍旧不断降临。在他看来，这个时代仍然是脱节的、错乱的、毫无秩序的。各种"幽灵"在相互撕扯、搏斗，使这个时代完全失去了方向，脱离了正常轨道。它到处充满不安定的因素，暴力仍旧横行霸道，歧视和压制仍旧普遍存在。

他认为，这个时代已经耗损殆尽，因此采用哈姆雷特式的独白，对全球化时代的特征做了判断。德里达以旁观者的身份，认同任何事件总会出场两次。苏联解体之后，西方资本主义阵营异常活跃，主流媒体中充斥着同一个论调，即认为共产主义已经退出历史舞台，而资本主义已经获得全球性的统治。各种群众团体也合着媒体的调子，纷纷断定共产主义已经"死亡"，热闹的集会充斥街头巷尾，五彩的旗帜铺天盖地，狂欢的锣鼓震耳欲聋。他们兴奋地宣布：自由民主的资本主义历经千辛万苦终于打败不得人心的共产主义。此时，德里达却很清醒，认为，社会主义和资本主义两大阵营的争斗虽然暂时偃旗息鼓，但是思想意识领域的争斗仍旧照常进行。异化与分裂是时代的现实，同时现实又加强着异化与分裂。各种不和谐的因素、横行霸道的暴力、布满仇恨和愤怒的心灵，让时代处于精神错乱当中。失控的疯狂、阴冷的血腥和无情的破坏是它的基本标识。德里达批判的不仅是时

---

① 《马克思恩格斯选集》第 1 卷，中央编译局译，人民出版社 1995 年版，第 85 页。

② 《马克思恩格斯选集》第 1 卷，中央编译局译，人民出版社 1995 年版，第 76 页。

③ 《马克思恩格斯选集》第 1 卷，中央编译局译，人民出版社 1995 年版，第 584 页。

④ 东欧剧变之后，在西方主流意识中存在着两种主要说法：一种是各种终结论，以马克思终结论、共产主义终结论和福山的历史终结论为代表，宣扬共产主义的终结和自由资本主义的全面胜利；另一种是科夫式的结论，认为美国已经实现了马克思所说"共产主义"阶段。

代的阴暗面,而是要彻底抛弃带来这种阴暗生活的思想观念,他所主张的是多元和宽容,各种事物共存而不是对抗。

德里达的考察对象是当代发达工业社会的不合理现象,它的出场宗旨是倡导人们继承马克思的批判精神,以创建关切、亲和、宽恕的理想生活。人往往在边缘的时候,才记得掀开生活中被遮蔽的面纱,才懂得重思生活的意义。席卷全球的金融危机,实实在在是消费主义的生活方式和生活的虚拟极致所带来的一次生存危机。资本主义带来财富的同时带来灾难。① 资本的目的是不断增值,消费是必要的手段。资本为了实现最大化增值而刺激虚假需要,久而久之形成消费主义倾向。消费主义的生活方式是一种现实活动,片面主张消费与增长,消费不是为了实际需要,而是不断被制造出来、被刺激起来的欲望。人的真正需要是拥有、实现、占有自由自觉的本质,资本却以虚假需要为诱饵,人扮演被资本增值所利用的对象,以投资者的心理充当消费者,购买大堆不需要的东西,消费致富变为泡影之时反而投资帮助富人赚了更多的钱。过度强调物质消费和无节制追求远远超出自身需要的消费,导致精神的缺失甚至价值评价的偏颇,结果是消费的异化与人性的扭曲。

德里达认为,晚期资本主义是消费社会,需要采用政治经济学批判,也需要用符号学批判资本意识形态,以补充马克思的资本批判。资本分析仍然适用于消费社会。媒介组成了巨大的生产之镜,要对当前消费进行分析,仅采用剩余价值理论是不够的,还必须用符号学揭示生产关系背后的意义。消费的“幽灵”到处支撑着零散的生产,进一步消解了等级秩序。资本追求操控社会的权利,驱使人们用符号消除生产,吸纳了劳动,让劳动从属于自己。消费社会仍存在利润动机和资本运作逻辑,有资本矛盾的多重叙事系统。现代工业社会是规训政府,工业统治了农业,让机器生产横行;后现代消费社会反对规训政府,服务业统治了工业,努力消除中心霸权,打破民族界限,呼吁建立统一市场,却建立了新的等级化生产体系和国际秩序。资本已经超越国家,打破了国家对其的限制,利用非政府机构控制了全球,凭借全球化控制了世界,让治理变得稳固,网络遍布全球。消费社会为年轻人的欲求服务,崇尚时髦和稚嫩,制造了商品化的青年男性崇拜。人进入消费的黑洞,完全被吞没,迷失在诱惑的迷雾中。随着生产力的发展,消费从基本的生存需要分离出来,成了少数社会精英身份的象征,而普通群众仍专注于满足生

---

① 马克思在《共产党宣言》中也认为,资本主义虽然带来了生产力的进步,但在道德方面却堕落了。德里达也认同马克思的观点,认为人类由最初的“黄金时代”堕落到如今的“黑铁时代”。

存需要,无力购买奢侈品。随着大多数人基本生存需求的解决,消费又与普通大众联系起来,成为日常生活的一部分,采用不确定的符号形式。消费文化早已盛行,但政府为了维护等级秩序,不愿承认消费文化的普遍性。消费文化的流行方便了社会对个人的控制,实现个体对社会整体的适应,不断参与社会事务。符号消费其实并不自由,人仍然是被资本奴役的,仍受日常束缚。符号消费仍依赖市场体系,仍需要劳动创造价值,但将符号抽象化为至高地位。符号掌控一切,汇集了一切意义,呈现着一切信息。社会的抽象化已经由景观转为符号,更加去物质化了。激发消费的力量随着社会不断变化,在消费社会中,人们向往的不是生产力的大幅增长,而是一种逻辑上的结构变量。符号价值大于实际价值,消费欲求起支配作用,加大了生产和消费的差距。消费社会是以影像为主的结构性社会,是财富攀升和欲求攀升,凭借他人目光激发个人对物化的追求,让时尚扩散到全社会,让消费信息铺天盖地。人的身体被圣化,不再是生物的肉体和工业的身体,而是自我迷恋的客体、社会礼仪和色欲的基础,成了鼓吹性自由的道具,让社会虚假运转。妖艳在符号体系中特别明显,让消费品带有性暴露癖的征兆。

消费社会由于符号的大量引入而变得没有现实感,让人失去时间感。消费是符号掌控的体系行为,是强制性的抽象意指关系,是个性化的指涉联系和真实性的缺席。社会关系不再是活生生的,而是从消费符号中抽象出来并消散在幻觉中的。消费文化欺骗了大众,进入理性的异化,被资本和媒介操纵,更直接接近人的身体本能。资本通过消费实现增值,而这种虚拟的消费形式,又刺激了消费,扩张了资本。资本、消费、虚拟三者架构出坚实的三角,三角架空下的人的活动被抽掉了喜怒哀乐,不再完整。虚拟资本在其发展过程中不断脱离实际生产过程,与整个实际生产过程对立。资本、货币本身并无价值,它游离于赖以产生的现实生产活动。美国金融危机的实质,就是以次贷及其衍生物为代表的虚拟资本泡沫的破灭。按照资本运作的逻辑,并没有预定金融危机的发生。但事实是金融危机绑架了全世界,生活世界面临悖谬。资本活动把一切都计算进去了,却无法计算现实的生活,而计算也有其限度,生活是理性所无法安排和计算的。

因此,德里达认为,在这个脱节的时代,人类比任何时候都更需要马克思的"幽灵"的指引。

二、贫乏的时代

这也是一个贫乏的时代。在德里达看来,人类并没有最终战胜暴力和专制,资本主义社会更没有胜利,而是正在衰败。

虽然旧历史的终结和所谓"新世界秩序"的开始,对许多保守的思想家而言,预示了集体主义式的意识形态的终结以及对民主和市场经济为特征的自由资本主义统治秩序的重新肯定,虽然随着马克思主义成为"幽灵",各种妖魔鬼怪也纷纷出来显形,虽然一些人声称"共产主义已经终结",欢呼"自由民主、议会、市场经济已经在人类社会取得全面胜利",然而,资本主义非但没有胜利,而是正在衰败,而且"这衰败正在扩展,正在自行生长,也就是说正在遍及全世界,它的展现是不标准的,不规范的,或者说没有遵守规范的秩序"①。

发达工业社会也正在衰败。发达工业社会用虚假取代真实,资本通过不断的生产架空了日常生活。资本掩盖了现实社会的专制和暴力,让人们陷入迷茫、孤独、无知的境地,失去反思和批判的秉性,这表明日常生活已经被遮蔽。在资本的操控下,日常生活失去真实性,变成高度管控的客体,本真的日常生活则被驱赶到无人的角落。资本通过生产延伸到了日常生活的方方面面,消费、生产、休闲、娱乐都被资本集中组织起来了。社会的高度集约化,使资本生产不仅是一种经济现象,而且是一种政治现象。因此,资本主义社会的人们并没有获得自由全面的发展,而是仍在暴力和专制的奴役下生活。资本成为新的控制方式,造成了新的衰败和异化。发达工业社会的衰败除了表现在政治、经济等方面,还表现在意识形态、价值观念等领域。经过世界大战的摧残,西方资本主义社会发生了严重的思想断裂,它用陈旧的思想观念占据人们的头脑,因此,资本主义伦理意识的危机是一种必然趋势,既不会因为社会主义阵营的瓦解而减缓,也不会由于工业社会的繁荣而消除。

德里达讲述了东欧剧变后日常生活被资本控制,造成新的思想奴役的故事。东欧剧变标示了冷战的结束,但没有标示着一个新时代的开始。时代衰败的背后推动力量是资本利益。受利益驱动的虚假宣传铺天盖地地向人们涌来,让人们目不暇接。发达工业社会拒斥多元,掩饰真相,热衷操控,试图用利益迷惑人们的内心,这让良知沉默、欲望膨胀。发达工业社会利用媒介传播自己的理念和价值,而解构就是要揭露这种伪意识形态存在的真面目。由于生产技术的进步,资本的运行在不断扩大空间范围,形成资本的全球化运作。资本的全球化运作,缩短了商品生产和流通过程,形成了统一市场。资本的高速运行,不是为了满足人们的正当需求,而是为了获取更多的剩余价值,这引起了地区的不平衡发展,不仅破坏了环境,而且导致了社会混乱。因此,发达工业社会正处于深刻的危机当中。

理性不停地制造越来越发达的科学技术,带给人一次次前所未有的无限风

---

① 〔法〕雅克·德里达:《马克思的幽灵——债务国家、哀悼活动和新国际》,何一译,中国人民大学出版社2008年版,第76页。

光。如今是技术的时代，各种各样的技术广泛蔓延。高度发达的科技解放了人类的自然限制和本能规定，颠覆了人类的诸多观念，整个人类社会也因此迅速腾飞，但是，我们却常常不安与焦虑。困扰我们的，绝不是理性与科技本身，而是一些随之而来的东西。理性统治之下的现实个人，最大化地承载着他的理性本质，其现实活动在很大程度上表现为技术活动。高科技发展下的技术活动，机器运转的结果是人对机器与技术越来越倾向于全面的依赖。机器是死的、单调的，与机器紧密结合的技术活动令人单一片面。既然技术出自理性之手，则它自产生时就有了一系列单调的、预设的规定。现实个人的活动往往是技术化生存，技术霸占了人的思想与灵魂，左右我们应有的情感，让人陷入更加不自由的境地。

随着资本增值逻辑的演化，技术理性愈加扩张，符号的指称意义与实际的物品发生分离。语言符号原本是以具体的指称物为根据的，但媒介技术冲击了现实世界，符号成了现实被抽象后的碎片，是日常生活的断裂，让物理空间被遮蔽。在媒介影像的包围下，客观事物变成符号，展示为一系列的影像，并取代了真实的自然世界。符号的指称是内在的含义，是真实意义的微妙表达。符号的能指与所指的关系与商品的交换价值与使用价值的关系有同等地位，这就将商品与符号进行了抽象对比。符号的能指遮蔽了现实，又构造了现实。符号的能指作为后现代发达工业社会的运行机制，凭借构造象征意义操控了现实，让世界成为一团理不清的迷雾。由此，符号占据了社会的主体地位，让生活成为抽象的存在，语言变成自己的指称物，成为自己生产自己的元语言。科技和工业生产让指称脱离能指和所指，改变了符号的现象形态，让符号意义和现实物品发生断裂。作为元语言的文字书写消解了能指和所指，让关系展示为混乱情形。当代科技的分工日益细化，让工具理性渗透进日常生活，使生产和劳动日益分层。科技是社会分层的基础，而文字书写则为后现代工业社会提供规则，让空间生产有效进行。物品不需要实用功能来展示，只需要符号。只有遮蔽物品，符号的意义才能呈现。物品越多，需求越少。消费社会制造的需求不是人的真实需求。它用符号来否定真相，用虚像来遮蔽真实的历史，用美学影像替代日常的现实。消费是当代社会的自我展示，是符号编码生成的意义的系统体系。人们在消费中获得的只是幻觉。消费利用符号掩盖真相，媒介制造的符号造成了虚假的世界。广告激发消费的欲望，让欲望变成后现代社会的主导力量。

当今时代是技术化时代，同时也是数字化时代，数字化技术空前发展。人框定在技术化的世界，又被拉入数字化生存的境地，意味着更加精确的计算和限定。现实个人被抽象为简单的学位、学号、学分、档案等，固然便捷，却只看到数字符号而忽略了人的感性世界、感性活动。技术化、数字化生存最让我们感到不安的是它的抽象所带来的虚拟性,这在当前网络化的世界表现得更为明显。网络把咫尺天涯变成天涯咫尺,它的背后是极端发达的信息技术、数字技术,它使偌大的地球成了小小的地球村。当地球成为村时,人却越来越孤独空虚,人们的交往和联系也越来越变得不真实。

因此,德里达认为,"幽灵"的出现是适时的,它几乎就是在最需要它的时候到来了。它将使我们战胜死亡的恐惧。它要激励我们抛弃萎缩懦弱。今天,我们需要在"幽灵"的指引下誓死奋战。

三、亟须反思的时代

这还是一个亟须反思的时代。在德里达看来,东欧剧变既是对我们的一场考验,也是我们新的机遇。

在德里达看来,为什么截然相反的声音不断撞击我们的耳膜?因为苏联的革命做法不被西方理解,在西方的文化传统中,一直倡导个人要服从权威,而不是积极革命,于是,一些西方学者妖魔化了共产主义,加重了西方民众对共产主义的敌意。德里达作为一个西方人,也对集权主义、对苏联的专制感到"可怕,实在令人恐惧。不仅令《共产党宣言》的敌人恐惧,而且可能也令马克思和马克思主义者自己恐惧。因为人们似乎不仅想要解释马克思思想的整个集权主义遗产"①。不断地斗争,是马克思实现人类解放的武器,这种武器不但没有失效,反而在当今矛盾丛生的社会,被越来越多的穷苦民众拿起来反对不公平的资本主义。② 时代仍在呼唤马克思的革命精神。资本主义市场经济的时空压缩是令人耳晕目眩的,让人沉迷于物质财富的追求中。马克思没有拒斥正义,他认为资本主义社会不是正义的社会,而共产主义社会是一个超正义的社会,是建立在资本主义是不正义的这种论断基础上的。"无可奈何花落去",苏联的社会主义终于在资本主义的期待下

---

① 〔法〕雅克·德里达:《马克思的幽灵——债务国家、哀悼活动和新国际》,何一译,中国人民大学出版社2008年版,第101页。

② 随着金融危机的发生,西方经济的发展日趋缓慢,西方的种族主义、狭隘的民族主义,导致西方社会分裂,民众走上街头反对政府。马克思主义的革命精神非但没有消失,而且正显示着日益强大的影响力。只要人类社会存在种种不平等,马克思的革命精神就不可能消失。

失去物质实相而成为"幽灵"。西方的自由人士感到由衷地松了一口气。① 不过，在德里达看来，马克思主义再一次失去"物质型相"而变回某种"幽灵"，也未尝不是好事。马克思主义在场时，它对反对它的一切理论实行控制、封锁、镇压②，人民不得不说好话、假话、套话。它成为幽灵，失去恐怖的形体，打破一元化的体制，给了人民评价的自由。德里达坚信，道路都是从没路的绝境中走出来的。因此，在他看来，东欧剧变既是对我们能否坚持真理的考验，也是我们走向新生活的机遇。

在恐惧蔓延的后现代社会中，消费者的需求也被符号意义规整为本能，即便不断流动的时间，也被空间分割为碎片。因此，一切事物除了符号允许的意义外，不准表现出别的意义。符号割裂了社会关系，让一切失去实质内容，也使真实隐藏不见。人们的交往只有空洞的形式，没有真实的价值。灵魂是荒凉的沙漠，情感处于冰点，成了无意义的象征物，生产出眼花缭乱的视觉影像。媒介生产代替了商品生产，祛除了对话和交流，让现实成为可供观赏的符号影像。媒介支配下的符号世界，让交流成为独自的碎片，让大众成为被操纵的客体。信息泛滥导致大众的盲目，变成机械麻木的片面人。个体不复看重自由民主，而是疯狂的消费，加强了发达工业社会的凝聚力。大众媒介的抽象性造就了专制体制，消解了日常生活的真正意义。资本世界范围内的运行逻辑产生世界范围内的消费主义，扬弃资本的过程必然是对消费主义的摒弃。消费主义的生活方式鼓吹在大众生活层面上进行高消费，其价值观念、文化态度在一定程度上是扭曲的。它是一种在资源、环境、生态意义上的炫耀性和挥霍性的不可持续的过度消费，对人类文明的发展造成了严重的危害。面对新的时代特征，我们应该摒弃消费主义，构建和谐的消费模式。现实个人的消费应该适应时代条件下的生产力发展水平，由此与自然建立友好和谐的关系，使社会再生产的各环节协调发展，同时兼顾下一代人的发展需要，真正做到以人为本。唯有如此，消费的过程才能体现人的本质需要，从而有利于人的全面发展。

德里达倡导自由、开放和多彩的日常生活状态，号召人们勇敢正视现实，谋求

---

① 由于宣传和意识形态的影响，西方资本主义国家的主流意识把共产主义和法西斯主义等同，例如，美国总统奥巴马 2008 年在就职演讲中说："回想先辈们在抵抗法西斯主义和共产主义之时，他们不仅依靠手中的导弹或坦克，他们还依靠稳固的联盟和坚定的信仰。"显然，这里代表的不只是奥巴马一人的观点，而是西方主流观点。产生这种观点的一个原因，就是赫鲁晓夫《秘密报告》揭露的苏联体制的"黑暗"与"恐怖"。这只是西方主流媒体对共产主义的偏见。

② 笔者认为，资本主义加强思想控制，与巴克莱的"存在就是被感知"有异曲同工之妙，即都认为如果事物没有某人感知，那么，对于那人来说，那个事物就是不存在的。

真实幸福。他认为,要消除发达工业社会的异化状况,必须让日常生活回归真实。在他看来,扬弃工业生产的目的是为了消除物质生产与生活的壁垒,让自由多元的能量成为改造生活的动力。他主张,丧失主体自由选择意志的个人必须重启想象力,化被动的附属地位为主动的批判行为。因此,解构的使命已经不是打碎资本加在人们头上的枷锁,而是直接摧毁迷人的资本景象。解构就是要揭露历史的遮蔽处,关注不在场的在场者。解构就是要击碎日常生活布展的凝固性,颠倒资本意识形态的头尾倒置,建构真实的日常生活情景。解构是日常生活开出的思想之花,如果日常生活败坏,那解构也必定失败。因此,德里达从日常生活寻找未来理想的源头,他要求精心地建构符合生活的情景,创造具有差异的情景性。

德里达作为解构主义的主要发起人,有着高贵的灵魂,尽管历尽磨难,但始终保持执着信念。他通过质疑主流政治意识形态,以唤醒幽灵归来。他认为,发达工业社会的集约化生产让经济上的奴役更加隐蔽。在《往返莫斯科》中,德里达动情地叙述了听到国际歌时的激动。但光有热情、没有行动,也不能变革现实。德里达试图中断资本控制的平日,让日常生活的真实意义呈现出来,他采用的方式是反抗,方法是让宽容和正义出场。共产主义"幽灵"从产生之日起,就令保守势力惶惶不安;苏联解体之后,关于马克思主义前途的论断更是多如牛毛,这展现了无力与糟糕时代抗衡的人类生理和心理的功能紊乱。德里达指出,社会主义阵营的瓦解并不是突如其来,而是一系列综合因素的结果。苏联共产主义试图离开经验,去追求高远的目标,却陷入黑暗的沼泽。它在共产主义的宏大理想下,也的确忽视了人权。因此,在它繁盛时,人们欢欣鼓舞;在它离开时,人们没有伤心难过。东欧剧变的意义之一,就是提醒人们:要打破惯常的思维模式,改变对传统马克思主义教条的迷恋。德里达特别关注历史的遮蔽处和弱者的利益,在他看来,要正义就必须尊重那些不在场者。

"解构主义马克思主义"也是马克思社会批判伦理在当代的出场,它的目的是唤起人们对暴力、专制的抵制和对公正、自由的期望。德里达认为,在发达工业社会,以往主体对客体的操控的那种状况已经退出历史舞台,人们面对的是一个已经完成的世界,剩下的只是已有事件的重复。发达工业社会让人们寻求即刻的欲望满足,整天处于欲壑难填的境地。资本摧毁了传统的伦理道德,人们要求的是欲望的即时实现。资本造就了邪恶、混乱而低能的生活地狱。个体自主的选择被大众盲目地跟风取代。发达工业社会培训出无理性的机器人,让人们丧失良知,失去判断真假的能力。德里达认为,资本生产导致人的迷失,人们必须拒斥资本、回归真实。德里达期望通过回归真实生活解放麻木的人群。

因此,德里达认为,对马克思"幽灵"的各种唾弃与嘲弄不仅没有导致马克思主义的"烟消云散"，相反却启发了人们对本真马克思主义的追寻。①

总之，在德里达看来，我们处于一个"幽灵"的时代，各种"幽灵"乱舞，使它失去方向、毫无秩序，这就是他向马克思致敬的主要图景。

德里达通过对"学会生活"这句"习惯指令"的语义拆解，表达了他日常生活批判的价值向度。在他看来，单凭人自身的力量是无法学会生活的，必须凭借"幽灵"之类的东西才能到达美好生活。尽管共产主义运动已经逐步淡出人们的视野，但马克思的批判思想仍将指引我们继续前进。马克思的思想也并不只是体现为现实的社会主义国家制度，还是一种能够指导实践运动的理论学说。苏联解体，并不表明马克思思想已经一无是处，它也可以再次化为现实实践。德里达希望人们牢记马克思的告诫：一切先辈的思想都会成为梦魇般的存在。因此，虽然苏联共产主义体制已经退居幕后，但马克思主义仍将作为一个不在场的在场者指引着我们的日常生活。马克思主义还要在日常生活中驻足。它必将继续号召我们对抗腐朽的政治制度，以便建立真正的美好生活。马克思用满腔的热情去追求公平和正义，用激情的行动去创建美好社会。在马克思批判精神暂时退场之际，适宜的就是与马克思一起去发现日常生活的价值，追随他对日常生活异化进行批判。德里达认为，社会经济和上层建筑之所以出现问题，其根源在于日常生活。他将日常生活批判应用到解读现实社会的政治斗争，把其渗透进对资本控制的日常生活空间各类现象的批判中。总之，德里达以一个孤独而勇敢的解构者身份，向时代的困境发起了追问。

在西方世界的主流视野里，随着东欧剧变，马克思主义已经进入"坟墓"，显然，德里达并不否认这一点。但他相信，东欧剧变只是马克思主义形体的灭亡，而不是马克思本真精神的灭亡，马克思本真精神非但不会灭亡，反而会一直指引着人们追求平等的社会理想。但他相信，出乎意料的事件可以显示出一个人的政治品德。因此，他选择在东欧剧变之后的"混乱的时代"向马克思致敬，这是他的一次华丽转身。

因此，不可否认，是哲学家的良知使他选择在"混乱的时代"走进马克思主义。在东欧剧变及其后的时日里，共产主义运动被西方世界所唾弃，但德里达同情弱

---

① 事实也的确如此，东欧剧变之后，国内外学术界掀起了一股重新解读马克思主义的思潮，"重读马克思""回到马克思""走近马克思""走进马克思"……声声急迫，不绝于耳。这股思潮虽经大约20年的发展历程，但仍然可以说方兴未艾。

者、关注灾难的秉性,使他决定为马克思的"幽灵"说几句"公道话"①,以便证明自由之神圣,人权之尊严,多元之价值。在狂躁不安的时代,总有人道主义者能保持清醒。尽管明白日常生活是如此顽固强大,可德里达勇往直前,他拨开了时代的迷雾,沉入了生活的底层。他主张日常生活的解构,他的目的就是要打破日常生活的封闭性,让人们能诗意地栖居。

德里达在此时走向马克思的"幽灵",还有一个重要目的,就是为了让悲剧永不再重演。同时唤起人们省思自己的灵魂,是否很多人间的悲剧和灾难是因为我们的懦弱和盲从而得以发生的。②

在德里达看来,马克思盼望正义,胜于黑暗等待黎明。可按马克思主义构建的苏联体制,孕化出了斯大林集体化的专制。③ 马克思播种的是正义,收获的却是罪恶。为什么正义的善良之花却开出了专制与恐怖的罪恶之果? 无论人们多么不情愿,可它们都是怀着崇高的共产主义理想。他们也是怀着为人民服务的忠诚信念的。马克思主张回归当时的历史状况,分析历史的深层动因,并认为物质及利益决定人的思想。可历史真的能完全还原?④ 如果历史根本不能还原,我们得出的结论如何又是全面的? 这值得我们深思。

因此,德里达在东欧剧变之后走向马克思的"幽灵",并不是为了给共产主义运动,特别是苏联式的社会主义盖棺论定,而是为了唤起人们思考现实的一系列问题。他此时向马克思的回归和致敬的意义就在于:在历史的困境之中,努力找寻人类社会更美好的未来。

解构的马克思主义成了后现代马克思主义思潮一道靓丽的文化风景线。德

---

① 实际上,德里达对马克思主义的维护,只是出于哲人的良知,这与一些法国哲学家不同,如阿尔都塞、萨特等,他们积极参加了马克思主义的一些运动。而德里达对共产主义及其运动很少抱有热情。如果没有东欧剧变把共产主义降到社会领域的边缘地位,很难想象他会维护马克思主义。因此,德里达是把马克思的"幽灵"作为一个"受害者"与"同情者"来维护的。

② 苏联建立了第一个社会主义国家,让共产主义从理想变为现实。在苏联共产主义实践中,尽管存在一些曲折,但它短时间就快速地恢复了国民经济,集中一切力量创造了政治、经济、文化方面的成就,为人类的发展创造了一种宝贵的实践模式。苏联解体、东欧剧变只是共产主义的暂时挫折,正如德里达指出的:只要人类社会仍在撕裂,仍存在绝望、欺辱、仇恨,马克思主义就不会退场。

③ 苏联体制中的一些行为是否继承自马克思的思想,学界众说纷纭。以笔者看来,斯大林体制固然与马克思的无产阶级专政学说有关,但更与俄罗斯本国的封建传统有关。

④ 从宏观上看,物质决定意识;但从微观上看,个人的行动是由思想决定的。马克思的唯物史观认为,社会存在决定社会意识。可社会存在又由什么决定? 物质又由什么决定? 如果一切都是有原因的,世界的最终原因是什么?

里达的解构理论与后现代主义哲学有密切关系,德里达有时也被称为后现代主义的思想大师。不过,有意思的是德里达从来不认为自己是后现代主义者。他认为解构主义与后现代主义有很大差异。与后现代主义保持距离的德里达,却在20世纪末走向马克思主义,这无疑是德里达思想中的一次重要事件。

第二节　马克思的"复仇"①：幽灵的到来

学会生活,马克思主义的创立目的何尝不是为了使人类更好地生活。可现实总是残酷的,当理想遭遇不合宜的现实,往往是理想的幻梦破灭之时。

一、"幽灵"的到来

东欧剧变之后,关于社会主义的诋毁与谣言一下子多了起来。德里达的一声呐喊,给这"混乱的时代"平添了一丝睡梦般的阴郁。

德里达赞成"国家不是'被废除'的,它是自行消亡的"②的观点,认为,苏联体制的衰败由来已久,它在优先发展重工业的同时,也导致经济结构失调,引起居民日常消费品供应的不足,它是在生命的最后一点火星熄灭时,才成为"幽灵"的;人们也是在对它彻底绝望后,才无奈地把它抛弃掉的。德里达对此感慨万千,"它已经破败不堪,但它的破败已不再重要。不论是年老还是年轻——人们已不再以那种方式考虑它"③。因此,德里达并不认为东欧剧变是俄罗斯人的灾难。

随着东欧剧变,共产主义作为整体在西方的确被瓦解了。但这是否意味着马克思主义已经真的走向末日？德里达对此做了分析。

德里达首先指出,随着苏联模式的共产主义的"死亡",必然是马克思的"幽灵"的到来。因为马克思主义作为现实的存在,不只是理论,更是一种现实的运动。苏联作为第一个社会主义国家,寄托了马克思主义的理想和热情,当东欧剧变后,作为理论的马克思主义必然无所寄托,成为"孤魂野鬼"。但鬼魂也可以再

---

① 其实,德里达也把东欧剧变看作马克思主义的一次"涅槃",东欧剧变不是"他杀",而是"自杀",是马克思主义的一种自主行为。因为东欧剧变除了是资本主义实施和平演变的结果,更多是"自主选择"。因此,一定程度上可以说,苏共是打着顺应历史的潮流的旗号自动退出政治舞台的。

② 《马克思恩格斯选集》第3卷,中央编译局译,人民出版社1995年版,第631页。

③ 〔法〕雅克·德里达:《马克思的幽灵——债务国家、哀悼活动和新国际》,何一译,中国人民大学出版社2008年版,第76页。

次寄托形体。与时俱进是马克思主义的理论品质,内在要求不断地继承与创新。马克思主义的"幽灵"意味着在不同的时空环境中不断转换理论内容和形态。没有一种理论是可以超越时空、永恒不变的。不断地变化才是理论的本真状态。马克思主义"幽灵"之所以具有强大的生命力,就因为永远指向现实和未来。德里达提醒人们,不要忘记马克思的忠告:"一切已死的先辈们的传统,像梦魇一样纠缠着活人的头脑。"①

马克思"幽灵"之后的各种马克思主义,都继承了马克思的魂魄,只是形式上有所变化。也就是说,马克思"幽灵"是不断超越自己的。超越马克思,还需要借用新的思维和方法。萨特说,马克思是不可超越的,主要说的是马克思看问题的角度和方法。当然,马克思在分析社会问题时,仍然坚持的是二元对立的思维模式,坚持的是逻格斯中心主义,这种看问题的方法是需要后人超越的。超越马克思主义,需要借用新的思维与角度,因为沉湎于一贯的思维模式,是无论如何也走不出理论的迷宫。马克思告诉我们,只有不断地批判和继承,理论才能创新。在后现代发达工业社会中,人们必须借助马克思主义的出场,才能学会更好地生活。晚期资本主义的诸多矛盾需要凭借马克思的批判精神,才能得到说明。所以,马克思主义理论形态的具体出场形式,就是随着理论形态的改变继续对现实产生潜移默化的影响。马克思主义理论形态不是凝固僵化的统一体,而是各种思想意识的结合体。马克思主义不仅是一种批判传统和现实的学说,还是现实实践的行动指南,它不仅展示在马克思等人的诸多文稿中,还不断地被后人解释和说明,从而呈现出多彩的面貌。理论形态上呈现出众多的出场路径是有利于思想发展的,马克思主义的众多出场路径使它自己能够不断被重新组合,能够不断与时俱进。彻底的批判精神让马克思主义成为易于被工人阶级接受的理论。

德里达进而指出,在实际的解读中,马克思主义已经被"幽灵化"了,"它既不属于本体论,也不属于有关众在者之存在的话语,亦不属于生命或是死亡的本质。因此,它所需要的与其说是拯救时间与空间,不如说是虚构出一个词语,亦即我们称之为幽灵学的东西"②。这是他关于马克思主义之所以幽灵化的行动性阐释。在德里达看来,不同的解读,使马克思主义的面目变得模糊不清了。我们无需将在具体时代背景下形成的书本当作不可超越的经典。我们不仅需要继承前人的理论观点,更重要的是在前人的基础上有所创新。回到马克思,实际只是一种可

---

① 《马克思恩格斯选集》第 1 卷,中央编译局译,人民出版社 1995 年版,第 585 页。
② 〔法〕雅克·德里达:《马克思的幽灵——债务国家、哀悼活动和新国际》,何一译,中国人民大学出版社 2008 年版,第 51 页。

爱的幻想,因为历史是回不去的。若坚持历史是不断向前发展的,我们要做的就是不断超越马克思。实际上,一部分学者之所以坚持回到马克思,是认为古典的马克思主义才能更利于指导我们的实践。这些西方学者倡导的"回到马克思",当然不是要回到马克思的革命理论,而是想把资产阶级的人道主义添加进马克思主义中,只不过是想在马克思当年理论的基础上,添加资本主义倡导的内容,是想改变马克思主义的基本精神。

从马克思主义发展的轨迹来看,列宁既坚持了马克思主义的原理,又结合俄国革命实际添加了许多马克思没有说过的内容,从而"超越"了马克思思想。斯大林主义则不仅继承了列宁主义,还根据斗争需要添加进集权主义的内容,这当然也是对于马克思主义的"超越"。毛泽东则在马列主义的旧桶上装进中国特色的理想和理论,从而实现了对于马列主义的重大超越。至于东欧各国,都在斯大林模式的影响下,搞出了一套符合本国国情的马克思主义道路,这当然也是对马克思主义的"超越"。中国特色社会主义理论既坚持了马克思的无产阶级专政理论,又抛弃了计划经济等陈旧模式,不仅超越了苏联体制的社会主义,而且也远远地超越了马克思的经典理论。创新是马克思主义理论形态演化的内在要求。马克思主义自始至终是一种批判基础上的创新理论。只有创新,才能永葆马克思主义理论形态的演化动力。实践和认识能够建立互动关系,是创新的实践维度和理论维度能够成立的前提,这就深化了实践创新与理论创新的路径。中国革命和建设的实践经验启发我们:要完成马克思主义理论形态的创新,就要将马克思主义基本原理和实践紧密结合。中国化马克思主义理论创新的实践向度,催化其创新的理论生成逻辑。与此同时,中国化马克思主义理论创新的宗旨就是用优秀的思想成果作用于日常生活实践。

二、"幽灵"的复仇

德里达指出,马克思的"幽灵"绝不会甘心退出历史舞台,它还要再一次"复仇"。正像《哈姆雷特》中的老国王一样,德里达认为,马克思主义也是被"谋杀"的。谋杀它的就是西方的自由资本主义。但马克思的"幽灵"绝不会甘心就此离去,它要复仇。在德里达眼中,这个复仇的"幽灵"终究会回来,报复自由资本主义社会,虽然它的到来不会以物质型相的形式,但它的隐形指令是无形的命令,我们无法拒绝。德里达这里把思想的传承看成"幽灵"的转化,隐含的意思就是,马克思主义是由以前的"幽灵"转化来的,它以后必定会转化为别的"幽灵"。照他看来,马克思主义诞生于资本主义的早期,而接受马克思主义并建立起社会主义的国家大多都经历了很长的封建社会。马克思主义充当的就是封建保守势力的代言人,它要对资本主义"复仇"。东欧剧变之后,它再一次被资本主义打败,但它绝不会甘心退出历史舞台,它还要再一次"复仇"①。

　　在继承和创新的基础上进行建构,必须正确对待马克思主义"幽灵"。马克思主义当中肯定存在着永恒的优秀部分,这部分是需要继承的。但马克思主义不是教条,马克思在具体历史语境中讲的,我们不能完全照搬,而应该在马克思主义的基础上,创新的具有中国特色的社会主义理论。党的十八大以来,在以习近平同志为核心的党中央的领导下,中国特色社会主义进入新时代,产生了习近平新时代中国特色社会主义思想,这是马克思主义中国化的最新成果,必将对中国的未来起到指导和引领作用。一个民族的发展和复兴,离不开对传统优秀文化的继承。而继承传统文化,重要的是要立足现实,而现实就是具体的个人。因此,只有立足于人民的需要,并同推进改革开放和现代化建设的需要结合在一起,才是对马克思主义的真正继承。积极融入世界,是马克思主义创新的基本路径,今天,我们不是要"回到马克思",而是要"马克思成为我们的同时代人"。因此,与西方当代思想家展开积极的对话,是马克思主义创新的路径之一。我们无须把马克思主义理解为一种启示,以卑微的态度祈求马克思降下微言大义,而应以超然的态度和高度的责任与马克思展开对话。因此,重要的不是忠实马克思的话语,而是忠实马克思的精神。马克思主义具有"异质性"。面对这份复杂的遗产,我们必须对它过滤、筛选和继承。

　　传统理论中优秀的部分会成为社会发展的指路明灯,而保守的方面会成为社会发展的桎梏。因此,我们既不能搞"鹦鹉主义",原封不动地照搬马克思的话语;也不能持"澡盆主义",把全部成果抛弃掉;更不能行"变色龙之道",为着个人及小集团的利益不断变换马克思主义的色彩。在共产主义运动中,马克思主义与修正主义的斗争是不断进行的,修正主义抛弃了马克思主义的阶级斗争思想,放弃革命路线,推行改良的道路,这麻痹了工人阶级的斗争意志。我们当然不能教条地理解马克思的话语,但马克思的基本原理是应该坚持的。正确的态度应是在对马克思主义理论深刻认识和全面把握的基础上,古为今用,西为中用。

　　思想既会成为引领社会发展的启明星,也会成为束缚人们头脑的枷锁。因此,我们既不能对马克思具有情景局限性的话语不加咀嚼地吞咽;也不能对理论的争议进行回避和敷衍;更不能为着小团体的利益不断变换理论立场。因为真理

①　实际上,思想所体现的内容和意义总是复杂多元的,正如儒家思想的创始人孔子代表的是奴隶主旧贵族的利益,要求恢复周礼,但其思想在以后,也为封建统治者所吸收、利用。因此,一种思想所代表和体现的利益,往往不是由它本身所决定的。

不会变化,只有谎言才变来变去。虽然马克思的矛盾观声称不崇拜任何东西,在他那里,没有什么东西是神圣不可侵犯的,一切都可以毁坏,但我们应该明白:正是对公平和正义的无限渴求,才促使无数热血青年不惜牺牲生命,去换取整个人类的幸福和解放。马克思也不是不渴望爱和善良,只是现实的沉重压迫使他选择了斗争。马克思主义思想彻底打破束缚,因此,是不停地受阻和打压,使马克思拿起了反抗这个武器。马克思矛盾观的实然逻辑就是不断地解构,解构资本主义,解构社会主义,解构自己。他特别指出,自己的革命事业就是为了促进国家、无产阶级等一切走向死亡,在死亡的地狱中迎接新生。为救天下人,杀尽恶人,末路就到了,这是否定之否定的历史辩证法。如今,我们逐渐进入由形象操控的景象社会,这对打破传统思想或许具有积极的意义,但景象社会"只让看不让做",这也干扰了人的自由意志,影响内心清晰的选择,可怕的不是景象,而是景象掩盖真相,让人分不清真正的现实。因此,在一个混乱的时代,要创造理论,除了静观,更要行动。实践矛盾观厌弃思辨,崇尚复归淡朴,这是播下龙种却收获跳蚤的悖论。我们也要战胜对邪恶的恐惧,勇敢谋求更好的生存状态,挣脱桎梏,果断地"断奶",睁眼看世界,让生活回归本真。因此,忠实执行马克思的遗嘱,一种路径就是进行真诚而有效的思想对话。

综上所述,德里达在讲到"幽灵"称谓的前提,实际上是把共产主义作为现实中已经不复存在的东西。显然,他认为马克思主义作为一个整体已经死亡,而且他始终认为,必须在马克思主义之外研究马克思的文本。因为,解构活动在马克思主义在场的空间中是根本不可能实现的,它只能成为马克思主义的附属产物。于是,当共产主义退场,他决定与马克思展开正面的对话。积极地进行思想对话,才能碰撞出闪光的思想火花。思想对话会引发无休止的争辩,但更能激起智慧的光芒,成为伟大思想的源泉。因为任何理论要取得突破,必须打破自己的思维定式,而自己是不能打破的,必须借助别人的思想。这种借助他人思想打破自己精神枷锁的过程就是一种对话。福山的《历史终结论》催化了这一进程。

德里达在马克思主义处于低谷时对它的维护,是正当其时的。因为,"幽灵"时代,我们更需要马克思的"幽灵"。

第三节　《马克思的幽灵》:反对以福山为代表的"历史终结论"

"解构主义马克思主义"的批判向度还体现在对发达工业社会意识形态现象的批判中。德里达在对社会意识形态现象的驳斥中,对其做了"增补",并不表明他真正加入了共产主义阵营,而只表明他要质疑"历史终结论"的话语"霸权"。

一、福山的"历史终结论"

1989 年,国际风云突变,东欧的社会主义国家纷纷改弦易辙,作为第一个社会主义国家的苏联也像一架破旧的老水车一样,响着吱吱呀呀的调子,散架在即。正是此时,日裔美国学者福山发表了题为《历史的终结?》的论文。1992 年,他又把此篇论文整理为《历史的终结和最后的人》一书。在书中,用大量的事实,证明了强权主义的衰落和自由、民主、人权的日益强盛,但实质上它也有许多经不起推敲之处。

福山的"历史终结论"首先向人们表明的是,共产主义等强权国家的致命弱点:政治制度不具有合法性,即意识形态表面上的危机。① 在书中,福山将社会主义、极权主义、法西斯主义等同。在福山看来,20 世纪使我们陷入历史的悲剧之中,以共产主义和法西斯主义为代表的专制主义试图摧毁文明社会,寻求对公民生活的全面控制,甚至"希望通过控制新闻媒体、教育和政治宣传来改变人的信仰和价值结构"②,但专制主义最大的失败就是在控制思想方面的失败,因为能够独立、自由地思考是人的基本权利。因此,随着共产主义控制力的减弱和危机的暴露,它无可奈何地崩溃了。

福山兴奋地宣布:自由民主可能已经达到意识形态发展的顶点而成为终极的政治形式,从而实现了历史的终结。在他看来,随着东欧剧变,人类社会将在自由民主价值观的引领下,到达意识形态发展的顶点。福山把崇尚暴力看作共产主义的一个"原罪",并认为这是其引起各种恐怖和灾难的根源。③ 在他看来,共产主义的致命弱点就是意识形态上的危机,因此,东欧剧变的发生绝不是偶然事件,而是有着诸多必然因素。其中,集权制度意识形态统治的不合法性,是其解体的内部原因。在福山看来,自由民主价值观带领西方国家建立了民主宪政体制和自由

---

① 在福山看来,合法性是一种被认可的感觉,人们不会永远认可暴力和专制,因此,以暴力和专制为基础的国家不合法。福山坚持"邪不胜正",从长远看,是正确的,但他忽视了道德、法律具有相对性,在一定时空下,邪恶不但"合法",而且"有效"。

② 〔美〕弗朗西斯·福山:《历史的终结及最后之人》,黄胜强、许铭原译,中国社会科学出版社 2003 年版,第 28 页。

③ 西方学者对共产主义的建设性忽视不见,而只看到了马克思主义的"破坏性"。他们认为:共产主义旗帜中的镰刀和锤头的符号代表的是毁灭和新生。他们认为,镰刀是死神拿着用来收割灵魂的,锤头是建筑师拿的,代表建设。共产主义运动消灭国家、消灭家庭、消灭私有制,在他们看来,都是无情的破坏和毁灭。

市场经济制度,并已经顺利战胜"专制"和"暴力"的共产主义,完成了历史的终结。① 在福山的号召下,整个西方世界高唱起资本主义意识形态胜利的欢歌。

因此,在福山看来,东欧剧变的发生绝不是偶然的,而是有着多方面的必然性。其中,专制政治制度的不合法性,是其衰败的主要原因。②

福山的"历史终结论"进而向人们宣称的是,自由、民主、人权已经成为人类意识形态发展的终点和人类最后一种统治形式,并且构成历史的终结。历史的终结当然不是指人类社会行将结束,而是指黑格尔绝对精神意义上的历史目标的完成。福山的"历史终结论"强调现行的民主政治、议会政治及自由市场经济在世界范围内取得了绝对的认同,认为民主和自由可能已经成为人类终极的价值。福山从时间和空间两个角度论证了"历史的终结"。在时间上,从 20 世纪 80 年代以来,社会主义国家纷纷选择民主和自由。在空间上,从欧洲到亚洲,从北非到南美,民主制度越来越得到人们的认同。

因此,在福山看来,民主和自由已经成为人类社会的发展趋势,已经成为被人们普遍认同的原则。

福山的"历史终结论"最后向人们宣告的是,自由民主与市场经济的资本主义已经打败不得人心的共产主义,成为"武林至尊"。福山兴奋地写道:"福音还是来了。20 世纪最后 25 年最令人瞩目的变化是,不论是军事管制的右翼,还是极权主义的左翼,人们都发现,在世界貌似最专制的核心地带存在着巨大的致命弱点。从拉丁美洲到东欧,从苏联到中东和亚洲,强权政府在 20 年间大面积塌方。"③对于福山等学者来说,自由民主与市场经济的资本主义已经完全战胜"专制"与"暴力"的共产主义,成为最后的赢家。但是,对于共产主义的结局,现在下结论还为时过早。④

---

① 以福山为代表的欧美国家自由人士对共产主义的误解,也源于西方浓厚的基督教文化背景。基督教文化崇尚温和谦逊,而马克思主义倡导暴力斗争。不同的文化背景导致对同一事物截然相反的理解。如,"龙"的形象在西方被认为是"魔鬼",在中国则代表生气勃勃。

② 国内一部分学者认为,东欧剧变的主要原因是,党的领导人背离马克思主义、放弃社会主义道路。这种观点把社会主义的成败归于共产党的领导。的确,社会主义与共产党的领导是不可分割的。离开了无产阶级专政,共产主义就无所依归了。

③ 〔美〕弗朗西斯·福山:《历史的终结及最后之人》,黄胜强、许铭原译,中国社会科学出版社 2003 年版,第 4 页。

④ 2009 年 9 月,福山在接受日本著名争论杂志《中央公论》采访时表示,近年来中国这一"负责任的权威体制"的发展表明,西方民主可能并非人类历史进化的终点。尽管福山仍把中国称为"权威体制",但他也不能否认中国的经济成就。事实上,随着中国经济的发展,社会主义并没有在世界范围内销声匿迹,西方民主制度更没有一统天下。

因此,在福山看来,民主和自由已经打败专制和暴力,成为人类最终的信仰。

福山的"历史终结论"在西方世界引起了广泛的认同。整个资本主义世界被一种兴奋的情绪所包围。陶醉在社会主义失败和资本主义胜利的喜悦中的人们和着福山的调子,高呼:民主万岁! 人权万岁! 自由资本主义万岁! 自由市场经济万岁! 不过,也有少数人很冷静,忧心忡忡地提醒人们不要高兴得太早,尽管共产主义变成了"幽灵",但"幽灵"绝不会善罢甘休,它还会瞅准机会出来"复仇"。德里达在这些人中,是最引人注目的。

二、德里达对"历史终结论"的回应

面对"历史终结论",德里达决定做出回应:"人们怎么能在历史的终点上迟到呢? 这是今天的一个问题。"①为此,在《马克思的幽灵》一书中,他用了很大一部分篇幅对福山的"历史终结论"做了分析和批判。

德里达用一系列事实论证了"历史终结论"的浅薄和急不可耐的特性。他用了大量篇幅对福山的"终结论"做了历史性的审思和解构。

德里达首先指出,"历史终结论"实际只是"陈词滥调"。在他看来,福山并不是第一个提出终结论的人,也不会是最后一个。"历史终结论"其实早已不是什么新鲜的东西。黑格尔早就提过了,在他那里,绝对精神承担了这一任务;而赫鲁晓夫的《秘密报告》出来后,历史又被终结了一次,在那里,人权成了他高举的旗帜。德里达指出:"今天的许多年轻人(属于'福山的读者消费群'的类型或者说属于'福山'本人的类型)可能再也无法充分地认识到这一点:'历史的终结'、'马克思主义的终结'、'哲学的终结'、'人的终结'、'最后一个人的终结'等等这样一些末世学的论题,在 50 年代,也就是说在 40 年前,就已经为我们所熟知了。"②

福山的"历史终结论"既是前人一系列终结观点的继承,又蕴含着集权主义的基因,"它又是我们已经知道或者说我们中的某些人在某个特定时期不再讳言的东西,如所有东方国家的集权主义的恐怖、苏联官僚主义的所有社会——经济灾难,过去的斯大林主义和当前的新斯大林主义的集权主义的恐怖等"③。德里达把"历史终结论"看成是逻格斯中心主义理论分化出来的一部分。"终结论"其实

---

① 〔法〕雅克·德里达:《马克思的幽灵——债务国家、哀悼活动和新国际》,何一译,中国人民大学出版社 2008 年版,第 16 页。
② 〔法〕雅克·德里达:《马克思的幽灵——债务国家、哀悼活动和新国际》,何一译,中国人民大学出版社 2008 年版,第 16 页。
③ 〔法〕雅克·德里达:《马克思的幽灵——债务国家、哀悼活动和新国际》,何一译,中国人民大学出版社 2008 年版,第 16 页。

是陈旧不堪的话题,德国古典哲学时期就提过了,黑格尔的"历史终结"是一个纯粹的理论范畴,即"绝对理念"的实现所要依托的本体论因素。实际上,一切都会终结,这是众所周知的事,福山不过是旧调重弹。而这种陈词滥调很少有确定性:"简言之,以行动性的样式——并且是以某种近乎秘密性的,因而也是近乎公共性的样式存在于自我保证中的行动,在那里公共与私人之间的这个边界经常被误置,就像允许某人参与政治的界限一样,很少有确定性?"①德里达把"历史终结论"看作黑格尔思维模式的翻版。

德里达接着指出了福山"历史终结论"的陈旧逻辑和模式。福山"历史终结论"被自由资本主义当作"福音"②。但德里达把福山的"福音"看作"本质上属于一种基督教的末世论"③,它实质上仍属于黑格尔的理论逻辑和历史模式。福山的"新福音"实质上只是黑格尔那个已经破产的"旧福音"④的翻版而已。德里达指出,"历史终结论"是一种密谋,"这个密谋非常的新奇但又十分的古老,它既显得强而有力,但是又——通常总是——显得烦躁、脆弱和忧虑不安"⑤。德里达提醒人们,这种密谋要驱除的敌人当然是马克思主义,"对于那些盟誓而密谋的人们来说,由咒语来驱除的敌人,当然就是所谓的马克思主义"⑥。

在对福山的"福音"做了一番分析后,德里达又表明了自己批判"历史终结论"的目的。

在德里达看来,随着东欧剧变,马克思主义已经转换了面目,它变得繁杂不清了,它已经不是只有一种色彩了,即苏联那种集权式的共产主义被涂抹上新的时髦色彩。为了还原马克思主义五彩面孔下的本来面目,德里达站到时代潮流的对立面。这真需要一点胆量,因为他要为受到众人"唾弃"的马克思主义辩护。他清醒地告诫人们:历史并没有终结,恐怖和专制更没有终结,马克思的"幽灵"还会继

① 〔法〕雅克·德里达:《马克思的幽灵——债务国家、哀悼活动和新国际》,何一译,中国人民大学出版社 2008 年版,第 51 页。
② "福音"是基督教用语,有两种意思:一是指基督教中耶稣的话及其门徒传布的教义,二是指有益于众人的好消息。这里显然是第二种意思。
③ 〔法〕雅克·德里达:《马克思的幽灵——债务国家、哀悼活动和新国际》,何一译,中国人民大学出版社 2008 年版,第 60 页。
④ 在黑格尔那里,所有在我们面前展现的事物,都是"绝对精神"自己展开、自己实现的结果。黑格尔的"绝对精神"的宏大建构,终结了历史的发展,在德里达看来,也是一种"福音"。
⑤ 〔法〕雅克·德里达:《马克思的幽灵——债务国家、哀悼活动和新国际》,何一译,中国人民大学出版社 2008 年版,第 50 页。
⑥ 〔法〕雅克·德里达:《马克思的幽灵——债务国家、哀悼活动和新国际》,何一译,中国人民大学出版社 2008 年版,第 51 页。

续徘徊。德里达不是共产主义者,他对福山"历史终结论"的批评只是出于哲人的睿智和良知。德里达要做隐秘的"马克思主义者",给我们提供一种马克思主义的新阐释方式。

为了给我们提供一种马克思主义的新阐释方式,德里达在《马克思的幽灵》中用了很大篇幅,对福山的"福音"进行了批判。

首先,德里达列出了大量的事实表明,福山的"福音"是可疑的,也是充满悖论的。在他看来,符合事实的"福音"是能够给人类带来希望的。福山也声称他的"福音"是一个"事实的福音"。而要分析这一福音是否具有事实根据,就必须回到当前的实际。因为,如果福山的福音书只是空口白话,它就是假的福音。

德里达首先指出福山所依靠的"经验事实"的片面性。尽管福山一再声称参考的是当前的事实,但他参考的只是西方社会的事实,而对"伊斯兰世界"的悲惨现实忽略不见,在那里,战争和种族歧视仍然存在,"如果我们考虑到福山在别的地方将下述事实视为差不多是微不足道的例外,这个事实就是他若无其事地所说的'伊斯兰世界'并没有达成'普遍的一致'"①。东欧剧变之后,西方纷纷欢呼意识形态的"终结"。事实上,冷战虽然暂时偃旗息鼓,但意识形态领域的争夺非但没有消除,反而有愈演愈烈的趋势。随着全球化的进行,西方意识形态观念日益扩张。但是,只要贫富差距还在继续扩大,只要民族和国家还没有消除差别,意识形态的对立就不会终结。所谓的意识形态终结不过是福山等人的一厢情愿。在德里达看来,我们仍旧游荡在资本主义意识形态的暗夜中,然后被虚无吞噬。资本家通过媒介把本真的日常生活掩盖在虚幻的意识形态符号之中,让整个世界成了一个巨大的虚无。资本主义意识形态是少数资本家操控、民众被迫观看的作秀。控制与被控制、观看与被观看构成资本意识形态二元对立的因素。可怕的是,发达工业社会意识形态的发生作用,是资本选择隐性的意识形态控制人的思想的过程。因此,要拒斥资本意识形态的诱惑,必须秉持良知。

德里达进而指出福山依靠的"西方事实"的片面性。在他看来,福山依靠的"西方事实",只是欧美发达国家的现实,而对其他资本主义国家的现实充耳不闻。他特别列出了资本主义和自由世界的十大祸害,以驳斥福山依据的"西方事实"的片面性。德里达强调,当今的资本主义社会已经消耗殆尽,它很不美好,也不健

---

① 〔法〕雅克·德里达:《马克思的幽灵——债务国家、哀悼活动和新国际》,何一译,中国人民大学出版社 2008 年版,第 60 页。

康,"这个世界病得很厉害,一天不如一天了"①,而且,在资本主义世界里,各种衰败正在以前所未有的速度扩展和生长,因此,资本主义世界的繁荣,只是一个美丽的肥皂泡,一吹就破。本来是为了确认人的生命活动和为人的生命活动提供条件的所有一切,最后都倒戈并尖酸地讽刺这个世界的人和事。人类引以为自豪创造的世界,未曾带来足够的福音,就已遭到排斥。资本技术统治之下,人表现出片面、孤独、压抑、虚假,人本身的价值被贬到了底线,只留下呼吸生存的空间。但不可否认的是,人类所创造的物质财富却也达到了前所未有的高度。只有依靠科学技术,利用资本数字,才能更好更快地促进生产力向前发展。当前,仍应加快虚拟经济和资本市场的发展,坚持适度性原则,在各种金融政策与体系的监管下减少虚拟经济发展所需的人为代价,使虚拟经济向实体经济收敛,使人的生产活动变成感性的、能动的。福山展示给人们的是与感性生命相分离的抽象理性,它只能掩盖但不能消除生活世界内部的深刻矛盾与冲突。正如资本的发展一样,即使资本家想出种种调节手段来对付资本主义本身的矛盾,但经济危机还是一次又一次地爆发,说明他们只能掩盖而不能解决矛盾。

德里达又指出福山依靠的"欧美发达国家的事实"的片面性。德里达和福山一样,从不否认西方民主制度的优越性,并认为这种民主制度应该成为我们奋斗的方向。但德里达认为,在西方社会还没有任何一个发达国家完全实现了自由民主的理想,它们都离完善的民主制度差得很远,"无论美国还是欧洲共同体都没有达到普遍国家的完善或自由民主制度的完善,不仅没有达到,甚至他们离这个理想还差得很远呢"②。而完全实现这一理想有诸多困难,因此,人们必须将其调整为超历史的理想。在他看来,要做出历史已经"终结"的结论,必须有充分的根据。福山只是依据理想对历史阶段做出武断的划分,这种论断只是被资本主义表面"胜利"冲昏头脑的喃喃自语。与现实脱节,让福山的"历史终结论"成为空口白话。福山只看到了发达工业社会的表象,而没有看到资本主义社会的内在本质。在这种单一的思维方法中,蕴含的是暴力和等级意识。在福山那里,我们看到的只是虚幻的"希望",而不是立于现实的理想追求。这一咒语既缺少理性的培育,又缺少悲悯的情愫,终将只能变成自欺欺人的笑料。德里达正是要批判这种对工具理性的膜拜和二元中心思维模式的狭隘片面。福山的"历史终结论"只是对东

① 〔法〕雅克·德里达:《马克思的幽灵——债务国家、哀悼活动和新国际》,何一译,中国人民大学出版社2008年版,第76页。
② 〔法〕雅克·德里达:《马克思的幽灵——债务国家、哀悼活动和新国际》,何一译,中国人民大学出版社2008年版,第62页。

欧剧变这一事件做出的片面描述,他做出的一系列论断,只是为了隐藏资本主义的危机。因此,当前西方主流意识形态对发达工业社会的大肆宣扬,恰恰是其陷入危机的表现。

德里达最后指出福山依靠的"西方现行民主制度的事实"的片面性。在德里达看来,在给马克思的送葬队伍中,始终有马克思的"幽灵"在徘徊,因为在送葬队伍中有一种深刻的危机,即在战争和歧视的威胁下,西方现行的民主制度正处于空前的困境当中。"在国际或国内的国际战争的标题下,仍然有必要指出,经济战争、民族战争、少数民族间的战争、种族主义和排外现象的泛滥、种族冲突、文化和宗教冲突,正在撕裂号称民主的欧洲和今天的世界吗?"①福山的"福音"脱离了当前的事实,只是无源之水、无本之木。它所采用的事例都是主观独断的。尽管福山一再推崇自由和民主,但他对"伊斯兰世界"的种族屠杀视若无睹,福山看到的只是某些发达工业国家的繁荣,而对另一些发达国家的糟糕情形置若罔闻。而且发达工业社会不是欣欣向荣,而是颓败不堪。正是因为人们崇尚这种脱离感性生命的理性抽象,所以危机便伴随而来。在这种理性原则的支配下,我们以资本作为追求的原则与目标。最后我们只剩下利益与欲望。战争便随之而起,天灾与人祸往往会使人类重新面对自己,反省问题的所在。发达工业社会的经济处于停滞状态,政治上也灰暗一片,它根本没有实现完全的自由民主。在当代,发达工业社会凭借意识形态制造虚假的影像实现自己的统治目的。资本推动下的发达工业社会已经成了一种被欣赏的"假相"。

综上所述,通过批判社会意识形态,解构马克思主义彰显出了跨越日常生活的先锋意义。"读过德里达再来读马克思,可称为对'哲学'文本的一种'文学的'或曰'修辞的'读法。"②德里达讲述了人被资本意识形态控制的悲惨境遇,对我们学会更好地生活有真切的现实价值。

因此,在德里达看来,福山依靠的一系列"事实",没有一个是可信的。这导致福山只能采取模棱两可的策略,这使他陷入狼狈不堪的境地。

其次,德里达指出了福山论证"新福音"中的方法论的矛盾。在他看来,新的福音需要事实的支撑,离开全面的事实,它就会自找难堪。可是,福山的新福音的论证方法是摇摆不定的:它有时依据的是"事实",有时则依据的是"理想"。

---

① 〔法〕雅克·德里达:《马克思的幽灵——债务国家、哀悼活动和新国际》,何一译,中国人民大学出版社 2008 年版,第 78 页。

② A. Greald, *Post - Structuralism and the Question of History.* Cambridge: Cambridge University press, 1987, p. 12.

德里达首先指出,福山的这种论证方法是简单而武断的,它只能引起人们短暂的兴奋,最终会让人不安:"这种胜利者的话语相对而言似乎是同质的,通常是独断的,有时在政治上则是歧义暧昧的,而且像独断论一样,像所有的咒语一样,在暗处使人忧心忡忡,在明处也使人焦虑不安。"①因此,面对残酷的现实,福山其实只是念了一遍自欺欺人的咒语,他实质上什么也证明不了。在福山那里,绝对精神的自我矛盾推动着运动,而实际上,是客观矛盾推动着世界的变化发展。福山把现象的矛盾理解为本质中的理念统一,而事实上这种矛盾的本质当然是某种更深刻的东西,即本质的矛盾。也就是说,福山的矛盾只是理念中的矛盾,没有现实性。他只能随意编造经济领域中的矛盾,并简单地认为,好坏就是矛盾的全部。福山也承认历史是不断向前发展的,但他把历史看作自主的运动过程,而对人民群众改造历史的作用视而不见。他把现存的一切都看作合理的,认为历史会自己前进,而忽视了生产实践对历史的推动作用。这发挥了认知对解释世界的作用,而把真理对改造世界的意义湮没。

德里达指出,福山所用的方法缺少理智的成分,根本就不可靠。福山既不了解历史,又没看清现实,他思想混乱,只能得出片面的结论,明确把福山的"福音"看作是一种独断论,是一种咒语,它带有狂热、兴奋和蛊惑人心的形式。德里达指出,关于马克思主义的这一占统治地位的咒语,"经常带有狂热,兴奋和蛊惑人心的形式,弗洛伊德将其归因于所谓哀悼活动中的欢庆场面"②。福山把理念、理性看作神,过分追求逻辑和理念的完美,宣扬自我意识是一切活动的推动因素,只能用自我意识去编造客观现实,这正好暴露了他"终结论"的唯心主义实质。福山的思辨唯心观在充分发挥思辨的能力之时,缺乏对现实关照的维度。任何理论形态的出场、演化都不能忽视和实践的互动。但福山把思想看作独立运行的精神现象,从而把精神和存在的关系倒置。因此,这一咒语只是带有悲剧色彩的一场闹剧,它缺少理智的成分,注定只能成为历史的笑料。

因此,在德里达看来,福山对资本主义当代社会的论证,既缺少充分的事实依据,又没有严密的逻辑过程,根本证明不了西方社会仍处于繁荣时期,只不过是西方社会处于衰败时期的自欺欺人的呐喊而已。

最后,德里达揭露了福山"新福音"的精神实质。在他看来,福山的"新福音"

---

① 〔法〕雅克·德里达:《马克思的幽灵——债务国家、哀悼活动和新国际》,何一译,中国人民大学出版社 2008 年版,第 56 页。

② 〔法〕雅克·德里达:《马克思的幽灵——债务国家、哀悼活动和新国际》,何一译,中国人民大学出版社 2008 年版,第 52 页。

到最后只是为了期盼马克思主义的死亡,掩藏资本主义的深刻危机。

德里达首先揭露了福山"新福音"的期盼:证明马克思主义的"死亡"。在他看来,福山一系列的"欢呼",只是为了开出马克思主义的"死亡证书","总而言之,那证明所做的常常就是假装为死亡验明正身,在那里,死亡证书一直是一种战争行为的行为性陈述,或者说是一种执行死刑令的无力手势或令人不安的梦幻"①。在福山看来,马克思主义作为一种产生于西方早期资本主义时代的理论,充满对资本主义的恐惧和厌恶,因此它极力想超越资本主义阶段,而原始社会平等自由的生活给了它理想启迪。当代资本主义压抑了人性,凭借消费主义操控了大众的身体欲望。公众在城市空间里生产着,也导致很多矛盾。消费主义不仅束缚了人的身体,而且模糊了人的视线,从而让人们沉迷在城市生活建构的乌托邦幻想中。这种状况更需要马克思的批判精神。

德里达进而揭露了福山"新福音"的目的:掩藏资本主义的深刻危机。在他看来,福山列举一系列的"事实",到最后只是为了努力否认一个事实——"正在被庆祝幸免于难的事物(即资本主义与自由世界所有旧模式)满目皆是黑暗、威胁与被威胁。"②它恰恰反映了当代西方资本主义已经危机四伏,它"从来也没有像现在这样危急、脆弱、危机四伏,甚至在某些方面处于灾难之中,总之是面临死亡的威胁"③。当代资本主义社会处于一个新型的消费社会,让消费支配社会结构,让生产退居二线。消费社会让人受着虚幻景象的统治,这是资本奴役的进一步深化。消费社会是垄断资本发展到一定程度的产物,背后是国家政治权力控制的加强,这种控制体制源于消费品的丰盛和市场体制的完善。由于技术进步,消费对象已经由自然界中的事物变为实践制造的模拟物。消费社会是物品丰盛的社会,既让人们在琳琅满目的商品面前顺从自己的欲望生活,又让符号消费日益膨胀,改变着人的交往关系,还让人失去自我,遵循着资本增值逻辑。消费社会的特征是沉迷、奢侈、贪婪。

因此,在德里达看来,资本主义世界并不美好,它正处于空前的危机当中,这是福山的"新福音"不应该也无法掩饰的事实。

综上所述,在德里达看来,当前西方对资本主义民主社会的大肆鼓吹,恰恰是

---

① 〔法〕雅克·德里达:《马克思的幽灵——债务国家、哀悼活动和新国际》,何一译,中国人民大学出版社 2008 年版,第 47 页。

② 〔法〕雅克·德里达:《马克思的幽灵——债务国家、哀悼活动和新国际》,何一译,中国人民大学出版社 2008 年版,第 52 页。

③ 〔法〕雅克·德里达:《马克思的幽灵——债务国家、哀悼活动和新国际》,何一译,中国人民大学出版社 2008 年版,第 67 页。

其衰败的象征。但我们必须记住，严寒而漫长的冬天虽然已经过去，但那真正温暖的春天还远没有到来，因为历史从来都是认真负责的，它要经过反复的考量之后，才会把旧制度送进墓穴。

东欧剧变中死亡的鲜血使福山看到的是资本主义的胜利和荣耀，而德里达发现的却是资本主义光明后的黑暗，胜利荣耀背后人类灾难的现实。[①] 在他看来，共产主义固然有诸多缺点，但民主、自由、人权也并非万能良药。他特别列举了时代的"十大祸害"[②]来证明民主、自由、人权指引下的人类社会，各种灾难仍然普遍存在。这种正视苦难的态度，值得人们学习。德里达对集体主义保持距离，又对资本主义的市场经济并不完全认同，他关心的只是如何使人们更好地学会生活。德里达对自由、平等、权利的追求，是基于人的自由意志和个人选择。他认为，正义和善良达成一致性才能保持正义的稳定性；同时，正义的稳定性也来源于共识与规范性，通过理性能够建立规范，并达成共识。正义不是至善，也许只是中善，但它仍能够充当其他价值的规范性要求。

因此，德里达质疑福山"历史终结论"的实质就是，通过反对福山为代表的"中心话语"，凸显马克思"幽灵"的当代价值，以提醒人们：虽然苏联共产主义曾经给人类带来一些挫折，但它并非一无是处，它仍是我们学会更好地生活的一面镜子。

第四节　德里达与马克思：理论的异质与共性

东欧剧变之后，国内外学术界开始了一股重新解读马克思主义的思潮，德里达对马克思主义的幽灵式解读也是基于这种背景。德里达在东欧剧变后走向马克思的"幽灵"，无疑是他思想上的一次重要转向。由此产生一个值得探讨的问题，这就是德里达为什么转向马克思主义？是同为犹太人的惺惺相惜，还是对马克思的崇高敬意？

"解构主义马克思主义"的生成逻辑就是"解构主义马克思主义"理论形态本

---

① 是正视灾难的现实，还是隐藏世间的哀痛？是快乐的"活着"，还是痛苦的思考？难道万事万物，对于人来说，都具有弊利两方面？德里达呼吁人们正视西方国家的人权状况，甚至认为，社会主义的人权状况有时要比美国好很多。他认为，是思想价值观念而不是社会存在决定了人们的视野。

② 德里达列举了我们时代的十大祸害：失业、民主生活权利被大量剥夺，无情的经济战争，社会权益得不到保障，外债和相关机制的恶化，军火工业及其贸易，核武器的扩散，种族间的战争，幽灵般的国家（如黑手党、贩毒集团等），国际法以及相关机构的非正义状态。

身的历史生成过程。"解构主义马克思主义"理论形态的演化遵循着特定的出场轨迹。它作为一种反映东欧剧变及其后时代的后马克思思潮,其生成逻辑既呈现了东欧剧变及其后思想潮流对解构主义的影响,又彰显了马克思主义批判精神和解构内在批判逻辑的契合,还蕴含了德里达对马克思主义由"回避"转向"致敬"的自身思想演变。

一、解构马克思主义的生成

"解构主义马克思主义"的生成深受东欧剧变及其后思想潮流的影响。20 世纪 80 年代以前,德里达对马克思及其共产主义思想始终采取回避的策略。然而,东欧剧变让德里达的态度发生了显著变化,他非但不再避开斯大林和共产主义的话题,而且公开论证马克思批判精神的时代价值。德里达选取在"共产主义运动退场"之后,竭力论证马克思批判精神的价值,亦是解构逻辑的进一步展开。因为解构的策略之一就是要在历史的遮蔽处寻找价值。德里达认为,马克思的思想仍然没有摆脱传统二元对立思维的束缚①,"我不相信存在一个'事实'可以让我们说:在马克思主义的文本中,矛盾与辩证法摆脱了形而上学的统治……"②因此,他把马克思主义归于传统形而上学的范畴,把马克思列为传统哲学家的阵营,也不认为马克思主义引起了什么哲学革命。这种看法导致德里达在 20 世纪 80 年代之前,对马克思主义始终保持着距离。

但是,自从 20 世纪 80 年代末德里达发表《往返莫斯科》,特别是 1993 年发表《马克思的幽灵》后,德里达的态度发生了 180 度的转弯,他不仅不再避开马克思的话题,而且与马克思来了个亲密"拥抱"。这使得人们大跌眼镜,"我们也许会问,为什么德里达这个本质上疑心重重的思想家会关注马克思,因为马克思的著作在整个 20 世纪几乎快变成不容侵犯的教条"③。德里达在书中坦诚自己看过苏联时期的档案资料,对斯大林执政晚期的一些做法颇有微词。因此,德里达选择东欧剧变之后,向马克思致敬是很好的策略。然而,德里达与马克思在 20 世纪 90 年代的相遇却远非如此简单。

---

① 德里达认为,马克思主义的矛盾观也存在问题,马克思主义认为事物是对立统一的,甚至进而认为,对立统一规律是事物的根本规律,并据此提出了一系列"两分法"。这就把多元的世界简单化了。但德里达倡导多元,否定"中心",也容易引起虚无主义,因为事物如果没有一定的划分标准的话,我们的判断和结论又从何而来呢? 尊重每个个体,当然是很好的理想,但现实中,我们也只能"抓主流"。

② J. Derrida. *Positions*, pair: Minuit press, 1972, p. 99.

③ 〔英〕斯图亚特·西姆:《德里达与历史的终结》,王昆译,北京大学出版社 2005 年版,第 73 页。

自身内在的批判逻辑也让德里达最终走向马克思批判精神。"解构主义马克思主义"既是德里达解构策略的应有之义,也是他在共产主义运动受挫之后向马克思批判精神致敬的必然产物。德里达对马克思批判精神为何由回避转向致敬?"德里达之所以从解构主义转向马克思主义,这是由解构主义的内在逻辑,马克思主义的解构功能以及二者之间存在着相似的政治学维度决定的。"①德里达的批判不是无病呻吟,而是具有显著的政治意识形态作用。

二、解构主义与马克思主义的异同

德里达在1971年就断言:"我不会倡导任何跟马克思相反对的东西。"②但毕竟,德里达与马克思从根本上来讲,不属于同一个思想营垒,至少,两者在理论宗旨上存在着相异处。这种异质性使德里达选择在东欧剧变之后,才向马克思致敬。

德里达认为,马克思也很重视语言的"技术",即很重视语言的修辞对表达意义的作用,"马克思是历史上那些罕见的重视技术与语言——以及电视技术(因为任何语言都可以说是一种电视技术)——本源的不可分离性的思想家之一,至少就其原则而言是这样的"③。这一点与解构主义相同,但它们在性质、理论特征、现实意义等方面是有区别的。

首先,在性质上,解构主义与马克思主义是天差地别的。解构主义更多的是一种理论批判活动,它的目的是引起思想变革,它不主张用行动去破坏世界,而主张用思考去学会更好地生活;而马克思主义不仅是一种理论,更重要的是一种改造世界的运动。它要推翻现存社会,建立一个自由、平等、全面的共产主义社会。马克思将黑格尔的矛盾观颠倒过来,拯救出其中的"合理内核",改造为实践唯物主义的矛盾观。他使矛盾观冲出了唯心主义的牢笼。在解构的过程中,他建构了自己的矛盾观。他解构了前人的观点,把斗争提到前所未有的高度。特别可贵的是:他提出的认识和解决矛盾的方法——防止片面性、不可调和矛盾、不可取消矛盾、促使矛盾转化等真知灼见后都被学者以科学的方式吸收。理论批判只会遭到声讨,现实破坏却要付出现实的代价。

其次,在理论特征上,解构主义与马克思主义也是有区别的。马克思主义以

---

① 岳梁:《幽灵学方法批判》,人民出版社2008年版,第61页。

② J. Derrida, *Positions*, London: Athlone Press, 1981, p. 63.

③ 〔法〕雅克·德里达:《马克思的幽灵——债务国家、哀悼活动和新国际》,何一译,中国人民大学出版社2008年版,第53页。

实践唯物主义的世界观和方法论为根本的理论特征。它是科学性与革命性紧密结合的实践哲学。而解构主义的特征是反权威、反封闭、反中心。马克思主义是积极、确定的，而解构则是中性、反思性的。马克思主义的形成经历了这样一个逻辑过程：从实事求是地分析客观情况，到客观分析具体革命道路，再到反对主客分离的教条主义和经验主义，最后达到主客辩证的统一。这是一个尊重客观规律和发挥主观能动性解决理论和实践问题的过程，也是一个自发到自觉、具体到抽象的过程。因此，马克思的理论有明确的体系，而解构主义没有确定的理论体系，更多是一种反思的方法。

最后，在对现实的影响上，解构主义不能与马克思相提并论。尽管德里达的解构也充满激情，但激情不等于行动，它只是行动的诱因。也许，德里达自己也意识到了这一点，所以在《马克思的幽灵》中，他告诫人们说："不去阅读且反复阅读和讨论马克思，而且是超越学者式的阅读和讨论，将永远都是一个错误，而且越来越成为一个错误，一个理论的、哲学的和政治责任方面的错误。"①这可能是德里达面对马克思真诚的自省，这种谦虚的态度值得我们学习。

因此，德里达此时走向马克思，并不意味着德里达真正转向了马克思主义。他此时走向马克思，也是解构的一种策略。解构常见的策略是：不该说话之时却要说话，但最终的目的是为了让任何话语都能说话。在马克思主义是中心话语时，德里达也反对这种话语；而当马克思主义处于话语中心的边缘时，他要使用它来对其他中心话语发言。伊格尔顿就指出，德里达的马克思主义是一种没有马克思的马克思主义，他不无气愤地说："德里达挑了一个好时候向马克思致敬。在里根——撒切尔时代的漫漫长夜里，雅克·德里达其人在哪里呢？"②德里达对此的回答是："解构活动在前马克思主义的空间中是根本不可能，也是不可想象的。"③

然而，德里达又在马克思的文本中，发现了马克思主义与解构主义之间相通的东西。这促使他决定维护马克思的"幽灵"。这样，同为犹太人的德里达，在东欧剧变后，和马克思"拥抱"在了一起。而《马克思的幽灵》的发表，就是德里达"拥抱"马克思主义的结果。德里达似乎与马克思成了好朋友，因为德里达面对的是马克思的"幽灵"，所以是"生死之交"。

① 〔法〕雅克·德里达：《马克思的幽灵——债务国家、哀悼活动和新国际》，何一译，中国人民大学出版社2008年版，第14页。
② 〔英〕伊格尔顿：《历史中的政治、哲学、爱欲》，马海良译，中国社会科学出版社1999年版，第122页。
③ 〔法〕雅克·德里达：《马克思的幽灵——债务国家、哀悼活动和新国际》，何一译，中国人民大学出版社1999年版，第129页。

德里达在马克思的"幽灵"中,究竟发现了马克思主义与解构主义在何处相通?

在德里达看来,马克思主义与解构主义,都有着对传统思想彻底的批判和对未来理想不懈的追求与坚持。

第一,马克思对现实彻底的批判精神吸引着德里达"走进"马克思。

解构主义本身是一种批判权威的思潮,它实践着一种毁灭一切的模式,这使它几乎无坚不摧。德里达的解构理论就是在对传统哲学进行无情的批判中完成的。而马克思的哲学变革也是通过批判旧的形而上学实现的。马克思不满意西方传统形而上学,并认为"这种形而上学将永远屈服于现在为思辨本身的活动所完善化并和人道主义相吻合的唯物主义"①。马克思抓住了实践,把哲学变成改造世界的科学。德里达也不满意西方的形而上学,他用解构代替了二元对立,打破了结构,消解了意义,否定了中心,催生了多元。马克思主义出场的方式是进行彻底的批判,它充满了批判精神,这种批判不仅表现在理论上,还表现在实践上;不仅体现在对自身以外的东西,还体现在对自身。② 马克思认为,现实世界是不断发展的,理论也应该随着现实的发展而不断发展。马克思指出:"辩证法不崇拜任何东西,按其本质来说,它是批判的和革命的。"③因此,是马克思彻底的批判精神吸引了德里达"走进"马克思。

德里达自己察觉到了解构缺少实践的维度,这让他走向马克思主义。他声称:"马克思的修辞学或教学法远不是一种便利的表达方法,在那里,性命攸关的东西似乎是——从一方面说——幽灵的不可简约的特殊特征。"④这一点与解构的策略具有同质性,但它们在理论宗旨上是天差地别的。解构更多的是一种批判二元对立思维的策略,而马克思主义的宗旨却是毁灭现存的一切不合理制度,建立一个崭新的社会制度。美国学者麦柯·瑞安指出:"解构理论是对一些主要的哲学概念和实践的哲学质疑。马克思主义恰恰相反,它不是一种哲学。"⑤因此,他反复提醒人们要重视马克思的实践精神。在共产主义"改造世界"的实践活动中,他看到了解构的乏善可陈之处。马克思批判精神蕴含的解构元素如同强大的

---

① 《马克思恩格斯全集》第 2 卷,中央编译局译,人民出版社 1957 年版,第 159—160 页。

② 马克思的批判精神是彻底的,对自己也进行全面的批判。恩格斯指出,马克思曾经多次说过"我只知道我自己不是马克思主义者"。这是马克思不满于女婿代表自己的观点才说的。详细参见《马克思恩格斯选集》第 4 卷,人民出版社 1972 年版,第 476—477 页。

③ 《马克思恩格斯选集》第 2 卷,中央编译局译,人民出版社 1995 年版,第 112 页。

④ 〔法〕雅克·德里达:《马克思的幽灵——债务国家、哀悼活动和新国际》,何一译,中国人民大学出版社 2008 年版,第 142 页。

⑤ M. Ryan, *Marxism and Deconstruction*, Baltimore: Johns Hopkins University press, 1982, p. 1.

磁极,牵引着德里达向马克思批判精神致敬。马克思声称思辨哲学与唯物主义势不两立,"我的辩证方法,从根本上来说,不仅和黑格尔的辩证方法不同,而且和它截然相反"①。马克思把哲学改造为变革现实的科学理论。海德格尔认为,马克思通过对传统逻各斯中心主义中存在和意识关系的颠倒,终结了形而上学哲学的发展轨迹。"随着这一已经由卡尔·马克思完成了的对形而上学的颠倒,哲学达到了最极端的可能性。哲学进入其终结阶段了。"②伊格尔顿亦声称,马克思政治学说对德里达有强大的吸引力,"马克思主义不仅以它的边缘位置吸引着德里达,而且由于替代它的那些政治学说淡而无味,所以对德里达的吸引力就更大了"③。因此,是解构的内在批判逻辑和马克思主义的解构功能使二者在后现代工业社会"倾心相交",激励德里达决心要庇护马克思主义批判精神。

第二,马克思对未来理想不懈坚持的"弥赛亚"精神也吸引着德里达"走进"马克思。

在解构主义当中,"弥赛亚精神"占有一种特殊的地位。德里达最终发现,弥赛亚是不可解构的,它是个永远不可能被驱除的幽灵。在他看来,解构主义只是弥赛亚理论繁杂形式,"对于所有解构理论而言仍然保持其不可还原的东西,像解构理论之可能性本身一样具有不可解构的东西,或许就是关于解放之诺言的某种体验;它或许也是一种结构性弥赛亚理论的烦琐形式……"④德里达认为,马克思主义当中也有弥赛亚精神。他眼中的马克思的弥赛亚精神就是我们所说的马克思主义的解放精神。人类的理想有许多,如公平、正义、民主、自由、幸福等。马克思在继承一切人类理想的前提下,创造性地提出了人的彻底解放的学说。这一学说,成为我们坚持不懈向未来努力的动力。因此,是马克思火热的解放精神鼓舞了德里达决定维护马克思的"幽灵"。

"解构主义马克思主义"理论形态的生成还蕴含了德里达自身思想演变逻辑。德里达在20世纪60年代以前始终未像同时代的法国马克思主义理论工作者那样痴迷于"左"派思想和"文化革命",更没有像阿尔都塞和列斐伏尔那样一度与法国共产党结成统一战线。他始终注意保持着对马克思及其共产主义运动的疏

---

① 《马克思恩格斯选集》第 2 卷,中央编译局译,人民出版社 1995 年版,第 111—112 页。
② 〔德〕马丁·海德格尔:《面向思的事情》,陈小文等译,商务印书馆 1996 年版,第 59—60 页。
③ 〔英〕特里·伊格尔顿:《历史中的政治、哲学、爱欲》,马海良译,中国社会科学出版社 1999 年版,第 122 页。
④ 〔法〕雅克·德里达:《马克思的幽灵——债务国家、哀悼活动和新国际》,何一译,中国人民大学出版社 2008 年版,第 86 页。

离。抱有这样的态度,德里达对马克思存有偏见。在他的印象中,马克思批判思想继承于黑格尔,仍然局限于传统二元对立思维模式的藩篱。而解构主义的主要立场就是反对传统形而上学的"逻格斯中心主义"思维模式,因此,马克思主义批判精神迟早也要接受解构的洗礼。于是,德里达有意或无意地避开马克思及共产主义话题。在此期间,他关心时事政治,频繁在媒体露面。他开始发现马克思批判精神在诸多方面与解构主义的策略能够交融,他在不同场合也屡次提及马克思及其文本。苏联解体之后,德里达直接走进马克思批判精神,与马克思开始了正面交锋和对话。他用解构的策略阐释马克思批判精神,这在一定意义上表明了解构主义向马克思批判精神的复归。

总之,德里达对马克思主义的反思,选择的是当大多数西方人回避,甚至惧怕这个"幽灵"的时候,这让很多学者汗颜。因为,很多学者就从来没有勇气质疑主流意识。① 是同样的激进和执着,使德里达和马克思"拥抱"②在一起。在马克思主义的批判精神和解放精神中,德里达发现了自己的影子,这促使他要维护马克思的"幽灵"。

本章小结:

本章叙述了《马克思的幽灵》的成书背景,说明了德里达在东欧剧变之后走进马克思主义的理论途径与现实目的,阐述了《马克思的幽灵》要质疑的主导话语,揭示了德里达走进马克思的价值。

德里达认为,苏联的共产主义制度是马克思主义的物质型相,是马克思的思想在现实的显形。东欧剧变后,共产主义在欧洲作为制度退出现实,这是马克思主义失去"物质型相"。因此,在他看来,随着东欧剧变,马克思主义再次失去"物质型相"而成为一个四处徘徊的"幽灵"。就在西方自由主义者纷纷对马克思主义"落井下石"之时,德里达却选择了向马克思致敬。作为他思想史上的一次重要事件,这既是解构主义常用策略的表现,也是他向马克思思想的回归和致敬。《马克思的幽灵》并不意味着马克思主义的当代出场,德里达不是马克思主义者,是激情

---

① 是为现实辩护和诠释,还是大胆质疑和否定? 是应该知其不可而为之,还是应该能屈能伸? 如今,厚黑学大行于世。荧屏上,各种宫廷争斗戏火热上演。一些学者,把传统文化、道德的复兴当作救命稻草。但依笔者看来,现在的道德危机继承自传统,来自传统。当代人的整体道德水平,无论如何是比古代人高很多的。起码,张献忠那种明目张胆的屠杀是不存在了。

② "拥抱"不一定就是赞同和支持,有时也是斗争的形式。德里达拥抱马克思,是为了质疑马克思,发展马克思。

使德里达做出了出人意料的举动,也是爱使德里达对马克思主义的解构得以进行。德里达对马克思批判精神时代价值的肯定,不仅打开了共产主义发展的一扇门,而且为我们实现理想的生活开启了一扇窗。

"解构主义马克思主义"蕴含了德里达对当代发达工业社会各种现象形态的批判,并集结成三大批判向度:一是日常生活批判,包括对单调、贫乏和封闭的日常生活秩序的批判,对自由、开放和多彩的日常生活状态的向往,从而号召人们勇敢正视生存困境,这表明了其生活批判向度;二是社会意识形态批判,包括对主观、片面、独断的"历史终结论"的拒斥,对自由、民主、正义等价值观念的渴求,从而发扬了解构的时代价值,这展现了其思想批判向度;三是社会政治现象形态批判,包括对强制、僵化和集权的苏联共产主义体制的批判,对亲和、关切和希望的"新国际"的倡导,从而总结出共产主义的合理形态,这表征了其政治批判向度。

德里达听从正义和内心良知的引领,用超现实的伦理梦境批判现实日常生活,大声控诉日常生活中的思想奴役。由于共产主义运动的退场,德里达——这位激进而高尚的哲人走出书斋,参与政治,为处于社会边缘位置的马克思思想做起了辩护。尽管明白传统伦理思维模式是如此根深蒂固,可他不会放弃批判的脚步,狂热地解构一切。在马克思的"幽灵"中,德里达不仅发现了它的"后现代精神",而且发现了这种"后现代精神"与解构主义追求的"后现代精神"相通的地方,即对传统和现实彻底的批判和对未来理想的不懈追求。这促使他写作了《马克思的幽灵》一书,福山的"历史终结论"是这一写作的催化剂。因此,《马克思的幽灵》一书,既是顺应时代需要的产物,也是追求更美好理想的结果。德里达在"混乱的时代"对马克思的致敬,将有助于我们学会更好地生活。

第四章

与马克思"幽灵"对话——学会更好地生活

马克思"幽灵"蕴含着政治伦理的诉求,是我们建构理想生活的现实选择。"幽灵政治学"关涉正义、人权、希望、理想、善恶、幸福、宽恕等人一生必然遭遇的道德问题,有着浓重的伦理意蕴,产生了巨大影响。"解构主义马克思主义"既是德里达心理空间的表现,同时也是对伦理空间的构建。《马克思的幽灵》一书完全站在人本主义的立场,阐释了马克思批判精神的政治伦理价值。

本书要探讨德里达"幽灵政治学"的伦理意蕴,这就不得不涉及解构的策略。因为德里达对马克思政治伦理精神的考察,始终贯穿着其早期解构理论和方法。德里达解构主义的道德形态和伦理形态以同质异构的方式显示。道德形态指向个人的主观世界,伦理形态面向外在的客观世界,二者契合于实现德行的生活。因此,解构主义的"伦理—道德"形态建构不仅面向个体德性的塑造,也寄希望于群体伦理纲常的完备,以主客结合的模式建构趋向真善美的道德规范。生存只是人的本能,生活得更好才是人类永恒的希望。如何让人们学会更好地生活,正是解构主义的价值所在。

第一节 学会生活:与"幽灵"对话的意义

德里达的"幽灵政治学"彰显着特定的伦理宗旨与理念,其伦理形态的主要内容蕴含了学会更好生活的人文伦理向度和持守正义的政治伦理向度。德里达把"幽灵政治学"理论形态的伦理向度慢慢呈现了出来。在他看来,生活是无法主观学会的,也就是说,人不能靠自己,必须借助其他事物的指导和引领才能学会生活。因此,我们必须接受"幽灵"的指引,才能在高度集约化的时代,恪守正义,秉持良知。"幽灵政治学"秉持着人道主义精神原则,强调伦理学和政治的紧密结合,探讨了向马克思"幽灵"中正义学会理想生活的路径。德里达晚年非常关切现实政治的灾难,他不仅用宽恕思想号召消除专制暴力和种族歧视,而且直接用行动表达对"新国际"的渴望。他在此时走进马克思批判精神的重要目的,就是为了唤起人们对正义和良知的渴望。在他看来,尽管马克思"幽灵"的苏联共产主义制度已经消解,但是"幽灵"的灵魂——正义精神却将继续指导人们建构理想生活。

一、向死亡学会生活

德里达指出,通过与死亡对话理解生存的价值是我们现实必经的道路。只要生命还在继续,就应该向死亡学习。单借人类的力量无法理解生存的全部意义。也就是说,人类有认识局限,无法感知生命的一切。

在最后一次公开发表的谈话中,德里达在继承西方传统哲学观点的前提下,提出"学习生活,应当是学习死亡,为了接受死亡而充分意识到生命的绝对有限性(没有永福,没有起死回生也没有救赎,对人对己都一样。从柏拉图以来,哲学的古老命令就是:哲学思考,即学习死亡"①的观点。他在《马克思的幽灵》一书中,与"幽灵"对话,就是为了学会生活。② 他希望,后人能够从他的"幽灵政治学"中获得学会生活的启示。

德里达指出,向死亡学会生活是我们唯一的可能。

《马克思的幽灵》的"开场白"的第一句话就是:"某个人,您或者我,走上前来说:'最终,我当然希望学会生活。'"③接着,德里达就发现了这句指令的自相矛盾,他反问道:"但为什么是最终?"④学会生活,这句习惯的权威指令,是父辈强制传给我们的,没有经过讨论。但是,生活按其本初意义,是不能依靠自己就能学会的。也就是说,我们自己不能学会生活,也不能向生活本身学,"因此,只有向另一个人且是通过死亡来学"⑤。向死亡学会生活是我们唯一的可能。它尽管不可能实现,却相当必要。它不可能有任何意义,也不可能是公平的,但它是无路可走后的唯一的出路。死亡既是我们终生的恐惧,又是我们无法挣脱的枷锁。死亡如生之坚强,是每个人都会遭遇的事情。这个世界只是一局棋,每个人都扮演着自己的角色,谁也无法改变自己的命运。冥冥之中,已经注定结局,正如每一个棋子都

---

① 张宁:《解构之旅·中国印记——德里达专集》,南京大学出版社 2009 年版,第 165 页。
② 德里达显然继承了柏拉图"学习哲学就是练习死亡"的观点,认为死亡是人类永恒的主题,也是前人留给我们的永恒的记忆。
③ 〔法〕雅克·德里达:《马克思的幽灵——债务国家、哀悼活动和新国际》,何一译,中国人民大学出版社 2008 年版,第 1 页。
④ 〔法〕雅克·德里达:《马克思的幽灵——债务国家、哀悼活动和新国际》,何一译,中国人民大学出版社 2008 年版,第 1 页。
⑤ 〔法〕雅克·德里达:《马克思的幽灵——债务国家、哀悼活动和新国际》,何一译,中国人民大学出版社 2008 年版,第 1 页。

有自己的布局,无法改变。

因此,死亡是永恒的主题,也是前人留给我们的永恒记忆。在这里,德里达把生命看作死亡的对立面,要求人们在与死亡的协议中学会生活。在他看来,从死亡的一头看人生,虽然悲观,但可以让我们警醒。因此,只有经过多年的风吹雨打,临近死亡时,那份苍凉才能写在你我的眼里,烙在你我的心中,我们才会真正学会生活。生活与死亡紧密相连,死亡既是生活的仇敌,也是生活的朋友。的确如此,人一出生,双腿就朝向死亡之路。我们既无法改变前进的方向,也不能放慢沉重的脚步。死亡从背后紧紧地掐住我们的脖子,令我们只能做徒劳的反抗。死亡成就了生活,也成就了哲学。上帝在此处为你关闭一扇门,在别处就会为你开启一扇窗。人生有终点,却无法预知过程。通达生活的真正意义,是幸福中最大的幸福。

只要我们活着,就应该向死亡学习,因为未经省察的人生是不值得过的。人生就是矛盾。明知道人生的终点便是死亡的家园,将来,人人都只不过是一座孤坟。我们为什么还要学会更好地生活?人生天地之间,命运的魔君故意捉弄我们,让我们戴上死亡的枷锁。有些事情根本无法把握,我们只能把握自己。有很多事情也根本无法预料,当它真正来临的时候,也无法解脱。流泪、自责、痛骂都无济于事。既然无法避免,既然这是命运的安排,就顺从它好了,既然无力改变颓败的世界,只有先改变自己。正所谓,缘起缘灭,不必强求。假如人生只是如幻的泡影,醒来之时便是死亡来临之时,我们但愿永远不再醒来。可既然活着,就不应该辜负命运的安排,就应该做点有意义的事。学会更好地生活,从希望开始。的确,怎样才能获得生存的真正价值?这既是我们必然会遭遇的问题,也是我们必须认真省察的问题。正如德里达自己迷惑的:"我们会懂得怎样去生活吗?"[①]因为我们是不能依靠自己学会更好地生活的。也就是说,单个的人既无法通过自己弄懂生命的意义,也无法凭借现实来弄懂生活,必须通过"第三者"且必须凭借死亡才能通晓生存的意义。凭借死亡弄懂存在的意义,既无法形成完全的价值,又无法百分之百地实现,但这是灵魂独行的必经之途。因为只有在面向死亡之时,生命的价值、存在的意义才会呈现。永生的代价就是经历死亡。每个人都毫无理由地出生,又必然地死去。在死亡的审视下,人孤独地栖居在寂寞的星球上。

建构理想生活,是每个人的期望。"但是,学会生活,从自身且靠自己完全独自一人学会生活,或者说自己教会自己怎么生活(最终,我愿意学会生活),对于

---

① 〔法〕雅克·德里达:《马克思的幽灵——债务国家、哀悼活动和新国际》,何一译,中国人民大学出版社2008年版,第1页。

一个活着的生命而言,难道不是不可能的吗?"①如何才能在有限的生命里实现人生价值,这既是每个人的理想追求,也是每个人面临的现实抉择。"谁去学? 向谁学? 教会人怎么生活,但向谁教? 我们会明白吗?"②人生的尽头当然是死亡,这是否意味着人只有经历死亡才能学会生活? 因为生活,就其含义来说,是无法依靠个人的力量实现的。也就是说,个人无法历经死亡的全部过程,必须通过他者才能理解死亡,学会生活。理解死亡才能学会理解生活。唯有理解包括死亡在内的生存的全部含义,才有希望摆脱欲望的枷锁。永恒的死亡在窥视着人类社会。死亡是人灵魂的最终家园,生命每天都在走向死亡,把每天都当成人生的终点,才能学会珍惜。生命不是等待明天的到来,而是让今天不留悔恨。因此,我们需要勇敢地面对死亡,把握当下。社会只是一出自编自导的舞台剧,每个人都处于被摆布的境地,谁也无法抗衡命运。冥冥之中,已经设定总的道路,正如每一颗星星都有自己的运行轨迹,无法改变。很多人必将会从我们的眼中消失,最后成为我们的记忆,就像有一天我也会从别人的眼中消失,成为记忆一样。必定有些人,死后还会回来。没有希望的人生是痛苦的,然而,真正的希望是很难实现的。即使实现了,也已经变得面目全非了,因此,希望总是可望而不可即的。但我们应该坚信,每个人都会一天比一天幸福的。从死亡的维度反观生活,能够让我们学会珍惜眼前的一切。

因此,在德里达看来,人生是目的,而不仅仅是手段。永恒之死亡,引领我们向上。一切存在都是虚幻的,唯有死亡才是实在的。死亡如同深谷,面对它,人不可能不恐惧和战栗。人在死亡谷地的边缘上行走,难免战战兢兢。死亡把虚无带入人生。死亡的出现,既凸显了生命的意义,又建构起生活的桥梁。真正重要的不是活着,而是活得更好。人生如同一座空坟,垒筑它是为了摆脱它的纠缠,从那里远行,到达新的生活。"如果我打算详尽地谈论鬼魂、遗传和世代,鬼魂的世代,也就是说,谈论某些既不在场、当下也无生命,某些既不会向我们呈现、也不会在我们的内部或外部呈现的他者,那就要借用正义之名。"③肉体和灵魂没有太多关系,人生只是沧海一粟,死亡才是永恒,死亡的降临使生活的价值凸显出来。而且死亡总是迫不及待,很少有人是死于衰老,而绝大多数人都死于提前的"意外",绝

---

① 〔法〕雅克·德里达:《马克思的幽灵——债务国家、哀悼活动和新国际》,何一译,中国人民大学出版社2008年版,第1页。

② 〔法〕雅克·德里达:《马克思的幽灵——债务国家、哀悼活动和新国际》,何一译,中国人民大学出版社2008年版,第1页。

③ 〔法〕雅克·德里达:《马克思的幽灵——债务国家、哀悼活动和新国际》,何一译,中国人民大学出版社2008年版,第2页。

大多数人死前都相当痛苦,因此,死亡给我们留下了刻骨铭心的记忆。在这里,德里达把学会更好地生活的希望寄托在与死亡的交流中,要求人们重视死亡的价值和意义。

二、在生与死之间学会生活

在德里达看来,单个人的时间和精力是很有限的,也许探索一辈子,也找不到生活的意义,但我们可以通过前人的经验反观自身。哲学就是一个帮助人类解决死亡困境的学问。在他看来,哲学家唯有参透死亡,才能真正懂得生活的意义。彻底拯救,也许再生的最后仇敌就是死亡,"学会生活,如果此事有待于去做,也只能在生与死之间进行"①。而生死之间的东西就是鬼魂。"只有和某个鬼魂一起才能维护自身,只能和某个鬼魂交谈且只能谈论某个鬼魂。"②因此,我们必须向死后的鬼魂学习。然而,死后真的会有鬼魂吗? 如果这东西根本不存在,尤其是那个东西根本不是实物,也不是存在,而且永远不会显形,我们又该如何去学? 如果这个鬼魂永远不会到场,我们又该如何和它对话? 德里达指出,我们只能依靠记忆,"这种和幽灵的共存也是,或者说不仅是,而且也是一种记忆政治学、遗传政治学和生成政治学"③。

对于生存,我又能说些什么呢? 我们随地球漂浮在太空中,生命本身是一种很庞大的神秘的存在。我们只存在于特定的时间和空间里,我们从何处而来,为什么又会在这里? 地狱和天堂又在哪里? 只有爱才能浇灭恨,打开一扇扇门,才能走进一颗颗心,在这个世界上,最肮脏的人恰恰是需要洁净的,被抛弃的人恰恰是最需要关怀的。可死后会如何? 我们还会回来吗? 如果真的有前生今世,那么,我们死后不会记得死亡,而是新的生活。在那不太远的地方,那些不愿回来的人,也许很快乐。假如真有轮回,那也许是不错的事情。可如果真有天国,真能回到过去,现实的美好还能保持原样吗? 而又如果天国其实是地狱,地狱才是天国,我们又该如何? 也许生活愈沉重,愈接近大地,反而更真实。高洁的心灵与沉重的肉身该如何调和? 青春与美丽时常被人们过分高估,其实它们并非那么有价值。不可信的纯洁和高雅,只是一道为掩盖死亡而设置的遮羞布。而善良与正义

---

① 〔法〕雅克·德里达:《马克思的幽灵——债务国家、哀悼活动和新国际》,何一译,中国人民大学出版社 2008 年版,第 2 页。

② 〔法〕雅克·德里达:《马克思的幽灵——债务国家、哀悼活动和新国际》,何一译,中国人民大学出版社 2008 年版,第 2 页。

③ 〔法〕雅克·德里达:《马克思的幽灵——债务国家、哀悼活动和新国际》,何一译,中国人民大学出版社 2008 年版,第 2 页。

其实最应得到尊重,却往往成了负担。

"幽灵政治学"就是一个利用幽灵的默示来认识人生的学问。哲学家唯有与幽灵开展对话交流,才能弄懂生活的意义。人生若要获得完全的解脱,也许要走的必由之路便是死亡,而且只有与鬼魂交流才能维护生存的意义。人与人应该彼此相爱,因为人人都是兄弟姐妹。任何人都不可能真正经历和体验死亡,或许终其一生,也弄不懂生活的真正价值。但我们可以通过幽灵的默示来思考日常生活的断裂。被传统遮蔽的"幽灵"隐身不见,为的是让人们反观自己的心灵,为的是让人们用生命去交换比生命更长久的东西。它意味着重生,意味着精神的胜利,意味着继续另一种生命。被遮蔽的"幽灵"是人类通向永恒的指引者。以往的学者忽视鬼魂的指令。对待幽灵要充满善意和温情,不仅要很真诚地相信它们,还要对它们的处境充满同情。幽灵如同具有生命力的人类一样,我们务必学会怎么与其融洽共处,并视需要,或对其妥协,或对其关怀,或施与同情。和幽灵共存,就是与死亡共存,死亡对人充满悲悯,它看到人的可怜、凄惨、痛苦,决定把人带离悲惨的世界,到达一个没有苦难的国度。

与死亡亲密交流,固然是学会生活的唯一可能,但人是不可能历经死亡的国度再回来的,因此,只能退而求其次,与死亡妥协,以便进入生与死之间。"无论如何,只能向弥留之际的另一个人学。不论是在外部的边界还是在内部的边界,这都是一种在生与死之间的异常教学法。"①而鬼魂是沟通生死的使者,人们要了解死亡,必须借助鬼魂的力量,德里达极其重视"幽灵"对死亡的描述,他认真地与它们交流。既然死亡不过是埋葬过去的记忆,那么就珍惜现在,忘却记忆。因为忘却不是胆怯,而是前行;不是失败,而是胜利;不是死亡,而是新生。因为一切终会过去,就连最可怕的阴影也将消失,崭新的黎明终会降临,一切终究会从头再来,这才是最应赞美的感人历程。有很多时候,是允许放弃,并默然地离开的,但德里达没有放弃,他决定踏上荆棘之路。可是,该如何重拾过去的生活,又该如何继续呢? 我们只能依靠记忆。

三、向"幽灵"学会生活

德里达指出了学会生活的对象:某些"既在场又不在场"的鬼魂。

经过一系列的追问后,德里达认为,我们所谈论的鬼魂只能是"某些既不在场、当下也无生命,某些既不会向我们呈现,也不会在我们的内部或外部呈现的其

---

① 〔法〕雅克·德里达:《马克思的幽灵——债务国家、哀悼活动和新国际》,何一译,中国人民大学出版社 2008 年版,第 1 页。

他东西"①。德里达指出,我们谈论的那鬼魂其实已经在战争和暴力中死去。于是,我们不禁要问,这个已经死去、还没有到来的鬼魂,它现在"在哪里"?"明日在哪里?""向何处去?"②问题出现了,这个问题就是,什么东西会在必将到来的将来到来? 而这个东西之所以在将来还会来,是因为它曾出现过,它曾经在场,而现在出现了断裂。德里达指出,正义就是这样的鬼魂,"它是存在于一般的当下生命之外的——而且是存在于它纯然否定性的反面之外"③。而现在就是一个幽灵的时刻,这个时刻不属于任何时间,可幽灵需要的就是非时间的时间。幽灵的显形,从来给出任何现实的时间,它只有形式:"'幽灵出场,幽灵退场,幽灵再出场'(《哈姆雷特》)。"④正义的责任一方面需要有人担保,而且,在法律和规范之外,需要一个生命体的存在,必须存在一般的正义、正义的承诺或责任;另一方面,正义不是死亡的证明,而是生命的延长,是连接生存与死亡的踪迹。

德里达锋利的批判和无情的解剖绝不只是"怨"和"恨",而是爱憎分明。他的思考以个体的发展为立足点,关注每个人的生存境况。个人不可能完全把握宏大的世界,过去那种以二元的对立统一观点看待世界的方式,完全是人类的狂妄。人类永远无法了解整个宇宙的全部相关内容,只能宽容地看待一切;但只要人类能够继续存在,人类了解自然的水平就会愈来愈高。德里达触动了长期占据人们思想头脑的定见,对已经融入我们血液的逻格斯中心主义做了不懈地反抗。灵魂脱离自肉体,其过程无比痛苦,因此,灵魂在走向空洞前会给人们一些提醒。人们期待的那灵魂其实早已在专制和高压下退场。德里达声称,正义独立于人的生命存在之外,是内心道德律的外化。必定有一个灵性的存在,以确保普遍正义的实现。因此,正义并非遥不可及的理想,而是必须遵行的价值法则,是衔接在场者与他者的桥梁。

德里达召唤"幽灵",是为了让正义出场。德里达的解构主义要解构一切思想,但他又认为,解构不能被解构,因为解构就是正义,正义是不能被解构的。正义不是一个逻辑明确的概念,而是不可言说的,只能靠冥想去把握。作为正义使者的"幽灵"与灵魂有同质之处,既能带来可怕的景象,又能引起冤仇。传统观点

---

① 〔法〕雅克·德里达:《马克思的幽灵——债务国家、哀悼活动和新国际》,何一译,中国人民大学出版社 2008 年版,第 2 页。

② 〔法〕雅克·德里达:《马克思的幽灵——债务国家、哀悼活动和新国际》,何一译,中国人民大学出版社 2008 年版,第 3 页。

③ 〔法〕雅克·德里达:《马克思的幽灵——债务国家、哀悼活动和新国际》,何一译,中国人民大学出版社 2008 年版,第 3 页。

④ 〔法〕雅克·德里达:《马克思的幽灵——债务国家、哀悼活动和新国际》,何一译,中国人民大学出版社 2008 年版,第 3 页。

认为,死亡只是肉体的朽坏,而作为人灵性存在的灵魂能够脱离肉体而四处游荡,成为幽灵。意志渴望永生,规避死亡。意志凭借生殖延续自己。死亡能消灭意识,但不能磨灭意志。死者的意志会凭借幽灵在黑夜展现。幽灵对内心强大的人不起作用,它要呈现必须凭借紧张的气氛。幽灵的重返人间,是因为放不下尘世的恩怨情仇。"倘若没有某种责任的原则,那么在所有的生命存在之外,在能分离生命存在的东西的范围之内,在那些尚未出生或已经死去的鬼魂——他们乃是战争、政治或其他各种暴力、民族主义、种族主义、殖民主义、性别歧视或其他各样灾难的牺牲品。"①幽灵不仅具有魔性,也具有灵性。幽灵利用人们内心的恐惧,对现实产生潜移默化的影响。幽灵在生前做了很多罪孽,这让它无法超脱,因此,幽灵渴望阳光,又躲避光明,只能躲在阴暗的角落。一些幽灵,也很有良知,抵挡暴力和专制,渴望给人类带来希望和光明。人类对于虚无,充满恐惧。幽灵带有虚无的色彩,它要煽动起仇恨情绪,才能激发人们采取行动。幽灵在虚无的世界中,并不能逍遥远行。它被情感羁绊着,而只能游荡在生死之间,既无法重新获得生命,也无法毁灭自己。

幽灵存在于生命之外,这让它关注正义。"如果过去的经验是可能的,且如果人们必须认真地对待它,那么这个问题的可能性——它也许不再是一个问题,并且我们在此可以称它为正义——就必须超越当下的生命,超越和我的生命或我们的生命一样的生命。"②幽灵一直徘徊在尘世的边缘,不甘心舍弃原本属于它的利益,总能带来阴森森的气息。它实际上一直耿耿于怀于自己的处境,一直试图回到之前的地方,一直难以忘怀生前的遭遇。幽灵在风中乱舞,为的是诱惑世人进入另一个世界。幽灵要实现目的,就必须采用阴暗的手段,窥视和恐吓人们。幽灵既能引起恐惧和战栗,又能平复创伤和仇恨,从而制造了一个奇幻的乐园。沉湎于生活泥潭的人们,需要幽灵造成的生活"断裂",以反思存在的价值。幽灵消解人的本能欲望,复归精神存在。幽灵凭借悲悯与战栗,使人的情感获得升华。幽灵如同自然界的客观规律,我们不能直接感受它的存在,却无时无刻不受它的支配。幽灵不依赖人的意识而存在。幽灵的正义追求,表明它不是虚无,而是实在的延续。"这个正义使生命超越了当下的生命或它在那里的实际存在,它的经验的或本体论的实在性:不是朝向死亡,而是朝向一种生命的延续,也就是说,一

---

① 〔法〕雅克·德里达:《马克思的幽灵——债务国家、哀悼活动和新国际》,何一译,中国人民大学出版社 2008 年版,第 1 页。

② 〔法〕雅克·德里达:《马克思的幽灵——债务国家、哀悼活动和新国际》,何一译,中国人民大学出版社 2008 年版,第 3 页。

种生与死本身不过是一些踪迹之间的踪迹,一种其可能性将提前走向分裂或打乱生命存在以及任何实在性本身的同一性的残余。"①"幽灵"非但不能被消灭,而且能够发挥潜在影响,它能内化为人的精神意识,支配人采取策略。幽灵将人的精神意识当作自己的物质武器,而人则将幽灵看成自己灵魂深处的幻梦。

显然,德里达眼中的某些"既在场又不在场"的鬼魂,就是正义等精神。人们要弄懂存在的意义,就必须接受这些价值法则的指引。异端不是思想的异数,而是思想的常态。为了粉饰自己、掩盖罪孽、推卸过错而开始的自欺欺人,是人类的懦弱。但比谎言更可怕的是不原谅、不宽恕。因为,能够纠正谎言的不是真诚,而是宽容。解构启发我们要有面对真实的勇气,更要有宽容的气度。

德里达认为,精神和幽灵既有差异,又有共同之处,人们虽然不知道它们的共同之处,也不明白它们是否存在,可它们都与死亡有莫大关系。"当伦理学和政治学若不能在其原则中对那些不再存在或者在那里还没有获得当下的生命的他者表示尊重,它们便显得不再可能、不可想象,而且不义,在这样一个时刻,谈论鬼魂——实际上是向鬼魂且同鬼魂谈论——就是必要的。"②人诗意地栖居,生存与幽灵是不可分的,幽灵是存在退场之后的继续存在,无论是生存还是毁灭,事实上都与幽灵有关。所以,德里达对于马克思的"幽灵"的考察,也就成了"在死后如何活着"的思考,而这一切的最终目的都是为了要学会更好地生活。

我们务必遵循鬼魂的指令,务必遵循它的运行轨迹,并视需要,或与之和解,或与之斗争。正义的到来,不需要特定的时空,它只有形式。因此,德里达所谓的幽灵,其实是正义等价值法则。在德里达看来,实现美好生活必须依靠榜样的指引。因此,德里达与"幽灵"的对话与交流,也就转化为"在生死之间怎样生活"的思索。在日渐衰败的时代,德里达以沉重的使命感和责任感,决心承担起教化人心的重任。他要承担的伦理义务就是:在马克思批判精神的引导下,呼吁人们秉持正义和良知。马克思的"幽灵"是诸多伦理精神的集合产物,它借助伦理精神构成其骨架。所以,马克思"幽灵"是伦理精神的肉体形式,是伦理精神表现自己的媒介和工具。在这个混乱不堪的时代,以马克思"幽灵"中的正义为伦理法则,才能保持内心的宁静。马克思"幽灵"中的正义具有"弥赛亚"色彩,体现着人类对美好生活的追求。在德里达看来,马克思的共产主义理想不仅不是空洞乏力的理

---

① 〔法〕雅克·德里达:《马克思的幽灵——债务国家、哀悼活动和新国际》,何一译,中国人民大学出版社 2008 年版,第 4 页。

② 〔法〕雅克·德里达:《马克思的幽灵——债务国家、哀悼活动和新国际》,何一译,中国人民大学出版社 2008 年版,第 3 页。

论假说,而且还深入了历史和现实。"没有什么看起来能比位于《马克思的幽灵》核心处的弥赛亚性和幽灵性离乌托邦或乌托邦主义更远的了。"①因此,马克思的共产主义理想将继续指引人们批判传统和现实。

人们始终不能看到马克思主义的真正"显形",无论是在巴黎公社运动中,还是在俄国的无产阶级革命中,"人们根本看不见这个东西的血肉之躯,它不是一个物。在它两次显形的期间,这个东向是人所瞧不见的;当它再次出现的时候,也同样瞧不见"②。当然,这也如同德里达说明的马克思并不完全相信自己的学说,他并不是纯粹的马克思主义者。共产主义作为批判传统和现实的"幽灵",既是令资本主义战栗的革命思想,又是指引大众采取暴力活动的行动指南。共产主义"幽灵"制造了紧张的社会氛围,引起资本主义的恐惧反应。共产主义革命运动并不进行物质生产,它要做的就是摧毁现存的一切制度,为物质生产创造更好的社会关系。无产阶级要夺取国家权力,严密控制意识形态,把社会的一切资源掌握在自己手中,对社会的经济、政治、文化进行整体规划。社会权力无非来自暴力、财富或知识。共产主义革命主张以暴力革命的形式实现社会的严密控制,这是针对资本主义的横征暴敛来说的。只有放弃心中的所有幻想,清醒认识自己和他者,而决心抵制放纵和贪婪的诱惑,才有希望挣脱资本剥削的附体梦魇,以节制清明之理性,建构以尊重多元和普遍关爱为内核的内心道德。共产主义不会很快到来,而是一个持续斗争的过程。"'脱节'——不论它是当下的存在还是当下的时代——只能造成伤害和罪恶,它无疑就是罪恶的那种可能性。但是若是没有这种可能性的开启,那可能就仍然只有超越于善恶的最不幸之物的必然性。这(甚至)不是命中注定的必然性。"③马克思的"幽灵"自始至终行进在路上,处于来临的状态。尽管时空发生了变化,但马克思的批判精神仍在引导着人们学会更好地生活。

---

① 〔法〕雅克·德里达:《友爱政治学及其他》,胡继华译,吉林人民出版社2005年版,第538页。

② 〔法〕雅克·德里达:《马克思的幽灵——债务国家、哀悼活动和新国际》,何一译,中国人民大学出版社2008年版,第8页。

③ 〔法〕雅克·德里达:《马克思的幽灵——债务国家、哀悼活动和新国际》,何一译,中国人民大学出版社2008年版,第29页。

第二节　幽灵的世界:多种幽灵的在场

德里达认为,学会生活需要一个榜样。为此,他在《马克思的幽灵》中建立了一个幽灵的世界。这个世界相信鬼怪,注意到了"幽灵性的非空间的空间",允许幽灵们说话。"在历史终结之后,精神通过归来或亡魂的方式到来,它既为一个归来的死者赋形,又为一个被期待着在一次又一次的返回中重复自身的鬼魂赋形。"①死亡是人类通向永恒的指引者,生命是能够穿越虚无之门,到达永生的。弄懂生存的意义必须借助偶像的力量。经过反复思考,德里达表明了要弄懂生活必须参拜的偶像:马克思的批判精神。因此,德里达对"幽灵"的维护和解说,思索的伦理指向就是学会更好地生活。

《马克思的幽灵》建立的幽灵世界,在有的人看来是天方夜谭,"让一个灵魂演说,这看起来几乎是不可能的事。并且在读者、专家、教授中阐释着,总而言之,在马西勒斯所谓的'学者'看来,这件事会显得尤为困难"②。但德里达相信,以后的人们会相信他的。经过一番考察,他指出了我们要学习的榜样:马克思的"幽灵"。德里达认为,自己呼唤的马克思"幽灵"是一个模糊的概念,它既具有传统幽灵的一切形象,又带有《哈姆雷特》中幽灵的色彩,还具有《共产党宣言》中幽灵的幻影。

一、传统的幽灵

"传统的幽灵"即唤醒正义的使者。在德里达看来,幽灵很适合解构主义,因为他们既存在又不存在。实际上,与"幽灵"对话是德里达解构思想展开的条件和主要方式,德里达的许多文本就是对其他哲学家的文本的评论。在《马克思的幽灵》中,德里达用解构的思维和方法描绘了一个幽灵的世界,这个幽灵永远在路上,永远在异乡。作为人类试图超越现实的产物,幽灵是人创造的,它也是人的本质在幻想中的实现,是对人精神世界的抚慰。德里达呼唤的马克思的"幽灵"带有传统幽灵的一切印记。幽灵的概念有两重:一是等同于灵魂。在西方,"灵魂不

---

① 〔法〕雅克·德里达:《马克思的幽灵——债务国家、哀悼活动和新国际》,何一译,中国人民大学出版社2008年版,第12页。

② 〔法〕雅克·德里达:《马克思的幽灵——债务国家、哀悼活动和新国际》,何一译,中国人民大学出版社2008年版,第13页。

死"是宗教上的一个重要支撑。幽灵就是人死后的东西,死者会以其生前的相貌在黑夜重现人间。它不会让一般人看见,只向与它有爱恨情怨的人显形。二则指称一种有灵性的东西。幽灵可以用魔法引导现实。很多幽灵,心地善良,反抗黑暗势力,向往美好生活。幽灵也不是没有罪恶的,因此,它们害怕光明,一般只能在黑夜才会出现。

在德里达看来,西方传统含义中的幽灵是不能被消灭的,你可以打败它,但就是不能消灭它。德里达的"幽灵说"继承了西方"幽魂不死"的观点,肉体消失了,但灵魂永恒不朽。他认为,人们可以打败一个"幽灵",但永远不能杀死一个"幽灵"。幽灵是不会消逝的,也不可能死去,它的"显形"也不是虚无,虽然它不在场,但它并非毫无作为,它能化作黑色的闪电在云端呼喊,从而激发人们采取行动。幽灵把人作为自己的现实力量,人则把幽灵当作自己的精神力量。作为幽灵,它具有不可见的特性。可是,它又具有可见性,它实际上一直在窥视着我们、观察着我们,无论是在它"显形"之前,还是在它"显形"之后,我们都始终处在它的监督之下。鬼魂的幽灵性随时可能颠覆人们对现实的感受和想象。鬼魂可以促使我们质疑现实和反抗绝望。在西方的传统含义中,幽灵是从死亡国度归来的使者,它描述的炼狱可怕景象将使我们惊醒。在这种无形压力和直接催逼下,我们便会追问世界,拷问灵魂。因此,我们不能把它视为从死亡国度回来的"旅人",而应看作救赎我们心灵的使者。①

因此,德里达眼中的"传统的幽灵"如同正义和良知的化身,催促着我们采取积极行动。作为人类的一分子,作为亚当和夏娃的后裔,我们有自己的宿命,我们任何人都逃脱不了偷吃智慧果的惩罚,这既是拥有了智慧的痛苦,也是独自求知的代价。幽灵所描绘的为自己深重的罪孽而只能四处漂泊的情景,让我们同情的同时,也让我们不寒而栗。幽灵时常进入我们的梦境,有时幻化为天使,有时则幻化为勇士,我们的精神领域总会给它留出空间。它既是引领我们前进的"使者",又是依附我们精神的"蛀虫"。隐藏在幽灵深处的是永恒的挣扎与痛苦。幽灵的本身是信念的力量,它站在寂寥的高塔上,是为了给守望者烙印。当命运之轮转动的时候,它就会悄然出现。幽灵不把人作为自己的同情者和膜拜者,就不能成为现实力量,人不把幽灵当作精神的起航者和指引者则不会有学会生活的希望。

---

① 在现实世界中,"幽灵"是不存在的。但从另一角度,幽灵又是存在的,它存在于人的思想中,存在于宗教、艺术、文学等当中,它是人的一种意识。而人的意识是否存在呢?

德里达认为,学会生活就是"学会和鬼魂一起生活"①,因为鬼魂是精神世界的真正英雄,我们要学习它的忏悔和清醒。

当整个时代沉沦于歇斯底里的无序争斗之时,德里达无所畏惧,挺身反击传统逻格斯中心主义的霸权。在这场"正统"与"异端"的比试中,我们分明看到了个人独立思考的尊严。善恶一体,苦乐相随。我们要活着,必须让牵挂、真爱、责任在心中扎根;我们要活着,必须用死亡限制放纵,用死亡平抚心灵。"不论是在外部的边界,还是在内部的边界,这都是一种在生与死之间的异常教学法。"②要理解限制的意义,人就必须历经死亡;而获得意义,必须全心全意,必须在时间中慢慢生成,不是靠占有和索取,而是靠真爱和创造,靠灵魂的参与,如同履行一项不可推卸的责任。人类是愚蠢的,怕死而好斗,珍视生命却不断作恶。无论幸福还是痛苦,最后预示的都是死亡。整个人类历史的大部分时间都在与死亡共舞,可我们丝毫不察。世界被死亡管辖。死亡一直被深深地歪曲着,其实死亡无比宁静安好,它有着永恒而迷人的微笑,它有着宽阔而广博的襟怀。安宁地来到这个世界并穿越死亡的人,就是智者。习惯于绝望的处境而悠然自得才是最大的不幸。真正的可怕不是死亡,而是麻木。以功用论人生,则人生的意义全失。当然,死亡不是起点,而是历经千辛万苦必定要走的路,它意味着重生,意味着精神的胜利,意味着继续另一种生命。结束并不是停止,死亡也不是终结,而是我们必须要走的另一条路。

二、《哈姆雷特》中的幽灵

"《哈姆雷特》中的幽灵"即高举复仇旗帜的鬼魂。德里达的幽灵概念直接继承于《哈姆雷特》中的幽灵意象。在德里达看来,马克思非常喜欢莎士比亚的著作,他的思想深深受到莎士比亚的影响,德里达清楚莎士比亚对马克思的影响,所以,他认为:"莎士比亚生成了马克思,马克思生成了瓦莱里以及其他一些人。"③而德里达呼唤的"幽灵"也来自《哈姆雷特》的启示。德里达指出:"就像《哈姆雷特》中,那个堕落国家的王子,所有的一切都是从一个幽灵显形开始的,更确切地

---

①　〔法〕雅克·德里达:《马克思的幽灵——债务国家、哀悼活动和新国际》,何一译,中国人民大学出版社 2008 年版,第 2 页。

②　〔法〕雅克·德里达:《马克思的幽灵——债务国家、哀悼活动和新国际》,何一译,中国人民大学出版社 2008 年版,第 3 页。

③　〔法〕雅克·德里达:《马克思的幽灵——债务国家、哀悼活动和新国际》,何一译,中国人民大学出版社 2008 年版,第 7 页。

说,是从等待这一显形开始的。"①德里达的《马克思的幽灵》也是从一个幽灵的显形开始的,这个幽灵就是马克思的"幽灵"。

在德里达看来,一般人是恐惧见到幽灵的,但哈姆雷特凭借自己的血性冲动勇敢地开始了同幽灵的交流,这场交流惊心动魄,老国王的"幽灵"一出场就让空气中弥漫着血腥的味道,因为它要年轻的王子为其复仇。而这时的哈姆雷特也是痛苦万分,因为他的父王刚刚去世,母亲就改嫁了。父王"幽灵"对事实的揭露,证实了哈姆雷特的怀疑。幽灵的出现是正当其时的,它适应了王子郁闷而又悲愤的心情。尚存的一点热血使哈姆雷特决定采取行动。于是,当他听到幽灵将要再出现的信息时,他表示要勇敢地听从它的指令。因为王子已经压抑太久,他要发泄,他要控诉。但幽灵是被人怀疑的,因为它是与现实存在相悖的,而且在这样一个邪恶的世界里,它让我们这些本来就充满罪恶的人去实施复仇的行动,是不可能实现所谓的正义的,哪怕只是世俗意义上的正义。所以,当父王的"幽灵"出现时,哈姆雷特也是怀疑的:虽然母亲的"背叛"的确不应该,使人伤心欲绝,但复仇是否就可以实现正义?然而,出于荣誉和伦理的需要,他必须复仇;父王的"幽灵"也不允许他无限期拖延下去。凭着自己的血性冲动,在父王"幽灵"的催促下,哈姆雷特开始了复仇的事业。这一事业,赔上了他的爱情、亲情,直至生命。

因此,德里达眼中的"《哈姆雷特》中的幽灵",是复仇的鬼魂。② 在他看来,哈姆雷特本不想承担责任,但父王幽灵的出现,引发了他的血性冲动,决定采取复仇的行动。③ 因为,复仇是我们不能摆脱的命运,这是已经逝去的父亲的召唤。但复仇作为一个主题,却始终没有实现,幽灵所期待的"正义"也始终没有降临。新一轮的争夺又将开始……马克思主义之死终结了我们的彷徨,冲破了我们的绝境,但代价却是在舞台上留下一堆堆尸体。召魔是为了驱魔,而驱魔的过程又会引出新的幽灵。因为对未来的正义有所期待,所以,复仇是无法逃避的指令。鬼魂的复仇命令对于现实的世界而言具有某种正义性。

伦理形态,即伦理理论形态,是对伦理进行理论形态考察的方法。对伦理形态可以从横向(宏观)和纵向(微观)两个角度考察。伦理形态的微观考察首先应

---

① 〔法〕雅克·德里达:《马克思的幽灵——债务国家、哀悼活动和新国际》,何一译,中国人民大学出版社 2008 年版,第 6 页。

② 德里达是不赞成复仇的正义的。在他看来,复仇的正义无助于人与人之间的友爱互助,只会带来更多的流血和暴力,所以,哈姆雷特在复仇过程中充满了犹豫。

③ 按照弗洛伊德的观点,哈姆雷特的复仇更多体现了一种"俄狄浦斯情结",王子的复仇是一种梦想幻灭后的自我毁灭。哈姆雷特深爱着母亲,他的爱人奥菲莉亚只不过是母亲的替代。哈姆雷特复仇更多是因为叔父抢走了他母亲。

该彰显三个维度的分析:人的现实生存境遇是怎样的? 人理想的生活状态是怎样的? 人怎样才能达到理想的生活状态? 其次要蕴含伦理的现实关照:应该如何处理人与人的关系? 如何处理人与自然的关系? 如何处理人与社会的关系? 最后要体现伦理的价值指向:个人如何实现德行的生活? 个人如何塑造理想的人格? 个人如何实现人生价值? 传统将道德和伦理内外二分,并将道德化为宗教和社会规则,成为生存手段。伦理是社会对人的外在规范,道德是人对社会的内心承诺。道德的产生得益于人有"自由意志",能够在行为选择中,做出牺牲,以顺应群体需要。因此,道德是个体对群体或他人在行为上做出的牺牲。伦理道德始终是人的事情,但道德不应只超越个体的局限,而应超越人类的局限。伦理形态应当由"个人为群体"向"群体为个人"转变,以"平等、博爱"代替等级的"忠孝节义"。"一切不侵犯他人权益的言行都应该受到保护。"做到互不伤害,就是目前道德的应有之义。因此,维护正义是共同责任,尤其是社会、政治的责任,而达到真、善、美则是个人的权责和追求,正义与良善既互补又异质。善良是品质,正义是良善发挥的条件,而善良又能促进正义实现。

三、《共产党宣言》中的幽灵

"《共产党宣言》中的幽灵"即徘徊在世界上空的隐形者。德里达的幽灵概念也继承于《共产党宣言》。马克思在《共产党宣言》把共产主义比作"幽灵",德里达继承了这一比喻。"此时,是的,我已经发现,事实上是刚刚才回想起那个本来一直在我的记忆中徘徊的东西:《共产党宣言》中的第一个名词,不过这次是单数形式,这就是'幽灵':'一个幽灵,共产主义的幽灵,在欧洲徘徊。'"①

在德里达看来,《共产党宣言》中的"幽灵"是矛盾的结合体,是正在形成的显形,"那幽灵乃是一种自相矛盾的结合体,是正在形成的肉体,是精神的某种现象和肉身的形式"②。事实上,共产主义思想,作为一种曾经风靡全球的革命性理论,绝不是腐朽的已经死亡的东西。为什么马克思把自己辛辛苦苦创造出来的思想成果叫作"幽灵"? 这是马克思的故意贬低,还是不经意流露出的谦虚?③ 德里

---

① 〔法〕雅克·德里达:《马克思的幽灵——债务国家、哀悼活动和新国际》,何一译,中国人民大学出版社 2008 年版,第 6 页。

② 〔法〕雅克·德里达:《马克思的幽灵——债务国家、哀悼活动和新国际》,何一译,中国人民大学出版社 2008 年版,第 8 页。

③ 马克思具有彻底的批判精神,不仅批判一切事物,还批判自己。据考证,马克思曾经称自己的作品为"污秽之书"。这充分表明了马克思的谦虚精神和批判精神。彻底地批判自己,使马克思的思想不断向前发展。

达指出:马克思把共产主义比喻成"幽灵",一方面是说共产主义是令旧势力恐惧的隐形力量,它将产生极大的破坏力量,必然遭到诅咒和谩骂;另一方面则是说共产主义能给无产阶级以巨大的力量,能够引领他们进行革命实践活动,改变不公的世界,追求幸福和谐的生活。因此,马克思对共产主义的未来是充满信心的,但他又清楚地知道,共产主义的"幽灵"是令保守势力畏惧的,惹他们讨厌的。的确,共产主义从一开始就受到众多保守势力的打击和压迫,这一点在《共产党宣言》开头也有体现。① 德里达指出:"在一种明显不同的意义上说,马克思、恩格斯在1847—1848 年就已经在那里讨论了一个幽灵,更确切地说是'共产主义的幽灵',在旧欧洲的所有势力看来,这是一个可怕的幽灵,但是共产主义的幽灵在那时还是将要到来的。"②

德里达还认为,如同幽灵是不被人理解的,共产主义的早期活动也只能偷偷摸摸地进行,尽管这样,它还是受到一切反对势力的围堵,"为了对这个幽灵进行神圣的围剿,旧欧洲的一切势力,教皇和沙皇、梅特涅和基佐、法国的激进派和德国的警察,都联合起来了"③。不仅马克思理论及其共产主义,就是马克思本人也受到如此"礼遇"。然而,马克思主义是赶不走的,它始终"徘徊"在世界的上空,虽然没有地方住,但仍然悄悄地影响着人们。"欧洲势力通过那幽灵认识到了共产主义的力量"④,巴黎公社运动,共产主义的"幽灵"引导工农大众拿起镰刀、斧头奋起反抗,虽败犹荣;俄国十月革命,共产主义的"幽灵"号召群众打碎旧世界,建立庶民的政府;中国新民主主义革命,共产主义的"幽灵"带领人们冲出反动派的围剿,走向幸福新生活。

在与马克思"幽灵"的对话中,我们可以获得很多学会生活的启示。马克思用生命讴歌了正义与良善,在共产主义失去在场的意义之后,适宜的是与马克思的"幽灵"一起去唤起对美好生活的记忆。我们追随德里达考察东欧剧变后的社会现实,就是为了理清马克思的真精神。当我们还把二元对立当作科学真理时,德里达却早已质疑了这种天经地义的观点。其实,复杂的世界,怎么可能用简单的二元对立就能建构? 二元对立自以为对世界的解释很合理,其实,只是一种偏见。

---

① 马克思在《共产党宣言》的开头,把共产主义比作"共产主义的幽灵",是借用资产阶级口吻的反讽手法。

② 〔法〕雅克·德里达:《马克思的幽灵——债务国家、哀悼活动和新国际》,何一译,中国人民大学出版社 2008 年版,第 37 页。

③ 《马克思恩格斯选集》第 1 卷,中央编译局译,人民出版社 1995 年版,第 271 页。

④ 〔法〕雅克·德里达:《马克思的幽灵——债务国家、哀悼活动和新国际》,何一译,中国人民大学出版社 2008 年版,第 100 页。

社会需要正义和多元,个人需要修养和良知。是个人不断"克己复礼"以适应社会,还是建立公平正义的社会以保障个人权利? 解构正如暗夜中的灯塔,可以照出我们生活的路。德里达关于幽灵的思考具有异乎寻常的重量,既是性命攸关的投入,又是空灵的超脱。要弄懂生活的意义,必须建筑要塞,树立偶像,而马克思的批判精神就是我们认清传统和现实的极好偶像。因为,马克思批判精神代表着正义,可以唤醒我们沉睡的内心,从而建造理想之路。虽然,马克思"幽灵"的"形体"已经烟消云散,但是"幽灵"的灵魂——正义精神却将继续指导人们寻找更好的生活。

因此,德里达眼中的"《共产党宣言》中的幽灵",是徘徊在世界上空的隐形者。在他看来,东欧剧变之后的今天,虽然,时间和空间条件已经发生了巨大变化,但是共产主义的"幽灵"并没有离去,在世界上依然徘徊。

马克思的"幽灵"经过天使的感召定会新生,对它的最大的污蔑也终有洗清的一天,"西方评论家往往强调苏联的失败,但它的成就之巨大是谁也否认不了的"①。共产主义即使再肆意践踏公民权利,在最初它也是抱着打破不平等旧世界、使人们更好地生活的崇高目标的,而且它的一些罪过也并不是有意为之。马克思在《共产党宣言》中早已预言,无产阶级最后获得的将是整个世界。尽管,如今共产主义又由现实退回到了"幽灵"状态,但保持希望是我们的唯一选择,没有共产主义的希望,我们将无所依归。

第三节 马克思的"幽灵":复数的亡魂

德里达认为自己呼唤的"幽灵"并不是纯粹的幻想,"如果幽灵只是幽灵而不是别的,并不多于无,是来自于无的无,那么我的书就不值得看第二眼了"②。因此,他在阐述了"幽灵"概念的来源后,又指出了"幽灵"的内涵。

一、复数的幽灵

德里达谈论的是"幽灵",这与死亡有关。死亡是人的一种仪式,是一种终结,

---

① 〔美〕大卫·科兹、弗雷·威尔:《来自上层的革命——苏联体制的终结》,曹荣湘等译,中国人民大学出版社,2002年版,第1页。
② 〔法〕雅克·德里达:《友爱政治学及其他》,胡继华译,吉林人民出版社2005年版,第543页。

也是一种新记忆的开始。人永远不能逃脱自己的死亡,这不是很诧异的事情吗? 可死亡又是什么? 死亡之后就真的是一无所有吗? 也许,我们可以选择生存还是死亡,也可以选择死亡的方式,但是却永远不能摆脱死亡的降临。我们甚至根本就不曾选择要做一个人。面对这个不可理喻的世界,除了顺从,我们还有什么办法? 人死之后还会有生命吗? 生命为何要回归虚无? 这是如此的不公,却毫无办法。沉沦堕落,或许可以使我们暂时忘记人会死亡这件可怕的事情,但只要努力思索,就会知道这是绝不可能摆脱的命运安排。只有通过死亡,我们才能确信曾经存活过。生命本是矛盾的存在,死亡不会终结矛盾,而只是让矛盾暂时隐形。死亡会把黑暗角落里的幻影展示出来。幻影不是无所作为的,它会以生前的样貌重返世间,发出指令。幽灵因为自己的罪恶只能处于游荡状态,这既让人们充满恐惧,又让人们怀有希望。但有时一些东西是无法忘记的,因为它们已经深入我们的骨髓,渗入我们的血液,成了我们生命的一部分,忘了它们,就是忘了我们自己。马克思的"幽灵"是我们自己,是隐形的在场者。

在《马克思的幽灵》的第一章,德里达就说出自己所指的幽灵——马克思的"幽灵"。他谈论马克思,但谈论的是一个幽灵,"是马克思的影子,或者是他的亡魂"[1]。德里达把思想的传承比作幽灵的生成与幻化,是"从一个遗产到另一个遗产"[2]。他认为,马克思的"幽灵"是马克思主义的亡魂,它也是前人思想的再次显形。他把马克思主义的源头归于德国古典哲学。马克思主义传承自黑格尔等哲学家的思想,这反映了思想的互动作用。

在《马克思的幽灵》一书中,德里达对马克思的"幽灵"进行了详尽的阐释与解说。

德里达指出,马克思的"幽灵"的数目,不是单数,而是复数。在德里达看来,马克思的"幽灵"不是一个,而是"一小撮"。他用马克思的"幽灵们"来表示,并指出:"这意味着可能有一撮,尽管不是一伙,一帮或一个社会,要不然就是一群与人或不与人共处的鬼魂,或某个有或没有头领的社团——而且是完完全全散居各处的一小撮。"[3]它们既是资本主义社会中马克思主义形式的政党,如法国共产党和革命共产主义同盟等,又是东欧剧变后走近马克思的个人,如詹姆逊(Fredric

---

[1] 〔法〕雅克·德里达:《马克思的幽灵——债务国家、哀悼活动和新国际》,何一译,中国人民大学出版社 2008 年版,第 94 页。

[2] 〔法〕雅克·德里达:《马克思的幽灵——债务国家、哀悼活动和新国际》,何一译,中国人民大学出版社 2008 年版,第 106 页。

[3] 〔法〕雅克·德里达:《马克思的幽灵——债务国家、哀悼活动和新国际》,何一译,中国人民大学出版社 2008 年版,第 5 页。

Jameson)、哈贝马斯(Jurgen Habermas)、吉登斯(Anthony Giddens)等。

德里达进而指出,马克思的"幽灵"的面目,不是单一的,而是各不相同的。德里达认为它们"绝对不可能聚集在一起"①。德里达这么说的目的是为了呼吁马克思"幽灵"的"异质性",以便重新激活马克思主义的活力。所谓马克思主义的"异质性",就是马克思主义自身体系及内容的矛盾性,在他看来,马克思的理论既有价值又有局限,"这些形象预示着最美好的东西,也会产生或暗示最坏的情况"②,但"传统的解读"③只肯定马克思主义的价值,不讨论马克思主义的局限,只赞扬马克思主义的贡献,不贬斥马克思主义的破坏性,只允许对马克思歌功颂德,不允许对其批评,使马克思主义失去了活力,成了僵化的教条。因此,他呼吁"异质性",就是要求对马克思主义作多元化的解读,既要肯定马克思的批判精神对反思现实生活的意义,又要抛弃那些已经过时的"本体论"内容。德里达认为要抛弃的马克思主义的"本体论"内容,主要指阶级斗争、无产阶级专政等政治理论。但这不是不断变化立场原则,不是昨天坚持的原则今天就可以放弃。

德里达还谈道,他的幽灵概念与马克思所理解的幽灵概念具有不同意义。德里达坦言,他的幽灵概念继承自《共产党宣言》的幽灵意象。但是,德里达理解的幽灵与马克思所理解的幽灵有很大差别。④ 马克思在使用幽灵(phantom)一词指称共产主义,不仅是在控诉旧势力对它的扼杀和污蔑,而且是在呼吁它的降临和壮大;而德里达使用"幽灵"(specter)一词的目的是"借此命名一个过去的在场的持久性,一个死者的返回,这个返回是全世界的哀悼行为所不能摆脱的,但它还是力图躲避,它想驱逐(排斥、放逐,同时也是追逐)它的返回"⑤。在德里达看来,随着东欧剧变,共产主义是已死的东西,它已经退场,永远不可能再到现实中来。马克思所使用的"幽灵"是热情呼唤的将要到来的在场,而德里达的"幽灵"是在场的退场,是已经过去了的、永远不会到来的在场。

① 〔法〕雅克·德里达:《马克思的幽灵——债务国家、哀悼活动和新国际》,何一译,中国人民大学出版社2008年版,第5页。
② 〔法〕雅克·德里达:《马克思的幽灵——债务国家、哀悼活动和新国际》,何一译,中国人民大学出版社2008年版,第141页。
③ 德里达认为的"传统的解读",即苏联教科书式的那种对马克思主义教条化的解读,认为这种解读把马克思主义作为政治的附庸、工具。
④ 笔者看了《共产党宣言》的英文版,发现"幽灵"一词用的是"phantom"一词,而德里达在《马克思的幽灵》中用的是"specter"一词。specter是名词,有两种意思:一是鬼怪、幽灵;二是恐怖之物。"phantom"做名词时,意思是幽灵、亡灵、幻影;特异景象。
⑤ 〔法〕雅克·德里达:《马克思的幽灵——债务国家、哀悼活动和新国际》,何一译,中国人民大学出版社2008年版,第98—99页。

二、复数"幽灵"的展现形式

"复数""异质"等都是德里达对马克思的"幽灵"的理解。那么,马克思的"幽灵"是以何种形式展现自己? 对此,德里达从时间和空间两个维度做了分析。

从时间上说,马克思的"幽灵"的显现没有给出时间,它既不属于机械化、匀质化的时间,也不属于本雅明所说的"弥塞亚式的时间"。它的时间坐标既不是现在,也不是将来,它是将来的现在,现在的将来,它预示了某种未来状态,会再次归来、重新展现,但是它的复归始终是无法确定的。从空间上来说,马克思的"幽灵"并没有具体的形态,既非实在,又非空想,既不能展示为当下的生命,也永远不会具体到场,是不在场的在场。它充满每个空间,又不在任何一个空间。

因此,在德里达看来,马克思的"幽灵"是通过游荡、徘徊不定的出场模式来展示自己的,"它愿成为某个难以命名的'东西':既不是灵魂,也不是肉体,同时又亦此亦彼"[1]。这样,在德里达眼中马克思的"幽灵"既是灵魂又不是灵魂,既是有形的又是无形的,既是在场的又是不在场的。它就像一个游牧者,不停地迁徙。它是模糊的存在,非存在的存在。在他看来,马克思的"幽灵"虽然漂泊不定,但它无处不在、无孔不入。它就像一个巨大的附体幽灵,像影子般地附着在社会的每个部件上,深入社会的内在机体,控制和操纵着人的思想。[2] 它是不可见的,但是它却注视着我们、观察着我们。

此时,浮现在人们脑海的是马克思主义曾经给过我们的那些头晕目眩的光芒。那时那刻,如同发生在昨天的事情,一切人、一切事还都历历在目。如今,一切都过去了,它不可避免地陷入使我身心都消沉的低谷。它的一些"内幕"暴露在我面前,它又再一次地震惊了人们,使人们怀着复杂的疼痛感,那种感觉,那种疼痛,简直不啻生命之光即将熄灭,更进一步说,是万念俱灰的泥潭。它使人们原本高涨的心情瞬间变得冰凉,使人们坚强的神经变得敏感脆弱,使人们学会了逃避,学会了自残、学会了放纵。为什么西方国家围堵共产主义时那么心安理得? 而我们实行无产阶级专政时又那么"天经地义"? 不得不承认,许多打着正义旗号的,不一定就是正义的。可怎么分别正义与不正义呢? 当时,苏联共产党领导人民创造了伟大的社会主义经济奇迹,只是后来脱离了群众才失去执政地位。中国共产

---

① 〔法〕雅克·德里达:《马克思的幽灵——债务国家、哀悼活动和新国际》,何一译,中国人民大学出版社 2008 年版,第 8 页。
② 在德里达看来,马克思主义仍充满世界的每个角落,西方批判资本运作方式、主张生态平衡的生态运动是马克思主义的一部分,苏俄初期实行的"杯水主义"也被他看成共产主义的一部分。

党吸取苏联的经验教训,不断进行政治经济体制改革,不断加强与人民群众的血肉联系,让党的领导地位不断稳固。

马克思思想及其共产主义革命出场的目的是摧毁不合理的旧制度,以便给人们找寻更美好的未来,可共产主义运动总是遭受挫折和磨难。无论任何时代,总会有一些被称为"时代良心"的人,这些人不理会主流意识形态,不迎合权威的价值理念。而德里达显然有这种傲骨。德里达不像那些自称为"共产主义者"的人那样,只是把"实现公有制"作为一种赚取个人利益的工具,而是把马克思的批判精神作为自己学会生活的榜样。一直对马克思及其思想敬而远之的德里达却公开表达了对马克思批判精神的支持。这具有独特的价值。德里达的解构主义不断反中心、反霸权,导致他反对强者、同情弱者。因此,在共产主义蓬勃发展的时候,他缄默不语,而共产主义遭受挫折的时候,他反而说话了。我们没有感受到马克思主义对我们日常生活的影响,但是,我们仍不自觉地遵循马克思的指令,德里达称此为面甲效果:"一种幽灵的不对称性干扰了所有的镜像。它消解共时化,它令我们想起时间的错位。我们将此称之为面甲效果:我们看不见是谁在注视我们。"①由于我们看不见幽灵,我们只能通过声音来识别它,"由于我们看不见那个下令'起誓'的人,因而,我们也就不能完全确定地识别他,我们必须求助于他的声音"。② 德里达要通过"声音"把马克思的"幽灵"的灵魂内核剖析出来。

第四节　从马克思的"幽灵"中学会生活:持守正义

在德里达看来,混乱的时代,根本不会有什么事情发生,但我们也要做重整乾坤的努力。"这是一个颠倒混乱的时代,唉,倒霉的我却要负起重整乾坤的责任!"③而事实是,混乱、脱节、断裂也正是良善发挥作用所需的条件,"断裂不正好就是其他事物的可能性吗"④?

---

① 〔法〕雅克·德里达:《马克思的幽灵——债务国家、哀悼活动和新国际》,何一译,中国人民大学出版社2008年版,第8页。
② 〔法〕雅克·德里达:《马克思的幽灵——债务国家、哀悼活动和新国际》,何一译,中国人民大学出版社2008年版,第9页。
③ 〔英〕威廉·莎士比亚:《莎士比亚全集》第9卷,朱生豪译,人民出版社1978年版,第33页。
④ 〔法〕雅克·德里达:《马克思的幽灵——债务国家、哀悼活动和新国际》,何一译,中国人民大学出版社2008年版,第23页。

一、马克思"幽灵"是正义的使者

何以持守正义与良知？是德里达"幽灵政治学"的伦理向度。共产主义思想出场的目的是给世人寻找美好的生活道路,可革命运动带来的也并非总是希望和价值。于是,走了近一个半世纪的共产主义运动,最终还是惨淡收场。东欧剧变,一方面是西方自由主义者纷纷庆贺"马克思主义已经死亡";另一方面是前社会主义国家里一些所谓信仰坚定的"共产主义者"纷纷改换门庭,真是世态炎凉,墙倒众人推,马克思主义成了和法西斯主义等同的名词。前社会主义国家的黑暗内幕暴露在世人面前,使人们有如梦初醒的感觉。正当此时,一直对马克思主义保持距离的德里达却公然为马克思做了辩白。

也许思考本来就没有什么意义,因为"人类一思考,上帝就发笑"。但是,人不是单靠食物活着的,人具有审视的能力。如何生存,需要我们用心思考。思想是人类的自由之路。我们应当怎样对待人生,这是自古以来,人们不断提出的问题。生命中最重要的事情是什么？如果我们问一位饥饿的人,他要说的是食物。如果我们问一位单身汉,他要说的是爱情。如果我们要问一位临死的人,他要说的是活着。可"人们还是一生下来就不得不承担一些责任"①。尽管这些责任就如同在没有人认罪的时候,由你来承担罪责。哈姆雷特本来是犹豫苦闷、没有行动打算的,但由于父王幽灵的蛊惑,他胸中燃起复仇怒火,采取了决绝行为。混乱的时代会把原本不起眼的人推向历史前台,成为英雄。

通过揭示现实的异化,德里达号召人们摆脱既定现实,从而超越脱节的时代,认清世界真理。在脱节的时代,德里达决心承担起拯救时代的重任。他要担负的责任就是:在马克思批判精神的引导下,提醒人们持守正义。正义在生活中占有重要地位,假如正义荡然无存,人类的生存就失去价值,"如果公正和正义沉沦,那么人类就再也不值得在这个世界上生活了"②。马克思的批判精神彰显着对美好生活的渴求,检验着正义的完善性,所以,批判精神的出场并不是徒劳无功,而是以不在场者的身份导向生存的真正意义。因此,可以把东欧剧变看作马克思主义的一次"涅槃"。东欧剧变绝不是"乱哄哄你方唱罢我登场"的过眼烟云;也不是"到头来都是为他人作嫁衣"的闹剧。它只是经历了暂时挫折,不是"落了片白茫

① 〔法〕雅克·德里达:《马克思的幽灵——债务国家、哀悼活动和新国际》,何一译,中国人民大学出版社2008年版,第23页。
② 〔德〕伊曼努尔·康德:《法的形而上学原理》,沈叔平译,商务印书馆1991年版,第165页。

茫真干净"的惨淡落幕。

德里达声称,断裂的年代需要英雄的出现,需要有人牺牲。他把自己比作哈姆雷特,决心负起改写历史走向的重担。时代虽然乌烟瘴气,但并非一潭死水,无可救药。断裂的时代也孕育着复活的希望。断裂是新生活的条件。死亡会把被生活遮蔽的"幽灵"呈现出来。只要能挣脱恐惧,就能坦然面对一切。在断裂的年代,德里达决心背负起拯救世界的任务。他要唤醒人们内心的良知,让完全的正义出场。世界上必有一种完全的正义值得我们奋斗到底。要实现完全的正义,就不能用传统的对立统一观点看待问题,就不能局限于人类中心主义的藩篱,而要重视那些不在场的东西。

在混乱的时代,德里达以"哈姆雷特"自居,决心负起"重整乾坤的责任"。他要承担的责任就是,在马克思"幽灵"指引下,号召人们持守正义。

德里达指出,马克思的"幽灵"体现着我们对正义的渴望,它的存在考验着我们的正义和良心,因为:"要正义,我们的原则就必须尊重不再或尚未存在的他者。我们的责任不能忽视不在场(缺席)的人,无论在时间上还是在空间上。"①因此,马克思"幽灵"的出现并非毫无意义,它的最大价值就是号召人们持守正义。正义精神经过天使的感召定会再现人间。共产主义运动暂时偃旗息鼓,但它的成就无法抹杀。解读就是理解。资本主义的剥削本身就是不正义的,那种不公平的分配方式侵犯了工人的利益,共产主义的正义有助于消灭剥削,实现更加完全的正义。正义源于人的向善之心和自由意志,不摆脱个人的局限,就不能实现正义。马克思特别强调分配方面的公平,这实质上也是追求某种正义。德里达阐明了向马克思幽灵学会生活的方法:在现实生活中建构希望。

在德里达看来,马克思并没有完全拒斥正义,他批判资本主义的不正义,而歌颂共产主义的完全正义。马克思的热情主要来自对资本和私有制的批判,而不是来自追求正义。马克思认为,没有永恒的正义,只有永恒的物质和运动。②马克思对资本主义的批判,对共产主义的追求,都是为了体现世界的永恒规律。马克思的理想不是建立在正义原则上,而是建立在不断的批判过程中。资本主义社会是非正义的社会,而共产主义社会是一个超正义的社会。马克思特别推崇自由和平等,他批判资本主义的等级秩序,主张把民主和自由联系起来,以克服资本主义

---

① 〔英〕克里斯蒂娜·豪维尔斯:《德里达》,张颖、王天成译,黑龙江人民出版社2002年版,第187页。

② 马克思主义世界观是斯大林在马克思、恩格斯等人思想的基础上总结出来的,认为世界是物质的,物质是运动的,物质的运动有三大规律:对立统一规律、质量互变规律、否定之否定规律。

民主、建立无产阶级的民主;通过革命摧毁国家,克服国家与个人的对立,最终实现共产主义的真正自由。马克思主张克服人的一切枷锁,实现人的完全自由。马克思的民主观是有限制的,他不主张给全体公民民主,而只给无产阶级为主导的人民群众以民主,现实的阶级差别让民主不能通行在全体公民。马克思的阶级斗争理论是论述民主和正义的基础。在民主的程序上,马克思力主更多人能够参与,但他还是把一些人排除在民主之外,这还是一种强势民主。马克思将民主限制为一种国家制度,而国家制度总是有局限的,资产阶级的民主是为资本服务的,而无产阶级民主是为穷苦大众服务的。马克思不是站在个体利益的角度,而是站在工人阶级的立场,考察民主的目的和手段。

马克思的"幽灵"与精神的关系是什么? 通过阅读马克思的相关文本,德里达认为,马克思的"幽灵"是精神的幽灵。

在德里达看来,马克思的"幽灵"是精神的化身,"它分有着精神的性质,它来自于精神,就好像精神的幽灵般的重影一样追随着精神"①。也就是说,马克思的"幽灵"与精神是不可分割的,它需要精神的依附。隐形的幽灵,总有显形为精神的可能。精神的"显形"总是在幽灵中完成,"幽灵是精神的肉体显圣,是它的现象躯体,也是一种救赎"②。因此,精神必须借助马克思的"幽灵"才能成全自己,马克思的"幽灵"必须出场,精神才会有所附丽。

马克思的"幽灵"是复数,其中最核心的精神是什么? 通过分析马克思的相关思想,德里达从中剥离出马克思的"幽灵"的精神内核:正义精神。马克思的幽灵需要政治伦理精神的依附。遮蔽的幽灵,总有呈现为政治伦理精神的机会。政治伦理精神总要展示为幽灵的指令。正义是马克思政治伦理精神的内核。马克思的政治伦理精神作为死掉的正义,蕴含着正义的理想追求,是正义精神的彰显。但马克思幽灵中的"正义"又蕴涵三种特质:惩罚性、弥撒亚性和解构性。

在德里达看来,关于正义的问题由来已久,人们很早就用正义来评价人的行为,近代以来,正义越来越被用来衡量社会制度,变成一种社会制度的道德标准。德里达主张正义感属于人的内在本性。他认同康德的观点,认为自由、平等、理性等构成了人的本性。在秩序良好的社会中,人公开承认这些本性,并构成人的道德人格。人的道德能力包括爆发正义感和萌发善良理念的能力。我们在协商时,

---

① 〔法〕雅克·德里达:《马克思的幽灵——债务国家、哀悼活动和新国际》,何一译,中国人民大学出版社2008年版,第123页。
② 〔法〕雅克·德里达:《马克思的幽灵——债务国家、哀悼活动和新国际》,何一译,中国人民大学出版社2008年版,第171页。

通常把每个人都设定为能够自主决定自己的行为、达成一定道德目的的主体。道德能力让人成为自由而平等的道德主体。我们总是希望生活能在控制的范围内，我们凭借道德能力可以明确我们的目的和责任，规划好我们的生活，将正义原则贯彻到生活中。道德能力能够提供给我们行动力，让我们成为行动主体。正义在特定条件下，也是善的一部分，需要稳定性，如同一个社会需要稳定秩序。正义是人们需要共同遵从的规范，是为了确保团队协作而设立的。道德能力作为主体的能力之一，意味着主体的目标，意味着主体在善的指引下自主行动，并对自己的行为负责。

二、马克思"幽灵"的正义的三重身份

在德里达看来，马克思的"幽灵"是孤独的战士，是死掉的正义，是正义的游魂，是正义的化身。但这种正义又兼具三重身份，既是"哈姆雷特"要执行的复仇的正义，也是马克思呼唤的"弥赛亚性"①的正义，还是德里达秉守的解构主义的正义。

德里达首先分析了"复仇的正义"。在他看来，复仇的正义虽然常与惩罚相连，但仍能给人启示。

在《马克思的幽灵》第一章中，德里达通过对《哈姆雷特》一剧的分析，把他呼唤的马克思的"幽灵"的"复仇"面纱慢慢撕扯了下来。在他看来，复仇是《哈姆雷特》一剧的主题，也是王子必须执行的命令，但王子的行动是犹豫的。他描写了王子的处境：复仇之路就在面前，但对于王子来说，行动却有两歧的意义，因为无论是生存还是毁灭，都是需要我们审慎对待的。王子对即将到来的复仇，是心存不忍的。他在反复追问：倾力一战还是宽恕兼爱？父王的幽灵一再发出尖利的指令，王子的行动与思绪在那一刻却变得特别纠结。哈姆雷特为什么犹豫？德里达指出，这是因为，虽然王子的复仇是为了维护正义，可这种正义也是惩罚。王子的爱恨交织就是父王幽灵在背后的蛊。父王复仇的命令，使王子的"郁闷"像雪球一样越滚越大，最终只能使他毁灭眼前的一切，包括他自己。幽灵的指令得到执行，可没有胜利者，因为复仇之后到处是鲜血。德里达特意引用海德格尔的话，来证明复仇式的正义与惩罚的不可分离。"我们总习惯于用正义[Recut]来翻译 Dik

---

① 德里达用"弥赛亚性"指称一种几乎是超越性的经验结构，它是对未来保持期待的普遍形式，它超越现存，而对一切存在表示关切。

一词。在对此箴言的种种翻译中,甚至有用'惩罚'来翻译'正义'这个词。"①德里达认为,马克思的"幽灵"在过去,也表现出了"复仇式的正义"。苏联式的共产主义对敌对的事物、敌对的人,从来都是坚决无情地予以打击的,它为了实现"正义",表现出空前的果敢。② 德里达指出,马克思主义的这种大手笔,对人类而言,"也许是其历史主干和其概念史的最深的伤害,它所造成的创伤远远大于精神分析学的打击"③。因此,德里达是坚决反对使用暴力的,即使是为了实现"崇高的理想",也是不应提倡的。他提醒人们,如今,这个"幽灵"虽然已经被资本主义"打败",但它是决不会甘心的,它还会出来复仇。

复仇是哈姆雷特必须执行的使命,也是他无法摆脱的宿命,但哈姆雷特对复仇是犹豫悲伤的。复仇是否就可以实现正义? 他在不断追问:遵从命运的安排还是挣脱复仇的牢笼? 哈姆雷特的犹豫不决就是因为惩罚式的正义代表了血腥与暴力。复仇虽能够实现暂时的正义,但也会带来长久的黑暗和失衡。现实的不公正,让哈姆雷特的心情极度糟糕。复仇必须执行。但复仇的意义何在? 复仇能毁灭邪恶,却不能带来美好。复仇实质上是一种惩罚,体现的是弱肉强食的法则,彰显的是善恶极端对立的理念。复仇式的正义体现的只是强者利益,表征的是适者生存的进化规律。马克思对资本主义的批判,是基于资本扩张的罪孽,本质上也是一种复仇。怀着对未来的恐惧,斯大林批判资本,不自觉地充当了封建势力的帮手。共产主义坚持善恶对立的法则,主张"对同志春天般的温暖,对敌人寒冬般的冷酷"。这显然与德里达的解构策略相悖。解构就是要消解僵化的二元等级秩序。弥撒亚要拯救的不是善人,而是罪人。

马克思幽灵中的"正义"带有复仇色彩,既是惩恶扬善法则的展现,又是暴力革命内在逻辑的彰显。德里达凭借叙述《哈姆雷特》中"王子复仇"的经历,阐释了马克思"幽灵"中的"正义"的惩罚性。在他看来,复仇是哈姆雷特竭力拒斥的理性选择。在良知和本能的撕扯下,他无比纠结。叔父的谋杀行为证据确凿,母亲的背叛历历在目,爱人的软弱尽收眼底。世界本身就处于暗夜之中,王子的精

---

① 〔法〕雅克·德里达:《马克思的幽灵——债务国家、哀悼活动和新国际》,何一译,中国人民大学出版社 2008 年版,第 24 页。

② 实际上,共产主义作为理想,是可以实现的,但实现的途径是否只有暴力一种途径呢? 改革开放的成功也证明了改良道路的可行性。徐志摩去英国途经莫斯科写的《欧游漫录》中这样评价苏俄的马列主义者:"他们相信天堂是有的,可以实现的,但在现实世界与那天堂的中间隔着一座海,一座血污海,人类泅得过这血海,才能登彼岸,他们决定先实现那血海。"这种看法,也许对我们是有启示的。

③ 〔法〕雅克·德里达:《马克思的幽灵——债务国家、哀悼活动和新国际》,何一译,中国人民大学出版社 2008 年版,第 95 页。

神在每时每刻都处于崩溃的边缘。"若是幸运(或者更糟),他还会知道如何向那些精神说话。他会知道如此一种宣讲不仅已经可能,而且它本身将成为所有时代一般性宣讲的先决条件。无论如何,这里是个发疯的人,想要解开此种宣讲的可能性的禁锢。"①如果不是父王被谋杀,母亲就不可能另结新欢。因此,王子对父亲极度仇恨。可叔叔的毒杀行为更令人不齿,尤其是叔叔霸占了自己的母亲,这让哈姆雷特简直痛不欲生。作为对母亲的报复,他必须杀死叔叔。最终他选择了毁灭自己。父王的冤仇终于得到昭雪,可没有带来黎明,而是仍旧处于无边的暗夜之中。人生只不过是痛苦的无限循环,而快乐只不过是痛苦的消极中断。理性的人不渴望快乐,只求解脱痛苦。可摆脱痛苦后带来的只是无聊。人之所以还能苟活于世,因为对残酷的生存图景心存幻想。复仇式的正义体现了善恶有报的观点。马克思主义产生于封建势力强盛的德意志帝国,其理论潜移默化地继承了战争理念。它既损害了公民的基本人权,也背离了共产主义的基本原则。"可怕,实在令人恐惧。不仅令《共产党宣言》的敌人恐惧,而且可能也令马克思和马克思主义者自己恐惧。"②马克思早就对共产主义运动的未来做出判断:无产阶级最后获得的将是整个世界。失去正义精神的引领,我们将丧失自由意志,失掉生活的勇气。

德里达进而阐释了"弥赛亚性"的正义。在他看来,马克思的"幽灵"中的弥赛亚精神,将继续发挥作用,号召人们追求更美好的生活。

德里达用"弥赛亚性"(Messianic)展示一种超越现实生活的理想追求,它是对美好生活充满期待的希望模式,它既同情现存的一切,又对现存的一切进行无情的摧毁。马克思"幽灵"中的"正义",体现着拯救颓败世界的伦理向度,是一种弥撒亚的召唤。德里达声称,东欧剧变后,马克思主义赖以存在的社会主义制度已经瓦解,从而让马克思思想再次回归幽灵。谋杀它的就是倡导民主和人权的工业社会。共产主义一经诞生,就受到了保守势力的驱赶。马克思用弥撒亚的形式宣传自己的共产主义理想,共产主义蕴含着诸种伦理精神,展现着丰富的在场性,"而且像民主本身一样,它区别于被理解为一种自身在场的丰富性,理解为一种实际与自身同一的在场的总体性的所有活着的在场者"。③ 共产主义思想预示着美

---

① 〔法〕雅克·德里达:《马克思的幽灵——债务国家、哀悼活动和新国际》,何一译,中国人民大学出版社 2008 年版,第 15 页。

② 〔法〕雅克·德里达:《马克思的幽灵——债务国家、哀悼活动和新国际》,何一译,中国人民大学出版社 2008 年版,第 101 页。

③ 〔法〕雅克·德里达:《马克思的幽灵——债务国家、哀悼活动和新国际》,何一译,中国人民大学出版社 2008 年版,第 96 页。

好的未来,共产主义的领袖们以"弥撒亚"的召唤,领导人们摧毁现存的一切社会制度形式,建立了合作的公社制度。一如布道者的工作,在他看来,尽管马克思及其共产主义思想宣称"从来就没有救世主",但马克思自始至终是位虔诚的"教徒"。因此,共产主义沿袭了宗教的理想追求,"那宣言显示的是耶稣复活。是作为政党的宣言"①。具有弥赛亚性的共产主义并非是"痴人说梦",而是"改造世界"的现实努力,因此,共产主义始终以拯救世界为自己的使命,"这个荒漠将指向另一个深渊似的混沌的荒漠,如果说混沌能够首先描述在张开的豁口中——在等待或召唤我们在此由于对弥赛亚的号召,即另一个绝对的不可预知的具有独特性的和代表正义的到来者即将到来,一无所知而戏称的东西中的无限性、过渡性和不相称性"②。而实际上,马克思早年非常敬畏神灵,但无疑,《圣经》中上帝拯救罪人的壮举指明了马克思毕生的奋斗方向,使他在潜移默化中学着耶稣的行为样式,拯救颓败的世界。马克思的弥赛亚精神就是我们通常所说的马克思主义的解放精神。马克思主义把拯救人类当成自己义不容辞的责任。

马克思主义从产生之日起,就受到围堵。这个充满激情和活力的"弥撒亚",鼓动无产阶级团结起来,建立工人阶级专政国家,实现建立人间"天国"的理想。在德里达看来,马克思曾经随着家族改信基督教,深深崇拜弥撒亚精神。马克思的共产主义号召"显示的是耶稣复活"③。生活不是美丽的幻想,而是空虚无聊的困境。苏联体制营养不良,没有使社会主义焕发出持久的光彩。对于马克思主义的暂时离开,我们要懂得放手。因为任何事业都要取得成功,务必付出艰苦卓绝的努力。对于东欧剧变,我们不必太在意,也不必隐藏什么,它只是历史的必然之路。马克思思想指向共产主义社会,并蕴含着弥赛亚精神,既能给贫苦大众以精神的抚慰,带给他们希望,又能号召大众追求幸福未来。值得注意的是,马克思作为一个犹太人,自小就受到宗教熏陶,但一连串的打击后,他否定了上帝是人类的救世主。但可以肯定的是,基督教精神给了他毕生的影响,使他不自觉地学着上帝的样子,要给人类建造地上天国。作为人类最终理想的共产主义,必定是永恒的图腾。马克思崇尚的是集体主义,而西方自由主义崇尚的是个人。它强调要尊重每个个体的人。国家的创立,只是契约,是为了维护个体的利益。而争取个体

① 〔法〕雅克·德里达:《马克思的幽灵——债务国家、哀悼活动和新国际》,何一译,中国人民大学出版社 2008 年版,第 100 页。
② 〔法〕雅克·德里达:《马克思的幽灵——债务国家、哀悼活动和新国际》,何一译,中国人民大学出版社 2008 年版,第 28 页。
③ 〔法〕雅克·德里达:《马克思的幽灵——债务国家、哀悼活动和新国际》,何一译,中国人民大学出版社 2008 年版,第 100 页。

利益,就是争取国家利益。马克思对未来充满激情和职守,他完全相信自己,不相信任何鬼神,没有这份自信和大胆无畏,就不可能有后来他公然宣称无产阶级哲学要成为摧毁旧世界的武器。马克思把实现共产主义作为自己的义务。可追求人类解放并不是马克思的专利,各种宗教也在追求,只不过,它们的救世主是神,开出的方法是"爱"和"宽恕",他们要建立的是"天国"。马克思则认为无产阶级自己才是救世主,他开出的方法是"斗争",要建立的是共产主义理想社会。

在德里达看来,东欧剧变后,马克思主义的形体已经"死亡",它重新退场,回归幽灵。马克思是被"谋杀"的。受过共产主义"伤害"的人们仍在"围猎"和驱逐它。德里达认为,马克思的"幽灵"是不能驱逐的,因为它是"弥赛亚"的化身,"它有时采取的是一种弥撒亚式的或末世学的形式"①。德里达指出,"共产主义一直是而且将仍然是幽灵的:它总是处于来临的状况"②;马克思将是"一个永远也不会死亡的鬼魂,一个总是要到来或复活的灵魂"③。这个永远不死的"弥撒亚"曾经号召人们建立了"政教合一"的国家,如同基督教曾经做的一样。在他看来,虽然马克思反对宗教,但他的思想仍扎根于西方的基督教文化,他的共产主义理想体现的是弥赛亚的精神诉求,一些具有忧患意识而又有使命感和责任感的人,纷纷投其门下。弥赛亚的精神构成马克思的"幽灵"的内核。德里达指出,马克思幽灵的弥赛亚性不仅不是一种乌托邦话语,而且还具有直接的现实性,"没有什么看起来能比位于《马克思的幽灵》核心处的弥赛亚性和幽灵性离乌托邦或乌托邦主义更远的了"④,因此,马克思的"幽灵"将指向一种具体时间的到来,"我们相信,这个救世主的号召仍然是马克思的遗产的一种不可磨灭的印迹——一种既无法抹除也不应当抹除的印迹,并且它无疑也是一般的遗产继承经验和继承行为的印迹"⑤。这就是说,马克思的"幽灵"中的弥赛亚精神,不但会继续发挥作用,还将

---

① 〔法〕雅克·德里达:《马克思的幽灵——债务国家、哀悼活动和新国际》,何一译,中国人民大学出版社 2008 年版,第 95 页。
② 〔法〕雅克·德里达:《马克思的幽灵——债务国家、哀悼活动和新国际》,何一译,中国人民大学出版社 2008 年版,第 96 页。
③ 〔法〕雅克·德里达:《马克思的幽灵——债务国家、哀悼活动和新国际》,何一译,中国人民大学出版社 2008 年版,第 96—97 页。
④ 〔法〕雅克·德里达:《友爱政治学及其他》,胡继华译,吉林人民出版社 2005 年版,第 538 页。
⑤ 〔法〕雅克·德里达:《马克思的幽灵——债务国家、哀悼活动和新国际》,何一译,中国人民大学出版社 2008 年版,第 28 页。

号召人们追求更美好的生活。①

马克思主义倡导实行计划经济体制,以一个最高权威来实行公平的分配,但需要这个最高权威能够最公正。社会主义国家平等的目标是给广大人民群众更多平等的政治地位和权利,让群众在政治、经济、文化各方面都得到发展,采用多种手段保障群众利益,不断提高政治活动的效率,让社会达到基本的和谐状态。马克思认为,正义只是一种意识形态,始终是基于当时的社会环境,这让他对现存的社会失去信心,不断批判、不断追求新的社会环境。正义也许只是权威颁布的道德,我们可以从权威中获得道德观念。有时,我们的正义感是基于权威的,意味着我们对自身的厌恶,是表达希望权威惩罚我们的意愿。有时,平等和民主表达的是人们对于天才和具有优越地位的人的嫉妒。富人和穷人能够按照平等的规则达成妥协,从而将嫉妒和戒心转化为正义感。有时,正义和道德能够吸引人走向毁灭,是人的一种心理灾难,是人放弃自我追求和最终人类目标的过程。正义让人认可社会性和集体性价值,而自觉放弃个人目的。虽然一致性的目标也能变成私人目的,但一致性目标也能分享,变成共同目的和共同乐趣。正义的稳定性能够让人达成共识。正义的稳定性和达成共识是同步展开的道德实践过程。马克思把资本主义病变的根源追究为仍然坚持私有制,这显然同西方基督教对私欲的摒弃是一致的。

德里达最后申明了"解构的正义"。在他看来,解构与正义是不可分割的统一体。

马克思幽灵的"正义"蕴含着对传统和现实的深刻批判,主张在破坏世界中实现共产主义理想,这与解构的伦理宗旨异曲同工。德里达在马克思幽灵的"正义"中,发现了马克思对理想的执着追求。解构本身是一种摧毁正统和主流观点的策略,它要求打破现实的等级秩序,打破私有财产制度,克服人自身的局限性,提升人的觉悟。共产主义社会不是对原始社会的简单复归,而是建立在生产力基础上人人合作的"大同社会"。马克思这种平等思想具有后现代色彩,但与后现代思想又有异质性。实际上,私有制不是灾难的来源,灾难来自人性之恶。人性之恶不

---

① 马克思作为一名犹太人,早年是相信上帝的,17 岁时,在高中毕业作文中写道:"只有上帝才能够拯救我们。"(见《马克思恩格斯全集》中文第一版,第 40 卷,第 819—828 页),但 18 岁之后,他放弃了基督教信仰。李查·温布兰(Von Richard Wurmbrand)所著、由 Living Sacrifice 图书公司于 1986 年出版的《马克思与撒旦》(*Marx and Satan*)一书,根据马克思的只言片语和一些细节推测马克思可能是撒旦教徒。其实,我们不必在乎"反对势力"对马克思的污蔑。因为,马克思作为一个活生生的真实的思想家和革命家,具有人的一切真实情感,他的思想和生命的真实性只能说明世界的复杂性和多元性。

能消除,只能把矛头对准社会制度。正义是解构的前提和宗旨,而不是心理体验。传统的政治形式:个人或集团假借大众的名义去欺压公民的利益,即少数人带动的多数人暴政,目标是欺压另一小群人。在政策的制订上,它是少数人决定的;然后通过武力和媒体优势,向大多数人宣传自己的主张。调动大多数人去打压与自己意见不同的人。独裁就是一个人握有绝大多数权力。民主不是"为民做主",而是公民享有平等的政治权利。解构不仅要打破传统的等级思想,更要挑战传统的等级制度。完全正义的实现也不可能一蹴而就,而是需要真实的实践与努力。权力诱使人堕落,绝对的权力诱使人走向绝对的腐化之路,无产阶级在夺取政权之后,必须防止腐败。因而,正义的实现需要自由的政治机制,需要警惕专制政体。虽然德里达和马克思现在都蜚声世界,但他们都经受过巨大的挫折和磨难。这种磨难的经历使他们崇尚正义,批判现实。解构本身是一种批判权威的思潮,它关怀弱者,悲悯现实的苦难,这使它保持昂扬的斗志。而马克思的哲学变革也是通过批判现实的一切实现正义理想的。

在德里达看来,在解构主义当中,"正义"占有一种特殊的地位。"正义的不可解构性不仅使解构成为可能,而且与解构不可分"①,解构代表着正义,解构的全部使命就是为了彰显正义,但德里达最终发现,正义是不可解构的。正义是个永远不可能被驱除的幽灵。德里达指出,在混乱的时代,寻求断裂的目的不是为了恢复那种复仇式的正义,"而是为了恢复诸如赠礼的不可计算性和他人的非经济的超立场的独特性这样的正义"②。可以说,解构就是正义,正义是解构能够实现的可靠保证。解构的"正义"是以"赠予"和"宽恕"为前提的,它是对那永远不可能到场"幽灵"的厘定,也是弥赛亚性的精神被异延后重新召唤的期望。在马克思的形体退场后,正义的"幽灵"将继续成为维系人类保持理想的"允诺"。德里达的"幽灵政治学"属于黑暗之光,用的是灵魂之眼,看起来冷峻,实际充满着对生命的关爱,虽然它为我们找到的是一条解决生存困境的"逃路",而不是出路。但它绝不是消极的,更不是痴人说梦,而是积极地思考与探索。它将为我们排遣心灵的孤独,抚平记忆的伤痕,从而获得灵魂的安详和宁静。"幽灵政治学"凝聚了智慧,为我们提供了一把观察和思考世界的钥匙。它启示我们要摆脱无知、恐惧、偏执和诽谤,做良心上的反省,要找寻新的规则和道路安抚心灵。

实现正义是解构的宗旨,德里达高举正义的旗帜,是为了彰显多元的价值。

---

① 《汪堂家讲德里达》,北京大学出版社 2008 年版,第 174 页。

② 〔法〕雅克·德里达:《马克思的幽灵——债务国家、哀悼活动和新国际》,何一译,中国人民大学出版社 2008 年版,第 23 页。

解构是对不可能的肯定,是对宽容和良知的呼唤。正义是无法解构的,因为正义代表着人类永恒的伦理追求。正义是不会退场的亡魂,它不仅使解构行为得以进行,也是解构行为进行的必要条件。在高度集约化时代,持守真理和良知不是为了复仇或破坏,而是为了实现那种超立场的正义。解构的目的就是为了实现完全的正义,正义是解构能够顺利进行的源泉和动力。德里达认为,按照公平正义的原则,就会造成对个人合法权利的干涉。作为公平的正义,依然为民众所憧憬着,向往着以此为原则构建乌托邦的理想社会,但这只是幻想。"解构"的正义建立在"宽恕"的基础上,宽恕并非宽恕可以宽恕者,而是宽恕不可宽恕者。唯有不可宽恕的他者存在,宽恕才可出场。德里达认为,正义是无法计算的,正确的或合法的往往是非正义的。真正的爱是爱那些超越你的或能更新你的事物,否则只不过是自恋而已。真正的宽恕是宽恕那些不可宽恕的。爱、正义、宽恕都要超越庸常,超越罪与罚、得失计算。这显然已经不是德里达作为一个犹太人应该相信的观点,而是西方自由主义的观点。马克思与德里达的立场显然不同,马克思的个人目标是为了全人类的幸福而奋斗,这才是最幸福的人。而德里达显然不想为了成为最幸福的人,而去做一些事。在他看来,无论如何,残害自己的同类都是不正确的,即使打着再正义的旗号。完全正义的构建不只是理论的构想与期冀,更是我们强烈的现实追求。真理往往是朴素的,而善良往往是纯粹的。正义通常很简单,而生活通常很平凡。"解构"是对未来完美"乌托邦"世界的追求,也是试图让被现实遮蔽的正义精神重新出场的努力,还是对不可宽恕的人和事的同情与怜悯。在共产主义运动暂时偃旗息鼓之时,正义的精魂将继续承担点燃人们内心希望的责任。然而,把解构认作就是正义,也会给人形而上的感觉。

正义与自由有紧密联系。市场经济的发展,促进了个人自由和平等,有助于人们摆脱官僚封建的控制,进入市民社会。但资本主义并没有完全解放人们,它让人们又进入资本拜物教的枷锁,个人利益时常受到资本利益的制约。德国古典哲学家从抽象的原则出发,去论证自由、平等、权利等价值,而马克思则从实践出发,用物质生产关系去说明伦理原则,从而揭示了资产阶级道德的历史性和虚假性。他号召人们通过革命来获得幸福。马克思以实践唯物主义为基础,站在宏观的角度上考察全人类的解放,而又能着眼于具体历史的人的自由、解放而重点寻求无产阶级的政治自由。马克思的政治自由鼓舞了穷苦大众的革命之心,能够坚决摧毁资本主义等级社会,而建立无产阶级主导的社会。马克思认为,工人要实现自己的个性,必须充分发挥自由劳动意志,而要发挥自由劳动意志,必须消灭限制自由劳动的国家制度和法律。建立无产阶级专政的社会,不仅要依靠生产力的发展,而且要靠政治斗争,以建立无产阶级主导的相对自由和平等的秩序社会。

不深切体会现实的苦难,就不能理解变革政治体制的重要性。暴力在步步紧逼,而正义在节节败退,如何避免迷惘? 个人与外在世界始终存在冲突,必须建立伦理,将人从欲望的泥潭中挣脱出来。人生是在摇摆中进行的,如同西西弗推动巨石,是无聊的循环过程。人生追求幸福,良善只是手段。伦理追求公正和良善,而不是强权和利益。人之所以建构伦理,是期望通过伦理的善达到幸福。道德既是对苦难的怜悯,又是强者的胆识,还是个体和群体的和谐。伦理与道德是不同的范畴,伦理是我们的相处之道,道德是个人适应群体之德。不能用道德谴责取代制度制裁,因为道德只对相信它的人才起作用。对"恶人"来说,道德只是谋利的工具。伦理是为了公正而对个人自由的限制,是个人的妥协,是群体的虚伪。因此,不必对政治人物抱有道德期望,他们不比普通人有更高的道德,必须用制度制约他们。德里达倡导马克思幽灵中的"正义",但这种正义具有局限性,他要求超越,实现完全的正义。学会生活,关键是把理论和实践结合起来。德里达呼吁人们团结起来,建立"新国际"。"新国际"是没有机构组织的联盟,是"一种深刻变革"。"新国际"对每一位觉醒或即将觉醒的生命负责,同时为了阻止专制集团的蓄意干扰,它认真、严肃地辨识真伪,旨在能及时反馈公民利益,以便得以及时补充或改正错误观点,并在今后的行动中能做得更好。德里达有感于现实政治的乱象,迫切的社会责任感和使命感使他呼吁创办责任、希望、关切的"新国际"。

总之,德里达认为,学会生活需要一个榜样,而马克思的"幽灵"是我们学会生活的最好榜样。因为,作为一个不可解构之物,马克思的"幽灵"代表着正义的精魂。在他看来,马克思主义精神可以唤起我们对现实的批判和对未来更美好生活的追求。马克思的"幽灵"的"形体"虽然已不复存在,但是"幽灵"的灵魂——马克思的正义精神却将继续存在。马克思的"幽灵"作为正义的精魂将继续成为维系人类生存的希望的"许诺"。概而言之,"解构主义马克思主义"的伦理主张就是要打破传统伦理形态对日常生活的禁锢。德里达既撕下了传统伦理形态的伪善面纱,又暴露了发达工业社会的颓败趋势,从而在批判传统和现实的基础上,把伦理形态的发展逻辑指向未来。"解构主义马克思主义"也是具有积极价值的,它的价值就是消解传统伦理形态,回归本真的生活。"解构主义马克思主义"不仅开启了一种马克思主义新的解读范式,而且为我们实现理想生活指明了道路。

本章小结

本章通过对《马克思的幽灵》开场白和第一章的解读,说明了德里达呼唤马克思的"幽灵"的目的,阐释了马克思的"幽灵"的具体含义,揭示了马克思的"幽灵"对于我们"学会生活"的意义。

解构主义是过去几十年影响甚大的一种思潮,它的方法不但普遍地融入当代科学的各个研究领域,而且深刻指导了人类实践,尤其对建筑和艺术有着不可忽视的影响。解构主义不是一种凝固的理论立场,它的精神勇气和宽容气质,使它具有悲世情怀和救世情结。伦理作为外在规律的内化,其形态随着时代的变迁而变化。在生存的目的达到后,寻求精神家园就变作更深层次的追求。学会真正地生活,正是"幽灵政治学"的伦理向度。

德里达在《马克思的幽灵》的第一章中,通过对"学会生活"这句"习惯指令"①分崩离析的语义拆解,把他要呼唤的"幽灵"慢慢呈现出来。在德里达看来,生活按其本初意义,是自己不能学会的。因此,向另外的一个事物学习是我们唯一的选择,经过一番考察,德里达得出结论:要学会生活,只能在生与死之间进行,而生死之间的东西就是鬼魂。因此,我们必须向死后的灵魂学习,也就说要向马克思的"幽灵"学习。

马克思的"幽灵"作为一个复数的亡魂,是多种精神的混合物。德里达从它的诸种精神中剥离出了正义,作为我们应该秉持的法则,并认为"坚守正义"是我们学会生活的路径。德里达积极建构鼓舞人心的希望,表现勇气、信仰、人的精神,推崇伦理精神和正义理念,提供有见地的观点,教人们如何在纷乱的现代社会生活得坦然、快乐和健康,以行动的力量增进道德底蕴的建立。解构如同黎明前的曙光,能够照亮前进的道路。德里达的"幽灵政治学"深切关照现实的灾难和人的生存困境,力主实现人与自然、人与社会、人与人的和平相处。追随真理和正义,我们才能不被世间繁华冲淡内心。他认为,我们需要一个榜样,而马克思"幽灵"的伦理精神就是面向时代和现实的必然选择。正义作为爱的使者,把恩典布满世界的每个角落,让尘世平安,让尘世有喜乐。完全的正义始终在路上,处于来临的状态。尽管马克思"幽灵"中的正义带有惩罚性色彩,但作为一个精神的"幽灵",共产主义思想蕴含着对完全正义的渴求。在他看来,马克思的正义精神可以让我们战胜内心的恐惧,点燃生活的希望,勇敢地追求理想。坚持正义不能使我们获利,却能使我们内心坦然。

---

① 德里达认为"学会生活"是父辈强制传给我们的,并没有经过人们的分析,因此,是一句"习惯指令"。

第五章

马克思"幽灵"的境遇与价值：被驱赶的异质性遗产

马克思的"幽灵"首先是马克思及其思想的产物，其次是一系列共产主义运动的结果。马克思在《共产党宣言》中把自己的思想比作"徘徊的幽灵"，德里达继承了这一比喻。在德里达看来，尽管马克思把共产主义比作"幽灵"，但他是彻底的无神论者，是不相信鬼魂的，他痛恨它们①，这使他更愿意相信眼睛所能看到的东西，更倾向关注具有生命力的实在性的东西。"马克思并不比他的反对者们更喜欢鬼魂。他不愿意信任它们。但是他又只能思考它们。他更愿意相信那被假定能区分它们与实际现实性或者说有生命的实在性的东西。"②

尽管注重现实利益共产主义运动在实践中经受了诸多磨难，但德里达却借用《哈姆雷特》中"幽灵的徘徊"呈现了马克思及其共产主义的当下出场形态，阐释了"马克思主义退场"后如何看待异质性共产主义思想形态出场的问题，从而真切展现了共产主义意识形态的当代意义。德里达认为，马克思的批判精神已经成为人类思想宝库中的珍贵财富，它必将成为全体人类共同继承的遗产。在后现代发达工业社会中，人们必须借助共产主义幽灵的出场，才能建构理想的生活。晚期资本主义的诸多矛盾需要凭借马克思的批判精神，才能得到说明。所以，成为"幽灵"后的共产主义理论形态的当代出场形式，就是随着理论形态的改变继续对现实产生潜移默化的影响。德里达阐释了冷战结束后马克思主义当代出场的幽灵政治学进路，彰显了对共产主义思想及其制度未来命运的关注。

---

① 在德里达看来，马克思痛恨三种"幽灵"：一是已经死去的"幽灵"，如拿破仑光辉的业绩和事业；二是资本的"幽灵"，如资本主义的商品、货币、市场规律；三是支配人们价值判断的敞开的"幽灵"，如具有不确定性的"人权""民主""道德"等抽象概念。

② 〔法〕雅克·德里达：《马克思的幽灵——债务国家、哀悼活动和新国际》，何一译，中国人民大学出版社 2008 年版，第 45—46 页。

第一节　马克思"幽灵"的处境：一直行进在路上

东欧剧变之后，反对马克思的人们高兴地宣称马克思主义已经"死亡"。他们认为马克思所呼唤的"幽灵"绝不会再出来贻害人间了，因为它的过去是如此不得人心。但在德里达看来，共产主义不是轻易就能摆脱的事物，它表面上已经进入历史的故纸堆，但实际上仍逗留在现实生活中。它非但没有退出日常生活舞台，而且仍然是历史的参与者和创造者。也就是说，马克思及其共产主义虽已退出历史舞台，却仍将与我们同在。共产主义只是器物性的死亡，而不是符号性的灭亡，因为马克思思想已经渗透进人们的日常生活，融入人们的灵魂深处，"我们仍旧是在用马克思主义的语码而说话"①。

马克思的"幽灵"会往何处去？

一、马克思的"幽灵"依旧在场

德里达指出，马克思的"幽灵"依然在世界徘徊，它不可能真正被摧毁。

在德里达看来，历史总是惊人地相似。马克思主义在当年就处在被围堵的境遇，而今，马克思的"幽灵"的处境仍然是被驱赶。与当年不同的是，马克思本人也加入驱赶这个"幽灵"队伍之中，因此，这个"幽灵"是马克思的异己物，正如苏联体制是马克思主义的异己物一样。② 按照德里达的理解，东欧剧变，人们不该把罪责全怪在马克思的头上，因为马克思不该对苏联体制负责，他只是在生活的困境中抱着对现实的不满，以高度的社会责任感写了一系列的文章，留下了大量手稿。因此，在德里达看来，苏联体制中出现的"恐怖"和"残忍"是集权专制的结果③，不该由马克思本人负责。苏联解体之时，正是苏共最腐败的时刻，它死于自己的罪孽。深重的罪孽，使它即使进行了一系列的变革也仍不能挽救其被瓦解的命运。

---

① 〔法〕雅克·德里达：《马克思的幽灵——债务国家、哀悼活动和新国际》，何一译，中国人民大学出版社 2008 年版，第 55 页。

② 目前国内学界的主流观点是：苏联体制只是社会主义的一种模式，东欧剧变不是社会主义的失败。邓小平指出，社会主义的本质是解放生产力、发展生产力，消灭剥削，消除两极分化，最终达到共同富裕。这主要说的是社会主义的目的。

③ 德里达思考的是，苏联共产主义运动中的人权问题难道真的无可避免吗？据此，他要求回溯历史，而不是隐藏历史。但德里达认为人权、历史也是可以解构的，只有正义是不可解构的。

在德里达看来,"马克思"这个名称下蕴含的是多元的色彩,它一度被称为科学,但后来却成为无休无止争吵的战场。它先是被共产主义者利用,后来又受到自由主义者的攻击而陷入尴尬地位,这既让它的形象变得斑驳陆离,也让它的继承者产生了合法性的生存恐慌,其原因在于它的理论形态一直处于不停地变化发展之中。德里达认为,共产主义制度一旦退出历史舞台,它就再也不遵循现实规则,而成为无所附形的幻影。他者死后,人们只能靠理想和希望生活,因为理想和希望才能重建信念。人们无法活在记忆中,因为一切记忆都无法摆脱个人印记,所以,人们倡导的马克思批判精神其实早已不是原本的马克思批判精神了。马克思的幽灵不是已经烟消云散,而只是看不见。它是精神世界的幻化情境,无论过去,还是现在,它都是人类和非人类或生物和超生物混合在一起的产物。马克思幽灵内化为人们身体、本能和意识的一部分。德里达在混乱不堪的时代推崇马克思的批判理念,其目的是为了提醒人们:马克思主义的理论形态一直处于变异之中,绝不能把它看作一成不变的僵化体系。德里达认为,共产主义当中并没有一种统一的规则和精神,不断的批判是其理论形态发展的必然逻辑。在不断的批判中,马克思主义呈现出众多的出场路径,它本身就是一种不断延伸的体系。

因此,德里达说马克思主义已经"死亡",主要是指制度层面的马克思主义已死。这正如我们看到的,辛亥革命后,作为儒家寄托的封建专制社会已经死亡,但儒家思想仍然存在一样。东欧剧变后,国际形势骤变,世界由两极走向多极,共产主义制度在西方已经灭亡,所以它的实践,也一同归于无形,但它的思想仍能显形。

德里达认为,当前西方社会之所以如此欢呼马克思成为幽灵,恰恰是因为他们对共产主义的惧怕,因为共产主义自产生以来不仅把资本主义社会搞得鸡犬不宁,而且还在它自身内部引起可怕的恐怖。在德里达看来,马克思的坚决革命精神,让西方反动派无比恐惧。他们污蔑马克思主义要消灭"个人产权""婚姻""爱情"等人间一切美好的东西,并鼓动民众起来反对共产主义。西方资产阶级过于相信自己的理性,他们用现代科技铸造了前所未有的辉煌,享受着现代工业文明创造出来的成果,在用科技为自己编织着未来的美好梦想……同时也在承受着一直未能克服的苦难:战乱、贫困、贩毒、乱伦、生态危机等一系列问题。资本主义用理性武装起了自己,但同时却变得太过理性,太过于相信自己,以至于在理性中迷失了自己。

马克思思想的运行轨迹或许就是一个巨大的轮回。好比一切现在的事物只不过是已有事物的再现。共产主义目前的境况不过是以往境况的重演。共产主义思想从一产生起就遭受被驱赶的命运,东欧剧变之后,共产主义"幽灵"依旧处于被围堵的境况。不同的是,如今马克思的继承者们也参与到了围堵的阵营之中,因此,德里达呼唤的"幽灵"不仅是共产主义运动的变异,而且是斯大林主义的扬弃。"严格地说,它什么都没有说,它只是它所宣告之事的急迫性,关联于一个迫不及待的、始终过度的需求,因为过度是其唯一的尺度:由此号召斗争,甚至(我们忙不迭地遗忘这一点)要求'革命的恐怖',建议'不断革命',并始终指向那不是最终必然性的革命,而是革命作为迫切性[本身],因为革命(就它开启和穿越时间而言)的特征就是毫不耽搁,自身作为始终在场的需求而被人经历。"①尽管斯大林模式并不完全符合马克思当初的设想,冷战结束并不表明共产主义的全面溃败。马克思的幽灵是寄居在人类灵魂深处的灵性存在。幽灵构成独特的意象世界,它既是复仇之后的斑斑血迹,又是新世界的使者;它既能给人们带来希望,又能使人们满怀忧愁。依据解构主义的阐释,苏维埃政权的溃败,不该把罪责完全怪在苏共头上,因为苏共也只是历史意志的体现,它只是顺应了人们对新社会秩序的恐惧,只是体现了人们对资本的不满;它以激烈的方式采取了反抗行动,通过打破旧社会表达对即将到来的资本社会的不满和恐惧。沉重的前事种种,使它即使做再多的改革和补救,也不能阻止坠入深渊的宿命。德里达纠结的是,这样的人间悲剧究竟是如何发生的? 据此,他主张复归事件的起点,发现历史的暗角与潜在逻辑。

因此,在德里达看来,东欧剧变,就是人们"推倒纪念碑,扯下处在阴影中的舞台和葬礼致辞的帷幕,为普通大众摧毁陵墓,打碎水晶棺里死者的面具"②的革命。他们恨不得把这个该死的"幽灵"一棒子打死,好让它永世不得翻身,永远不再出来作恶。但在德里达看来,马克思的"幽灵"是打不死的,因为它是一个不会死的"亡魂",一个总处于来临状态的"亡魂"。在德里达看来,马克思主义在东欧剧变之后仍在暗处不断展示自己,诱惑人们走进它的世界。冷战过后,国际形势趋于缓和和稳定,世界的主流是和平与发展。但马克思仍不断刺痛我们心底最脆弱的部分。共产主义作为一种制度已经烟消云散了,但它的影子还在,那是因为在形与影之间有幽灵存在。马克思的"幽灵"经过圣灵的召唤必定会重新获得清明和自由,因为它曾经给我们带来过光明和希望,斯大林的共产主义在最初也是抱着打破不平等社会现象、为人类铺平未来的发展道路作为崇高目标的,而且它

① 〔法〕雅克·德里达:《马克思的幽灵——债务国家、哀悼活动和新国际》,何一译,中国人民大学出版社 2008 年版,第 22 页。
② 〔法〕雅克·德里达:《马克思的幽灵——债务国家、哀悼活动和新国际》,何一译,中国人民大学出版社 2008 年版,第 110 页。

的一些行动是其理论形态发展的必然逻辑,而不是勉强为之。

二、马克思"幽灵"的出场轨迹

德里达指出,马克思"幽灵"将按照"在场、退场、出场"的踪迹,继续行进在路上。

"幽灵出场,幽灵退场,幽灵再出场"①——这是德里达借用《哈姆雷特》中"幽灵"的出场模式对马克思的"幽灵""出场"与"退场"关系的描述。他认为,东欧剧变以后,马克思主义已经不是现实存在,而是幽灵状态。但幽灵是不会烟消云散的,也不是静止不动的,它总是处于演化的状态,其轨迹是:出场、退场、再出场。这也是一个肯定、否定、否定之否定的过程。马克思的"幽灵"会永远行进在通向未来的路上,它会越出黑暗,通达光明。马克思就是一个永远也不会死去的幽灵,一个总是要到来或复活的幽灵。

德里达套用《共产党宣言》中关于"幽灵"的描述来说明马克思主义当今的处境。他指出,140多年前,马克思主义作为一个幽灵,在欧洲游荡。它遭到旧欧洲的一切势力的围追阻截。"在《共产党宣言》中,忧心忡忡的同谋者同盟多多少少秘密地纠集了欧洲旧城堡中的一帮贵族和教士,想对注定会令这些主子们寝食难安的东西发起一次令人难以置信的远征,在昏暗的夜色中,在噩梦的黑夜之前或之后,在假想的历史的终结中。"②东欧剧变后,马克思主义的处境酷似140多年以前,一方面它仍幽灵般地徘徊在世界各地;另一方面西方世界仍对它抱有很深的成见,正在集合一切势力对它进行新的"神圣围剿"。德里达指出:"这一占统治地位的话语经常带有狂热、兴奋和蛊惑人心的形式……配合着流畅的进行曲节奏,它宣称:马克思已经死了,共产主义已经灭亡,确确实实已经灭亡了,所以它的希望、它的话语、它的理论以及它的实践,也随之一同灰飞烟灭。它高呼:资本主义万岁,市场经济万岁,经济自由幸甚,政治自由幸甚!"③

在德里达看来,人们之所以在苏联解体之时不是惋惜,而是喜极而泣,是因为他们被斯大林式的共产主义思想禁锢已久。德里达指出,斯大林的共产主义体制带给人们的首先是战栗和无法摆脱的恐慌。它先用严格的惩罚制度让人们噤若

---

① 〔法〕雅克·德里达:《马克思的幽灵——债务国家、哀悼活动和新国际》,何一译,中国人民大学出版社2008年版,第5页。
② 〔法〕雅克·德里达:《马克思的幽灵——债务国家、哀悼活动和新国际》,何一译,中国人民大学出版社2008年版,第39页。
③ 〔法〕雅克·德里达:《马克思的幽灵——债务国家、哀悼活动和新国际》,何一译,中国人民大学出版社2008年版,第52页。

寒蝉,让再勇敢的人也得不放弃自由意志,然后再给予恐慌的人们些许的生存资料。以未来共产主义的美好生活,来麻痹人们的理智,让人们暂时忘记现实的无奈与苦难。久而久之,人被驯化为机械的动物。共产主义运动风暴铺天盖地席卷而来,个人就像风雨中飘零的落叶。在共产主义"改造世界"的行动中,革命无处不在,在革命所造成的景观的压迫下,人们偏离了自己的自由意志,沦为被革命景观操控的奴隶。马克思抓住了阶级斗争方法,并认为这是治疗各种灾难的"良药",这使他找到了坚守自己精神世界的法宝。马克思期望通过最后的斗争来实现建立人间天国的理想。奴性是理想和希望的大敌,它导致腐化、专制,而专制又强化了奴性。斯大林的共产主义有严格的组织和纪律,它要求大胆地质疑,彻底地行动,无情地破坏。它在经历之地播撒下激情、决绝、失望和悲观的种子;以前的伦理品德被当成粪土;个体的正当需求被藐视;社会关系及情感被激发成阶级对立的简单模式;人对待自然的态度变成征服和利用,由此引发的悲剧,使人们陷入万念俱灰的苦难深渊。尤为痛心疾首的是,这一系列事件都是通过详尽的预谋和规划后得以完成的。德里达此处阐释的是斯大林模式的缺陷,他声称绝对的权力会导致绝对的黑暗,损害大众的基本需求。可是,依据计划经济的思路,统一的指令和规划,能够将所有资源配置起来促进生产力的极大发展。

德里达进而指出,马克思的"幽灵"如今的处境正像当年一样,依然处于来临的状态。

在德里达看来,苏联体制的共产主义虽然已经成为历史陈迹,但是它的思想却不会消逝。不管人们愿意与否,马克思主义已经并将继续对现实生活产生影响。马克思作为一个幽灵,它一直行进在路上。在恩格斯和列宁的笔下,他是忠贞的革命家;在伯恩斯坦等第二国际的领导那里,它是精细的政治经济学家;在卢卡奇等西方马克思主义者眼中,他成了一位悲天悯人的人道主义者;而在戈尔巴乔夫等改革派那里,他则成了与时俱进的弄潮儿。马克思的"幽灵"一直在幻化形象,但始终不变的是它对理想的执着追求。伤得越深,恰是因为爱得更深,因此,人们盼望共产主义运动永远停息,以便使之永远退场,再也不能显形危害人间。新的希望正在建构,空无中才有重生的可能性。马克思及其共产主义是无法驱除的,因为它的批判精神已经渗透进社会的每一个领域。

德里达用"在场"与"退场"说明马克思"幽灵"的出场轨迹。他认为,尽管东欧剧变之后,共产主义制度已经不是在场,但幽灵既不会销声匿迹,也不会裹足不前,而是在黑暗和光明之间不停徘徊。在完全的正义来临之前,它总要兴风作浪,总要参与历史的创建。尽管时空已经发生很大改变,共产国际领导的大规模革命暴动,可能再也不会出现,但共产主义某些原则和精神的应用,则是符合社会运动规律的。马克思总在路上,总在奔向未来的可能性国度的自由和开放中显形。马克思的"幽灵"将为我们排遣灵魂的寂寞,平复肉体的欲望,从而激发内心的良知与渴望。德里达声称,150多年前,马克思思想作为一个充满批判精神的"幽灵",遭遇一切保守势力的围堵驱赶,以至只能四处逃窜。冷战结束之后,马克思及其共产主义思想的境况酷似《哈姆雷特》中的"父王的幽灵"：一方面它仍以幽灵的形式徘徊不定,发号施令并发挥潜在的影响;另一方面它彻底的批判精神也引起仇视和嫉妒,沉湎于现实梦幻的人们正努力掩盖它的存在和影响。被传统遮蔽的"幽灵"隐身不见,为的是让人们敞开自己的灵魂,为的是让人们用生命去交换比生命更长久的东西。它意味着重生,意味着精神的胜利,意味着继续另一种生命。被遮蔽的"幽灵"是人类通向永恒的指引者。

德里达认为,马克思主义作为一种意识形态,一旦成为一种现实力量,必然会遭到来自他者的驱赶和追逐,"人们追逐是为了驱赶,人们追捕、着手搜索某人是为了让他逃走,但是人们让他逃走、让他离开、驱赶他是为了再一次追逐他,搜捕他"①。就像共产主义在发展过程中不断受到压制和打击一样。东欧剧变后,马克思主义被人漠视,在福山等人眼中,"共产主义将由于集权主义在20世纪的崩溃而被终结"②,从而成了历史陈迹。而在德里达眼中,马克思主义的形体虽死,它的幽灵却能借助休眠以恢复自己的力量。不但阴魂未散,而且可以经过一段时间的休整后,能够逐渐恢复元气并且重新显形。马克思思想及共产主义运动虽然暂时处于低潮,"西方评论家往往强调苏联的失败,但它的成就之巨大是谁也否认不了的"③。共产主义作为无产阶级的意识形态,一旦成为变革现实的物质力量,必然会遭到来自保守势力的围追堵截,如同马克思思想在它的出场过程中不断遭到压制和打击一样。冷战结束之后,共产主义仍旧被人误解。斯大林的"共产主义"是在没有丰富物质基础上,利用政治压力聚合人民生活在一起的,而且当时人民生活极度贫乏,盲目的激情与狂热褪减后,人民没有生产的积极性,物质的短缺,生存出现危机。人们对新社会总是充满恐惧,当年马克思思想适应了穷苦民众对新社会的恐惧,而今,资本带来的危害仍没消除,因此,马克思仍具有出场的价值。马克思历经伤害而又从不绝望,历经苦难却又永存希望。痛苦的经历使马

---

① 〔法〕雅克·德里达:《马克思的幽灵——债务国家、哀悼活动和新国际》,何一译,中国人民大学出版社2008年版,第135页。

② 〔法〕雅克·德里达:《马克思的幽灵——债务国家、哀悼活动和新国际》,何一译,中国人民大学出版社2008年版,第96页。

③ 〔美〕大卫·科兹、弗雷德·威尔:《来自上层的革命——苏联体制的终结》,曹荣湘等译,中国人民大学出版社2002年版,第1页。

克思愤愤不平,这使他更激情地批判世界和现实;挫败也使马克思学会了斗争,他喜欢上了四处奔走,在奔走中找到理论和现实的关联。马克思及其共产主义运动,一直跋涉在追求未来的路上。

总之,在德里达看来,马克思主义理论形态在发展过程中经历了诸多磨难,但它从来就没有被彻底打倒过。在过去,它展示出狂风骤雨的积极面貌;而如今,它呈现出和风细雨的隐性作用。马克思主义成功摧毁了国家的旧生产关系,从而成功实现了无产阶级专政。其间有起有落、有褒有贬,惊心动魄、感人肺腑。如今,共产主义失去了一系列社会主义国家的依托,但这个隐形的"幽灵"经过休眠会重新显形。天会塌,地会陷,马克思的幽灵会在废墟和悲剧中重现。马克思幽灵的重现就是回家。历史使马克思主义经历了一个曲折的轮回,然而它从来就没有被彻底灭绝过。在过去,它表现了激情的一面;而现在,它显示出一种潜在的影响。这个幽灵,在 20 世纪的一百年中,在从东欧到南美洲的广袤土地上来回穿梭,像燎原之火般在全世界灿烂展开,成功地剥夺了富人的私有财产建立了公有制的国家。① 如今,共产主义虽然失去了具体的"物质实相",但这个隐形"幽灵"经过休眠会再次显形。因为,马克思主义曾经幻化为以苏联为代表的社会主义体制,今后,它肯定还会显形变成别的东西。

生活就是这样,永远有遗憾,永远是悲苦大于欢欣,但是为了学会生活,为了更好地生活,我们需要马克思的"幽灵"。"他的英名和事业将永垂不朽!"②恩格斯《在马克思墓前的讲话》中这个"将"字,再清楚不过地表明,由于马克思主义就是号召无产阶级联合起来打碎旧世界、创造新社会的"弥赛亚",它将永远徘徊在世界的上空,这种徘徊将不是暂时的。因此,我们有充分的理由对马克思主义的未来充满信心。

第二节 马克思"幽灵"的走向:继续指引我们的生活

德里达为何如此倾心于马克思的"幽灵"? 因为现实的困境需要我们正视眼前,以看清未来。因此,"问题实际上就是'向何处去',不仅是那鬼魂来自何处,而

---

① 发展与代价是笔者很关心的一个问题,在发展过程中,能否一点代价都不付? 代价的限度、边界在哪里? 马克思一直强调为大多数人的利益服务,这里隐含的意思是否是,为了大多数人的利益,理所当然可以牺牲少数人的利益。西方的主流观点是,尊重每个人的利益,在现实中,这能否实现呢?

② 《马克思恩格斯选集》第 3 卷,中央编译局译,人民出版社 1995 年版,第 777 页。

且首要的是它马上就要回来吗？它不是已经开始登陆了吗？它将要去往哪里？将来会怎么样？将来只能是对鬼魂而言的。还有过去"①。东欧剧变之后，马克思主义"向何处去"的问题，苍天在问，学者在问，普通百姓也在问。因为共产主义这场梦，我们做得好苦，而圆它又太过兴奋，让我们不知所措。如何看待异质性的马克思思想遗产，已经成了一个突出的现实问题。

　　在德里达看来，这个涉及马克思主义的未来的问题实际上是一个老掉牙的问题。马克思向何处去的问题的历史，对于有的人，"和我们的年龄一样久远"②。而现在，这个问题仍然没有解决，它已经现实地摆在我们面前，"马克思主义往何处去的确已是一个摆在和我们同处一个时代的绝大多数年轻人面前的问题了。同样的问题已经被提出过了"③。德里达认为，实际上，如何对待马克思思想遗产的问题早就是个陈旧不堪的话题。如今，这个问题又凸显出来了，成为日常生活中的断裂。德里达对这个老问题，做了尝试性的回答。

一、作为"幽灵"的马克思总要显现为肉身

　　在德里达看来，马克思主义的走向问题，无非有两种回答。它到底是已经进入历史的故纸堆，已经被斩草除根，还是暂时冬眠待到春天会重新焕发生机？西方自由主义者宣称"马克思主义已经死去"，福山的"历史终结论"声称东欧剧变标志着民主和自由有可能造成政治模式的终结。与此相反，德里达却提醒人们：马克思主义是一个永远也不会死去的鬼魂。他指出，马克思的"幽灵"不会消逝，马克思主义没有死亡，而且绝不会死亡。马克思主义作为幽灵，必将变成活生生的现实力量，这种力量将成为破坏国家、宗教、家庭等一切现存形式的原动力。"马克思已经将党的形式赋予了某种力量的特有的政治结构，根据共产党宣言，这种力量必将成为革命、变革、占有、国家的消灭、政治事务的终结等等的原动力。"④因此，马克思主义不但没有死亡，而且时代正在召唤它出场，"不能没有马克思，没有马克思，没有对马克思的记忆，没有马克思的遗产，也就没有将来；无论

① 〔法〕雅克·德里达：《马克思的幽灵——债务国家、哀悼活动和新国际》，何一译，中国人民大学出版社 2008 年版，第 37 页。
② 〔法〕雅克·德里达：《马克思的幽灵——债务国家、哀悼活动和新国际》，何一译，中国人民大学出版社 2008 年版，第 15 页。
③ 〔法〕雅克·德里达：《马克思的幽灵——债务国家、哀悼活动和新国际》，何一译，中国人民大学出版社 2008 年版，第 15 页。
④ 〔法〕雅克·德里达：《友爱政治学及其他》，胡继华译，吉林人民出版社 2005 年版，第 497 页。

如何得有一个马克思,得有他的才华,至少得有他的某种精神"①。马克思的社会批判精神和方法仍渗透在日常生活之中,仍占据着人们的头脑。马克思的共产主义思想不会烟消云散,非但不会消逝,而且能够再次出场。马克思后来正是在革命实践的基础上,以共产主义学说为指导,指出扬弃自身活动和生存条件的异化道路,才开辟了无产阶级的真正出路。马克思的共产主义思想作为时代精神的集中体现,必定会成为影响生活的潜在力量。共产主义及其思想非但不存在退场的迹象,反而时刻加强着对现实的影响。

马克思的"幽灵"是不会死亡的,它在某一时刻总会显形。在德里达看来,马克思主义既然已成为一种幽灵,它总是处于来临的状态,总是具有自身在场的丰富性,从而就不是随便能驱赶、能否定得了的。共产主义"一直是而且将仍然是幽灵的:它总是处于来临的状况;而且像民主本身一样,它区别于被理解为一种自身在场的丰富性,理解为一种实际与自身同一的在场的总体性的所有活着的在场者"②。因此,东欧剧变后,共产主义不会永远离去,它必定会归来,这是不以人的意志为转移的事情,因为"幽灵永远都是亡魂。人们无法控制它的到来和归去,因为它是通过归来开始的"③。世界是不断运动的,解构的宗旨就是揭示世界的本质。马克思的精神要义也是,旧的时代终将过去,而之后的生活更加美好。他持有进化论的观点,认为社会是不断变化发展的,未来的共产主义社会将无限幸福。虽然马克思主义仅仅适用于临时性的历史阶段,但这不表明它已经退出历史舞台,它仍旧具有潜移默化的影响,具有多重的伦理价值,从而就不是轻易能摆脱、能驱赶得了的东西。于是,冷战之后,马克思的幽灵只是暂时离开,它必将能够再次出场,这是任何人都不能改变的客观趋势。随着资本和技术的进一步发展,"现实的个人"的异化仍在加深,全球性金融危机正是这种异化的新的表现,在此危机中,现实个人的生存再一次受到拷问。我们在心痛扼腕之余,更应重新思考马克思哲学的当代意义,以马克思哲学为指导反思自身的生存困境,力求以实践为基础,扬弃异化,开辟出路。

因此,在德里达看来,东欧剧变只是马克思"幽灵"的隐形,这个幽灵还会回来,这个幽灵还要发挥潜在的影响。这个幽灵不但没有退出历史舞台,而且将继

---

① 〔法〕雅克·德里达:《马克思的幽灵——债务国家、哀悼活动和新国际》,何一译,中国人民大学出版社 2008 年版,第 15 页。

② 〔法〕雅克·德里达:《马克思的幽灵——债务国家、哀悼活动和新国际》,何一译,中国人民大学出版社 2008 年版,第 96 页。

③ 〔法〕雅克·德里达:《马克思的幽灵——债务国家、哀悼活动和新国际》,何一译,中国人民大学出版社 2008 年版,第 12 页。

续起着指导实践的作用。

二、马克思的"幽灵"已成为时代不可或缺的思想资源

在德里达看来,东欧剧变只是马克思主义曾经附形的斯大林体制的退场,它并不表明马克思批判思想本身的销声匿迹。一方面,这种彻底的批判精神是批判发达工业社会弊端的宝贵思想资源。另一方面,在这个苦难不断降临的时刻,我们需要借助马克思的批判精神抚平记忆的伤痕。为了生存就要承受苦难,承受恐惧,人类对不能掌控的东西总是充满恐惧,只有借助共产主义理想的抚慰,才能战胜内心的恐惧。东欧剧变,只是马克思主义形体的死亡,它并不表明马克思主义本身的烟消云散,它在精神层面还将继续发生影响。在各种势力重新组合、各种价值观念碰撞交流的时代,我们无法摆脱马克思幽灵的纠缠。我们可以不喜欢它,但我们必须拥护它,因为它就生活在我们中间。这是因为,一方面,在这个脱节的时代,我们需要马克思的精神来分析当代资本主义社会的种种弊端,"从马克思主义的'精神'中汲取灵感,以批判法律假想的自律性,不停地驳斥国际当局借助强大的民族—国家,借助技术—科学的资本、符号资本和金融资本以及国家资本和私人资本的高度集中进行的事实上的(defacto)接管"①。马克思主义的伟大之处就在于它的批判永不失效,这种批判精神是我们这个时代不可或缺的思想资源。另一方面,在这个充满灾难的时代,我们需要马克思的"幽灵"慰藉心灵。在德里达看来,人类从诞生以来,就在一个接一个的苦难中挣扎,最大苦难一直是生存苦难,存在就是苦难,就是恐惧,人类总是受到恐惧心理的支配,所以一到危机和灾难的时候就自然地去求助于"幽灵"之类的东西。而现在就是一个充满灾难和暴力的时代,我们必须借助马克思的"幽灵",才能抚慰恐惧的心灵。马克思的异化理论持的是一种批判态度,目的是要澄清异化的前提,划清异化的界限。解决异化由何而来、向何而去的问题。马克思直面资本主义社会的文明危机,思入时代深处,为人类社会的进步做出贡献。

德里达指出,学者能够对共产主义的阶级斗争和剩余价值等理论抛弃不管,但无法忽略共产主义的批判方法和策略,因为,这是审思资本主义各种问题的有效武器。共产主义中的批判精神能够引领人类发展的道路。它不仅没有丧失影响力,而且仍是当代发达工业社会的一面镜子。历史早已表明,彻底的社会批判精神和方法会持续对现实产生影响,我们可以对马克思主义的其他内容置之不

---

① 〔法〕雅克·德里达:《马克思的幽灵——债务国家、哀悼活动和新国际》,何一译,中国人民大学出版社 2008 年版,第 82 页。

理,但不能漠视马克思主义的批判精神,因为这是我们批判当代社会的最好武器。马克思的"幽灵"可以指示我们前进的方向。它没有过时,它对当代仍然有重要的启示,"假若我们思考一下马克思、恩格斯本人有关他们自己可能变得过时和他们固有的不可克服的历史局限性的言论(例如恩格斯在《共产党宣言》1848 年的再版序言中的论述),就会觉得他们的教训在今天显得尤为紧迫"①。实践已经证明,马克思主义将继续指引我们的生活,"在我现在不得不加以抵制的所有各种诱惑中,有一种诱惑就是记忆的诱惑,即去叙述我以及我这一代人在我们的整个一生中所共同享有的东西:马克思主义的经历,马克思在我们心目中几乎是慈父般的形象,以及我们用来和其他的理论分支、其他的阅读文本和阐述世界方式做斗争的方法,这一方法作为马克思主义的遗产曾经是——而且仍然是并因此永远是——绝对地和整个地确定的"②。现实的异化,从来不是理论所能解决的,需要实践批判去指正生活世界的内在变革,实现生活世界本身的自我批判。要构建社会主义和谐社会,必须始终坚持以人为本而不是以物为本,以人为中心而不是以金钱为中心。其实,中国的文明一直没有离开现实生活,始终强调要重视现实生活的存在。若能真切体验当下生活,和谐社会之"和谐"二字的真切之意必然呈现。

德里达进而指出,马克思的批判精神并非轻易就能遗忘,它早已变成一种不可动摇的政治原则。如同《哈姆雷特》中的"幽灵",马克思的指令,我们也必须忠实执行,因为我们与马克思有继承关系,马克思思想及其批判精神已经深入我们的骨髓,纠缠着我们,左右着我们的选择。马克思主义曾经深深影响人类的历史和思想,今天,它必定还将继续发挥潜在的影响。因此,它是我们审思当代发达工业社会各类弊病的有力工具。马克思主义已成为我们时代精神的一部分,它必然为我们所共同享用。马克思主义不是我们能够脱离的东西,"我们仍旧是在用马克思主义的语码而说话"③。马克思主义已经成为人类文化遗产的一部分,而且不管我们愿不愿意,每个人都是它的继承人,"地球上所有的人,所有的男人和女人,不管他们愿意与否,知道与否,他们在今天某种程度上说都是马克思和马克思

---

① 〔法〕雅克·德里达:《马克思的幽灵——债务国家、哀悼活动和新国际》,何一译,中国人民大学出版社 2008 年版,第 14 页。

② 〔法〕雅克·德里达:《马克思的幽灵——债务国家、哀悼活动和新国际》,何一译,中国人民大学出版社 2008 年版,第 15 页。

③ 〔法〕雅克·德里达:《马克思的幽灵——债务国家、哀悼活动和新国际》,何一译,中国人民大学出版社 2008 年版,第 55 页。

主义的继承人"①。马克思主义及其共产主义事业已经成为我们无法摆脱的记忆。我们曾经很需要马克思主义,在这个脱节的时代,我们更需要马克思的"幽灵"。正如德里达提醒我们的:"不能没有马克思,没有马克思,没有对马克思的记忆,没有马克思的遗产,也就没有将来;无论如何得有某个马克思,得有他的才华,至少得有他的某种精神。"②当今世界许多问题的解决必须求助于马克思主义的"幽灵",马克思的"幽灵"在呼唤我们,我们不能充耳不闻。伴随资本而来的是一系列社会问题,这些社会问题本身就是社会现实。如贫穷与富有的对立,其背后隐藏的就是我们这个时代文明的危机,被资本异化的危机。可以说,种种时代困境令和谐社会的呼声变得更响,马克思主义在时代现实的召唤下变得更有价值。

因此,在德里达看来,马克思的"幽灵"已经成为我们这个时代不可或缺的思想资源。它的批判精神是我们分析当代资本主义社会种种弊端的最好武器。

第三节　马克思"幽灵"的遗产:批判精神与弥塞亚精神

德里达指出,人们谈论的马克思的"幽灵"是隐形的,"当人们谈论它的时候,它仍旧不是什么可以被瞧见的东西"③。这个幽灵始终在注视着我们,但由于它没有显形,所以我们对它毫无察觉。马克思的"幽灵"戴着面甲,人们始终不能窥见它的庐山真面目,于是,人们只能靠猜测来解读它:有时它被解读为阶级斗争论,有时则被解读为人本主义;反对它的人,说它是一个恶魔,拥护它的人则称为敬爱的导师。这让它变得更加扑朔迷离,其原因在于它本身具有内在的异质性。④

一、呼唤马克思主义的异质性

德里达在"脱节的时代"谈论马克思的"幽灵"的目的,是为了呼吁马克思主义的异质性。

---

① 〔法〕雅克·德里达:《马克思的幽灵——债务国家、哀悼活动和新国际》,何一译,中国人民大学出版社 2008 年版,第 87 页。
② 〔法〕雅克·德里达:《马克思的幽灵——债务国家、哀悼活动和新国际》,何一译,中国人民大学出版社 2008 年版,第 15 页。
③ 〔法〕雅克·德里达:《马克思的幽灵——债务国家、哀悼活动和新国际》,何一译,中国人民大学出版社 2008 年版,第 8 页。
④ 异质性本是遗产学范畴,指一个群体中,所有个体的差异程度。马克思主义具有异质性,具体表现为其彻底的批判精神、拒斥霸权话语、多元的理解体系。

德里达首先指出,马克思主义不是完整的体系,而是各种碎片的不紧密的矛盾体。在他看来,马克思主义作为一种理论,体现在马克思等人的诸多文本中,而马克思的文本是杂乱不堪、残缺不全的,因此,马克思主义本身是一个不完整的体系。至少马克思主义没有穷尽真理,它是不全面的、不完整的,它需要补充和发展。总之,德里达否认马克思主义是一个有机整体,它不是凝固的钢铁一块,而是各种解释碎片的不紧密的矛盾体。

德里达进而引用布朗肖特《马克思的三种声音》中的观点来证明马克思主义的异质性。布朗肖特(Maurice Blanchot)认为,马克思主义当中有三种声音,即哲学的声音、政治的声音和科学的声音。这三种声音是彼此对立的,但被马克思强制并置在一起。"在马克思那里,而且也常常是来自马克思,我们可以看到三种声音结合在一起形成了一种力量和形式,这三种声音全都是必要的,但又是相互分离甚至相互对立的,仿佛它们是被强行并置在一起的。"①

德里达最后指出,异质性未必是不好的,马克思的异质性使它能够不断被重新解释。德里达从来不狂热地崇信马克思主义,对他来说,马克思的批判精神虽然仍然是分析资本主义弊端的有效工具,但不容置疑的是,如今的资本主义已经有良好的机制解决其内部矛盾。因此,人们既要对资本主义重新认识,又要对马克思的思想进行重新解读与评价。在他看来,马克思主义本身存在"矛盾",这种"矛盾"使它有了发展的源泉和动力。新陈代谢是一切事物发展的最基本形式,如果新陈代谢没有了,发展也就停止了。马克思主义也不例外。"体系的缺乏在这里并不是一个缺点。相反,异质性为理解打开了前景,它任由自己被那展开、到来或即将到来——特别是来自他人的——东西的碎片打开。若是没有这断裂,便既不会有指令,也不会有承诺。"②

德里达指出了马克思主义体系的异质性后,又特意考察了马克思精神的异质性。

德里达阅读完马克思的一系列著作后,认为马克思主义存在多种不同的精神,他指出:"我们首先要考虑的就是遗产根本的和必要的异质性。是必定存在于遗产之中的无对立的差异性以及一种非辩证的'不一致'和近乎并置的关系(这恰恰就是我们将在后面称呼马克思的诸精神中的那个复数)。遗产根本就不能被聚

① 〔法〕雅克·德里达:《马克思的幽灵——债务国家、哀悼活动和新国际》,何一译,中国人民大学出版社2008年版,第18页。
② 〔法〕雅克·德里达:《马克思的幽灵——债务国家、哀悼活动和新国际》,何一译,中国人民大学出版社2008年版,第33页。

集在一起,它根本就不是一个自身完整的整体。"①他一再声称,马克思主义的精神不是只有一种,而是有许多种。为了说明马克思主义精神的"异质性","幽灵"特意用了复数,不是"幽灵",而是"幽灵们"。

二、马克思"幽灵"的异质性遗产

尽管马克思的"幽灵"于我们是一份"异质性"的遗产,但其中最主要的,是它的批判精神与弥塞亚精神。

在德里达看来,马克思主义"异质性"遗产中,首先是马克思的批判精神,因此,接受并继承其批判精神是任何人都无法推脱的责任。

德里达指出:"为了尽可能地揭露和减少差距,为了在一种必然的无限进程的过程中使'现实'适应'理想',求助于某种马克思主义的批判精神仍然是当务之急,而且将必定是无限期地必要的。"②德里达又指出,只要我们把马克思的批判精神和时代的现实结合,就能结出硕果,"如果人们知道如何使这种马克思主义的批判适应新的条件,不论是新的生产方式、经济和科学技术的力量与知识的占有,还是国内法或国际法的话语与实践的司法程序,或公民资格和国籍的种种新问题等等,那么这种马克思主义的批判就仍然能够结出硕果"③。德里达就是要把解构主义和马克思主义的批判精神结合起来,以达到解构的目的,"这种尝试将马克思主义激进化的做法可以被称作是一种解构"④。

德里达把马克思主义分为"好的马克思主义"与"坏的马克思主义",而"好的马克思主义"就是马克思的批判精神。他认为,我们应该继承马克思主义最有"活力"的地方,"人们必须接受马克思主义的遗产,接受它的最有'活力'的部分,这也就是说,自相矛盾的,继续将生命的问题,精神的问题,或是鬼魂的问题,超越于生与死之对立的生——死问题等等,还原到画板上"⑤。因此,德里达要求人们把马克思的批判精神和其他的马克思主义内容(如辩证唯物主义、历史唯物主义等)

---

① 〔法〕雅克·德里达:《马克思的幽灵——债务国家、哀悼活动和新国际》,何一译,中国人民大学出版社 2008 年版,第 17 页。

② 〔法〕雅克·德里达:《马克思的幽灵——债务国家、哀悼活动和新国际》,何一译,中国人民大学出版社 2008 年版,第 83 页。

③ 〔法〕雅克·德里达:《马克思的幽灵——债务国家、哀悼活动和新国际》,何一译,中国人民大学出版社 2008 年版,第 83 页。

④ 〔法〕雅克·德里达:《马克思的幽灵——债务国家、哀悼活动和新国际》,何一译,中国人民大学出版社 2008 年版,第 88 页。

⑤ 〔法〕雅克·德里达:《马克思的幽灵——债务国家、哀悼活动和新国际》,何一译,中国人民大学出版社 2008 年版,第 54 页。

剥离开来。人们应该继承前者,而把后者统统抛弃掉。因为后者都是马克思"本体论掩盖了"①的内容,是造成马克思主义在现实运动中走向极权主义威胁的因素,是已经失去活力的僵化而又教条的政治指令。

德里达号召我们只讨论"好的马克思主义",即马克思的批判精神,并且认为"共产主义"并不属于"好的马克思主义"。显然,这是有失偏颇的。因为马克思主义的各种精神是串联在一起的,甚至可以说它们是在相互演绎中交替呈现的,如果只保留马克思的批判精神,而把马克思主义的其他精神都当垃圾一样扔掉,那么马克思主义的批判精神的实质与内核也就被掏空了,而马克思主义的实践性和阶级性也在这种解构主义的阅读模式中被消解,那样马克思主义就只能剩下一张空架子了。伊格尔顿就认为,德里达对马克思的解读背离了马克思主义"肯定性的内容",而"只想把马克思主义用作一种批判、异见,进行痛斥的方便工具",因此,"他想要的其实就是一种没有马克思主义的马克思主义,就是说按他自己的条件舒服地占有了的马克思主义"②。

那么,批判精神是否就是马克思主义的核心和灵魂?显然不是。马克思要求人们通过阶级斗争,推翻不平等的资本主义制度,建立无产阶级专政的国家,最终消灭阶级,实现共产主义。但这不代表批判就是马克思主义的核心。因此,德里达对马克思主义的解读有激进化的倾向。

马克思主义的确充满了批判精神,但马克思从未因理论批判而放弃实践的行动,从来不把理论的解释看作科学研究的目的。他的理论批判,只是为了向人们指出行动的指南。马克思主义理论形态创新的理论逻辑就是实践唯物主义原生形态随着实践不断演化的过程。实践唯物主义作为一种批判传统和现实的理论形态,展示的是从现实实践到理性认识,再从理性认识回到现实实践的认知过程。它的创新既体现着从感性认识到理性认识、从实践到真知的理论维度,又彰显着从继承到创新、从理论到应用的理论逻辑。马克思主义一直在前行的路上。从被封建主义、官僚资本主义视之为"洪水猛兽"到成为社会的主流意识形态,马克思主义的话语体系也随着实践由"革命"转换为"建设"。其中,理论先驱们秉承马克思的批判精神,前仆后继地传播自由和平等的种子。因此,单单只有批判精神的马克思主义,那只是一种思想的狂热。况且有批判精神的思想和主义有很多,

---

① 〔法〕雅克·德里达:《马克思的幽灵——债务国家、哀悼活动和新国际》,何一译,中国人民大学出版社 2008 年版,第 30 页。

② 〔英〕特里·伊格尔顿:《历史中的政治、哲学、爱欲》,马海良译,中国社会科学出版社 1999 年版,第 124 页。

不只马克思主义有。马克思的"两大发现"即"发现了人类历史的发展规律"和"发现了现代资本主义生产方式和它所产生的资产阶级社会的特殊的运动规律"①,才是马克思主义基础理论的核心内容。

在德里达眼中,马克思的"异质性"遗产中另一种主要精神,是拯救世界的"弥塞亚"精神,因此,我们应该听从它的指引。

德里达晚期最关注的一个词可能是弥赛亚。在德里达那里,幽灵是弥撒亚的使者。对正义的期待就是对弥撒亚的呼唤。德里达在《马克思的幽灵》中,区别了弥塞亚主义和弥塞亚性。他认为,弥塞亚主义是对已经存在的形态的摹写和复制,指的是"上帝派人给大地带来和平"②,它有各种不同的形态。德里达强调的弥塞亚性不是弥塞亚主义。他使用弥塞亚性来指称一种几乎是超越性的经验结构,它是对未来保持期待的普遍形式。它超越现存,而对一切存在表示关切,因此,它不仅不能被解构,而且是解构进行操作的向导。他认为,马克思主义含有拯救世界的意味,也是一个"弥赛亚"。马克思的鼓动,就是弥赛亚的召唤,而弥撒亚的召唤总是革命性的。德里达宣称,与这个弥撒亚交流,我们才能寻得正义,"如果说有一种马克思主义的精神是我永远也不打算放弃的话,那它绝不仅仅是一种批判观念或怀疑的姿态(一种内在一致的解构理论必须强调这些方面,尽管它也知道这并非最后的或最初的结论)。它甚至更主要的是某种解放的和弥赛亚式的声明,是某种允诺,即人们能够摆脱任何的教义,甚至任何形而上学的宗教的规定性和任何弥赛亚主义的经验"③。

德里达眼中的"弥赛亚主义"就是马克思主义的解放精神。作为一种弥赛亚式的"许诺",马克思的解放精神不仅使人们对未来充满希望,而且能够对实现希望保持持久的热情和信心。马克思以分工和所有产权制发展的不同特征来说明人类历史上出现过的社会制度,并以此为基础,从理论上设想了未来的人类社会即共产主义社会。关于私有产权制度的废除,马克思基本保留了积极扬弃的态度。一方面私有财产是一种客观的存在,是凝结了人类实践活动的一种物质力量;另一方面,它的私有性质,也使它成为劳动关系异化的外在形式,对它应是积极的扬弃。扬弃私有制就是既保留私有制的积极因素又抛弃私有制的消极因素。随着革命实践的推进,马克思采取更积极的策略:消除私有制。他认为,只有消除

① 《马克思恩格斯选集》第3卷,中央编译局译,人民出版社1995年版,第776页。

② 张宁:《解构之旅·中国印记——德里达专集》,南京大学出版社2009年版,第43页。

③ 〔法〕雅克·德里达:《马克思的幽灵——债务国家、哀悼活动和新国际》,何一译,中国人民大学出版社2008年版,第86页。

私有产权制,才能解放人的天性和自由意志。那时,人的一切天性将完全属于人自己,人将获得充分的自由。在德里达看来,马克思的解放精神,不仅是一种思想和观念,更重要的是一种改造现实的行动。

无意成为马克思主义者的德里达,在马克思的文本中,看到了弥撒亚式的解放精神,但这并不表明他想成为宏大叙事的叙述者、想成为世界的救主,他只是想在解构的名义下,深切关怀历史,让人的思想更自由,让世界更宽容。不可否认的是,德里达对马克思解放精神的呼唤,并不是只有空洞的激情,也有一定的实质内容。当然,他只是肯定了梦想的价值,却没有给我们指出实现梦想的途径。

那么,弥撒亚精神是否就是马克思主义的特质?显然也不是。因为有弥撒亚精神的思想和主义很多,宗教中更是充满着弥撒亚精神。虽然马克思为我们描绘了一幅优美的共产主义图景,但这不表明追求理想就是马克思的唯一目标。马克思更注重实践对改造世界的作用和意义。因此,改造世界的实践精神才是马克思精神的特质。

显然,德里达要继承的马克思遗产与我们要继承的马克思遗产有很大区别。从宏观上看,德里达要继承马克思主义,但从微观上看,德里达并不要继承马克思主义的整体,要继承的只是马克思遗产的碎片,主要是马克思的批判精神和弥撒亚精神。而我们要继承的马克思遗产,除了马克思的精神,还有马克思的文本、事业、足迹等。而且,我们可以与时俱进地重新解读马克思主义,随时抛弃不合时宜的马克思主义的内容。对于我们来说,马克思主义既是蓄水池又是冶炼炉①,任何内容,只要是时代需要的,都能与马克思主义相容。因此,我们要继承的马克思遗产,无论是从内涵还是外延来看,都比德里达要继承的马克思遗产的范围大得多。

第四节 如何继承马克思的遗产:过滤筛选与建立"新国际"

德里达指出,继承马克思的遗产无须以马克思的权威意见为准则,因为马克思生前就反对这么做。创立马克思主义的马克思并不认为自己就是马克思主义

---

① 什么是真正的马克思主义?无疑,阶级斗争学说是马克思主义的一个基本内容,这从《共产党宣言》中就可以看出。对马克思主义的解读,如西方马克思主义不是马克思主义,可马克思主义的传承系统难道不应包括原东欧社会主义国家吗?中国传承了苏联的共产主义思想,那朝鲜、古巴、越南传承自中国的共产主义思想?到底哪个更正统?苏联?朝鲜?古巴?越南?

者。"我们不是非得要假设马克思与他本人的意见是一致的(他似乎对恩格斯吐露过自己的心声:'我并不是一个马克思主义者,这一点是确然无疑的。'"①在德里达看来,马克思指令的翻译是困难的,这就造成了行动与指令的脱节,因此,只能用绝对化的形式保证遗产继承的职责。

一、马克思异质性遗产必须继承

马克思"幽灵"的指令需要继承者执行。至于如何继承,则是每个人自己的选择。在德里达看来,继承马克思,既不能照搬马克思的条条框框,也不能全盘否定,唯一可行的方法就是既替换又继承,既刷新又重复。只有"超越"马克思,才是对马克思遗产真正的继承。

德里达首先指出,马克思在其著作中也反复强调他的理论具有历史的局限,也需要后人不断地加以修正和发展,与时俱进是马克思对后人的本真要求。

在德里达看来,作为马克思主义继承人的我们,应当忠实地执行马克思的嘱咐。执行马克思的嘱咐,既要批判地继承马克思主义,又要警惕那些假借共产主义而实际上是黑暗形态的各种主义,"我们不必回避这样一个事实,即不得不对这诸种'精神'进行指导和等级化的选择性,原则命中注定会反过来排斥它们"②。恩格斯把马克思的贡献归结为历史唯物主义和剩余价值理论。德里达对此是不赞同的,他指出,人们不必赞同马克思的社会阶级概念。尽管这个概念在马克思主义中起着很重要的作用。德里达希望通过强调马克思理论的"局限性",开启一种马克思主义新的解读模式。

德里达进而指出,马克思的遗产与我们是双重关系:一方面,马克思主义既是我们的遗产又是我们的债务,既需要继承又需要偿还;另一方面,我们自己也属于马克思遗产的一部分。

在德里达看来,马克思的"幽灵"有很多个,不论是有幸还是不幸,每个人的身上都或多或少有着马克思"幽灵"的影子。既然马克思主义是我们共同的遗产,那么继承它就是我们每个人的职责和权利,但是,德里达认为普通公民不具有继承马克思遗产的素质。他认为,对马克思遗产的继承责任并不需要每个人承担,对某些知识分子来说,承担的责任要重一点。他认为,极有可能出现这样的情况:真

---

① 〔法〕雅克·德里达:《马克思的幽灵——债务国家、哀悼活动和新国际》,何一译,中国人民大学出版社2008年版,第34页。

② 〔法〕雅克·德里达:《马克思的幽灵——债务国家、哀悼活动和新国际》,何一译,中国人民大学出版社2008年版,第84页。

正你能够继承马克思遗产的很可能是那些"非马克思主义者",而不是那些自夸的"正统马克思主义者"①。他认为,只有那些把握了马克思主义本真精神的人而非言语上的马克思主义者才是马克思主义的真正继承者,尤其是"那些借 20 世纪即将出现的新启蒙主义的名义,以一种吹毛求疵的方式——我敢说是一种解构的方式——不停地进行批判的人"②,才能在马克思的指令指引下,带领我们向自由和解放的目标迈进。

二、对马克思异质性遗产进行过滤筛选

那么,应该如何继承马克思主义的遗产?

德里达首先强调了继承马克思遗产的前提,重新解读马克思主义,即对马克思的遗产要有批判的、有选择的和过滤的再审思。他指出,对马克思的原教旨思想绝不能抱残守缺,对马克思主义,必须进行过滤、筛选和批判,"这一遗产必须通过尽其所需地从根本上加以改变而被重申"③。他主张从马克思文本出发,找到马克思主义对人类有益的部分,即"好的马克思主义"。他特别提醒人们两个问题:一是对马克思主义要在批判的基础上继承之;二是要坚决防止共产主义实践中出现过的那些黑暗形态,尤其是类似于苏联式的那种共产主义。

德里达接着阐明了继承马克思遗产的立场,反对中立化。德里达不反对马克思《共产党宣言》中关于"任何一个时代的统治思想始终都不过是统治阶级的思想"④的观点,他认为福山等辈"中立""公正"的话语,只是西方主流思想的表达,根本不可能脱离时代。有些人认为自己研究的是纯粹的哲学。他们否认马克思和政治的关联性,德里达指出:"那可能发生的危险就是,有人想在对归于一类的著作不费力的评注中利用马克思来反对马克思主义,以便能使政治律令中立化,或者说至少是要抑制政治律令。"⑤对马克思及其著作持中立话语的人们认为:"他不属于共产主义和马克思主义者,也不属于某些政党,他的著作应当列入我们

---

① 所谓"正统马克思主义者",即坚持马克思主义的阶级斗争、暴力革命思想的人,这些人坚决反对改良,要求不断地革命。德里达这里主要指的是苏联体制下的知识分子。在西方,也有一些坚持马克思不断革命理论的人,如阿尔都塞非常赞赏中国的文化革命。

② 〔法〕雅克·德里达:《马克思的幽灵——债务国家、哀悼活动和新国际》,何一译,中国人民大学出版社 2008 年版,第 87 页。

③ 〔法〕雅克·德里达:《马克思的幽灵——债务国家、哀悼活动和新国际》,何一译,中国人民大学出版社 2008 年版,第 54 页。

④ 《马克思恩格斯选集》第 1 卷,中央编译局译,人民出版社 1995 年版,第 292 页。

⑤ 〔法〕雅克·德里达:《马克思的幽灵——债务国家、哀悼活动和新国际》,何一译,中国人民大学出版社 2008 年版,第 31 页。

西方政治哲学的伟大经典之中。"①德里达指出,力图使马克思回归学术的中立化是天真的想法,这是一个危险的倾向。

德里达最后阐明了继承马克思遗产的方法,与现实政治结合。在德里达看来,不与现实政治结合,就不能对马克思主义进行重新阐述。离开对马克思的国家学说的参照,对马克思主义的解读就会成为空中楼阁。因此,在德里达看来,继承马克思的遗产,重要的是行动起来,"只要对马克思的指令保持沉默,不要去译解,而是去行动,使那译解[阐释]变成一场'改变世界'的变革,人民就会乐意接受马克思的返回或返回到马克思"②。德里达希望激活马克思主义中政治性、意识形态性的东西,将马克思的幽灵"唤醒"来对抗当代资本主义的全球化力量。

"解构主义马克思主义"批判向度还体现在对发达工业社会政治现象的批判中。德里达提炼出共产主义的合理形态,作为建立"新国际"的参照。他在 20 世纪末对专制政治现象的批判和审思,就是为了让人们发现历史的遮蔽处:很多悲剧和灾难不仅是专制和暴力导致的结果,也是我们懦弱和盲从的产物。德里达对社会政治现象的批判,具有借鉴的意义。他如此悲悯,如此宽恕,这本身就是爱和正义的彰显。

为了回到马克思思想的本真情境,德里达批判了社会政治现象的黑暗形态。在他看来,马克思主义表面上已经变作"弃妇",暗地里仍是很多人的梦中情人,它不但没有退居幕后,而且仍然是我们生活的组成部分。

德里达指出,民主和专制是对立的。他要追问的就是:为什么人们会那么轻易地拜服在威权之下? 出于对民主的维护,具有宽容人格的德里达坚定地把斯大林体制的黑暗内幕暴露在阳光之下,他以哲人的良知,去正视真实的历史。"解构最重要的观念使得考察我们所谓的现实的可能性条件(而非现实本身)成为可能。"③德里达指出,苏联的共产主义带给人们光明和希望的同时,也带来了一些恐怖和灾难。斯大林的集权专制让阶级敌人噤若寒蝉,让他们不敢思考马克思主义所不允许的东西。斯大林以共产主义理想,引领人们的生产实践,让全社会都处于政治的高压之下。久而久之,人的思想就被改造为马克思主义的了,大家都老老实实地听从领袖的指令。"斯大林模式的社会主义,除去他个人的发挥和想

---

① 〔法〕雅克·德里达:《马克思的幽灵——债务国家、哀悼活动和新国际》,何一译,中国人民大学出版社 2008 年版,第 32 页。

② 〔法〕雅克·德里达:《马克思的幽灵——债务国家、哀悼活动和新国际》,何一译,中国人民大学出版社 2008 年版,第 31 页。

③ 〔法〕弗朗索瓦·多斯:《从结构到解构——法国 20 世纪思想主潮》(下卷),季广茂译,中央编译出版社 2004 年版,第 46 页。

象之外,应当说是较为忠实地实现了列宁的理想。"①一元化的领导造成斯大林不受制约的专制权力,而绝对的权力又导致绝对封闭的政治高压。德里达要追问的就是:苏联在建立了共产主义制度后,为什么笼罩着神圣光环的斯大林能够横行无忌?"为什么右派走错方向,左派也不得要领。"②为了找到这些问题的答案,德里达决定走进历史的深处。他指出,苏联共产主义的破坏性有着思想的源头,它继承自马克思的二元对立辩证法。在马克思彻底的批判精神中,德里达找到了斯大林体制的思想根源,这也符合解构的本质:在历史的遮蔽处发现历史,"解构的宗旨就在于,解除概念的二元对立,拆除思维的等级体系,然后将其重新嵌入文本意味的不同秩序"③。

德里达对共产主义的未来走向做了判断。德里达不赞同马克思的无产阶级专政思想,"只想把马克思主义用作一种批判、异见,进行痛斥的方便工具"④。苏联共产主义体制的产生,除了斯大林个人的因素,更多的是列宁思想应然逻辑发展的产物,因此,苏联共产主义这一名称也代表着复杂的意义。苏联的共产主义运动的顽固破坏性导致东欧剧变。冷战结束之后,共产主义运动已经不是大规模的现实行动,而是复归"幽灵"样式。在他看来,马克思主义会永远运行在未来的路上,在黎明前的黑暗中采取更多举措。在光明完全普照之前,共产主义幽灵是不会离去的,它总要出场,总要激发人们对公平正义的追求。虽然像苏联那样大规模的共产主义运动已经难以如愿,但是某些共产主义元素的再生,则是可以期待的实际梦想。因此,无论人们对斗争是赞扬,还是抨击,都不能不同意它是我们的共同遗产。德里达声称,共产主义严密的控制性既让资本家闻风丧胆,也让社会主义阵营中的异见人士战战兢兢,这造成日常生活中的紧张气氛。"幽灵"要倾诉自己的悲惨遭遇,才能激发人们的怜悯。马克思的幽灵们并不能肆意妄为,在生死之间,也有无奈与悲苦。在即将出现的黎明中,在理想的指引下,他们主张扭转个人和革命的颠倒关系,要求革命服从公民的个人利益,而不是为了革命牺牲个人。人们需要全面认清共产主义的本质,从思想上摆脱对专制和暴力的依赖,从心理上挣脱习惯的作用,跳出仇恨的枷锁,勇敢生活。

---

① 任平:《当代视野中的马克思》,江苏人民出版社 2003 年版,第 129 页。

② J. WALLIS. *God's Politics:Why the Right Get it Wrong and the Left Doesn't Get it*,San racisco:HarperCollins press,2005,p. 15.

③ 〔英〕克里斯托弗·诺里斯:《德里达》,吴易译,昆仑出版社 1999 年版,第 12 页。

④ 〔英〕特里·伊格尔顿:《历史中的政治、哲学、爱欲》,马海良译,中国社会科学出版社 1999 年版,第 124 页。

三、建立"新国际"

在阐明了继承马克思主义的遗产的方法后,德里达最后表明,自己之所以呼吁继承马克思遗产的目的,是为了建立"新国际"①。

德里达指出,存在着两种形式的"新国际"(New International)。一种是苏联解体后,由跨国公司、强势国家和犯罪组织组成的"新国际"。另一种则是"亲和性、苦难和希望的一种结合"②的"新国际"。德里达希望自己对马克思主义的解构工作有助于促成后一种"新国际"的诞生。

德里达首先指出,他呼吁的"新国际"是对人类生存灾难的"深切关怀"。新国际并不是西方式民主、自由、人权等普遍话语的完全实现,而是对人类灾难的关切。新国际顺应人类的各类危机而来,它的诉求是希望"永远不要再有像在地球和人类的历史上的那么多人所遭受过的那些暴力、不平等、排外、因而还有经济上的压迫"③。因此,新国际不是为了庆祝西方对极权主义的胜利,而是要人们正视不可胜数的人间灾难。在宗旨上,这种"新国际"是对人类生存困境的"高度关切",它适应人类的各种苦难而产生,它的宗旨是希望人类能够实现友爱相处、同舟共济。在形式上,这种"新国际"不设机构,没有组织,只是松散的联盟。在策略上,这种"新国际"是反映在各个方面的"深刻变革"。德里达指出,这种"新国际"与历史上的"共产国际"是根本不同的。在他看来,无产阶级建立的共产国际预设了各个阶级趋同的组织路线。"新国际"则顺应人类的灾难和危机,体现正义和良知精神。同时,"新国际"受到马克思弥撒亚精神的启发,并保留着古老的友爱精神。德里达指出,马克思批判精神是影响社会政治现象的重要理论形态。因此,马克思对现实政治现象的批判将继续启迪人们如何深切走进世界和日常生活。

德里达接着指出,他呼吁的"新国际"是没有机构组织的联盟。它是"在对国际法的现状、国家和民族概念等进行的(理论的和实践的)批判时采取一种非密谋

---

① 德里达作为一个犹太人,其"新国际"主张受到共济会的影响。国际共济会作为一个秘密团体,来自犹太人古老的兄弟会,体现了资产阶级的利益。在共产主义运动中,共济会多次渗透其中,马克思对共济会的资本主义本性做了批判。马克思在其著作中多次论述共济会,一直保持着对共济会的关注。

② 〔法〕雅克·德里达:《马克思的幽灵——债务国家、哀悼活动和新国际》,何一译,中国人民大学出版社 2008 年版,第 82 页。

③ 〔法〕雅克·德里达:《友爱政治学及其他》,胡继华译,吉林人民出版社,2005 年版,第 527 页。

的形式"①的同盟,这种同盟"没有盟约,完全'脱节',没有协作,没有政党,没有国家,没有国家共同体(在任何国家规定性之前,经过而且超越国家规定性的国际共同体),没有共享的公民资格,没有共同归属的阶级。新国际的名称在这里将被授予那些人所呼吁的一种没有机构组织的联盟友谊的东西"②。在未来的理想社会里,不再是只有少数人高高在上、众人膜拜,而是所有人都能发挥自己的才能,不再有个人英雄主义,而只有集体主义的英雄。全人类结成一个集体主义家庭,以更好地接受更高意志的领导。那时,世界新秩序将形成,真理和公正之光重新焕发。全能之眼无处不在,全人类能够重建通天之塔。没有为个人利益而引起的纷争、相互残害。

德里达最后指出,他呼吁的"新国际"是"一种深刻变革"。德里达把责任看作孤独的、个体的甚至是模糊的事情,所以,他呼吁的"新国际"不是群众运动的产物和共产主义消灭私有制的行动,也不是市场经济和自由民主向全球推进的世界化进程,而是在资本主义全球化霸权和共产主义消灭国家、消灭阶级运动中的第三条道路,"是国际法以及它的干预范围反映在各个方面的一种深刻变革"③。只有消除了私有制、实现新国际,复归过去的"黄金时代",才能让个人实现自我的全面和谐,达到个人与自然、个人与社会的平衡。那时,人们将恢复自己的神性,能够全面认识客观规律,自觉按规律处理人与自然的关系,对自然的开发将变得很有节制。在新国际里,科学技术高度发达,人与人消除了差别,分工不再存在。人们的一切活动都将完全按照共同的自由意志进行,人们的各种潜能将充分发挥,那时,人们实现了对私有制的超越和各项素质的全面提升。

德里达坚持,这种"新国际"与马克思的"共产国际"具有本质的差别。在德里达看来,马克思的阶级斗争铺设了社会阶级认同的道路,共产国际只是一个伪造出来的色彩斑斓的肥皂泡。它声称代表人类的利益,其实并不体现任何阶级的利益,而只是狂热和欲望的集合体。永恒的危机感、紧张、恐惧是它的特征,不停地集权、控制、争霸是它的手段。维护正义只是它的手段和借口,维持集团生存及利益才是它的实质目的。这个实质目的,使它毫不留情、坚决斗争,不讲公认的道

---

① 〔法〕雅克·德里达:《马克思的幽灵——债务国家、哀悼活动和新国际》,何一译,中国人民大学出版社 2008 年版,第 83 页。
② 〔法〕雅克·德里达:《马克思的幽灵——债务国家、哀悼活动和新国际》,何一译,中国人民大学出版社 2008 年版,第 82—83 页。
③ 〔法〕雅克·德里达:《马克思的幽灵——债务国家、哀悼活动和新国际》,何一译,中国人民大学出版社 2008 年版,第 81 页。

义和原则。① "新国际"则关注人类的灾难,适应国际法的危机而来,彰显古老的星际法则,代表正义和良知。

但德里达又坚持,这种"新国际"与某种马克思主义的弥撒亚精神有关。因此,所有那些即将加入这种"新国际"的人们,都受到马克思的恩惠,"他们也会继续受到至少一种马克思或马克思主义的精神的激励(他们现在明白了马克思或马克思主义的精神不止一种)"②。没有这种精神的激励,就不可能有"新国际"。

"解构主义马克思主义"始终是一项政治行动,它期盼完全正义的到来。共产主义没有随着时间而照亮全球,对马克思的记忆也随时间在日益消解。德里达对马克思批判精神的继承,证明了共产主义的持久性。因此,东欧剧变并不表明共产主义运动的瓦解。马克思主义经过正义的感召定会新生,对它的污蔑也终有洗清的一天。其实,马克思从没离开,在今天,他的批判精神仍然被反复提起。在德里达之后,列斐伏尔继承了马克思的社会批判理论,对日常生活,尤其是空间生产进行了批判;德波结合马克思的批判思路,将马克思的商品社会理论推进到景观社会理论,对景象的虚幻性做了揭露;鲍德里亚继承了马克思《资本论》的批判逻辑,对消费社会的符号生产进行了批判。

马克思主义的暂时退场,我们无须伤心。是顺从现实的风霜刀剑,还是挺身反抗生活的无涯苦难?显然,马克思选择了后者。他终生都以批判现实、追求人类的完全解放为己任。起初,响应的人寥寥无几,就连当时参加共产主义同盟活动的人也少得可怜。但是,他并没有灰心,而始终不停为事业奔波。恩格斯对马克思的传颂充满了信心和希望,他确信终有一天,共产主义会传遍全球,会在人类社会遍地开花,世界各族人民会在马克思批判精神的引导下,过上幸福的生活。共产主义起步于 1848 年,百余年来它饱经风雨沧桑,历经曲折而不断跋涉。它是我们心理、生存状态的历史折射,它是影响社会意识的重要形态,值得我们不断品味解读。因此,我们有充分的理由相信,马克思的批判精神将继续成为我们学会生活的明灯。"值此之际,一种新的世界无序正试图[在各地]安插新资本主义和新自由主义,但任何一种否认都无法摆脱马克思的所有幽灵的纠缠。"③马克思思

---

① 马克思主义的基本立论依据之一是进化论。故此,有人认为马克思是把物种竞争、适者生存的自然法则推演到社会领域,认为斗争是社会发展进步的动力。实际上,马克思的《共产党宣言》诞生在 1848 年,而达尔文的进化论正式问世是 1859 年。

② 〔法〕雅克·德里达:《马克思的幽灵——债务国家、哀悼活动和新国际》,何一译,中国人民大学出版社 2008 年版,第 83 页。

③ 〔法〕雅克·德里达:《马克思的幽灵——债务国家、哀悼活动和新国际》,何一译,中国人民大学出版社 2008 年版,第 22 页。

想对传统和现实的批判,改造世界,倡导平等,在思想界产生震动的同时,也将启发人们如何运用不同思维方式,深切理清人与自然、人与社会、人与人的关系,以便建构更理想的未来。

无论时代如何变迁,总会有一些人不屈服于主流意识,不为现实的浮华利益遮蔽双眼。而德里达就是能够坚守内心道德律的人。德里达反复倡导要彻底废除死刑这种不人道的惩罚,主张宽恕一切罪孽,用希望和亲和的"新国际"将人们团结起来。在人们对马克思主义或神化或丑化之时,德里达要说的只是苏联曾经存在,曾经让我们感动、让我们恐惧。在他看来,无论人们对共产主义是赞扬,还是抨击,都不能不同意它曾带给全世界的震动。在不少一向以正统马克思主义者自居的人纷纷对共产主义落井下石之时,德里达为马克思思想做的辩护具有独特的价值。一个学者在世纪的转折点上还是如此坚定,如此勇敢,如此讲正义感,这本身就是良知的体现。德里达不像那些自称为"马克思主义者"的人那样,只是把"马克思主义"作为一种投机营生,而是把马克思的批判精神作为自己学会生活的榜样。

"解构主义马克思主义"作为马克思思想史的一个重要环节,是社会批判理论逻辑中一个非常重要的断裂。它是对伪欲望引导社会结构的质疑,是对本质社会存在的复归,是对假象文化的证伪。它的价值诉求是期冀"永远不要再有像在地球和人类的历史上的那么多人所遭受过的那些暴力、不平等、排外、因而还有经济上的压迫"①。"解构主义马克思主义"的批判既是一个从唯物到人本、从感性到理性、从理论到实践不断扬弃的本然逻辑过程,又是一个从批判到继承、从解构到结构、从建构到重构的应然逻辑过程,是在无情的现实批判中呈现其理论形态的。由此,德里达的社会批判摆脱了思辨的迷宫。德里达的社会批判虽然沿袭了其解构的基本方法,但两者还是有很大差别的,更不是像有些人批评的解构只是一种文字游戏。它还是很注重思想的实践性和交融性的,虽然它既不属于哲学也不属于文学。德里达通过时代批判,剖析了发达工业社会的生产现状,这种批判体现了科学——社会哲学的应然批判逻辑;德里达揭示了马克思思想的时代价值,这种批判彰显了文化——经济社会哲学的应然批判逻辑;德里达通过批判社会政治现象,提炼出共产主义的合理形态,这种批判蕴含了政治—社会哲学的应然批判逻辑。解构主义马克思主义批判在后现代社会中诞生,有助于对时代现实的批判和美好生活的建构。

---

① 〔法〕雅克·德里达:《友爱政治学及其他》,胡继华译,吉林人民出版社2005年版,第527页。

本章小结:

本章通过叙述德里达眼中的马克思"幽灵"的境遇与价值,说明了马克思思想的巨大生命力,揭示了马克思主义的当代价值。

德里达认为,马克思主义已经成为人类的遗产,它必然为我们所共同享用。在这个脱节的时代,我们更需要马克思的"幽灵"。当今世界许多问题的解决必须求助于马克思主义的"幽灵",马克思的"幽灵"在呼唤我们,我们不能充耳不闻。因此,作为幽灵的马克思的走向,就是继续指引我们的生活。马克思的"幽灵"一有机会总要显现为肉身。作为具体时空限制下的理论形态只能反映客观世界的一部分,而不是全部,物质是不停地运动的,而理论具有相对性。作为无产阶级斗争实践经验总结的马克思主义,有着鲜明的阶级性。因此,理论要克服自己的局限,就必须不断随着实践转换形态。理论既能正确反映客观实际,也可能歪曲客观实际,但能够一劳永逸反映全部客观实际的理论根本不可能存在,所以我们要做的就是发挥主观思辨的能力,尽量与实践同步。

德里达用"幽灵们"来表示马克思主义具有"异质性"。他认为,面对这份复杂的遗产,人们必须要对它过滤、筛选和批判。他号召人们只继承"好的马克思主义",而"好的马克思主义"就是马克思的批判精神和弥赛亚精神。德里达认为,弥赛亚精神体现在马克思主义当中,就是解放精神。因此,我们所欲继承的马克思主义的遗产就是指马克思主义的批判精神和解放精神。在马克思"幽灵"的指引下,他呼吁建立"新国际",以拯救这个颓败的世界。

作为人类最终理想的共产主义,是我们永恒的图腾。① 既然新生都是从狱火中得来的。那么就不要再哀悼那段过去了的辉煌,也不要再悲愤它带给我们的伤害。不要再悲叹那些甜蜜的美好记忆,让马克思主义在这里涅槃,月尚且会有阴晴圆缺,何况是本来就不平坦的人生,何况是需要经历艰苦奋斗才会成功的事业。没有坎坷的人生是平淡无味的,没有经历挫折的成功也是不值得珍惜的。不经历风雨怎么能够看见彩虹。

---

① 笔者很清楚意识、道德具有相对性,它们是不断变化的,作为人类一种思想的马克思主义,当然有其时代局限性。但正如事物也有共性,马克思主义中必定有我们要永远继承的东西。

第六章

马克思"幽灵"的当代出场：社会现象批判理论的发展

马克思主义社会批判在当代再次出场，并进而形成了三种出场样态：空间生产过程批判①、景观生产机制批判、消费—符号生产模式批判。它发端于列斐伏尔（Henri Lefebvre）对社会空间生产真实情景的考察，发展于德波（Guy Debord）对景象社会生产的描述，成型于鲍德里亚（Jean Baudrillard）对晚期资本主义符号消费生产现象的阐释。列斐伏尔以空间生产为视角的社会现象批判考察了"城市时代"中的资本运作方式，对社会现象批判伦理的"空间转向"（spatial turn）奠定了基础。列斐伏尔的日常生活批判理论直接开启了德波的景观社会批判伦理。德波认为，商品的过度生产和媒介的日益兴盛，让当代发达工业社会变成景观堆集的世界，让日常生活的一切都转化为承载消费欲望的影像。景观生产批判理论成为鲍德里亚消费符号批判理论的学术源头之一。消费社会让消费占据资本生产的中心，让一切都通过符号显现。鲍德里亚主张用符号政治经济学批判思路、象征交换分析来取代政治经济学批判。

第一节　社会空间现象批判

资本主义的空间生产除了具有物理和地理属性，还具有经济和意识形态属性。批判社会空间的负面现象，既能深入了解社会有机体的发展机制，追问社会形态演化的内在规律，革新僵化的制度体系模式，又能真切体味传统和现实的关联，厘定社会变革的策略，推动社会有机体的良性成长。尽管马克思等人重点考

---

① "空间生产"理论是在对发达工业社会空间生产现象形态的批判中出场的，其中彰显着列斐伏尔对马克思社会空间现象批判理论的深化和对日常生活空间差异正义的寻求。马克思对资本主义社会空间现象的批判引导了其逻辑起点；对资本主义空间生产过程的阐释表征了其逻辑展开维度；对差异正义的寻求彰显了其伦理诉求。

察的是空间中事物的生产,但对空间自身生产也有所涉及。马克思主义社会空间生产批判伦理形态是一个持续解构与建构的逻辑生成过程。

社会空间现象批判是指对所有与人类密切相关的消极社会空间现象的批判。马克思主义社会空间现象批判伦理的出场形态从马克思、恩格斯对早期资本主义社会空间中一切不合理现象的解构,到列宁对帝国主义垄断本质的揭露,再到毛泽东对社会空间中两类不同矛盾现象的解构,最后到后马克思主义者对当代社会空间消费现象的拒斥,逐步深入,其理论形态逐渐走向完善。

一、社会空间现象批判出场的逻辑起点

马克思主义社会空间现象批判伦理的出场就是从批判前人的社会理论开始的。马克思对黑格尔的法哲学和资产阶级的国民经济学做了无情的理论解构。

首先,马克思通过批判黑格尔的思辨幻想,提出了实践的社会空间现象批判伦理。在马克思看来,黑格尔思辨哲学的不明智之处就是:把现实社会空间中的矛盾理解成头脑中的矛盾。马克思解构了资产阶级法哲学的思辨性,认为黑格尔把社会空间中的客观现象形态当成理念的产物,这就把社会空间中的主客关系倒置了。马克思用具体的社会现实空间取代抽象的空间范畴理念,认为黑格尔的法哲学是一种头足倒置的思想意识。马克思对宗教、阶级、国家等社会空间中的范畴做了解构,认为宗教批判是一切社会空间现象批判的前提。马克思的社会空间现象批判伦理就是要为人们找回本真的日常生活空间。他不要虚幻的幸福,而要实在的现实利益。在马克思看来,黑格尔的法哲学是德国现实社会空间现象的歪曲反映,对它的批判就是对德国现实社会空间的批判,为此,他很重视理论批判的作用,认为抓住事物根本的理论可以变成改造现实社会空间形式的物质力量。

其次,马克思详细考察了社会空间中人的解放问题。马克思社会空间现象批判的对象首先针对的是宗教、国家、阶级等方面。他批判了青年黑格尔派的国家伦理观。马克思驳斥了鲍威尔等人在人类政治解放上的片面看法。鲍威尔把犹太人的灾难归于宗教信仰,不赞成采取民族解放斗争,在他看来,社会压迫的根源是宗教,宗教这一社会空间现象消灭了,社会压迫就会自动消失。而马克思认为,社会压迫不是宗教问题,而是政治问题。他指出:"我们不把世俗问题化为神学问题。我们要把神学问题化为世俗问题。"①这里强调了社会空间世俗现象对宗教的制约性。在他看来道德是自律,而宗教是他律。"道德的基础是人类精神的自

① 《马克思恩格斯全集》第1卷,中央编译局译,人民出版社1996年版,第425页。

律,而宗教的基础则是人类精神的他律。"①鲍威尔把宗教解放当作政治解放,而政治解放就是人类解放。因此,在他看来,人类要解放必须彻底消灭包括宗教在内的社会压迫。马克思则指出,宗教解放不是人类解放的充分必要条件,人类的解放不在于解除宗教压迫,而在于彻底消灭私有财产制度。对于社会空间现象的消除,黑格尔主张采用改良的方法解决君主和市民社会的矛盾,马克思则针锋相对地指出,必须用暴力革命才能解决阶级的对立。马克思社会空间现象批判伦理最主要的实践运用就是阶级斗争,马克思把对抗视为社会空间形态变化的必备前提。这种暴力夺取政权的观点影响了社会空间现象批判伦理的实然逻辑进程。

复次,马克思通过批判国民经济学提出了异化劳动伦理。他揭露了唯心主义国民经济学的神秘色彩。马克思首先对自己的研究与国民经济学家的研究进行了比较。他一方面指出自己的研究是承继资产阶级国民经济学的:借鉴了它的方法和思路;另一方面,马克思又揭示了国民经济学的弊端,即"它把私有财产在现实中所经历的物质过程,放进一般的、抽象的公式,然后把这些公式当作规律"②。由于本末颠倒,国民经济学家想阐释经济规律之时,"总是置身于一种原始的虚构状态"③,正像神学家凭借虚无的原罪阐释罪恶的来源,结果造成研究中前提和结论的颠倒。与此不同,马克思指出自己的研究从当前社会空间的经济事实出发。接着,马克思指出当前社会空间的经济事实,就是工人的付出和收入严重的不对等。这一经济事实表明,劳动的产品作为一种异己的存在物,同劳动相对立。在他看来,人的本质是自由自觉的活动,劳动不应成为人的枷锁,而应是人的情感和意志的自觉表达。社会实践就是通过外在事物展示人的存在。可在资本主义社会空间中,工人的劳动是异化的。处在异化劳动中的工人的日常生活也是异化的。

马克思详细论述了工人在异化劳动中的惨状。在他看来,此时工人已成为对象的奴隶。工人先是被当作无情感的"工具",继而是被看作创造剩余价值的肉体存在才能被雇佣。工人在劳动中已经等同于一台机器,从而丧失了作为一个自由人的一切。马克思声称,要想克服工人的人的本质同人相异化,达成劳动者对自己本质的真正掌握,只有扬弃私有制度才有可能,异化劳动和私有制是紧密相连的。马克思的"异化劳动"伦理,阐释了私有财产制度的局限性,指出了清除私有财产制度的必要性。要建立共产主义制度,就必须先摧毁异化劳动的经济基础和

---

① 《马克思恩格斯全集》第1卷,中央编译局译,人民出版社1996年版,第119页。
② 《马克思恩格斯选集》第1卷,中央编译局译,人民出版社1995年版,第39页。
③ 《马克思恩格斯选集》第1卷,中央编译局译,人民出版社1995年版,第40页。

上层建筑。马克思对国民经济学的批判在《资本论》中延续下来。他批判地阐述了资本的运行方式,探寻了资本的运行规律,对商品拜物教做了批判。马克思指出,资本家力图通过缩短空间距离扩大市场,"资本同时也就越是力求在空间上更加扩大市场,力求用时间去更多地消灭空间"①。也就是说,资本在运作过程当中,不断用时间打破空间的限制,以拓展资本的生产空间。空间生产造成了城市和乡村的二元对立,掀起全球的城市化运动。

再次,马克思通过批判直观唯物主义,创立了实践唯物主义的道德观。马克思不是凭借思辨的方法考察社会空间现象,也不是运用各种经验的、虚构的范畴来界定社会空间的本质,而是在实践的、复杂的社会关系和社会现象及其现实背景中去讨论社会空间的异化现象问题。马克思表明实践唯物主义的现实前提是人类社会。马克思批判了费尔巴哈直观唯物主义的局限,即直观唯物主义缺少实践维度,只是从客体角度理解社会空间现象。在实践观的基础上,马克思阐释了全部社会生活的本质:"凡是把理论导致神秘主义方面去的神秘东西,都能在人的实践中以及对这个实践的理解中得到合理的解决。"②与资产阶级抽象人性论异质的是,马克思把社会关系看作人的本质。总之,实践是马克思考察社会空间现象的切入点。

马克思表明了人类历史存在的前提是有生命的个人。个人的现实存在就是他们的社会实践活动和社会的物质基础条件。"现实的个人"是受历史条件和环境制约的。他把"存在决定意识"看作唯物史观的立足点。个人的活动构成社会空间实践的四个方面。人类生存的前提是能够凭借物质资料生产生活下去,而物质资料的再生产构成人的第二个需要——生命的生产,同样是社会实践能够进行的前提条件。最后一个是社会关系的生产。马克思凭借批判青年黑格尔派的主观唯心主义阐述了历史唯物主义的基本规律。马克思认为蒲鲁东根本没有理解黑格尔辩证法的精义。蒲鲁东认为,"任何经济范畴都有好坏两个方面"③,这就把经济问题的多元性简单化了。马克思认为只能运用真实的物质力量清除现实社会空间的矛盾现象,而无法采取漠视的策略,因此,"马克思对日常生活的道德是持赞成态度的,而对政治中的道德则持批判态度"④。为了凸显暴力流血在社会形态转变中的作用,马克思把对抗视为社会空间现象的基本形态。

---

① 《马克思恩格斯全集》第46卷上,中央编译局译,人民出版社1980年版,第33页。

② 《马克思恩格斯选集》第1卷,中央编译局译,人民出版社1995年版,第56页。

③ 《马克思恩格斯选集》第1卷,中央编译局译,人民出版社1995年版,第143页。

④ R. W. Miller, *Analyzing Marx. Morality, Power, and History*, Princeton:Princeton University Press,1984,pp. 16—17.

总之,马克思的社会空间现象批判伦理出场形态,是通过激烈的批判思辨幻想呈现出来的。由此,社会空间现象批判伦理摆脱了思辨的迷宫,走上与实践相结合的康庄大道。马克思的社会空间现象批判伦理虽然沿袭了黑格尔辩证法的基本方法,但两者还是具有很大的差异性的。马克思的社会空间现象批判伦理很注重思想的实践性、批判性,而对思想的同质性、契合性涉及较少。

二、社会空间现象批判出场的逻辑行进

马克思的社会空间现象批判伦理的出场形态从批判思辨幻想起始,到揭露资本主义社会空间中的不合理现象,再到批判国民经济学,最后得出实践唯物主义道德观和共产主义道德理想,彰显了一种不断解构与建构的理论形态。列宁的社会空间现象批判伦理主要是对马克思社会空间现象批判观点的补充和论证。在著作中,他对帝国主义这个特定的社会空间做了彻底批判。但在无情地批判垄断资本主义的局限性时,列宁通过浅显明白的事例论证了资本也具有一定的现实意义。

第一,列宁在批判机会主义的同时,深化了无产阶级专政等国家伦理。要弄清列宁的国家伦理观,必须明白列宁的辩证矛盾观。列宁在黑格尔思辨方法的启示下,将辩证唯物主义和主观经验主义对立起来。他批判了马赫(Ernst Mach)的机械主义,提出用物质范畴理解社会空间现象。列宁把哲学家划分为唯物主义和唯心主义两个党派。哲学的党性代表着不同阶级的利益需求,与阶级立场相连,为阶级的基本利益做辩护。唯物主义作为贫苦大众的意识形态,反映了他们改变生存困境的迫切需求。唯心主义作为既得利益阶级的意识形态,反映了他们安于现状的自得心境。列宁的社会空间现象批判伦理也充满辩证思维。例如,他能根据实际情况,废除军事共产主义政策,缓和农民与政府的矛盾,并最终提出了一个"农民问题提纲初稿"。① 当然,列宁从不认为自己的国家政策是完全正确的,他认为自己只是多数派,而没有达到全面,并指出社会空间的运动主体是客观事物,而不是矛盾精神,但后来斯大林强化了矛盾观点在社会空间的适用范围,并将其推广到自然界和社会领域,这种做法在毛泽东的无产阶级专政下继续革命理论中得到沿袭。斯大林把社会空间现象批判伦理应用到党内的思想斗争,并把两条路线斗争应用到社会主义经济和政治领域,在改造主客观世界的斗争中,辩证唯物主义被当成神圣不可侵犯的教条,共产主义原则被当成拯救世界的良药。当然,处于战争年代,和平是最大的需求,单一决绝的行动才能促进目标的完成。如果

---

① 《列宁全集》第 33 卷,中央编译局译,人民出版社 1985 年版,第 383 页。

兼顾每个人的利益，根本不可能实现空间正义。

与大多数布尔什维克领导人不同，列宁认为暂时保留私有制对社会主义是有益的。他以对立统一规律为核心对黑格尔国家伦理观的合理因素做了说明和发挥。他以哲学的党性原则为前提，对社会主义阵营和资本主义阵营的对立做了详尽阐释，最主要的是，列宁的国家伦理观是基于当时的科学成果，而具体的科学理论毕竟只是人一时的认识，列宁国家伦理观的情境局限性，就是过分强调了斗争的重要性，并要求在废除中实现社会进步。斗争的目的就是要实现新陈代谢，不断地扬弃自身，这是事物内在的运动法则。而实践的作用，就是加快或推迟否定的进行。这是戴着枷锁跳舞，是试图反抗。列宁声称，社会空间的矛盾现象只能凭借暴力革命清除，他曾反复强调：工人阶级必须掌握革命暴力，使用铁拳粉碎一切保守势力的抵抗。列宁列出了量变质变规律和对立统一规律。而毛泽东只对对立统一规律表示认同，而对其他两条规律不屑一顾。总之，列宁解释性地说明了马克思的基本国家观点，用大量的事实论证了社会主义矛盾。以上显示，列宁的社会空间现象批判伦理尚未有一个可观的体系骨架。毛泽东在繁重的革命工作中尝试性地完成了这一任务。

第二，列宁在批判资本主义社会空间各种不合理现象当中，提出了帝国主义批判伦理。列宁将历史辩证法应用于分析资本主义社会空间的危机和俄国的社会空间矛盾，提出了一系列无产阶级的斗争策略。列宁沿袭了矛盾普遍存在的观点。他指出，社会空间的各种运动形式都存在着矛盾，而社会运动的原因是内部空间的矛盾。整个社会空间都处于不停的运动当中。是事物内部的矛盾推动了事物的运动，而不是外在的推力，但事物是如何推动社会空间运动发展的，列宁并没有深究。实际上，社会空间运动的原因除了自身，还因为外力，因为整个世界都处于联系当中。为了反对修正主义，列宁特意强调了帝国主义的和平演变策略。辩证的否定是任何事物都在时刻进行的内在逻辑过程，资本主义社会的发展也不例外。为此，他详细研究了资本主义社会空间中的矛盾，并指出，资本主义社会的危机是因为其矛盾对立面的斗争。在他那里，同一在国家发展中的作用被消解忽视，而斗争的重要性凸显出来，这就为现实的革命斗争做了理论准备。但是，斗争不是目的，而是为了实现多数人利益的手段。

列宁指出，帝国主义是资本增值规律的必然逻辑。他阐释了帝国主义的五个特质：垄断结构，金融资本，资本扩张，国际垄断盟约，世界领土割据形成。在他看来，帝国主义就是殖民和压迫。"资本主义已成为极少数'先进'国对世界上绝大多数居民实行殖民压迫和金融扼杀的世界体系。"①帝国主义的寄生性和腐朽性使其不可避免地走向死亡之路的同时,也预示着革命形势的好转。工业生产能提高生力,却使人类堕入欲望的泥潭。列宁又部分肯定了国家垄断资本主义的过渡价值,资本主义使生产力得到空前发展,才为工人的革命斗争提供了社会条件。垄断资本主义充分暴露了资本的弊端,从而让革命的洪流提前降临。因此,列宁并不是简单的否定资本,而是针对共产主义原则与现实的冲突,重新制订了国家政策。

第三,毛泽东的社会空间现象批判伦理直接继承自列宁的相关观点。毛泽东的社会空间现象批判伦理是其矛盾观的集中展现。虽然毛泽东的社会空间现象批判伦理的一些观点是从苏联哲学教材中借鉴来的,但它并非一味地沿袭,而是在解构和建构基础上有所创新。毛泽东详细地考察了社会主义社会空间的实质和两类不同矛盾的特征。

毛泽东在批判官僚资本主义和帝国主义的同时,提出了社会主义社会矛盾伦理。毛泽东的社会空间现象批判伦理可以看作是新民主主义革命实践的产物。马克思凭借黑格尔的逻辑学对工业社会的资本运作方式做了分析和考察,从而培育了共产主义者对资本增值的仇恨。把一切事物看作对立状态,是毛泽东的矛盾分析的主导策略。例如,他后来把革命和改良看作真马克思主义和假马克思主义的主要标准,并把反对修正主义当作自己义不容辞的责任。毛泽东还指出社会主义社会空间的两类主要矛盾。他直接把列宁的哲学党性原则推广到社会领域,突出地发挥了对抗就是进步的观点,把解决社会空间的对抗提升到方法论的高度。除了继承列宁的观点,毛泽东的社会空间现象批判伦理思想还来自中国传统的社会理想。当然,毛泽东的社会空间现象批判伦理不只是他的个人成果,而是时代精神的集中体现。

为了反对帝国主义,毛泽东研究了中国社会空间各个阶级的革命属性,还用《周易》的辩证法论证自己的社会空间矛盾观点。毛泽东既追求理想又面向现实,既认为帝国主义只是纸老虎,又坚持在战术上重视帝国主义及其走狗;既坚持共产主义暴力革命的原则,又为共产主义蓝图添加了中国元素。在他看来,共产主义社会不仅是生产力的高度发达,而且是人们道德素质的普遍提高。显然,毛泽东的社会主义社会空间两类矛盾思想,也是中国传统知行合一思想实然逻辑发展的结果。他把马克思的共产主义原则运用到中国这个特殊的社会空间,试图在古老的大地上建立起人间天国。毛泽东在历史辩证法的基础上,解构了社会矛盾规

① 《列宁选集》第2卷,中央编译局译,人民出版社1995年版,第573页。

律体系的整个雏形，并以强烈的使命感，研究了社会主义社会的矛盾规律。社会主义社会空间的矛盾现象不应仅从人与自然、人与物的关系等层次去体察，还应该从社会实践、社会关系、社会政治等层次去考察。

毛泽东在批判帝国主义腐朽体制的同时，提出了人民民主专政的国家伦理。在谈到民主革命和社会主义革命的区别时，他指出，社会主义革命的本质就是消灭私有制。① 毛泽东把矛盾特殊性上升为普遍的方法论，并希望理论工作者摆正阶级立场，去深切体会群众的日常生活。这是毛泽东为摆脱共产国际控制，独立自主探索中国革命道路得出的经验教训。把马克思主义批判精神和原则应用到中国的具体革命实践，毛泽东得出人民民主专政理论："总结我们的经验，集中到一点，就是工人阶级（经过共产党）领导的以工农联盟为基础的人民民主专政。"② 毛泽东特别注重继承无产阶级专政理论，尤其注重维护马克思的暴力革命理论。他指出专政的目的，就是清除封建主义，制止资本主义在中国的发展，实行计划经济。毛泽东将社会空间中的斗争现象延伸到领导层，总结出无产阶级专政下继续革命的理论。在他看来，扎根于社会的政党不可能是绝缘体，肯定渗透进了社会的两类矛盾。

毛泽东的社会空间现象批判伦理还吸取了儒家的大同思想。在他看来，要建成一个伟大的社会主义国家，必须把中国人民的利益和世界被压迫民族的总体利益紧密结合起来，这不仅是把革命经验和现实实践结合起来的产物，也是把传统文化和现实理想结合的结果。毛泽东专门阐释了知行关系，写成《实践论》。他还在解构和建构的前提下对马克思的社会空间现象批判伦理进行了重构，这也是马克思社会空间现象批判伦理的异质性应然发展逻辑。在他看来，革命的成功是从认识中国这个特殊性社会空间开始的，而实际上，人在认识之前，不可能一无所知。因此，毛泽东的社会空间现象批判伦理比较符合主观辩证法。1949 年，在革命即将迎来曙光的时刻，毛泽东为新中国的政治建设做了理论准备。毛泽东提出的社会空间现象批判伦理，是马克思阶级分析方法在中国社会空间的出场。

总之，毛泽东的社会空间现象批判伦理遵循了科学的逻辑道路。他把两条路线的对立扩展到整个社会空间，把唯物和唯心的斗争上升为社会空间批判伦理的主要纲目。毛泽东在理论上得出了正确处理社会两类不同矛盾的论断，但在革命和建设实践中却逐步转变为以阶级分析方法来解决社会空间中的各种矛盾现象。

---

① 马克思认为，共产主义运动的主要目的和手段就是消灭私有制，公有制和私有制是无法共存的。这也体现了马克思主义哲学的党性原则。

② 《毛泽东选集》第 4 卷，人民出版社 1991 年版，第 1480 页。

三、社会空间现象批判出场的当代形态

亨利·列斐伏尔(Henri Lefebvre,1901—1991)法国马克思主义的代表人物之一,西方学界公认的"日常生活批判之父",城市空间批判理论的发起者和主要代表。自20世纪60年代开始,他运用马克思主义对城市空间生产进行了研究。主要著作有《接近城市的权利》(1968)、《城市革命》(1970)、《空间的生产》(1974)等。列斐伏尔的日常生活批判伦理是马克思异化批判理论的当代出场,它的兴起表明了理性向本真世界的复归。在他看来,马克思的社会空间现象批判伦理对商品的批判集中于时间维度,而缺少空间维度。而历史作为宏观存在,不仅是时间的集合,也是空间的组合。为此,列斐伏尔在1974年出版了《空间的生产》一书。在书中,他阐述了一种"空间辩证法",将空间和地理带入社会批判伦理,从而从空间维度补充了马克思的唯物史观。在马克思看来,社会空间只是物质生产的凭借,而列斐伏尔则把社会空间看作物质生产的组成部分。他还补充道,空间生产在当代的集中表现是城市化,这就把空间生产和社会批判联系起来了。资本主义的殖民扩张就建立在社会性、工具性的空间生产基础之上。"(社会)空间就是(社会)产品。"①空间生产就是空间被规划、利用、改造的过程。

(一)发现社会空间

列斐伏尔对资本主义空间生产过程及其问题做了详尽阐释,构成了空间批判理论的主要代表。资本主义城市空间生产就是资本转移过剩危机、实现不断扩张的过程,既让空间生产不断资本化,又促进了技术革新。空间生产与技术革新密切联系,一定意义上,技术革新是空间生产的一部分,既让技术革新在更加广泛、全面的意义上进行,又让资本获得了更加灵活的增值方式。城市空间作为人生存的必备条件,不只是被动的自然地理环境,而且是资本增值的生产要素,将资本危机转嫁为国与国的矛盾,需要建立差异空间,打破资本主义空间霸权。

列斐伏尔建立起"社会、历史、空间"三者结合的辩证法。在他看来,传统哲学的空间理论虽然机械简单,但仍不乏深刻的思想碎片。古人对空间的本质有两种认识:空间是客观的位置总和;空间是主观的先验样式。空间也不是纯粹的客观事物,而是主动参与实践的主体性对象,并与政治意识形态相连。"在对空间中存在的一切事物所进行的思考中,或者对抽象空间所进行的思考中,它分散了、消失

---

① H. Lefebvre, *The Production of Space*, Oxford:Wiley – Blackwel Press,1991,p. 30.

了。"①人类把自身的印记投射到空间中,让空间具有了社会属性。

沿着这种思路,列斐伏尔批判了传统的二元对立空间观,总结出了社会空间范畴,把空间、时间和社会三者紧密联系起来,从而把辩证法由二元增加到三元,即把空间引入社会和历史。首先,社会关系是空间的内在要素,主体是社会空间的建构者;其次,空间生产是空间社会化和资本化的结果;最后,城市空间生产是资本增值的新方式,强化了空间等级秩序,形成了空间"区分机制"。列斐伏尔以结构主义符号学分析方法为基础,考察了空间生产现象形态。空间生产既是社会生产力发展到一定阶段的产物,又能对物质资料的生产及再生产发生影响。"城市空间生产"的空间并不指生产资料的载体空间,不是容器性的工具空间,而是指生产的对象是城市空间本身。

尽管在批判策略及角度存在巨大异质性,城市空间生产批判也从《资本论》的行文逻辑中找到了批判思路,尤其关注资本运转方式日益呈现为时间消灭空间的趋势。随着时间的推移、资金的流动,资本家尽可能缩短空间生产流程,不断通过改善交通运输设施,以获得更多资本利益。发达工业社会城市空间生产的危机是资本经济在走下坡路,是政治、文化、生态各方面的颓败,是"公然宣称的暴力所造成的"。城市空间的无限扩张和自我突破可暂时缓解资本主义危机,但不能改变资本主义基本矛盾。

列斐伏尔将"空间生产"的运行机制呈现为"空间实践""空间表征"与"表征空间"三种境况。"空间生产"的中心议题是社会关系的生产及其再生产,也可以说,社会关系的形成过程就是空间生产。"空间实践"对应的是感知的空间,其生产对象是空间中的客观事物,包括物质资料生产实践和生活资料生产实践,这种直接的空间生产随处可见,如大规模的房屋建设、高速公路的修建、娱乐设施的设立等;"空间表征"对应的是想象性的空间,呈现的是人思维的主观能动性,其生产对象是范畴化的空间理念,包括社会关系的生产及其再生产,这种范畴化生产对空间生产起支配作用,如思想文本的写作、语言文化的交流、法律规则的制定等;"表征空间"对应的是日常生活空间,其生产对象是象征性的符号编码,包括媒介意象的制造和符号意义的生产,这种符号化生产是空间生产的主导模式,如电视剧的拍摄、广告的宣传、网络信息的传播等。空间生产由"空间实践"发展到"表征空间",并非简单的直线运动,也不是跑步式的跨越前进,而是辩证的总体过程。"空间实践"和"空间表征"都只看到了日常生活的一个方面,缺乏对丰富世界的

---

① 〔法〕亨利·列斐伏尔:《空间与政治》(第二版),李春译,上海人民出版社 2008 年版,第18—19 页。

总体认识。"表征空间"则带着总体的视角观察日常生活,既克服了客观对象的呆板乏味,又发挥了思维想象的能力,虽然仍有很大缺陷,但不失为一种较为先进的了解世界的方式。它能吸取自然空间和社会空间的优势,揭示被资本遮蔽的日常生活的真实情景,从而具有空间革新的意义。

(二)城市空间生产的异化

在列斐伏尔看来,资本主义城市空间生产体现着国家权力对经济运行模式、思想意识形态和日常生活的控制。资本主义城市空间生产不仅制造了政治、经济高度一体化的抽象空间,而且消解着真实的日常生活空间;不仅制造了公民所需的物质资料,而且制造了社会关系;不仅维护着对地方的控制,而且管理着公民的日常生活和阶级关系;不仅侵占着乡村空间和公民空间权益,而且导致空间符号意识形态,还造成严重的生态环境问题。由此,资本主义城市空间生产带来了国家范围内经济政治的空间风险系统,既带来了日益突出的空间问题,又引起社会关系和生活方式的深刻变化。

1. 城市空间生产导致社会异化

首先,资本主义城市空间生产引起社会符号化。以资本增值为目的的城市空间生产,让空间生产的主体由"自然人"变为"资本人",让城市空间生产追求最大利润,而不是人的自由发展,导致社会的同质性和碎片化。城市空间生产更突出的是经济效益,而不是为人提供更好的生存空间和发展条件。资本增值逻辑让城市空间生产在终极价值目标上背离人的发展需求,让空间摆脱了物质资料生产对象的地位,直接与资本增值挂钩,与资本存在方式直接相连,成为资本主义生产的主导模式。城市空间生产仍然存在阶级剥削,引起空间的等级化和碎片化,导致生产模式僵化。资本主义私有制加剧了空间矛盾,让资本主义国家利用空间生产制造了等级性警察空间。资本主义抽象空间生产是商业化、警察化的,消除了一切地域和民族特色。空间生产是集约化的逻辑过程,是资本逻辑在社会空间的拓展,既存在农业、工业、后工业三种等级性空间系统,表征着农业、工业、后工业三种生产形态,又存在城市、乡村二元化空间等级体系。列斐伏尔的研究重点就是日常生活空间,"事实上,日常生活的概念几乎内存于他的全部著述当中"①。他要求让日常生活空间在瞬间中呈现总体性。

列斐伏尔从符号学的角度界定了城市空间生产,并批判了城市空间生产的符号化。空间生产让符号消费变成普遍现象,让社会变动不定,通过符号消费导致

---

① S. Elden, *Understanding Henri Lefebvre: Theory and The Possible*, New York: Continuum Press, 2004, pp. 78—79.

伦理主体缺场。空间符号消费有模仿和系列两种类型,而模仿是系列的榜样。"媒介作为产生符号的载体,引导了城市空间生产机制。"①城市空间生产不仅是消费主义的必然结果,而且造就了单调平庸的城市空间形态,消解了地域性的历史文化。城市空间既是地理性的,又是社会历史性的,承载着资本主义生产力和生产关系,展现着整个资本运作方式。后现代都市既是领土化过程,个人被城市权利阻隔在城市孤岛,被监督和管辖,反映了地方空间权利的加强和社区自主意识的弱化,又是拟像化过程,导致千篇一律的城市建筑,引起空间认同危机,带来心理对空间的不适感。人是空间生产的主体,空间生产无疑表现了人的主观能动性,但人的主体性不等于人性,也不等于人的主观愿望。因此,空间生产不全是人的主观愿望的呈现,单纯从主观愿望是无法阐释空间生产过程的。空间生产无处不在,改造着历史,影响了人们的生活,让人们无处藏身,只能与之同流合污。空间生产完成了消费的现代性,实现了商品对社会的全面统治,让文化发生了质的断裂,把我们推入无知麻木的暗域。空间生产凭借媒介生产了符号世界,凭借虚拟的符号占据生活舞台,让人们的需求从实物转向符号意义。

其次,资本主义城市空间生产导致社会生活异化。城市空间生产让伦理机制失去作用。当代发达工业社会是凭借消费操控整个日常生活空间的。资本的政治统治与城市空间生产紧密结合,导致泛政治化。资本主义表面宣扬民主、自由、善良,实则推崇垄断和霸权。资本流动到哪里,空间危机就在哪里爆发。资本流动让强势空间变成榜样和先进模式,引导人们投入消费主义生活模式,让人们自觉接受资本主义价值观,自觉破坏掉民族特色。资本主义霸权秩序入侵了落后国家空间。资本主义为了获取剩余价值,强制建构有利于资本增值的空间秩序,强制推行不平衡的空间关系,是资本霸权的基本手段。资本善于隐藏其扩张企图,背后却操作空间和市场获取霸权。资本主义借助私有化、市场化、城市化缓解自己的经济危机,用金融资本瓦解不发达国家的创新能力,并凭借全球化建立起服务于资本增值的空间体系。落后国家和地区的市场被迫向发达国家开放,形成不平等的经济格局。城市空间生产带来的平等和民主只是形式和表面的,而没有实质内容。这种形式的民主将日常生活中的不平等现象隐藏了起来。这种隐藏与早期资本主义的残酷镇压不同,但仍是隐秘的专制手段。资本主义社会进步了,民主观念却停滞不前。空间生产过度追求国民生产总值,而不计其他后果,造成唯经济论的神话。空间生产还导致了浪费。传统社会对浪费是持道德批评态度的,并与浪费现象展开了斗争。而在当代发达工业社会中,传统道德不起监督作

---

① 朱立元、张德兴:《西方美学通史》(下),上海文艺出版社 1999 年版,第 685 页。

用了,浪费反而被当成了社会进步的积极力量,被认为具有推动生产力发展的积极价值。

最后,资本主义城市空间生产加剧了社会矛盾。机械化的工业生产打破了空间中个人与社会的和谐,资本显然站到了个人财团一边。"它们转移和回避了包含的问题(即空间的问题),并且事实上掩盖了实现它们的矛盾。"①资本输出的已经不是实体工业资本,而是金融虚拟资本。金融虚拟资本的频繁流动,既为资本主义掠夺创造了条件,又导致各类社会危机。随着城市空间生产的加快进行,都市规划越来越受到重视,但资本增值使都市规划走向视觉化和生值化。城市空间的统治重点已经不是工业生产领域,而是消费活动领域。在晚期资本主义中,空间生产变作符号操控的工具,成了一种自恋的意识形态。城市空间成了资本剥削的首要地理位置,资本利用集体消费控制了城市生活,监视公民生活,让政治权力渗透进城市空间的每个角落。"围绕空间使用和日常生活控制的斗争是资本利益与社会需要之间冲突的焦点。"②在反资本主义中必须团结一切联盟,联合性别、种族、宗教等权利运动,发掘城市生产者的革命意识,让社区组织、行业协会、工会组织也发挥作用,依靠集体消费和都市社会运动获得空间权利。城市空间生产对社会的全面控制,制造了恐怖氛围,让人们处于茫然无知的境地,承受着巨大压力。

2. 城市空间生产导致日常生活异化

首先,资本主义城市空间生产导致日常生活消费化。符号能够控制日常生活,并引导欲望,从而实现对消费的掌控。交际、文化、生态等空间也起着意识形态国家机器的功能。列斐伏尔认为,城市空间生产是地方政府控制消费的等级式体制性生产。地方政府通过控制消费,控制了居民生活,消解着个人的自由意志和创造性。资本主义早期,消费文化是上层文化的对立面;如今,资本主义政治意识形态利用消费文化加强了统治,加重了大众文化的技术化、商业化和全球化。消费文化的理性已不是能够判断客观真理的理性,也不是启蒙运动依赖的主张人的解放的功利化理性,而是技术支配的工具化理性。人在消费文化中陷入高度的游戏中,成了资本运作的工具,被动地承担责任。消费社会消解了艺术性,让符号的作用突显,让生活更加抽象。消费社会凭借享乐原则占有了人的身体,迷失了人的自主意识。"由于革命的可能受挫与拙劣赝品,现代性将是投射在资产阶级

---

① H. Lefebvre, *The Production of Space*, New Jersey: Wiley – Blackwell, 1995, pp. 320—326.

② H. Lefebvre, *Rhythmanalysi*, London: Continuum Press, 2004, pp. 93—97.

社会上的一块阴影。"①消费文化具有垄断和强制推销性，明显地追求商业利润，让消费者被动接受、无从选择。消费文化让人们无法认清真实的生活世界，注定无法获取自由，只感到现实的无奈、生命的无常。

其次，资本主义城市空间生产导致日常生活景观化。城市空间生产展示出景观化趋势，让消费、娱乐等一切社会活动都呈现为符号。城市空间生产的景观化让真实生活退场，让虚假情景浮现，形成了空间异化生活。景观文化是现代性的，与传统文化断裂，是英雄情结的瞬间化。一切都是瞬间，只注重当下享受，没有永恒，瞬间成了时间最重要的节点。都市空间已经远离工业生产而转向消费文化，成为享乐主义的梦乡，构成复杂的空间结构和符号编码。人们在消费之时，也玩弄符号游戏，追求个人娱乐，追求美的享受，形成多元的都市文化体系。城市空间生产把真实的世界变成影像，把影像伪造成真实的世界，将原本统一的日常生活分裂为政治、经济、意识形态等部分，造成了日常生活的断裂，"也将日常生活（私人生活）分离于社会生活和政治生活"②。景观文化作为品牌，是媒介文化传播的工具，是生活生命力的体现，是神秘的符号体系，是连接供求和市场、生产和消费、经济和大众生活、理想和现实的中介。景观文化作为流行的品牌，是抽象化、精致化、具体化、多样化、层次性、中介性的复杂系统。景观文化作为奢侈文化的时候，是历史的记录，是管理和竞争的缩影，是创造发明、内涵价值的见证，是商标和符号、意义的综合体。"在当代消费社会中，欲望无处不在，享乐天天进行，闹剧时时上演。"③景观文化的政治权力性质，并非蛮横的专制暴力，而是由象征符号凭借消费品体现出来的，是在资本运作中扮演的象征意义，表达了消费者的心态、意图、身份、气质、地位、爱好、品位、名誉等。人们在市场上购买消费品时，不是考虑其商品价值，并非为了使用和交换，而是为了在游戏符号中获得象征性权利，人们只是将消费品当作个人身份、地位、气质的展示。

最后，资本主义城市空间生产导致日常生活颠倒化。随着城市空间生产的发展，资本主义的扩张方式由早期肆无忌惮的殖民掠夺变为潜移默化的思想控制，让人们堕入物欲横流的欲望泥潭中，不是为了真实的日常生活，而是为了"伪需要的满足"，这导致消费成了幻觉。在这种景观造成的幻觉中，人成了景观继续运行下去的工具。消费主义和集权专制把居民逼到只能服从的境地。列斐伏尔认为，日常生活是资本生产剩下的琐碎的废弃物，必须对其进行总体性考察。日常生活

① H. Lefebvre, *Introduction to Modernity*, London：Verso Press, 1995, p. 23.
② 包亚明：《现代性与空间的生产》，上海教育出版社 2003 年版，第 14 页。
③ 段吉方：《文化消费时代的审美实践与艺术悖论》，载《文艺评论》，2009 年第 2 期。

在虚假意识形态的指引下发生错乱和断裂,让人们肆无忌惮地放纵欲望。景观生产是资本新的运作方式,资本通过生产景观推行着自己的法则。传统和现实被隔离,自由和民主被压制,让人文价值毁于资本增值逻辑中。人们在消费社会中看到的影像都是颠倒的。消费社会是符号生产的社会,物品的丰富只是让人停留在物的解放阶段,遮蔽了本真的生活状态。消费文化也造成了危机,让人试图打破符号意义的二元辩证法。但是,打破二元辩证法也会造成对意义的否定,让符号没有意义的约束,加剧了人的娱乐化和游戏化。符号拜物教不是人的心理关系,而是人与物的交换关系。空间符号的抽象化强化了拜物教过程,让一切空间都成了抽象的符号体系,也形成了空间拜物教。空间符号信息是强加给世界的,这种符号信息在掩饰真实世界中重新诠释了世界。由此,日常生活现实颠倒成了空间景观。

（三）建构差异空间

列斐伏尔追求合于良善关系的空间样式,让每个人能公平地分享空间利益和需求。社会变革的目的就是生产出差异性的空间形态。差异空间生产是新政治运动的斗争焦点。差异应该变成经济运作和政治运动的前提。差异空间面向开放的未来,其目标就是要清除抽象空间对日常生活空间的侵占,从而实现空间形式的差异正义。日常生活是建构差异空间的源泉和动力。差异空间的建构需要一个丰富的、多样的、诗意的、能够自主选择的日常生活空间。差异空间是有文化历史积淀的,因为它就是历史。差异空间的社会性使它有价值,能够被消费,不仅体现着人与自然、人与社会的合理的发展差异,而且表现为生产关系和交往关系消解、产生。区域自治就要反对专制体制,反对个人凌驾于居民的日常生活之上。实现区域自治,工人就要联合起来,组建多元空间,形成多种形式的权力力量。建构差异空间必须与空间生产的同质性和断裂性做坚决斗争,并用阶级行动引导差异空间形成。

资本主义空间生产同质性的现状和社会主义空间生产差异性的未来追求,决定我们倡导的空间正义需要将同一性和差异性结合起来。社会主义空间应该是一个能消解资本普遍交换的差异性空间,要不断生产差异空间。日常生活空间呈现为一系列符号意义,是蕴含社会关系的空间,产生于社会,又塑造着社会,是社会关系和阶级矛盾的产物,和人类的阶级斗争实践有着紧密关联。日常生活是物质资料生产实践与社会组织结构的现实前提,也是总体性社会变革的源头和动力,差异性城市空间才能增强城市包容性。世界空间乃是我们这个时代在其中创造出来的一些同样与艺术可能被最终定义为一种表征的空间符码而不仅是场域。差异性空间主张城乡协调、和谐发展,还具有重要社会意义,不仅推动着城市的多元化,而且能够保障城市的自由。社会主义空间允许差异,各个部分都具有同等价值,是人与空间的和谐,是空间使用价值的完全展现。"没有空间正义的指引,空间生产就会变得僵化,失去活力。"①因此,空间生产差异性就是要看到不同空间生产主体的空间生产能力和需求。

为了倡导差异正义,列斐伏尔主张对日常生活空间进行变革。他前期的理论重点是日常生活批判,没有明确界定日常生活范畴,只是通过大量事例呈现日常生活现象,倡导建立充满诗意和生动态度的真实日常生活。日常生活是平庸的,但它能超越生产、阶级斗争和经济利益,从而恢复真实情境。"那时候,社会实践中、自发意识中、群众生活和阶级生活中的一切因素都凝结在政治生活上。"②日常生活空间充满了异化,消解了革命积极性,要实现人的全面发展,必须清除空间异化。"被彻底启蒙的世界却笼罩在一片因胜利而招致的灾难之中。"③我们要做的工作不是构建宏大的理论体系,而是找出日常生活微观领域蕴含的变革因素,发掘出真诚、友爱、美好等萌芽。因此,列斐伏尔主张通过游戏策略激活日常生活的活力。

列斐伏尔既坚持了马克思"改造世界"的理论旨趣,力图用艺术变革改变日常生活,又秉承马克思彻底的批判精神,不断在现实中修正自己的理论,还沿袭了马克思对自由和理想的渴望,对现实的不平等现象进行深刻批判,以期建立恢复自由多元的日常生活。要消解资本主义空间剥削,就要创造差异空间。社会主义空间祛除私有制度,不是为了实行国有制度,而是为了实现空间的社会化和日常生活化,让每个人都能占有和使用空间。后现代都市是城市无政府主义,也创造出集体自我认同,用世俗化的空间规划提供公民自觉性,保护人文为中心的城市主义,拥有最高比例的城市公共住房。后现代都市又是去中心化和重新中心化的,多个中心出现,城市郊区不断城市化,让城市边界消失,农村生活城市化。"这种统一不是均质的统一,而是组合的统一,比例的统一,一种包含和预设了差异和等级的统一。"④城市革命的基本诉求就是争取城市权利。城市权利是市民的集体权利,享有者是所有城市生产者,是根除贫困和伤痛的努力,是消除分配不公和改善环境的斗争,是消除资本价值法则和阶级关系,让人们更好地享受城市生活,获得公平和正义。城市权利要求城市居民主导空间分配,自主拒绝资本的城市化,

---

① 包亚明:《现代性与空间的生产》,王志弘译,上海教育出版社2003年版,第65页。

② H. Lefebvre, *Critique of Everyday Life*, london:John Moore Press, 1991, pp. 66.

③ 〔德〕马克斯·霍克海默、西奥多·阿多诺:《启蒙辩证法——哲学断片》,渠敬东、曹卫东译,上海人民出版社2003年版,第140页。

④ H. Lefebvre, *The Production of Space*, Oxford:Wiley – Blackwell Press, 1991, pp. 247.

过上诗性生活。资本运作系统及其剥削和权力体系应该被打破,实现城市权利。城市运动发生在城市空间,导致城市政治体系和结构的变化。城市运动已不存在于工人阶级,已抛弃巴黎公社运动形式,已经抛弃大规模的政治斗争和阶级斗争立场,与左派政党保持了距离,不再集中于集体消费,而是关注性别、文化、权利,与市民利益结合,是城市空间结构组合。城市运动主张社区境域下使用价值的使用,关注文化与地区认同,强调地区自治。城市运动是为了改变城市空间的结构和意义,既得利益者需要改变自身利益的建构形式,反对统治利益,让城市空间变迁,变革集体消费需求,发展社区文化,实现社区自治。

总之,列斐伏尔把空间生产和政治、经济、阶级结合起来,构成了其社会批判伦理的多重维度。空间生产批判理论绝不是"纸上谈兵",而是政治实践活动。"当日常生活成为一种批判,成为对这些高级活动(和它们所制造的东西:意识形态)的批判时,白日的曙光就出现了。"①福柯、哈维和苏贾深化了空间生产批判理论。他们认为,要实现空间正义,必须依靠都市变革。

第二节　景观社会批判

长期以来,资本主义和社会主义两元性的社会划分,遮蔽了社会形态的多元性。随着经济的发展,当代社会出现了一些新的特征,这引起人们的关注。法国著名情境主义学者居伊·恩斯特·德波(Guy Ernest Dobord)(1931—1994)于1957年组建了情境主义国际(Situationist International)(1957—1972),并于1967年完成《景观社会》一书(此书中文版2006年由南京大学出版社出版)。德波在《景观社会》中把马克思的"商品社会"拓展为"景观社会",认为,当代社会已经不是"商品统治一切",而是"景观操控一切"。也就是说,发达工业社会的生产模式已经发生质变,物质生产已经让位给虚幻的景观生产。《景观社会》作为德波最重要的著作,在西方学术界引起了较大反响。

德波的景观生产批判是马克思的商品批判向当代社会现象形态批判转变的关键学术阶段。景观本身是批判性范畴。景观生产批判是对列斐伏尔"日常生活"批判的继承发展,也是"在新的社会历史条件下,对马克思异化概念、拜物教理

---

① H. Lefebvre, *Critique of Everyday Life*, London: Verso Press, 1991, p. 87.

论的进一步补充、深化和抽象"①。德波的景观生产批判理论还深刻开启了后来的鲍德里亚的消费社会批判理论。因此，景观生产批判扩大了马克思异化批判的适用范围，加深了列斐伏尔空间生产批判的实践效果。

一、景观生产批判

（一）景观生产是消费社会分离化的产物

德波的景观生产批判伦理对消费社会的特征做了阐释。景观生产成了当代发达工业社会经济的主流，消费符号成了日常生活的常客。景观消费让人失去积极创造生活的能力，让社会由生产主导性社会转变为消费主导性社会。"这种原则在景观中彻底地表现出来，在商品中，可见的世界被一系列的影像所替代，这些影像凌驾于世界之上。"②景观生产既将实在的物品转换为的虚幻的景象，又将消费者转换为充满幻想的人，异化劳动已经发展成景观异化。景观生产的口号就是：推陈出新。景观生产通过高速的运转，让人们相信，现在的拥有要胜过曾经的，一切都在进步。景观不断生产影像，制造噱头，让人们误以为社会在不断推陈出新。其实，今天媒介上眼晕目眩的影像，就可能在明日变成一文不值的破烂。越是美丽耀眼、光彩夺目，就会存在的越短暂。景观并没有生产出新的东西，而只是把过去的东西重新包装。景观取代货币成为生产与消费的媒介，也成为社会关系的媒介。"景观就是商品完全成功的殖民化社会生活的时刻。"③

德波在马克思社会批判理论逻辑的基础上，提出了景观一词。景观是消费社会分离的产物，景观社会表明社会中的形象不是零散的，而是具有高度组织性的。景观要求愚昧和无知，"观众简直被期望一无所知，一文不值。那种总是注视着观察下一步将发生什么的人从来不行动：这定是观众的情形"④。景观并非赤裸裸的意识形态，大众丧失反思和批判，成为欲望的奴隶。发达工业社会利用媒介技术把一切纳入景观模式。景观用抽象符号操控日常生活。景观让媒介的作用突显，媒介技术通过图像符号侵入日常生活的每个角落。贝斯特也概括了景象的三个特征：统治设施、意识形态、催眠力量，"景观的现实是：（1）一种真正的社会阶级统治的机构设施；（2）一种意识形态，源于现实的社会状况，'已经变得十分实际，

① 〔法〕斯蒂芬·贝斯特、道格拉斯·科尔纳：《后现代转向》，陈刚译，南京大学出版社2002年版，第5页。

② G. Debord *The Society of the Spectacle*, London：Bureau of Public Secrets press, 1992, p. 36.

③ 〔法〕居伊·德波：《景观社会》，王昭风译，南京大学出版社2006年版，第15页。

④ 〔法〕居伊·德波：《景观社会》，王昭风译，南京大学出版社2006年版，第117页。

并在物质上得以解释';(3)这种意识形态拥有一种真正的'催眠行为'和刺激力量"①。

德波声称,日常生活是景观组合,是符号编码过程。景观生产中,媒介有着重要作用,景观生产是以媒介制造的符号信息为中介工具的。媒介改变了符号的生成环境,由原先的纸张、印刷、铅字转向网络、传媒、信息,由此人们卷入机械的生活模式。景观不是媒介技术营造的骗局,"景观不能被理解为一种由大众传播技术制造的视觉欺骗"②,景观也并非影像组合,而是以影像为核心的消费关系。因此,景观既是空间生产发展的结果,又是空间生产追求的目标。景观不容许质疑,它把人们当成傻瓜,用无耻的谎言解释世界,用空洞的许诺搪塞人们。德塞托(Michel de Certeau)也认为,大众既不能参与信息的制造,也不能在媒介生产中扮演任何角色,只是媒介信息的被动接受者,丧失了创新的能力,失去了自主判断,"不能在自己的电视屏幕上写下任何东西:他始终是在被驱逐在产品之外的,在这个幻象中不扮演任何角色。他失去了创造者的权力,或者只是一个纯粹的接受者"③。

景观社会的真相就是个性的消除,因此,景观狂妄自大,不断用谎言自欺欺人,不断用大话掩饰空虚的内心,不断用变换的立场遮蔽自己的欲望需求。资本的增值已经从生产转向消费,已经从商品的使用价值过渡到景观价值。日常生活已经被异化成景观。景观社会到处都是表演,把人驯化成麻木的看客,沉迷其中而不能自拔,使人不惜以永恒的幸福换取短暂的快感。景观造出梦幻来慰藉恐惧的内心,人用麻醉的方式减轻灵魂的痛楚。实际上,痛楚是无法用梦幻来消除的,它就真实地存在于每个人的灵魂深处。人应该过节制的生活,而不是盲目地接受欲望的指引。因为本能欲望的满足不会给人们带来真实幸福,精神生命的成长才会带给人长久快乐。德波指出,符号编码只是表象,景观生产才是实质。景观生产的现实基础是日常生活中的"分离"。在德波看来,宗教神学既是社会分工导致的结果,又是满足现实生活统治者权力需求的产物。景观生产用宗教形式掩盖资本自私自利的本性。景观用光鲜亮丽的外表掩盖腐败的本质,对日常生活实行了全面的殖民统治。于是,景观成为生产和粉饰社会不合理现象的机器。

---

① 〔美〕道格拉斯·凯尔纳:《鲍德里亚:批判性的读本》,陈维振等译,江苏人民出版社2005年版,第81页。
② 〔法〕居伊·德波:《景观社会》,王昭风译,南京大学出版社2006年版,第3页。
③ 〔法〕米歇尔·德·德赛托:《"权宜利用":使用和战术》,摘自《视觉文化读本》,罗岗等主编,广西师范大学出版社2003年版,第89页。

（二）景观生产对日常生活的全面操控

景观是德波社会现象批判伦理的中心范畴。德波从景观生产的角度对社会生活的异化做了批判。景观生产玷污着日常生活，"现代工业对利润的追求及其实现的方式改变和玷污了文化以及自然界的一切"①。景观生产让人们沉迷于狂喜，这意味着人的真实需求的丧失。景观生产让具体的商品进一步抽象化，呈现了发达工业社会走向衰败的趋势。景观生产在改变着现实的同时也建构了现实，"将自我彻底融合到它一直着力刻画的现实中去，以及根据其刻画的内容不断地重新结构现实"②。景观生产是资本的运行方式，是资本掌控日常生活的主导模式。景观生产已经把自己的触角延伸到社会的每个角落，"今天，任何社会结构都无法摆脱景观的控制了"③。德波提醒人们，大众在景观生产中没有任何选择的机会，不扮演任何角色，只是一个被动的服从者。

景观生产背后体现的就是资本增值和技术理性。"景观就是指商品已经占领了整个社会生活的全部。"④景观的运行方式是凌驾于社会生活之上，将统治权牢牢掌握在手中。景观生产用虚无取代了真实，真实化为虚无，是基于工业社会的分离状态引起的。而消费活动中的分离，是景观生产的根本原因。"景观继续在聚集其力量，换言之，当景观的密度在社会中心日益增加时，它又最大限度将其边界扩散至社会的所有方面。"⑤物的符号化和消费的影像化是景观社会的两个特征。资本是造成社会分离的根源。德波声称，景观生产具有文化控制功能，景观生产出资本主义的文化意识产品。景观把一切实物都转化为抽象意义。"第三种形式又建立起来，以这一形式的普遍胜利为基础，它越来越展示出自己的强壮和扩散。这就是综合的景观，自此以后它将自己强加于全球。"⑥

德波把马克思的批判沿袭了下来，详细关注了消费社会的特点。德波认为："文化彻底转变成商品的同时，也必须变成景观社会中的明星商品。"⑦德波声称，技术和文化有内在联系。技术进入生活，又延伸到媒介，媒介制造出符号。商品还是可触摸的实物，而景观只是制造的符号。景观让触觉退场，视觉出场。凯尔纳在《媒介文化》中声称，"二战"后媒介技术占据了社会舞台，电视起着重要作

---

① 〔法〕居伊·德波:《景观社会评论》，梁虹译，广西师范大学出版社2007年版，第6页。
② 〔法〕居伊·德波:《景观社会评论》，梁虹译，广西师范大学出版社2007年版，第157页。
③ 〔法〕居伊·德波:《景观社会评论》，梁虹译，广西师范大学出版社2007年版，第157页。
④ 〔美〕道格拉斯·凯尔纳:《媒介文化——介于现代与后现代之间的文化研究、认同性与政治》，丁宁译，商务印书馆1995年版，第42页。
⑤ 〔法〕居伊·德波:《景观社会》，王昭风译，南京大学出版社2006年版，第49页。
⑥ 〔法〕居伊·德波:《景观社会》，王昭风译，南京大学出版社2006年版，第49页。
⑦ 〔法〕居伊·德波:《景观社会》，王昭风译，南京大学出版社2006年版，第45页。

用，"当霍克海默和阿多诺（1972）所描述的20世纪40年代诸如电影、收音机、杂志、漫画、广告和新闻等文化产业的新形式开始拓殖于休闲领域，同时占据了美国和其他资本主义民主国家中的文化和传播体系的中心位置时，以及一直到第二次世界大战后有了电视之后，媒介文化才成为文化、社会化、政治和社会生活中的主导力量"①。景观生产混淆真假，让人们生活在自己的幻想之中。景观成了统治工具，变成了催眠力量。德波描述了消费社会的景象化，而鲍德里亚则呈现了后现代媒介技术理性。

景观生产的发展导致规模效应，形成垄断。景观生产打着反对垄断的旗号，却形成了新垄断。景观生产推动了发达工业社会的全球化进程。景观消费不是为了满足真实需求，而是为了符号意义，这导致异化消费。德波的景观范畴揭示了真实和美好被遮蔽的状态，景象的作秀迷惑了民众的判断，造成了整个世界的荒诞性。景观成为生活的准则，变成物化的价值观。景观的统治形式就是殖民。个性的消失是因为服从了景观的规则。社会形态已经由"商品社会"逐步发展到"景观社会"。发达工业社会的经济运行模式历经了两次转变：一是通过商品生产由存在转为占有，二是凭借符号生产由占有转为外显。当今资本主义就是显现的社会，无论何种事物只有呈现为符号才能确证自己的存在。这导致人先成了物后又成了像。晚期资本主义社会，媒介在社会生活中起着重要作用，人们必须通过符号展现自己的存在。商品社会把社会关系物化。而景观社会是继商品社会后资本主义的第二个社会形态，它把社会关系进一步扭曲为景观关系。但这不表明商品生产的完全退场，而是表明商品生产对社会的进一步操控。也可以说，景观社会是商品社会的成熟形态。

（三）景观生产造成社会的异化和分离

景观生产让人际关系分离，资本通过媒介灌输自己的理念。景观分离不仅是彰显在社会现实的关系层面，而且是生产实践的组成要素，"分离本身是统一世界的一部分，是分裂为现实和影像的全球社会实践的一部分"②。资本的剥削关系被景观消费掩盖。媒介的发展，本是让人们生活更好，却带来了新问题。实际上就是选择的问题。景观生产没有那么处心积虑，它充当资本增值的帮凶。当然，资本增值只是景观生产的一个目的，而不是其全部目的。景观生产成为自有资本主义意识形态统治的器皿。德波将研究视阈集中于媒介与消费，发现了景观生

---

① 〔美〕道格拉斯·凯尔纳：《媒介文化——介于现代与后现代之间的文化研究、认同性与政治》，丁宁译，商务印书馆1995年版，第30页。
② 〔法〕居伊·德波：《景观社会》，王昭风译，南京大学出版社2006年版，第4页。

产。资本的运作已经把人从占有堕落成展示。商品生产表明的是"从存在到拥有"的过程，景观生产体现的是"从拥有到展现"的过程。景观社会具有"真—伪"的二元特征。社会经过物化—景象化—符号化，而社会的特征也由商品拜物教—景象拜物教—符号拜物教演变。在德波看来，消费和需求的分离是景观社会的基础。景观是虚假的社会关系，它用假象掩盖了日常生活的本质。由此，资本主义由"商品拜物教"发展到了"景观拜象教"。景观反对启蒙，是异化的媒介符号。景观是科技推动的结果。科技造就了对资本财富的崇拜，产生了工具理性。鲍德里亚声称："今天，在我们的周围，存在着一种由不断增长的物、服务和物质财富所构成的惊人消费和丰盛现象。"①景观是温柔的陷阱，是异化的科技器皿。

　　景观生产让政治和经济联系紧密，资本把价值法则应用到政治。统治的正当性需要证明，资本选择了景观生产。公共领域的失落，削弱了资本统治的威信。异化符号是景观意识形态的外在表现方式。语言符号被景象操控，"事实上，任何一种政治都不存在社会基础。话语就是一切。一切都依赖于知识分子进行'一系列复杂的随机的支配性操作'的成功"②。资本利益集团通过媒介灌输意识形态，在哈贝马斯看来，景观通过媒介潜移默化地影响了大众的心理结构，"受到操纵的主要是社会心理学上计算好的提议，这些提议诉诸潜意识顾问，唤起预定的反应，同时又没有以某种方式使赢得民众赞同的人承担任何义务"③。统治的危机还来自媒介。媒介也有反抗的意向。人无法依靠自己学会生活，必须依靠外在力量，"如果人都是天使，就不需要任何政府了。如果是天使统治人，就不需要对政府有任何外来的或内在的控制了"④。康德认为，政治要顺从内心道德律，"真正的政治不先向道德宣誓效忠，就会寸步难行"⑤。其实，物并没有成为景象，而是景象掩盖了真实物的存在，消费反作用于生产。媒介让人们的生活建立在了幻象之上。无数的景观汇集成一条巨大的欲望河流，向人们扑面而来。景观生产就是非本真的资本恶性循环。

　　凯尔纳(Steven Best)和贝斯特(Douglas Kellner)声称，景观生产利用媒介技术掩盖了资本的利益，造成奴化统治。景观对违背自己的事物采取的方式，就是无

---

① 〔法〕让・波德里亚：《消费社会》，刘成富等译，南京大学出版社 2008 年版，第 1 页。

② 〔加〕艾伦・伍德：《新社会主义》，尚庆飞译，江苏人民出版社 2005 年版，第 86 页。

③ 〔德〕尤尔根・哈贝马斯：《公共领域的结构转型》，曹卫东、刘北城等译，学林出版社 1999 年版，第 251 页。

④ 〔美〕亚历山大・汉密尔顿、约翰・杰伊等：《联邦党人文集》，程逢如、在汉、舒逊译，商务印书馆 1980 年版，第 264 页。

⑤ 〔德〕伊曼努尔・康德：《历史理性批判文集》，何兆武译，商务印书馆 1990 年版，第 139 页。

情地"封杀"。德波认为,人们只能看到景观愿意呈现在我们面前的东西。人的物化关系必须通过景象式的"名望"才能体现出来,否则,个人的本质将不能被承认。也就是说,一切东西,如果不展示为媒介符号,就不被承认是存在的。媒介让商品成为影像,重要的是媒介符号呈现出来的意义,而不是物的实用功能。德波认为,景观是伪装的社会存在,有"照耀现代被动性帝国的永远不落的太阳""被囚禁中的现代社会的梦魇""供人观赏的货币""一场永久性的鸦片战争""由影像所中介了的人们之间的社会关系""现实的哲学化""对象化的世界观""虚假神圣的统一""我们卷入其内的历史活动""世界的幻象而不是幻象的世界"①等含义。个人已经成了抽象关系的奴仆,失去自主判断的能力。德波声称,景观生产采用的是隐性的操控方式,"情境的建构开始于景观概念的现代瓦解之后。人们将很容易地看到,真正的景观规则——非介入,怎样紧密地肯定了旧世界的异化"②。因此可见,景观生产批判与视觉文化有关,是批判虚假的意识形态器皿,是对马克思批判伦理的继承。

二、作为政治统治和意识形态的景观生产

(一)景观由影像、接受者和分离组成生产机制

景观生产是资本新的运作机制。资本通过生产景象推行着自己的扩展法则。资本使景观的生产没有完成时,而只有进行时。景观让金钱成为拜物教,让技术异化,让主客关系颠倒。集中景观和弥散景观具有显著的异质性,"前者支持意识形态围绕着独裁人格凝聚,并成功完成了极权主义反革命的行程,如法西斯主义等,后者操纵工薪族将其自由选择权运用到正在出售中的大量商品领域,并表现了世界的美国化"③。后现代的综合的景观具有五个基本特征:"永不间断的技术更新;国家和经济的整合或一体化(integration);普遍的秘密;无可辩驳的谎言;永恒存在(aneternal present)。"④科技是景观社会形成的基础。媒介成了人们感知世界的工具,人们不再亲身参加实践,而依赖媒介制造信息。媒介明星是景观生产的摇旗呐喊者。受众造就了景观生产,"所以,景观是由这样一个事实引起的,即现代人太过于做一个受众"⑤。受众的麻木不仁恰是景观生产需要的,"观众简直被期望一无所知,一文不值。那种总是注视着了解下一步将发生什么的人从来

---

① 〔法〕居伊·德波:《景观社会》,王昭风译,南京大学出版社 2006 年版,第 3 页。
② 〔法〕居伊·德波:《景观社会》,王昭风译,南京大学出版社 2006 年版,第 3 页。
③ 〔法〕居伊·德波:《景观社会》,王昭风译,南京大学出版社 2006 年版,第 3 页。
④ 〔法〕居伊·德波:《景观社会》,王昭风译,南京大学出版社 2006 年版,第 112 页。
⑤ 〔法〕居伊·德波:《景观社会》,王昭风译,南京大学出版社 2006 年版,第 5 页。

不行动：这肯定是观众的情形"①。由此，受众的需求与景观的需求达成了表面上的一致。景观生产永远在赞美自己，永远在宣传自己，永远在掩盖真实，永远按照资本的逻辑在运转。

距离也是景观生产进行的重要因素。景观间接缩短了社会交往的时空距离，但又造成人们心里的隔膜，"消除了地理学距离的这个社会重新生产出作为景观分离的内在距离"②。景观会把一切不利于自己利益的东西排除掉。人在景象的包围下，本真的生命存在被遮蔽了，流连在虚空中，"我们常常流连忘返：那里的一切都被悬置，生命被延搁"③。人们在虚幻的梦境中抓住的只是空虚。

景观生产异化现象形态包括两个方面：异化消费现象形态和异化消费主体形态。媒体从来就不是独立的，而是资本主义的宣传工具，总是与政治意识形态紧密相连。景观不但掩藏现实，而且直接歪曲现实。李维斯（Byron Reeves）等人的《媒体等同》一书声称，媒体成了真实的社会生活，充当了主体地位，"媒体被看成了真实的人和地点，适用于社会关系和交往的那些规则决定了人对于媒体的反应"④。保罗·维利里奥（Paul Viritio）也认为，技术的殖民统治让人变成机器，失去灵魂，成为自身欲望的工具，"技术正被用来对人类的身体进行殖民，这种殖民已经替代了以往殖民焦点（即对世界的殖民），也就是说，殖民的焦点已经从领土转移到了肉体"⑤。德波声称，景观化消费造成了后现代的消费异化现象，由此形成了遍布日常生活的物化现象。

在德波看来，景观社会发端于 20 世纪 20—30 年代的资本主义大危机。景观生产造就了景象拜物教，这是资本逻辑发展的必然结果。景观拜物教加重了人们的奴役。景观拜物教是商品完全统治生活的表征。它让景象变成现实，让无限的欲望取代理性。景观拜物教是一种颠倒，既是一种强制服从，又是一种虚幻图景。马克思的时代是物化的社会，社会关系被商品颠倒，而景观社会则是把已经物化的社会再表面化。景观用虚构的东西麻痹人们，主导社会的价值观，引领社会的潮流，制造虚假的繁荣，让人由"触觉"转向"视觉"。视觉取代触觉占据主导地位，但景观除了与视觉密切相关，还是听觉的问题。景观生产是批判和反思的缺失，是对理性的规避。人有两种基本的行动方式：一是行动；二是想象。行动在肯

---

① 〔法〕居伊·德波：《景观社会》，王昭风译，南京大学出版社 2006 年版，第 5 页。
② 〔法〕居伊·德波：《景观社会》，王昭风译，南京大学出版社 2006 年版，第 5 页。
③ 〔法〕居伊·德波：《景观社会》，王昭风译，南京大学出版社 2006 年版，第 105 页。
④ 〔美〕巴伦·李维斯、克利夫·纳斯：《媒体等同》，卢大川等译，复旦大学出版社 2001 年版，第 10 页。
⑤ 〔美〕乔治·瑞泽尔：《后现代社会理论》，谢立中等译，华夏出版社 2003 年版，第 195 页。

定现实的前提下改造生活,想象却在否定现实的基础上构筑理想。实践是现实的,而想象是非现实的,非现实化的就是形象。德波认为,想象已经成为当代社会的人的主导行为,当代发达工业社会成为布满"景观"的一连串碎片。一切事物只有出现在媒介中,成为可看的景象,才能确证自己的存在。存在不是靠"占有"体现,而是用"展现"来表达。媒介取代物品成为社会的主角,并到处贯彻自己的价值法则。景观不是资本主义社会的点缀,而是资本主义的普遍存在。

(二)作为政治意识形态统治工具的景观生产

德波沿袭了空间生产批判伦理的逻辑思路,关注城市生活。考察日常生活异化应该以变革日常生活空间为目标,"如果研究日常生活不能抓住研究对象,并且这种研究也不是确切为了变革日常生活这一目的,研究日常生活将是一项非常荒谬的工作"①。超现实主义尽管察觉了工具理性对日常生活的遮蔽,但未能发掘出真实的日常生活情景。景观生产是当代发达工业社会关系恶化和道德滑坡的表现,是"人与人之间关系分离和疏远的实质性表达"②。景观生产的牵制和高压,让人们"同样也屈从于这一异化的力量"③,在这里,工人生产的是异化于自己的力量,"工人并不生产自身,他生产出一种独立于他们自身的力量"④。景观生产以全部力量展示着自己。景观生产经由经济运行模式形成意识形态体系。景观生产喜欢服从规则的观众,技术既是景观殖民的手段,又是景观统治的工具。景观生产消除历史,"普遍地根除历史知识,这首先要从刚刚发生过的事情着手,从消除一切有关的有用信息以及那些有助于人们对这些事情加以理解的评论入手"⑤,景观的隐藏对象是有选择性的。景观的意识形态功能通过三个方面体现:一是在广告媒介的牵引下肯定表象,自觉地面对虚幻的景观世界。景观生产的不断进行,让世界陷入虚幻的泥潭。我们无法抗争,只能顺从,从而服务于资本的统治。二是景观作为强制的意识形态控制模式,是资本主义体制的奴隶。也就是说,景观具有认同性的实质,它压抑着人的理性,诱惑着人的灵魂。我们在对景观的服从中肯定了资本的现行体制,认同了资本的价值法则,成了资本的奴隶。三是景象通过控制人的休闲娱乐实现了对人生活方式的全面操控。景观生产控制的就是人的休闲时间。景观生产的操控都是在人的休闲娱乐中默默地进行的。所以,人被全面控制了。

---

① 〔法〕居伊·德波:《景观社会》,王昭风译,南京大学出版社2006年版,第117页。
② 〔法〕居伊·德波:《景观社会》,王昭风译,南京大学出版社2006年版,第100页。
③ 〔法〕居伊·德波:《景观社会》,王昭风译,南京大学出版社2006年版,第100页。
④ 〔法〕居伊·德波:《景观社会》,王昭风译,南京大学出版社2006年版,第1页。
⑤ 〔法〕居伊·德波:《景观社会》,王昭风译,南京大学出版社2006年版,第1页

景观生产的高压方式取决于经济利益,"任何绝对权力对历史的压制程度都取决于其谋取利益或承担责任的迫切程度,尤其取决于其达到目的的实际能力"①。景观的生产没有休止。观众是景象通过社会秩序制造的。景观占据了生产的主要部门,"作为当今物品生产不可缺少的背景,作为制度基本原理的陈述,作为一个直接塑造不断增长的影响对象(images - objets)的发达经济部门,景观成为当今社会的主要生产"②。景观勾起了消费欲望,消费欲望构建了消费关系,消费关系反作用于生产。媒介促进了消费活动,形成了欲望的河流。景观助长了消费和娱乐。德波对后现代发达工业社会的景观消费做了文化批判。人们消费的不是物品,而是影像。影像取代了现实,让社会成为虚拟空间。景观在不断制造虚假的消费符号,诱导人们去购买符号后的消费品。在数字化技术时代,视觉压制思考,成了人们观察世界的主要途径。"在真实的世界变成纯粹影像时,纯粹影像就变成真实的存在——为催眠行为提供直接动机的动态的、虚构的事物。"③所以,德波指出:"我们是木偶,苍天是我们的主人,这是事实,不是隐喻,我们一度在这个舞台上表演,我们将一个接一个地走进遗忘之盒。"④景观严密地控制着日常生活,是政治的传声筒,把人变得麻木不仁。因此,景观生产只允许一个声音,就是自己的声音。对视觉影像的批判,构成了德波的理论主题。这种视觉文化,缺乏理性的导引,只有纯粹的"看"。德波认为,人们不能只满足于"静观",还需"行动"。

景观统治造成了"分离"。"分离"基于对"总体"的崇尚。德波声称,"分离"就是远离真实生活情景的虚假符号体系。分离是景观的内在机制,"分离现象本身就是世界统一体的组成部分,整个社会实践分裂成了现实和形象两个方面"⑤。或者说,景观造成分离,把人引向欲望的悬崖。景观让个人分离,让人处于空虚的境地。分离还与政治统治相连,形成意识形态,"分离与现代国家密不可分,与社会中分裂的普遍形式密不可分,与社会劳动分工和阶级统治机制密不可分"⑥。德波声称,景观渗透进社会,改变着社会。当代社会是消费社会,景观造就了消费的视觉化。景观的生产也在空间进行。景观让商品实现了对世界的统治。因此,真实的社会生活被虚假的景观生产占据,由此,形成了虚幻的符号世界。"正像商

---

① 〔法〕居伊·德波:《景观社会评论》,梁虹译,广西师范大学出版社 2007 年版,第 1 页
② 〔法〕居伊·德波:《景观社会评论》,梁虹译,广西师范大学出版社 2007 年版,第 43 页。
③ 〔法〕居伊·德波:《景观社会评论》,梁虹译,广西师范大学出版社 2007 年版,第 45 页。
④ 〔法〕居伊·德波:《景观社会评论》,梁虹译,广西师范大学出版社 2007 年版,第 45 页。
⑤ 〔法〕居伊·德波:《景观社会评论》,梁虹译,广西师范大学出版社 2007 年版,第 4 页。
⑥ 〔法〕居伊·德波:《景观社会评论》,梁虹译,广西师范大学出版社 2007 年版,第 8 页。

品的逻辑支配着资本主义竞争的雄心,战争的逻辑总是支配着频繁的武器改进一样,景观的无情逻辑也控制着媒体过剩的丰富多样性。"①景观生产造成了世界的两极分化。景观不同于景象,景象带有主观色彩,而景观是客观强制的。景观转化为景象,才能对人发生作用。景观生产消解了批判,让人沉迷,导致无原则的服从。在这里,每个人既是受骗者,又是骗人者。在当代发达工业社会,综合景观在集中和弥撒两方面都得到了扩张。在集中方面,综合景观凭借意识形态实现了对社会的全面控制;在弥撒方面,综合景观凭借与现实生活的整合,实现了形式转换。景观的生产,矛盾重重,它在走向高度专制的同时,也必然会走向崩溃。在德波看来,景观生产之所以能够实现,还因为它遮蔽了历史,让历史在当代发生了断裂。德波指出,景观统治的策略就是隐藏历史与现实,让人们沉湎于虚幻的符号图景。

(三)景观生产对休闲时间的控制

德波在循环时间、不可逆时间、联合时间的基础上,得出景观时间范畴,并认为,景观时间是消费时间的伪循环及虚假消费时间的恶性膨胀。德波声称,游牧社会的主导时间是循环时间,早期资本主义社会是不可逆时间,而后现代消费社会是伪循环的虚假时间,即景观时间。景观生产的时间是虚假的循环时间。这种虚假的循环时间也是一种能够消费的商品:"这件商品重新组合了一切事物……全部现代社会的消费时间作为一种原料来处理。"②虚假循环时间作为景观生产的原料和产品,是资本谋划自己利益的工具,占据了发达工业社会的生产舞台。在资本的谋划下,人不再是自然式的动物生存,而是功利性的价值符号。共产主义将是自由时间。共产主义通过废除个性存在实现独立联合的时间,"这是一个有趣的个体和集体的不可逆时间的联合——这一独立联合的时间将同时出场。这将是真正的共产主义在时间中的实现,这一共产主义'废除一切独立的个体存在'"③。当代景观生产取代物质生产成了主要的生产,一切物质生产都必须成为景观才能进行,景观作为消费品,控制了日常生活的休闲时间,成了资本主义制度的主要维护者。

德波声称,社会时间包括劳动时间和非劳动时间,分别对应的是商品生产和消费,劳动时间是不可逆时间的抽象化,非劳动时间是消费时间的虚假化。景观社会不是经过生产实践加工过的人化自然,而是符号编码出的抽象世界。景观世

① 〔法〕居伊·德波:《景观社会评论》,梁虹译,广西师范大学出版社2007年版,第11页。
② 〔法〕居伊·德波:《景观社会评论》,梁虹译,广西师范大学出版社2007年版,第69页。
③ 〔法〕居伊·德波:《景观社会评论》,梁虹译,广西师范大学出版社2007年版,第73页。

界只是真实世界不成功的复制品。这是异化劳动形成的虚假社会秩序，"可消费的虚假循环时间就是景观时间，不论从狭义上作为影像消费的时间还是从广义上作为时间消费的影像"①。其中，影像消费的时间是消费的缩影，"影像消费的时间（所有商品的媒介）不仅是景观机制充分实现自己的特定领域，而且也是景观机制展现、聚焦普遍目标的场所，是全部特殊消费的缩影"②。景观占据了人们的休闲时间，异化了劳动生产实践。景象混淆真假，用虚幻迷惑人们，"这些商品化的瞬间循环往返正是我们的期待"③。景观依靠的现实正日益贫乏。景观时间逐渐变成毫无意义的消耗。影像消费时间是景象的载体，而消费时间的社会影像则是被休闲时间统治的。景观时间具有如下特点：非节日的节日时代；瘫痪了的历史和记忆；主导性的社会组织。

马克思认为，人能自由支配休闲时间，而如今，休闲时间也被景观控制了。当今的发达工业社会，景观满目皆是，媒介信息铺天盖地。日常生活已经被监控起来，个人的隐私已经荡然无存，一切都在权力的注视之下。景观社会造出充满消费欲望的伪休闲时空。景观让世界处于被动状态，他希望人们创造自由的时间，摒除虚假的时间意识。景观把休闲时间变成虚假的循环时间，人们在休闲时间中不是主动的消费，而是被资本消费了。休闲时间并不休闲。"现代商品消费的幻想已被普遍接受。真正的消费者变成了幻想的消费者。"④媒介也是一种空间，媒介在进行着空间生产，这显然是对列斐伏尔思想的继承。景观是媒介时代的独特景象。媒介需要弄虚作假的专家学者。德波把媒介明星分为政治明星和消费明星。政治明星是出现在媒介上的熟脸政客，是人格化的伪明星，"政府的权力可以将自身人格化为一个伪明星"⑤。政治明星获得眼球的方式就是用道德作秀隐藏个人的丑恶内心；消费明星则是为广告做宣传的明星，他们的行为是不自由的，也不能提供自由。明星制造的景观生活成了人们向往的"桃花源"。人们凭借景观排解现实生活的无聊。景观让真实的历史消遁于无形，媒介能用影像制造名誉，甚至能够杀人于无形。景观生产发展出一种视觉文化。媒介制造了视觉文化，占据了人们的休闲时间。

（四）景观政治统治的伦理缺位

景观生产造成了社会道德沦丧。景观消除了劳动分工的严格界限，却导致人

---

① 〔法〕居伊·德波：《景观社会评论》，梁虹译，广西师范大学出版社 2007 年版，第 70 页。
② 〔法〕居伊·德波：《景观社会评论》，梁虹译，广西师范大学出版社 2007 年版，第 70 页。
③ 〔法〕居伊·德波：《景观社会评论》，梁虹译，广西师范大学出版社 2007 年版，第 70 页。
④ 〔法〕居伊·德波：《景观社会评论》，梁虹译，广西师范大学出版社 2007 年版，第 56 页。
⑤ 〔法〕居伊·德波：《景观社会评论》，梁虹译，广西师范大学出版社 2007 年版，第 3 页。

们的肆意妄为。景观生产让人们既迷糊又健忘。景观对重要的事情采取的方法就是隐藏,让日常生活"充满了无法证实的故事、无从查证的数据、没有由来的解释以及站不住脚的推理"①。德波宣布,媒介明星及其制造者是骗子,"因为他们与景观的整体权威以及景观所表达的社会之间从其内心以及职业角度都存在着密不可分的关系"②。媒介上的专家学者既是匍匐在媒体面前的奴仆,又是善于撒谎的骗子。德波痛苦地声称:"过去在知识界,有一些人颇具核查实据、接近客观历史事实,或者至少能够确信此历史事件值得大家了解的能力,并以此为荣,但现在,这样的人已经所剩无几了。"③历史伴随着民主产生,也必将结伴而灭。景观麻醉了众生,导致人与自然的伦理困境,而"对已有事实普遍认同的心理源于长期服从的切身体验;在认同的过程中人们逐渐根据事实本身在其中找到充分的价值"④。人们要回归真实的日常生活,必须重新阅读,"阅读是可以接近前景观人类体验之财富的唯一通道"⑤。景观不会尊重消费者,只会把他们当作愚昧蠢笨之人。景观生产制造的影像使人们倒退回幻象之城,让生活重罩上一层迷雾。真实被影像牢牢掌控,造成此岸的日常生活也成了上帝之城。幻象不复在遥远的彼岸,而就在我们触手可及的地方。我们挣脱了宗教的枷锁,却又迷失在现实的影像中。

　　景观生产攻击真实的存在,否定真实的人性,"经济已经开始公开地向人性宣战,不仅针对我们的生活可能性,而且也针对我们的生存可能性展开攻击"⑥。景观生产造成了社会的头尾倒置,造成了日常生活的"被误导、被煽动、被渗透、被操纵、被接管、被颠覆"⑦。虚假信息盗用真实的名义,成了民主的敌人,"在有虚假消息之名的地方,虚假消息并不存在。在虚假消息存在的地方,它并未被称作虚假消息"⑧。虚假信息的泛滥让景象社会具有三个特征:"符号胜于所指,摹本胜于原本;幻想胜于现实。"⑨后现代景观社会的建构基础是严守秘密。普遍化的秘密布满景观生产的方方面面,"秘密状态统治着这个世界,这是统治秘密的第一要

---

① 〔法〕居伊·德波:《景观社会评论》,梁虹译,广西师范大学出版社 2007 年版,第 9 页。
② 〔法〕居伊·德波:《景观社会评论》,梁虹译,广西师范大学出版社 2007 年版,第 9 页。
③ 〔法〕居伊·德波:《景观社会评论》,梁虹译,广西师范大学出版社 2007 年版,第 11 页。
④ 〔法〕居伊·德波:《景观社会评论》,梁虹译,广西师范大学出版社 2007 年版,第 16 页。
⑤ 〔法〕居伊·德波:《景观社会评论》,梁虹译,广西师范大学出版社 2007 年版,第 16 页。
⑥ 〔法〕居伊·德波:《景观社会评论》,梁虹译,广西师范大学出版社 2007 年版,第 22 页。
⑦ 〔法〕居伊·德波:《景观社会评论》,梁虹译,广西师范大学出版社 2007 年版,第 24 页。
⑧ 〔法〕居伊·德波:《景观社会评论》,梁虹译,广西师范大学出版社 2007 年版,第 26 页。
⑨ 〔法〕居伊·德波:《景观社会评论》,梁虹译,广西师范大学出版社 2007 年版,第 1 页。

旨"①。景观社会有许多"秘密",比如,"密不透风的屏障"、"秘密防御机构"、普通人难以进入的秘密场所、从事秘密工作、秘密档案等,甚至轻微的指责批评也被"那些充满娱乐观念的场景以其厚重性和丰富性"②严格地遮蔽起来了。"官方言论中存在着见风使舵、明目张胆的谎言。"③景观生产让政治中的丑恶现象不断蔓延,黑手党是典型的政治丑恶现象,但它垄断着庞大的经济产业,也是资本本性的体现。在景象生产中,价值法则隐秘了大众的需求不再重要。在景观生产的操纵下,原本零散的批评也被整合为一体,"分散的社会批评也已经按部就班地被培养为一个整体"④。批评不着边际,而且总在秘密进行。与宗教的维护彼岸世界不同,景观维护的是此岸世界。在为现实不合理现象辩护的过程中,景观消解了一切批判力量。

德波的景观社会理论还来自《圣经》的启示,诱惑是撒旦的行为,世人都受了撒旦的迷惑。景观生产通过肉体情欲、眼目欲望和今生骄傲对人施加影响。当景观出来诱惑世人时,必定口蜜腹剑。景观知道人心理爱慕的是什么,什么可以让人听话。我们受了景观的诱惑,是因为本性自私。景观的攻击是从心志开始的。大众在景观生产中没有任何选择的机会,不扮演任何角色,只是一个被动的服从者。对媒介的宣传,大众不能吐露一个"不"字。媒介推崇的商品,明天就能摆上销售的柜台,而后天就能到达消费者的手中。景观生产的无声暴力,让我们消费了大量无价值的产品。景观生产的高速运转,让人们变成思维简化的单面人,无暇思考真正的价值。景观生产是强制性的隐形操控策略,其拒斥反思和对话,解除了人的抵抗之心,消解了人的自主选择,让人们在沉迷中成为单向度的存在。德波是执着的理想主义者,紧抓住这些问题不放,这既是对苦难的关心,也是内心对未知未来的恐惧。政治团体内部也在变革,这种变革采用密谋的方式,并总结景象社会的现象形态,"这样的变革虽然与那些处于权力核心圈的人有关,但也会以密谋的方式谨慎地显现出来,并对景观时代的一切做出决定性的总结"⑤。宗教的幻象填充了现实不可能的事情,而景观似乎表明的是现实能够做到的事情。当然,这里的能够做到,只是景观带给人的幻觉。景观生产出隐性的影像,遮蔽了现实的分离情形:一是景观生产把生产力的发展、财富的增长当作目的,而把人的需求降作手段。二是景观生产使人从属于物,成为物的附属品。三是景观生产压

---

① 〔法〕居伊·德波:《景观社会评论》,梁虹译,广西师范大学出版社 2007 年版,第 34 页。
② 〔法〕居伊·德波:《景观社会评论》,梁虹译,广西师范大学出版社 2007 年版,第 35 页。
③ 〔法〕居伊·德波:《景观社会评论》,梁虹译,广西师范大学出版社 2007 年版,第 36 页。
④ 〔法〕居伊·德波:《景观社会评论》,梁虹译,广西师范大学出版社 2007 年版,第 43 页。
⑤ 〔法〕居伊·德波:《景观社会评论》,梁虹译,广西师范大学出版社 2007 年版,第 51 页。

制了人的理性,使人成为无意识的动物,丧失了反思和批判。

三、景观生产批判的应然逻辑

(一)艺术革命

德波提倡"文化革命":"马克思强调生产,而境遇主义者们突出在马克思死后发展而成的社会再生产和消费与媒体社会新模式。马克思强调生产,而境遇主义者注重城市和日常生活,用'文化革命'、主体的转化以及社会联系补充马克思强调的阶级斗争。"①景观生产及其社会机制也必定不是永恒的东西,它早晚会走向没落。德波不相信社会主义必将到来的社会进化论,不认为无产阶级的革命斗争是打破景观生产的有效途径。"无产阶级没有被抹除,相反,在现代资本主义不断强化的异化之下,它以工人大众的形式保持了其不可缩减的现存。"②德波不把希望寄托在无产阶级上,而是寄托在青年身上,"反抗青年正在发出新的抗议,这一抗议尽管是含糊的、试验性的,但它非常清楚地暗示了一种对艺术、日常生活和旧政治专门化领域的拒绝"③。这与马尔库塞的观点相同。德波倡导通过艺术变革回归真正的精神家园,"我们时代正式的不满,一种在青年人中间特别剧烈的不满,而且还产生了艺术的自我否定的趋势。艺术总是独自地表达了日常生活的秘密问题,尽管以一种隐蔽的、变形的和部分幻想的方式"④。也就是说,反抗景观生产的真正力量是青年的艺术革命。马尔库塞沿袭了黑格尔"艺术终结论"的基本观点,认为应该消除真正的艺术。在他看来,实现艺术的手段就是消除艺术,只有消除艺术才能让艺术参与现实。德波基本认同马尔库塞的艺术思想,认为,在当代发达工业社会,"真正的艺术"已经退场了,只存在反艺术的艺术。这种反艺术的艺术把日常生活推向死亡,典型代表是超现实主义和达达主义。德波认为,一切艺术形式都只是匆匆过客,最后所有的艺术都应该被彻底赶出日常生活。所有的艺术应该立即消失,以免堕入自己的背面。

德波揭示了被强制捆绑在"符号编码"消费秩序模式中的当代人的无家可归状态,这种异化状态在高压和强迫下形成生活的惯性,成为人们洋洋自得的内在意识。德波声称,艺术既不能净化心灵,也不能拯救人类。在晚期发达工业社会中,艺术若不展示为符号,就不能表现自己;而艺术展示为符号编码在进入消费领

---

① 〔美〕道格拉斯·凯尔纳、斯蒂文·贝斯特:《后现代转折》,王治河译,南京大学出版社2002年版,第103页。
② 〔法〕居伊·德波:《景观社会》,王昭风译,南京大学出版社2006年版,第51页。
③ 〔法〕居伊·德波:《景观社会》,王昭风译,南京大学出版社2006年版,第52页。
④ 〔法〕居伊·德波:《景观社会》,王昭风译,南京大学出版社2006年版,第183页。

域时，就变为意识形态运转工具。景观生产体系具有无始无终的差异，导致新产品不断产生，而人们又有实现个性的需要，这让人们的欲望无限扩张。而实际上，当代人并不比古人更贪图享受，他们的本能是被媒介夸大出来的。伴随着数字符号和技术影像在日常生活空间各个领域中的快速渗透，空间生产在社会的地位日益上升。社会空间成了主要的生产形象、符号、代码的模拟机器。景观生产形成了强制机制，并带有盲目的色彩。空间生产的内在机制是匮乏而不是丰盛。空间生产凭借制造匮乏之物吸引眼球。自然空间被特权阶级垄断。空间生产的模式不是自由而是强制。商品的琳琅满目让人们还能对资本的本性有所警惕，而景观的铺天盖地却让人们彻底掉进资本设下的温柔陷阱。人们非但沉迷，而且洋洋自得，丧失了批判和思考的能力。因此，革命的使命已经不是打碎资本家加在人们头上的锁链，而是直接摧毁迷人炫目的景观，建立起日常生活的真实情景。

德波的艺术理论继承了达达主义和超现实主义，他要求扬弃艺术，包括废除艺术和实现艺术两个方面。在德波看来，艺术的扬弃既要废除艺术的陈旧形式，又要实现艺术的本真意义，以清除艺术与生活的壁垒，让艺术的激进能量成为改造生活的动力。他采用的方法是"让想象力夺权"，也就是说，丧失主体自由选择意志的个人必须重启想象力，化被动的支配地位为主动的实践行为。景观成为文化意识形态统治的工具，通过媒介而传播自己的理念和价值。而革命就是要揭露这种伪存在的真面目，其采取的策略为："漫游""异轨"和"构境"。漫游就是打破景观空间生产布展的凝固性，让日常生活灵动起来；异轨就是颠倒景观意识形态的头尾倒置，回归真实的生活。漫游和异轨就是为了打破景观的僵化和虚假。构境就是建构真实的日常生活情景，发挥想象力的作用。真实的日常生活情景是指"解放了的自由欲望"的生活时空。在构境中，艺术起着重要作用，诗意是艺术革命的主要手法。艺术的扬弃可以采用征用和游戏的方法。这两种方法有文化革新的意味。艺术是日常生活开出的思想之花，如果日常生活败坏了，那艺术也必定腐败。因此，德波从日常生活寻找艺术败坏的源头。德波选择了"游戏"作为批判策略，把列斐伏尔日常生活批判中的"时刻"变成景观生产批判的"情境"，要求精心地建构符合生活的情境，以回归真实的日常生活。

（二）游戏策略

德波的景观生产批判伦理是从静观和行动的对立中延伸出来的。德波指出："景观西方哲学构想所有缺点的继承者，西方哲学力求按照观看（vision）的范畴去理解行动（action）。"[①]在这里，他把观看和行动对立，实际上就是把"静观"和"行

---

① 〔法〕居伊·德波：《景观社会》，王昭风译，南京大学出版社 2006 年版，第 6 页。

动"相对立,这遮蔽了真实的日常生活情景。面对景观社会,德波倡导积极地采取空间批判,提出游戏策略。他号召在日常生活中进行空间变革,打破各种制约和环绕空间的东西。德波认为,城市压抑人的欲望,人们不应该只是静观,而是采取游戏策略,重建真实的日常生活空间。德波期望通过回归真实生活解放麻木的人群。德波拨开景观社会的迷雾,沉入生活的底层。面对生活的异化,德波关注之焦点不是如何去适应,而是何谓真实的日常生活。在早期资本主义社会中,不复有真正的艺术;而在景观社会中,艺术更是涂抹上了意识形态色彩,失去了自己,成为政治的工具。德波主张让艺术渗入日常生活,把政治、经济、文化和艺术结合起来。贝斯特和凯尔纳认为,德波的主要宗旨就是疏通日常生活的分离,恢复真实的情景存在。景观生产作为资本新的扩张策略,是政治权力的工具,它使用催眠的幻象与缭乱的娱乐影像麻痹人们的心灵。游戏策略会通过形式创新改变生活的单调乏味,"将创造新的环境,在这一环境中现在统治过去,生活的创造性总是统治生活的重复性"①。德波以酒神的精神反抗着社会的控制,主张积极的艺术革命,以打破封闭和僵化。德波论述了情景建构与游戏策略的密切关系,他指出:"唯一能在游戏中构想的成功,是它的气氛环境的瞬间成功,以及它的力量的持续增长……游戏不能完全从竞争性中解放出来。"②他启发我们,勇敢地听从内心良知的指引,而不是放纵欲望,听从诱惑,迷失本心。也就是说,德波要用情景建构满足欲望的游戏性需求。德波认为自己有责任让人们知道自己的麻木和盲从,他期望通过揭出病痛,达到疗救的希望。

德波景观生产批判伦理拓展了马克思商品拜物教思想,开启了后现代主义。德波的理论既是时代的产物,又是对马克思批判伦理的继承,"并由此激励了德波和其他人努力使马克思的事业在新的历史条件和新的审美理论的冲击下获得重生"③。德波的景观批判理论与马克思的社会批判具有异质性。德波试图补充马克思的批判伦理,"德波把马克思的'商品社会'拓展为'景观社会',由此实现了马克思异化批判伦理的当代出场"④。对于两者的不同,贝斯特和凯尔纳主要从理论关注点作了评论:"同时,马克思的理论注重时间与历史,情境主义者重视闲

① 〔法〕居伊·德波:《景观社会》,王昭风译,南京大学出版社2006年版,第184页。
② 〔法〕居伊·德波:《对情境主义的游戏定义的贡献》,载《情境主义国际》,1958年创刊号。
③ 〔美〕道格拉斯·凯尔纳、斯蒂文·贝斯特:《后现代转折》,王治河译,南京大学出版社2002年版,第103页。
④ 孙全胜:《马克思主义社会空间现象批判伦理的出场形态》,载《内蒙古社会科学》,2014年第2期。

暇产物和释放欲望的制度。"①德波的景观生产批判伦理继承了马克思的商品拜物教批判、青年卢卡奇总体性理论、列斐伏尔空间生产说。德波对景观社会的未来是绝望的。景观生产批判伦理的不足就是片面和忽视，它把发达工业社会的一种异化现象上升为社会的普遍状态，导致了其不能对社会做出全面分析。

中国自 20 世纪 90 年代实行市场经济以来，媒介起着日益重要的作用，这一方面消解了传统的腐朽观念，另一方面又造成了新的奴役。概括起来说，人们的生活更加多元化，人们有了更多选择机会，对各种思想也秉持开放的心态。可是，面对工具理性带来的物欲膨胀，绝望情绪也在全球蔓延。科技创造了丰富的物质财富、广阔的消费市场、多元的思想文化，也带来了程式化的政治、枯燥乏味的经济、单调僵化的生活。后现代文化凭借媒介制造了丰富多彩的时尚花样，如影视剧、广告信息、网络语言、流行台词等。这些时尚元素用模仿的手法让日常生活新鲜化，以吸引人们的目光，满足人们的求异心理。在这些时尚元素中，人们感受不到快乐和幸福，而只得到空虚和麻木。因此，景观生产就是凭借模仿将日常生活的真实情景遮蔽，从而给人们提供了虚假的幻想。景观空间生产批判伦理启示我们：必须警惕消费主义的生活模式，建构真实的日常生活情境。

第三节　消费社会批判

让·鲍德里亚（Jean Baudrillard，1929—2007），法国著名哲学家，后现代思想家。自 20 世纪 60 年代开始，他撰写了一系列文章分析后现代社会的文化现象。主要著作有《物体系》（1968）、《消费社会》（1970）、《符号政治学批判》（1972）、《生产之镜》（1973）、《象征交换与死亡》（1976）等。马克思研究了商品的使用价值和交换价值，鲍德里亚则研究了商品的象征价值和符号价值。鲍德里亚沿袭马克思的思路的过程是：从起初对马克思拜物教伦理的继承，再到以社会现象形态批判为基础发展出符号拜物教，最后形成符号分析的政治经济批判取代马克思商品生产批判。

一、消费社会的实质

随着技术的进步，当代社会已经进入消费社会，呈现了一种消费经济对日常

①　〔美〕道格拉斯·凯尔纳、斯蒂文·贝斯特：《后现代转折》，王治河译，南京大学出版社2002 年版，第 102 页。

生活的全面占领态势。消费社会凭借符号掩盖真相,建立在技术对实体商品的消解上,不断去除商品的实际功能,涂抹上时尚价值。消费经济建立在人的不断虚拟交流中,让物品失去其客观价值,变成了符号。主宰消费经济的是媒体及其规则,妨碍了个体的自由意志,呈现了比剥削更为精细的专制结构,以虚幻的符号之城代替了真实生活,用美好的未来想象遮蔽了现实的灾难和暴力,导致影像掩盖现实的异化情境。在消费经济中,决定物品价值的并不是功能,而是符号体现的交换意义。人购买物品不是为了消费,而是为了满足心理需求。反映现实的工具一直在改变:原始社会靠面具掩饰自己,早期资本主义靠镜子反射现实,而当代消费经济靠影像掩盖现实,用媒介让现实抽象化,用符号控制社会。如果还用古典政治学分析消费社会是不够的,必须采用符号学分析,需要从社会批判角度对消费社会进行考察,对符号消费进行现代性批判,对网络信息进行后现代分析。

(一)消费社会是媒介技术的传播

鲍德里亚对消费社会的分析,仍处于大众媒介的层面,注重的是符号的内容,而不是形式。媒介技术既控制了客观世界,又统治了人,还麻痹了批判意识,压制了社会质变。媒介在鼓吹象征交换中生发了意象的符号意义。消费的象征交换不同于传统的商品交换,是物品的不断丰盛和消费的无限膨胀,建立在契约关系的抽象符号上。消费经济中,媒介、音乐、语言起着重要作用,夸大了象征意义。消费作为一种符号,比声音更灵活,根据人的需求创造了无限的意义。人在媒介的鼓动下盲目崇拜英雄,不利于民主,反而促进了独裁力量,这种群体心理导致人盲目追随潮流时尚。媒介没有生产,只是导致社会内爆、符号增多、布满象征规则。媒介制了大量表象,淹没了真实,让幻觉遍布,让人处于惶恐之中。完美的罪行让所有符号都现实化来使世界布满罪行,将生活消解为真假难辨的迷雾,阻碍了自由选择。媒介让人适应新消费格局,但不能参与生产中,让越来越多的东西只属于意义范畴,用媚俗让人在文字游戏中产生眩晕,产生虚幻的安全感。政府凭借符号操控社会,制造了差异性的符号价值。所有现实都凭借媒介瞬间转化为符号。媒介信息强加给人一致性,让个体也进入符号编码,让消费者相互攀比,加剧了拜物教。媒介既生产符号,又制造虚假需求,否定真正的享受,把消费规定为自为行为,让人在消费中相互牵连监督。财富经济系统被符号编码系统取代,让消费看似有乐趣,实则布满陷阱。个人只是棋子,在宏大的媒介叙事中,人的选择没有保障。媒介信息具有破坏性,也能破坏人权,更能掩盖现实,导致生活意义丧失。媒介信息凝聚了社会结构,既让人处于平面化、平庸化、单向度的状态,只能保持沉默,让他者占据生活,又让人惯于享受,经不住符号的诱惑,缺少关怀之心。消费的方式发生了变化。消费的区分模式消解了一切差别,根据名望建立起集体主义语境,去除了个体内容。消费经济凭借符号掩盖实在,凭借中断和编码来不断循环,凭借媒介驯化社会。商品成了符号,符号成了商品。劳动生产模式终结了,符号时代到来,需要用考察消费行为的符号意义。消费成了游荡在社会的幽灵,起到了交流作用,让所有价值都纳入交换体系中,让人更膜拜货币。

鲍德里亚认为,在消费社会,所有价值都成了符号交换的价值。媒介传播的内容诱惑着人们,而媒介的形式组成了人的存在。媒介的运作,以数字符号为工具。消费社会,不是意象在鼓惑着人心,而是符号营造了社会,"消费是一个系统,它维护着符号秩序和组织完整"①。符号不是生产的产物,而是数字编码的结果。在当代资本主义社会,一切都成了符号。要分析消费,就应当采用符号学的方式。在消费社会,人的存在就是不停地与符号打交道。符号变成社会正常运作的中心议题。符号意义进入生活的每个角落。世界由符号建构,存在由符号组成。这构成了符号生产批判的理论前提。符号构成了现代社会的元素,本真的东西消失了,真与伪的界限早已模糊,数字编码让世界变成虚幻的存在。消费社会让话语符号成为神话,构成统治日常生活的强大力量。鲍德里亚把社会分为三个阶段:伪造支配的社会、生产支配的社会和符号支配的社会。随着工具理性的推进,真实的物品越来越退居幕后,而虚假的景象越来越占据社会的中心位置。符号不是对真实存在的模仿,而是自己对自己的模仿。符号是人类理性的过度自信,是试图用数字编码来掌控整个世界。在符号社会中,重要的不是真实存在,而是用数字编码组合成人们需要的意象。

鲍德里亚声称,消费社会制造了物品丰富的假象,营造出社会虚假繁荣的影像。社会的繁荣不是事实,而是交流加快的表现。消费社会既造成了物品的支离破碎,又把多元的社会固化为僵化的体系。消费社会的虚假繁荣必然被资本的危机打破。消费社会也表明物品的匮乏时代已经结束。丰裕的物品让人进入被物奴役的时代。后现代消费社会是被虚假的影像占据的异化符号社会。消费社会的根本"罪行"就是:幻象—符号操控一切。"要成为消费的对象,物品必须成为符号。"②鲍德里亚立足于结构主义符号学的分析方法,声称身体是"最美的消费品",在他看来,身体反映了社会的组织模式。社会实践活动在身体上呈现出了资本和偶像的双重影像。身体本能重新被得到重视,不是主体的需要,而是符号消费的规定。"消费社会的唯一真正的实在,就是消费观念的存在;而正是这种反思

---

① 〔法〕让·鲍德里亚:《消费社会》,刘成富、全志钢译,南京大学出版社 2006 年版,第 69 页。

② 〔法〕让·鲍德里亚:《物体系》,林志明译,上海人民出版社 2001 年版,第 223 页。

的和论说的生动形式,无限地和不断地在日常生活的言论中和知识分子的论说中重现,构成整个社会公共常识的强大力量。"①鲍德里亚声称,晚期资本主义社会的媒介不再呈现现实,而是直接拼接现实。媒介符号消解了崇高和价值,让一切都成为娱乐和搞笑。在制造奇观和娱乐中,媒介与现实脱节。媒介迎合大众的怪癖,对社会进行了控制。科技的发展导致生产转向消费。消费社会突出物质,象征符号,是一个巨大的欲望社会。消费变成炫耀意义的手段,而不是为了满足真实的需求。人们处于亢奋而空虚的状态。消费成了目的本身,成了炫耀的符号。只有打破"生产之镜",才能看清镜中虚假影像。工具理性将人们沉湎于象征意义的泥潭中。

(二)消费社会是拜物教的深化

鲍德里亚认为,消费社会让拜物教更加明显,让符号体系更加普遍化,成就了资本意识形态,巩固了分离性的文化体系。消费经济是语言符号意义构成的网络式游戏,是资本主义中人性朴素而又复杂的表达。人期待消费文化的产生,消费文化让人产生惊异心情,产生互动关系和神秘感受。消费文化还体现着心理学、心态学、品味学和美学,是个体和群体心理综合的反映。个人在文化大潮中难以维护自己的尊严,只能不断地调整心理,既要不断将自己超越于群体,又要不断接受传统和习俗,以免被孤立。每次消费不仅是经济行为,也是制造符号的社会行为。在指称的作用下,形式和内容构成了现实世界。符号消费培养自私的个性,是新的异化现象,在人权的掩护下磨灭人的意志。社会仍延续等级区分模式,特权阶层凭借奢侈品展现自己的身份。消费让垄断和差异混合在一起。社会交换中的色情与原本的性欲是有区别的,色情只是符号意义,违背了个体结构欲望。原本个体自主的消费变成形式化、强制化的持续性系统,是隔离的机制,让消费者在盲从中成为符号运行的节点。符号被个体占有,然后出售给消费者。时髦是特权阶层试图继续保持传统等级秩序而做的努力,但传统等级秩序已经被打开了缺口,任何人都不能像过去那样野蛮粗暴了。符号体系尽管仍旧野蛮,但比过去要好多了。以往的人们只能追求生存,还无法奢求生产。生产的满足让人类进入后现代的拟像社会。生产让物品变成商品,交换的频繁让商品成为符号。要分析物品符号意义的能指和所指方面,要超越影像的面具,进入符号消费的深处。人把精神寄托在符号上,而不是实际物品上,让生活具有了透视效果。政府凭借掌握拟像空间获得权力欲望。政治成了仿真现象,是权力的印象,拜物教泛滥,生活成了"幻影"。消费文化作为象征符号渗透进政府权力运作,巩固了男权社会,让政

① 赵一凡等:《西方文论关键词》,外语教学与研究出版社2006年版,第662页。

治行动成了仿真模式。符号消费已经成了意识形态工具，不是强制性的、镇压性的，而是文化形式的，采用隐蔽方式，不再是用法律来采取行动，而是金融经济的。符号消费起着意识形态功能。符号消费导致社会越来越虚拟，掩盖了真实生活。宗教幻觉式的消费符号让人脑的产物取代了现实实际的东西，人崇拜符号，实际是崇拜自己的想象。消费展现为大量符号的流通和交换，表达了人的地位，显示着人对生活的欲望，不允许个性破坏符号的集体主义原则，不断用象征价值取代真实价值，努力用区分和声望机制把一切物品都转化为符号要素。消费经济起到了宗教作用，深度依赖媒介，不断发生周期性变化，具有创造性、独特性和自我规定性，又有被控制性、被推广性，成为公民精神生活的工具、表现自身地位的媒介，并将符号的繁多混同于人的解放，用符号政治取代革命斗争，巩固了资本统治。

意识形态与拟仿是不同的，意识形态用符号混淆真假，拟仿用符号呈现自己。"仿真再也不是领土之类的东西，它不是所指的存在或实体。仿真产生于没有起源或实在性的实在模型：它是一个超真实。"①改革和革命都在消费社会失效了。沉默和冷淡是抵抗的唯一方式。空间生产的决定力量不是资料所有制，而是符号编码体系。资本的全球化通过符号编码在再生产和资本非本质部门两个层次上实现了。拟象的社会空间是被美学形象迷惑的世界。它一直努力把梦想变成行动。资本主义通过符号编码，实现了全球空间生产。鲍德里亚的理论让我们看到了他过分表现个性空间。但是，这种个性空间也能产生不良后果。个性是处于群体中的个人的性情，这种个性会破坏群体的利益，造成各自为政的状态。鲍德里亚重点关注了"福利带来平等意识"这一思想，这一思想就是对幸福和平等等价值的发展。空间生产让每个物品能同任何物品交换。人们在消费中不是真的购买物品，而是展示物的符号意义。空间生产实质上只是媒介呈现给观众的虚拟战争。符号价值由媒介制造，形成了娱乐游戏的时代。"不再有暴力或监管；只有'信息'，秘密的恶意，连锁反应，缓慢的内爆（implosion）和空间的拟像，在那些空间中真实效果变成了嬉戏。"②广告信息的宣传，把符号意义神话，激发着人们的消费欲望。"虚拟空间"形成对意义的解构。鲍德里亚的消费批判伦理由符号分析学转向拟像序列论，将后现代消费社会看成符号时代，其征兆是真实事物的消失、符号体系的形成。发达工业社会已经从追求物质的使用施加转向追求符号的

---

① 〔法〕让·鲍德里亚：《消费社会》，刘成富、全志钢译，南京大学出版社2006年版，第88页。

② 〔法〕让·鲍德里亚：《消费社会》，刘成富、全志钢译，南京大学出版社2006年版，第88页。

象征意义。这个新道德摒弃节俭,主张享乐。

晚期资本主义社会资本增值方式已从自由竞争变为垄断。从自由竞争到垄断,从资本拜物教到符号拜物教,在媒介的操控下,人们丧失自由意志,成为麻木冷漠、盲目迷茫的单面人。马克思的商品理论排除了符号,已经落后于媒介时代。列斐伏尔用电视媒介的象征性诠释了符号文化的意义。消费隐含着希望,消费的希望机制是空间生产秩序的基石。消费者的身体欲求是符号编码的结果,而不是潜意识的产物。身体并没有解放,而是处于枷锁之中。消费社会特别关切人的性欲,这是对本真欲望的掩盖和歪曲。消费把性欲提升到不可一世的地位,造成了性泛滥。性欲成了消费社会的内在动力,让一切都围绕它旋转。消费社会批判伦理展示了符号的生成机制。消费控制了整个生活,他将批判矛头由客观对象转向个体。他声称,当代的消费关系已经由具体的转换为虚幻的,媒介符号制造着思想观念和意识形态,消费的对象是符号意义,而不是实际物品。"商品完全被当作符号,被当作符号价值,符号则被当成商品。"①消费对应的是秩序,消费的潜在因素是符号,所以,后现代消费社会是符号体系。消费者需要的不是实在的物,而是具有符号意义的价值。消费对象是具有意识形态色彩的权力符号。因此,后现代社会是符号体系。消费成了社会关系的基本机制,人不是消费活动的主导者和参与者,而是消费活动的器皿和媒介。消费者的需求是制造出来的。媒介形成了控制社会的机制,媒介制造的信息具有象征符号意义。广告是经济逻辑的包装,形式无处不在,散布日常生活,形式没有实质内容,只有象征含义,形式有着复杂的意义。当代发达工业社会的主导模式已经由消费转向符号再转向拟真。符号交换标志着劳动生产时代的结束,只有死亡才能逃离这个符号世界。后现代消费社会的建构基础是符号的生成及无限循环往复。

鲍德里亚声称,消费可以建构身份和意义。消费社会是一个充满物化现象的社会形态。消费不仅操控了资本的扩张,而且操控了社会交往、意识形态及个人的思想和欲望。消费呈现的不是消费者的自由意志,而是人性压抑、"符号消费"。鲍德里亚的消费社会批判伦理不再是个体消费活动的考察,而是社会消费机制的阐释。他认为,后现代工业社会的消费不再是和物质资料生产相对的范畴,而是构筑交换关系的实践模式。消费的对象已经不是实在的物品,而是抽象的社会关系。"丰盛社会对于其身体必胜主义的完全反向的侵略,和对于其所有自身原则

---

① 〔法〕让·鲍德里亚:《消费社会》,刘成富、全志钢译,南京大学出版社 2006 年版,第 1 页。

的强烈否定。"①发达工业社会凭借操控消费来影响生产。消费不仅呈现了个人的社会地位和身份,而且展示了商品的口碑和品级,还制造了整个符号体系,制造了资本主义的统治秩序。实际上,消费社会仍是生产逻辑决定消费逻辑。消费社会的消费是资本增值的环节和要素。"消费时间即生产时间。"②鲍德里亚声称,符号消费不是真实的实践,而是虚假的总体性操控活动。符号消费是一个依靠名望和差异的拜物教系统。符号消费不是个体的自由意志,而是虚假的集体行为。消费社会让商品拜物教过渡到符号拜物教。科技的发展,让物质生产让位给非物质生产。消费的对象也从产品变为文化思想和精神意识。符号消费实质上就是虚假的精神满足。符号占据了资本主义生产的逻辑。非物质生产地位的提升是资本增值的需要。消费文化造成人的迷失。符号消费既满足了人的精神文化需求,又导致不合理的消费。鲍德里亚用文化批判的方法批判消费社会。他倡导人们摆脱符号的迷雾。符号的谋杀潜移默化却肆意妄为,凭借不断生产在社会的各个领域蔓延,如同细菌一样伴随着资本的扩张而散播到世界各地。由此,当代发达工业社会非但没有兴旺发达,而是正在走向死亡之路。鲍德里亚继承了结构主义符号学与情境主义建构理论对消费社会做了批判。他发展了西方后现代马克思主义的社会现象形态批判伦理,但堕入了思辨的泥沼,走上了批判马克思的激进之路。他的理论逻辑中有着内在不可解决的逻辑悖谬。他的符号批判淹没了他的马克思线索。

鲍德里亚的批判理论源于消费社会及其媒介技术的发展。鲍德里亚认为景象统治一切,他不只说明了景象的社会背景,而且论述景象的运行机制。"消费的一个基本机制,就是集团、阶级、种姓(及个体)的形式自主化。"③鲍德里亚则用符号理论说明了消费社会的机体构成。虚拟网络促进了消费社会的形成。德波还坚持生产力的现实层面,而鲍德里亚则认识到生产已经变成一种虚拟活动。然而,鲍德里亚的符号生产批判,也陷入单一思维的泥潭。因为网络虽然是虚拟的符号,但它也是基于现实的生产。实际上,物质生产仍是人类的基本生产活动,不用说商品的生产,单只是农业粮食的生产,就不是符号所能代替的。科学技术只是人能力的延伸,而不是决定社会的要素。社会的发展,是人决定的,而不是外在的物。符号生产打破了消费和生产的固定模式,让空间变得灵动。鲍德里亚忽视

---

① 〔法〕让·鲍德里亚:《消费社会》,刘成富、全志钢译,南京大学出版社2006年版,第157页。

② 〔美〕乔治·瑞泽尔:《后现代社会理论》,华夏出版社2003年版,第310页。

③ 〔法〕让·鲍德里亚.《消费社会》,刘成富、全志钢译,南京大学出版社2006年版,第151页。

了人的自由意志,把人看作机械的受操控物,这使他走向了绝望。人的消费当然有符号,但人更需要真实的需求。在鲍德里亚看来,符号取代阶级、商品、身份,成了人的新标识。人们没有得到平等,反而被符号划分成新的等级。"当今社会愈来愈多的根本方面属于意义逻辑范畴,属于象征规则和体系范畴。"①显然,鲍德里亚承继了马克思的异化思想。在马克思那里,劳动被异化,而在消费社会,人的需求被异化。人的"欲望"是没有满足的,而媒介把人的欲望的潘多拉盒子打开了。因此,人的自由意志被内心的欲望所蒙蔽。符号生产批判,作为内心情绪的宣泄,缺少科学的成分,而最终堕为痛苦的呻吟。于是,在鲍德里亚符号批判理论中,我们看不到希望,而只有深深的绝望。它带来的是对现实的悲观,而不是对理想生活的追求。他的符号批判只是对当下局部现象的总结,而不是对人生存困境的深刻思考;符号批判伦理揭示了当下社会的局部危机,但没有给我们解决这种危机的道路。因此,他的批判具有发泄不满情绪的特征,如果我们听任这种不满情绪的蔓延,也会堕入歧途。

二、消费受控的科层制社会

从分析符号意义着手,鲍德里亚开启了消费批判伦理的理论逻辑。鲍德里亚把符号消费的蔓延比作共产主义幽灵的游荡,却过分强调了"消费"的重要性,而忽视了经济是一个系统的体系。符号的指涉价值退场,而能指价值占据舞台。货币的抽象性产生了金钱拜物教,鲍德里亚从词源学的角度考察了拜物教范畴的起始含义。符号制造的虚假需求引起了价值拜物教。媒介信息的万能性是曲解和包装出来的,媒介给我们造成虚假的印象,让我们以为编码出来的都是存在的。符号编码对真实的世界进行了重新诠释。"作为建立在一个密码基础之上的明确意义和交流过程,实际消费行为能够在其中得以实现并具有应有的意义。"②媒介广告利用消费者的购买欲望把所有事物都归为符号编码。媒介掩盖事实,让我们处于"伪事物、伪意象、伪思想"的日常生活。消费品利用符号编码超越了有用和无用。媒介艺术创造出超越真伪的符号信息。鲍德里亚的符号批判伦理,是结构主义符号学、商品拜物教批判和媒介意象批判的产物。"体系的抽象才导致了拜

---

① 〔法〕让·鲍德里亚:《消费社会》,刘成富、全志钢译,南京大学出版社 2006 年版,第 11 页。
② 〔法〕让·鲍德里亚:《消费社会》,刘成富、全志钢译,南京大学出版社 2006 年版,第 48 页。

物教化的过程。"①他着重考察的是符号的能指功能，而对符号的所指功能有所忽视，这导致他把当代发达工业社会看作符号编码的产物。消费被当作符号交换的游戏，而消费品失去了实用功能，成为象征物。

鲍德里亚的消费符号批判首先从价值分析开始。他的价值分析的基本立场是：消费活动已经由商品交换转向符号交换。首先，价值分析期望通过把拜物教理论延伸到对商品符号价值的批判，以实现对马克思思想的超越。其次，价值分析还期望利用符号分析方法，以便消除马克思商品分析中的思辨色彩。最后，价值分析期望通过对符号系统的批判，显示消费社会符号编码的形成机制。他还要求建构符号交换理论，以便替代古典的政治经济学。他的构境理论继承了巴特、列斐伏尔、德波、索绪尔、海德格尔、拉康和莫斯－巴塔耶等人的理论。学者对空间的研究都没有深入内部。他主张用沉默的方法对抗符号的诱惑。文化用形式民主掩盖不平等现象，媒介模糊了真假，混淆了是非，德波用景象社会取代了马克思的商品社会，鲍德里亚用空间拜物教取代了商品拜物教。鲍德里亚对马克思生产主义的批判沿袭了消费主义的批判伦理。他仍将消费看作生产的扩展。符号的象征意义没有得到充分阐释。他对生产与消费的关系做了两重解读。一方面，消费具有生产性。在他看来，消费的生产具有集体功能。另一方面，是生产的消费性。马克思用革命的名义整合成生产方式，生产方式概念的意识形态性，让马克思的生产思想出现歧义。马克思的商品拜物教思想有着资本主义的民主追求。空间批判就是要清除空间异化。但象征意义对现实的祛除只是想象性的。消费社会制造了丰盛的物品，鲍德里亚的批判伦理补充了马克思的不足。马克思声称，消费和生产是资本运作过程的两个组成要素，消费受生产支配。符号占据了日常生活的一切，消费是积极的符号体系。"一个幽灵，一个生产的幽灵在革命的想象中徘徊。它到处支持着没有约束的生产浪漫主义。"②意义消费是符号操控行为，这是一个堕落腐败的社会，消费就是奢侈利用符号进行浪费的活动。鲍德里亚用时装模特的身体为例，阐释了色情的功用符号性，色情不是赤裸裸的身体本能，而是媒介编织出的符号。身体快感的强弱也是建立在个人的感性经验基础之上的。消费品不是商品，而是符号。但是，物的符号是不能被当作纯粹的编码的。因为，符号让人成为影子般的存在，消费的目的是什么？是总体性要求。艺术不再传达出对真善美的追求，而是无关世界的发泄。艺术构成了序列，成了纯

---

① 〔法〕让·鲍德里亚：《消费社会》，刘成富、全志钢译，南京大学出版社 2006 年版，第 131 页。

② 〔法〕让·鲍德里亚：《生产之镜》，仰海峰译，中央编译出版社 2006 年版，第 1 页。

粹的符号,不断无聊地表现着自己。艺术不是反映世界,而是反映自身。鲍德里亚的理论视角最终触及西方基督教道德伦理的弊端。他声称,基督教的崇拜是意象崇拜,意象符号代表着终极意义,且与上帝等同。但假如上帝都可以被描述,能呈现为一定的形象,那这样的上帝只是人们的幻象而已。那么基督教信仰只是人类对自己的崇拜。建立在符号基础上的后工业社会弥漫着完美的罪行。他声称,完美的罪行就是秘密的行动,完美的罪行尽管一直隐藏自己,到最后还是不免行迹败露。艺术家是完美罪行的实施者,完美的罪行包含罪恶,造成了严重的后果。

技术对人们的危害如同镜中的人影对人的报复。镜中的人只是现实人的影子,却能对人造成影响。技术是人的智能延伸,却反过来架空了人类。技术的报复是完美的罪行,是实在的谋杀。"这种既具技术性又具'传奇性'的编码规则切分、过滤、重新诠释了的世界实体。"①完美的罪行造成了幻觉,掩盖了事实真相。事物走向虚拟,让世界处于虚幻之中,虚拟造成了幻觉,让真实的事物退场。谋杀是悄悄进行的,以完美的外表掩盖内在的杀戮。谋杀是如此完美,以致现实世界被完全遮蔽,让人们看不清世界。完美的罪行通过数字技术实现。人们生活在信息的社会,却缺少存在意义。过多的信息淹没了真实的社会,信息消解了意义,造成了空洞的社会。"完美的罪行"凭借生产符号实现,导致现实社会的"无序"。无序导致日常生活的失真,失真如此完美,成为超真实。这就谋杀了真实的世界。"类像"就是脱离本真世界的模拟物。商业类像充满大众的生活。文化产业在生产着类像的同时,也生产着消费主体及关系。但"文化工业"生产的"类像"却是毫无创新的重复,而且类像已经成为大众体验的组成部分。这样,就消除了现实与幻觉的界限,让人们无法找到历史的源头,媒介生产的类像让日常生活实现了符号化。"这种交换建立在非生产的、最后破坏的基础上,建立在人与人之间连续的、不受限制的相互性过程的基础上,建立在对商品交换严格限制的基础上。"②鲍德里亚用结构主义符号学分析了晚期资本主义社会的特征。消费就是日常生活的一切。但消费的话语不是人说出的,而是媒介编码出来的。在消费社会中,物品成了一种符号,变成了社会秩序和等级的体现。物品的"个性化"是指商品的设计越来越多元个性,而物品的"差异性"是指商品体现社会地位的差异。"个体化"和"差异"是商品符号化的必然要求。商品的符号化需要社会关系转换为消费关系。社会关系形成对自我的消费。商品在后现代消费工业社会中起着重要作

① 〔法〕让·鲍德里亚:《消费社会》,刘成富、全志钢译,南京大学出版社2006年版,第133页。
② 〔法〕让·鲍德里亚:《生产之镜》,仰海峰译,中央编译出版社2005年版,第64页。

用,物品呈现着社会关系,这样具有符号意义的物品就为消费提供了条件。商品符号化的原因是它成了消费关系的中介和工具。它与本真的日常生活脱节了。商品的编码是强制的,它将日常生活中的一切都符号化。在晚期资本主义社会中,社会关系发生了物化,成了无聊的消费关系。消费是符号的生成过程。他将消费概括为整个社会的基本特征。后现代的消费没有根基。马克思指出,思想是倒置的影像。他重点考察了物品的符号意义。他主张消解物的功能性,对物进行总体的改变。人的解放以物的解放为前提。通过符号编码,人也成为消费品,而符号编码遵循的原则是等级秩序和身份地位。与此同时,符号体系构成了消费对象。

这一时期,鲍德里亚还坚持符号的所指功能,而后来他则彻底忽略了符号的所指意义。在他看来,消费是符号游戏,背离人的真实需求。显然,这是一种本末倒置消费观。他对拜物教的历史做了分析。消费社会到处都是崇拜,拜物教需要借助精神分析才能逃出恶性循环,消费造成了对符号的崇拜。符号拜物教祛除符号的所指功能,因此,在符号拜物教中起着主导作用的不是客观事物和个体,而是符号操纵着整个体系,形成拜物教系统。"指称不过就是最为出色的以及最为微妙的含义而已。"①消费投射到政治领域,形成结构符号。自信盲目实质上是阉割带来的恐惧反应。这种心理模式在消费社会就变成了对特定符号的追求。追求符号意义是身体产生幻觉的行为。人们的潜意识被符号控制,成为能够展示的意识。这种意识呈现着社会的关系和秩序。消费的无意识造就了虚拟空间意识形态。男女的差异不在于性器官,而在于内化的思想意识。男女的思维差异本来是更重要的,但被遮蔽,而把性器官的差别上升到无以复加的程度。后现代消费社会没有真实,社会的中心地位已经被消费占据。消费社会消解商品的实用功能,让符号意义呈现。消费社会制造了物品丰富的假象,他的后期理论和前期理论有内在的矛盾。消费社会的基本特征就是物品的丰盛,这让人们处于眼花缭乱之中。物品的丰盛让消费成为当代人的基本社会活动。激发当代人购买欲望的不是商品的实用功能,而是其体现的象征意义。他还阐释了符号消费的唯心逻辑和机制。商品体现的是社会关系。他将消费逻辑的主观性区分为非功能、主观价值和社会区分三种类型,并从物、价值和关系三个角度来加以论说。消费有着非功能性的意义。在消费过程中,物品的价值不展示在实际功能,而在于象征性的影像意义。因此,消费的逻辑就是消解物品的使用价值,呈现物品的虚拟性。"物品丧失了其客观目标、其功能,变成了一个广泛得多的物品总体组合的词汇,其中它

---

① 〔法〕让·鲍德里亚:《消费社会》,刘成富、全志钢译,南京大学出版社 2006 年版,第 158 页。

的价值在于关系。"①他声称,消费不是为了实用,而是为了显摆。消费的基础就是等级和社会区分。特权阶级始终在炫耀,社会财富的生产建立在等级结构上。消费以享受为目的,让人变得自私。消费是资本生产的主要模式。广告改变着人们的生活方式,改变着人们的思想意识。符号是重要的生产要素,让人产生了美好的幻觉。消费社会批判伦理形成了符号思想体系。消费社会把自己变成神话,新的社会格局正在形成。自由主义者把消费的权利当作个人自由。自由主义的消费观只是空白无力的幻想。"于是,人们渐渐地习惯了赞美和物的享受,习惯了物的诱导而不再关怀其他事物。"②他把关注点从消费者的个体转向消费品。在他那里,消费品是具有象征意义的符号。物品成为消费品的必要条件就是转换为符号。消费的对象只是符号。大众文化其实是有着政治意义的消费文化。他的消费批判伦理没有沿袭马克思异化批判伦理的观点,却沿袭了马克思的思路和逻辑。他阐释了资本运行方式的符号化趋向,声称消费是符号活动,不是实践活动,而是具有象征意义的符号。消费品的价值不在于实用功能,而在于意义差别。

功能的时代已经终结,符号的时代已经到来。符号的暴力无比残忍。消费需求实质上还是生产的结果。消费者的购物不是在享受,而是指向象征意义。首先,符号有着差异的特性。差异性是符号的基本法则,也是消费的基本生成机制。符号的差异性是在对比中呈现的。符号的价值不体现在社会关系之中,而展示在符号的系统之中。符号不是为了满足需求,而是为了展示个体与他者的区别。符号是虚拟的消费品。其次,符号有着意指的特性。符号的意义不是由人与人的关系,而是由系统的差异形成的。符号的意义处于不停变动之中,没有固定的指称对象。在符号体系中,没有人与人、人与自然的交流,只有强制和冷漠。"我们在符号的掩护下并在否定真相的情况下生活着。"③再次,符号有着变动的特性。符号的意义由系统制造,而不是由社会关系制造。因此,符号有着很强的变动性。符号消除了形式上的不公带来实质的不公。符号促进了消费,构成资本的意识形态工具。符号的意义在于区分等级和身份,即凭借占有符号呈现个体的地位和身份。消费用符号的幻觉消除社会的反抗,消费也是驯化、培训的过程。消费将一切事物都呈现为其对立面。虚假的平等代替了真正的平等,虚假的民主代替了真

---

① 〔法〕让·鲍德里亚:《消费社会》,刘成富、全志钢译,南京大学出版社 2006 年版,第 120 页。

② 〔法〕让·鲍德里亚:《消费社会》,刘成富、全志钢译,南京大学出版社 2006 年版,第 116 页。

③ 〔法〕让·鲍德里亚:《消费社会》,刘成富、全志钢译,南京大学出版社 2006 年版,第 11 页。

实的民主,等级和身份成为平等的代言。后现代工业社会并非是物品丰盛的社
会,而是表面繁荣的社会。消费社会的繁荣是符号编码出来的。消费在符号的作
用下变成强制模式。人们被迫消费,被迫服从符号。

鲍德里亚的理论贡献在于他消除了主体和客体的界限。消费制造了幻想,揭
示了世界的虚假。他对消费做了多层次的分析,将批判视角延伸到符号、媒介等
方面,从而扩展了日常生活批判的研究领域。虽然他的批判缺少现实的维度,却
为人们认清社会现象提供了视角。消费社会的消费只是一种符号游戏。他批判
了当代发达工业社会现象形态,声称早期资本主义生产时代已经告终,从而把其
理论视阈转向后现代文化的政治空间。他的批判具有激情和幻想的成分,尤其对
于当代中国,更具有矫揉造作的色彩。他的消费社会对应于马克思的商品社会和
德波的景观社会,而符号社会是德波景观社会的发展。消费批判伦理既有合理性
也有缺陷。因此,他的符号消费批判伦理呈现出显著的解构主义倾向,如同凯尔
纳声称的,他超越了前辈的理论思想,建构了后现代消费理论。商品的幻觉带来
了拜物教,日常生活是所有社会实践活动的桥梁,是一切社会关系的中介。他的
符号经济学批判也沿袭了德波景观社会批判思想的逻辑思路。德波声称,景象遮
蔽了商品的使用价值,而让交换价值在媒介的引导下直接出场。这样,消费成了
媒介符号掌控的过程,成了自生自灭的符号体系,他称之为以意象为器皿的符号
社会。他沿袭了马克思商品拜物教批判。马克思认为,社会形态的变更由生产力
决定,尤其是由科学技术的进步决定。而媒介则推动了消费社会的产生。媒介是
制造消费符号的工具,它让广告充斥生活。媒介生产出大量的消费信息,导致商
品符号化。媒介信息包括三类:曲解世界的信息、商品赋值的信息、颂扬符号的信
息。消费社会的符号生产混淆了真假,消解了意义关系。消费社会形成了总体的
市场消费文化。消费文化具有两重含义,消费文化就是大众的媒介文化,重点呈
现的是商品的符号化。消费用各种形式掩盖真实的功能。

人们需要意义,于是广告应运而生。消费品在流通过程中也散播着文化意
识。商品价值体现在广告制造的符号意义上。广告呈现的不是物品的社会价值,
而是象征价值。媒介符号织成一张网,让人们无法逃脱。消费是起主导作用的,
而消费者处于被动地位。广告起着市场引导者的身份,也起着传播资本意识形态
的任务。媒介制造符号图腾,形成社会的符号拜物教,描绘出影像的世界。电视
不仅是人们了解世界的窗口,而且也是社会生活和世界本身。媒介凭借速度和快
捷制造了大量符号信息,成为消费的内在动力。媒介成为大众意义的操纵者。电
视制造符号支配了日常生活。消费购买的是符号,而不是商品。符号形成体系,
对社会关系起支配作用。消费也不是个体行为,而是整体的行为。"在价值领域

中,每一次欲望的满足都转向了它的反面,因为伴随着满足的终结,主体对于自身欲望的追寻却仍被保留下来,这是模棱两可性得以成立的基础。"①市场为男人的欲求而设,男性偶像是社会结构的综合产物。诱惑是魔鬼的行为,而符号在诱惑着人们。他特别分析了错视画这一艺术形式。错视画让人们进入虚幻的迷宫。被诱惑试探是人类必须接受的命运,但并不是任何事物都能达到诱惑的目的。错视画用仿真产生效用,用娱乐游戏代替死板僵化。政治也通过仿真的幻想实现统治。仿真空间代表着权力场所。资本注重的只是形式变化,资本从具体实体转换为过程,加速了自己的流动性。资本充满悖谬。马克思的社会批判伦理仍具有现实意义。符号已经完全取代了商品。马克思很早就声称,自然科学进入人文领域,造成异化。鲍德里亚后期的符号学则来自巴特(Roland Barthes)的理论。卡勒(Jonathan D. Culler)则声称,文本的互文性具有特殊意义。符号的批判主体带有强烈的阶级意识。理论必须虚假,才能被人们承认。讯息消解了意义,引发了"内爆",使社会成为"超可能"。他对消费社会保持游戏的态度。他要求大众以沉默反抗符号和代码。

三、消费社会的批判指向

鲍德里亚从当代发达工业社会的消费情境中得出消费社会批判,深化了日常生活空间现象批判伦理。对于阴暗的现实,鲍德里亚找不到通向未来生活的革命道路,只能依靠艺术。鲍德里亚将日常生活的空间现象转化为一种视觉形式的空间影像,拓展了视觉文化现象研究的空间视域。鲍德里亚的消费社会批判伦理是把社会表象提升到理论高度的产物,有其合理性因素的同时,更有大量情绪化的元素,听从诱惑,迷失本心。他怀着赤诚的心,召唤真实,却走入另一个极端。伴随着生产力的增长,消费成为发达工业社会经济的主导模式。哈贝马斯认为,资本主义政治导致公民与日常生活的分离,让权力运行肆无忌惮。消费的虚无消解了社会价值,已经成为发达工业社会的主导模式,是工具理性的集中体现,制造了幻觉。由早期物品匮乏的"商品社会"变成现在物品丰盛的"消费社会",是鲍德里亚对工业社会历史行程的基本裁定。鲍德里亚的后现代社会现象批判伦理,从批判消费社会进展到批判符号社会。鲍德里亚的"分离"范畴沿袭了马克思的"拜物教"概念的内涵。但他指出,马克思的社会批判是线性的理性,在静态与动态、横向与纵向等方面存在着无法调和的"二律背反"。仅是消费生产意识形态导致

---

① 〔法〕让·鲍德里亚:《消费社会》,刘成富、全志钢译,南京大学出版社2006年版,第207页。

异化结果,符号生产和理论实践是相同的过程。鲍德里亚的理论与实践有很深的联系,体现着否定的力量。贝斯特指出,鲍德里亚是重要的思想环节。早期资本主义社会,经济在社会生活中占支配地位,人们依靠占有物品表现自己的价值。

鲍德里亚根据马克思的生产社会范畴得出影像消费概念。他详细地分析了当代资本主义的社会转型:影像消费的符号意识系统操控。德波从资本主义发展的历史中界定了消费社会的位置。信息符号是当代发达工业社会的主要生产操纵模式。符号还与政治相连,代表着一种严密和精巧的控制结构,从而把生产和消费结合起来。符号的空间生产打破了消费和生产的固定模式,让时间变得灵动。晚期资本主义用抽象的符号遮蔽真实的生活。符号不指向美好的理想,而是体现人性的贪婪与自私。资本通过生产媒介符号,挑逗起人们的消费欲望。资本割断了符号的能指功能和所指功能,造成抽象的社会。媒介推动消费社会转向拟像社会。媒介展示给我们的景象,并不是真实世界的反映,而是符号编码出的幻象图景。媒介无限扩展,摆脱了主体的操控,成为日常生活的主角。媒介符号的制造不是自由地选择,而是与现实分离的强制模式。以往主体对客体操控的那种状况已经退出历史舞台。人类面对的是一个已经完成的世界,剩下的只是已有事件的重复。消费社会让人们寻求立刻的欲望满足,整天处于欲壑难填的境地。"身体之所以被重新占有,依据的并不是主体的自主目标,而是一种娱乐及享乐主义效益的标准化原则、一种直接与一个生产及指导性消费的社会编码规则及标准相联系的工具约束。"①消费摧毁了资本主义的伦理道德,人们要求的是欲望的即时实现。消费造就了邪恶、混乱而低能的生活地狱。这样,让人们处于消费的禁锢之中。个体自主的选择被大众盲目地跟风取代。媒介培训出无理性的机器人,让人们丧失良知,失去自由选择的机会。传媒符号导致了人的迷失,人们要真切感受日常生活,就必须拒斥符号的全面渗透。技术让社会的核心环节由生产转向消费,媒介把大众变为消费者。

商品除了具有使用价值和交换价值两种属性,还具有另外一种属性:符号价值。商品的符号价值在媒介宣传、包装下产生。符号价值就是商品体现的地位和意义,当然这种意义是媒介衡量的。媒介让大众产生自恋情节,在广告的诱导下失去自我,形成符号拜物教。符号拜物教展示的不是对具体商品的崇拜,而是对抽象符号的崇拜。媒介用仿真、超真实、内爆等手段操纵人的心灵。媒介生产大量影像,把我们带入后现代社会。媒介的统治是利用仿真性、去历史性、去主体性

---

① 〔法〕让·鲍德里亚:《消费社会》,刘成富、全志钢译,南京大学出版社 2006 年版,第143页。

实现的。物品的符号化让日常生活布满消费关系,让整个社会以消费为中心实现了全面的控制。消费品提供了自身之外的符号价值。符号制造出基于与现实保持距离的虚假内心快乐。消费者购买的不仅是商品的本身价值和功能,而且还有它的符号意义。商品的符号意义让消费者产生复杂的动机,让社会关系变成消费关系。人们需求的也不是商品个体的意义,而是商品的整体意义。商品的整体意义就是"完美的诱惑"。人们力求占有商品的各种符号意义,但人们占有的不是现实,而是脱离于现实的幻景。消费批判伦理延续着结构主义符号学的思路和逻辑。在原先物品匮乏的商品社会中,生产决定消费,消费只是处于从属地位,而消费品的实用性、功能性和效用性等特征明显。商品的交换价值还是以商品的使用价值以及商品中包含的社会劳动的价值量来衡量的。然而,伴随着商品的不断生产,消费品充斥生活,商品的交换功能日益衰落,人们看重的早已不是物品的实用功能,而是它的抽象价值。或者说,商品之所以能成为消费品,不是因为它的物理意义,而是因为它的符号功能。

鲍德里亚指出了技术理性与消费的关系,从而把物的符号意义提高到无以复加的高度。"鲍德里亚同马克思主义在理论上决裂的基础就在于他认为社会发展的阶段就相当于拟像的秩序,或客体得以复制的形式。"[1]消费社会让人们从物的奴役进入符号的奴役。在他看来,消费社会的特征之一就是商品的丰富,人们不再受人的包围,而是受物的奴役。消费品作为一个整体充斥在日常生活之中。商品要进入生产和消费环节必须转化为符号,符号展示了消费中的社会关系。消费关系不再是生产和需要的供求关系,而是符号交换的象征性欲望关系。这种消费变换关系,让社会关系堕落成纯粹为了满足欲望的符号结构。因此,消费成了满足欲望的载体,亦变成了欲望本身。消费不是被迫去获取,而是主动去获得。消费对象不是财富,而是虚拟意象符号体系。早期资本主义社会中,生产起着主导作用,决定着社会生活的一切,消费只是生产的附庸。而晚期资本主义社会中,消费是社会关系的中间环节,构成了资本运行的主要模式。消费是维护符号秩序的系统,消费被提倡并加以保护。

消费取代生产成为发达工业社会经济运行的决定要素、意识形态统治的工具、文化控制的主导手段。由此,消费社会形成了思想奴役的文化模式。符号是一种特殊的生产,它生产出不平等,加剧了社会的两极分化。符号消费把物品的实用价值转换为象征意义,再用符号意义控制社会生活。资本利用符号消费引导

---

① 〔美〕道格拉斯·凯尔纳:《波德里亚:批判性的读本》,陈维振、陈明达、王峰译,江苏人民出版社 2005 年版,第 231 页。

社会生产,取代了赤裸裸的掠夺和剥削。发达工业社会在产出大量物质财富时,也带来了更大的矛盾。符号的生产,也是为了资本的增值。但这种增值是隐性的,通过诱惑人们的欲望间接支配经济。晚期资本主义在商品逻辑的基础上,演化为符号拜物教。整个社会关系都理解为符号关系,符号成了社会生产及再生产的中介。晚期资本主义处于虚幻的影像包围之中,从整体上是虚假的世界。资本家通过支配符号控制人们的日常生活。统治阶级通过垄断符号生产,制造阶级差别,支配社会关系。由此,发达工业社会的统治基础由对生产资料的支配转变为对符号意义的操纵。符号展示着社会的等级差别,形成了社会的特权阶层。发达工业社会通过符号秩序复兴了封建社会的特权文化。符号的原则与价值,不断被制造出来,并日益渗透进社会生活,模糊了阶级差别,掩盖了社会的不平等现象。抑制消费被看作压迫,而追求消费被当作对自由的追求。由此,符号幻化成盘踞在日常生活之上的意识形态。符号生产作为消费社会的基本机制,成为资本家统治的有力工具。

鲍德里亚把关注点从物转向了人,指出,符号生产造成了"见物不见人"的现象。"《消费文化》探讨的是一个特别的问题,它并不想把80年代发生的商业变革的历史完全地展现给读者。"①符号充满社会空间的每个角落。符号消费让当代发达工业社会建立在抽象的交换价值上。在浑然不觉中,资本通过消费强化了对日常生活的控制。资本把消费者的欲望需求变作经济运行中的组成部分,人的真实需求被压制了,而代之以虚幻的感觉。晚期资本主义是视觉文化的社会,视觉审美遍布在城市生活的每一个领域,让世界成为视觉的盛宴。视觉建立了现代社会的整个消费模式。消费品还具有另一层隐秘的意义:集权主义观念。在符号的压迫下,个体只能通过出卖灵魂展示自己,个体只有把自己变为思想的空壳,才能得到资本的点滴施舍,于是,人们在晚期资本主义中苟延残喘。鲍德里亚过分抬高了消费的意义,用消费这一范畴概括整个晚期资本主义社会,割裂了经济的整体性,遮蔽了活泼的日常生活,这导致对消费社会之整体的理论重建经常只是徘徊于文化、意识形态层面。鲍德里亚牢牢地抓住了当代世界变化着的异化主题:符号异化。鲍德里亚把批判的矛头集中于后现代消费主义社会空间,试图通过探究其广泛的和多层次的异化结构来揭示当代人类的生存处境。他的消费社会理论尖锐地批判了当代社会的众多领域,无情地撕破了当代发达工业社会的帷幕。但他的批判是"表面的",仅仅停留在分析异化现实的直接性上。由于脱离现实,景象消费批判伦理陷入思辨的"象征交换"。但这种无定在的象征交换,只是理性

---

① 〔英〕弗兰克·莫特:《消费文化》,余宁平译,南京大学出版社2001年版,第9页。

思辨的产物。消费批判对社会的异化现象无能为力,造成其缺少实践秉性。这导致他产生了绝望的情绪,其理论也成为一片沙漠。

鲍德里亚认为,艺术可以唤醒无产阶级的阶级意识,促进新革命主体的形成。他提出了感性革命、审美解放等口号。但后现代社会,艺术已经被资本收编,让艺术革命难以奏效。消费生产已经延伸到社会生活各个领域,改变了整个社会的文化结构,呈现出结构的浓缩性和维度的多元性,让艺术文化的节奏加快、周期缩短、关系交错。艺术文化也具有大众性,在不断被大众接受的同时,也让精英和知识分子消融在群众中,使大众文化扩散在专业知识领域。艺术生产与劳动有密切的对应关系,是抽象化的生命体验。当代消费社会,艺术和劳动都越来越抽象,抛弃了真实的自然,改变了劳动生产的客体,让劳动主体通过技术呈现出来。人类通过工具延伸了自己,已经处于技术理性的社会中。艺术已不再抵抗现实世界,不再反对丑恶,创造了现实之外的真实。消费生产让西方国家强化了帝国模式,成为无边界的统治机器,不断强化对全球空间的整合。帝国的权力触角无边无际,让艺术也无法逃脱。消费生产进一步消解了精英群体对文化的垄断,进一步消解了高雅文化和世俗文化的界限,加强了不同文化的渗透和融合,将形式凌驾于内容之上,以形式至上,造成无内容、无意义的符号。消费生产是消费社会的浓缩,呈现在消费社会的多样性和创造性,表现了消费社会的内在张力和内在精神,暴露了消费社会的危机和克服的路径,决定了社会的未来方向。艺术不得不走入世界内部,成为现实经验的呈现,展现了资本运作模式,而不再是外在于世界的超验东西。世界充斥着商品,已经被彻底物质化。艺术在商品的推动下也不得不走向抽象。艺术不应排斥真实,但资本的参与,让艺术无法从现实世界中得到自然的参照点,只能在内部建构真实。抽象的艺术是对被资本掌控的世界的体验,是对真实世界的模拟建构。资本支配世界,让一切都变得浮躁,导致意义缺失,一切都以市场规则为准绳。因此,鲍德里亚的艺术革命主张只是幻想。

鲍德里亚主张生活的艺术化。消费经济的"真实"只是建构出来的抽象。人为的符号世界并非废除了传统的自然,而是模仿自然,剥夺了人的潜在性和可能性,让创新能力缺失,但艺术变革蕴含着创造性,能促进消费异化的消除和生活的艺术化。其一,消费经济的艺术变革要注重身体政治的作用。身体政治是行使权力的现代形式,展示着政治秩序的改变,代表了政治和经济边界的消失。身体政治质疑政治一体化,不断消解主流文化,产生亚文化,关注差异,关注断裂性、碎片化、不稳定性,拒绝乌托邦,开启个体的身体政治。艺术变革要注重身体分析,倡导主体自由,激发起人的希望,利用实用主义、批判主义和浪漫主义。符号消费扼杀了人,没有人本价值,限制了个体,混乱地用抽象群体阻碍了个人发展。消费时代,人们仍在焦虑,各种狂热的事情都在发生,建立了差异性的统一,导致主体的崩溃和强权的消亡。艺术变革是身体空间斗争,能克服各种空间障碍,也导致新的阶层和文化。艺术变革是后现代文化逻辑,是社会内部的文化心态,是超验的文化革新实践,期望在混沌中实现自由。身体政治能消解符号文化的神秘性,排斥一切僵化文化,不断去教条化。其二,消费经济的艺术变革要唤醒人的解放冲动。艺术生产反映着生产方式变革,需要促进人的解放。当代艺术生产逐步呈现非物质化,体现着社会的人文精神,不是简单的商品生产,而是充满知性。艺术活动可以与劳动融合,能让劳动更加感性,具有艺术意志。消费经济展现着物质的过剩和内爆,消除了自然天性,让政治边缘化,宣告乌托邦的终结,限制人的活动,成为统治阶级利用的教化工具。我们需要利用艺术变革消除阶级统治,引起个体认同,消除等级差别。当代资本主义需要文化批评,超越资本主义的文化逻辑,唤醒人们对未来的希望和解放冲动。消费经济并不是自然的、永恒的,而是有着矛盾,需要反对专制权威,超越现实存在,推动社会向好的地方变革,用否定和批判唤醒消费异化中迷醉的主体,解放主体的创新潜能,通过集体劳动而发现真实。消费经济解放的只是人的购买冲动,让符号身体与本来的身体混同。消费经济表面上是自由的,实际上是受到约束的,是集体行为、价值体系和社会控制系统,是驯化人心的机制,是特定的经济垄断模式。消费经济构成的物体系,彰显了人对后现代社会的渴求,也呈现了人被操纵的消费信念。消费经济是自我规定、自我生产的体系系统,既不断固定其意义,又不断失落其意义,不断对社会结构进行细化,利用媒介让商品成为符号,曲解了现实,包装了现实。艺术变革是受快乐原则支配的,是拒绝操作原则和技术理性的力量,是自由社会的度量,能够破除消费经济对个人的压抑,实现艺术与理性的统一。

鲍德里亚抓住了消费社会的特点,并以消费生产为根据构建了自己的批判伦理。鲍德里亚的消费生产批判伦理沿袭自结构主义的语言学、资本主义的文化思想批判理论、日常生活状态批判理论。他批判的逻辑从经济学批判着手,进展到景观符号批判,完成于文化与意识形态批判。"'鲍德里亚'一词,对于被人们认为是能同过去的正统理论决裂,又能在传媒领域、计算机网络、信息高速公路以及当今时代一些偏远学科中指明新的理论道路的那些先驱理论而言,继续扮演着进入新理论领地的通行证的角色。"①他对当代发达工业社会消费生产现象形态的考察沿袭着两重思路。第一,沿袭的是政治经济学批判思路,把消费社会看作资本

---

① 〔美〕道格拉斯·凯尔纳:《波德里亚:批判性的读本》,陈维振、陈明达、王峰译,江苏人民出版社2005年版,第2页。

主义发展的高级阶段。第二,沿袭的是结构主义符号学的思路,把景观生产看作符号运行的产物。他批判了符号拜物教。鲍德里亚的消费生产批判伦理,由于没有得出解决异化现象形态的好方法,这让他堕入悲观主义的泥潭。面对大众堕落为资本景象奴隶的惨痛现状,鲍德里亚倡导用想象力的解构祛除现实的苦难。鲍德里亚被看作一个技术决定论者,他对景观符号价值的研究具有重要意义,但他的批判伦理具有片面性,消费无法概括社会的全部。消费生产让商品的符号价值取代了使用价值。符号成了特技运动。其实,鲍德里亚反对的不是消解和分化,而是反对异化和主体,这与德里达的解构异曲同工。消费批判伦理是对于发达工业社会批判的重要理论,倾诉了时代进步带来的痛楚与断裂。鲍德里亚敏感地察觉了资本对人的诱惑,试图让生活回归艺术,这只是一种遥不可及的理想。实际上,我们已经回不去了,只能勇敢地迈步前行,走完我们的宿命。

本章小结

马克思主义社会批判精神在当代也得到了发扬,其出场是一个在解构和建构的基础上对社会空间现象批判伦理理论形态进行创新性重构的过程;它始于马克思、恩格斯对资本主义社会空间中一切不合理现象的批判,发展于列宁对帝国主义腐朽本质的揭露,成型于毛泽东对社会主义社会空间中两类矛盾的解构,最后凭借后马克思主义者对当代发达工业社会空间消费现象的控诉而再次出场。马克思主义社会空间现象批判伦理的出场是以实践为导向对现实社会空间各类现象进行伦理批判性解读的有层次、多元化的循序渐进过程。

马克思主义唯有不断推陈出新,才能不封闭僵化。马克思和恩格斯把社会空间现象批判伦理立于唯物的基石之上,并把存在和意识关系问题作为哲学基本问题;列宁和毛泽东把哲学党性推广到整个思想领域,把帝国主义和社会主义对立起来;鲍德里亚等人则把马克思社会空间现象批判伦理推进到对当代发达工业社会空间不合理消费现象的分析上。从马克思主义社会空间现象批判伦理的出场逻辑可以看出,其理论形态虽然一直处于流变之中,但它对现实苦难的关注始终未变。马克思主义社会空间现象批判伦理的出场形态唯有与时俱进,才能走入历史和现实的深处。是否与时俱进,是理论能否保持活力的关键。积极融入世界、与世界展开思想对话,是发展理论的必经之路。今天,我们不但要"回到马克思",而且要"与马克思并肩前行"。积极吸取西方思想的有益成果,是马克思主义当代出场的路径之一。因此,社会空间现象批判伦理的出场既要坚持"拿来主义",弘扬空间正义,批判思辨幻想,又要遵循理论形态演变逻辑,在听从内心道德律的指引下,大胆创新,不断追求人类更理想的生活。

第七章

马克思主义当代出场的路径:理论创新和实践创新

任何真正的理论都是时代精神的精华。中国马克思主义时代化的应然逻辑体现了马克思主义中国化与时俱进的理论形态,中国马克思主义时代化的应然逻辑不仅是一个从感性到理性的理论建构过程,也是一个从继承到创新的社会实践活动。中国马克思主义时代化的应然逻辑表征了理论联系实际的基本原理。理论联系实际就是要达到理论和实践、主观和客观、知和行的具体的历史的统一。中国马克思主义时代化不仅是马克思主义中国化的应然逻辑,也是改革开放实践进程中的必然选择。

实现马克思主义中国化,最根本的是要弘扬优秀传统文化,摒弃传统文化中的糟粕,充分体现文化的创新性,主要的还是要坚持对话、反思和超越的理论态度,其本质上是一种继承和创新的统一,是在创新中继承,在推陈中出新。因此,超越马克思,既要顺应时代的发展要求,也要采用新的思维方法,在继承和创新的基础上,发扬马克思主义的优秀传统,积极进行思想对话。只有这样,我们才能祛除幻想,创造出既立足现实又具有鲜明中国作风和气派的马克思主义理论新篇章。

第一节　马克思主义时代化的应然逻辑

马克思主义是一种不断创新的理论。一种理论虽然不能反映整个世界的状况,但先进的理论往往是人类行动的灯塔。马克思主义唯有与时俱进,推陈出新,才能不故步自封,才能不被时代所抛弃。解构就是批判精神,马克思主义正是因为有彻底的批判精神才不断发展;建构就是兼容并包精神,马克思主义正是因为吸收和借鉴了西方历史上的优秀成果才发生了哲学上的"革命";重构就是创新精神,有无创新精神,是我们能否始终代表中国先进文化前进方向的关键所在。

一、马克思主义时代化应然逻辑起点:改革开放的实践

大力推进马克思主义的时代化,不仅是我国实现现代化的必然选择,也是马克思主义中国化的应然逻辑。毛泽东很早就指出了马克思主义时代化的历史使命:"马克思列宁主义的伟大力量,就在于它是和各个国家具体的革命实践相联系的。"①邓小平在东欧剧变后则仍然坚信要把马克思主义和时代相结合,坚持用马克思的理论推动改革开放的实践,他指出:"我坚信,世界上赞成马克思主义的人会多起来的,因为马克思主义是科学……不要认为马克思主义就消失了,没用了,失败了。哪有这回事!"②这充分说明,如何应对马克思主义过时论,是推动马克思主义时代化不可回避的问题。在推动市场经济的发展中,江泽民提出中国化马克思主义不仅体现马克思的基本思想,还包含传统思想,从而提出了"三个代表"思想。在推动和谐社会的建构中,胡锦涛提出了科学发展观。在推动"中国梦"的实现中,习近平提出伟大复兴的主题。由此可见,推动马克思主义的时代化,就是把马克思主义的基本原理同中国的具体实际结合起来。

马克思主义具有与时俱进的理论品质,这得益于其不崇拜一切的辩证法。马克思的辩证法认为:"世界不是一成不变的事物的集合体,而是过程的集合体,其中各个似乎稳定的事物以及它们在我们头脑中的思想映象即概念,一样都处在生成和灭亡的不断变化中,在这种变化中,尽管有种种表面的偶然性,尽管有种种暂时的倒退,前进的发展终究会实现。"③在共产主义者眼中,没有什么最终的、神圣的东西,一切都可打破,一切都可摧毁。马克思主义存在的意义就是促进国家、私有制、共产党等一切现存事物的加快灭亡。马克思主义的品质就在于它是一种彻底的社会批判理论,它必须通过批判才能出场。马克思主义的社会批判就是时代化的过程。中国马克思主义的时代化只有扎根于改革开放的实践才能实现。改革开放以来,社会结构变动,利益格局调整,思想观念变化,人们活动的差异性、独立性、选择性、多变性明显增强,价值取向多元,思想认识复杂化,成为社会机制健全的表征。马克思主义的时代化必须体现这种时代进步。

在马克思主义发展的历史进程中,其理论形态呈现了鲜明的时代色彩。在马克思、恩格斯时期,他们集中精力分析了早期资本主义的生产方式,提出了唯物史观和剩余价值理论,并倡导工人革命活动。这一时期,号召工人革命斗争是马克

---

① 《毛泽东选集》第 2 卷,人民出版社 1991 年版,第 499 页。
② 《邓小平文选》第 3 卷,人民出版社 1993 年版,第 383 页。
③ 《马克思恩格斯选集》第 4 卷,中央编译局译,人民出版社 1995 年版,第 240 页。

思主义的基本目标。在列宁主义时期,他们把马克思主义的基本原理应用到本国的革命实践,建立了社会主义国家。这一时期以俄国的十月革命和中国的革命最为典型,并形成了苏联社会主义模式,这一模式以无产阶级专政和计划经济为特征。在社会主义改革时期,各个社会主义国家在坚持无产阶级专政的同时,纷纷推行经济改革。这一时期的改革有的走不下去了,如苏联的"民主化""公开性""新思维"等改革既导致冷战结束,也导致苏联解体,使俄罗斯的大国地位受损。而中国在坚持无产阶级专政的同时,大力推行经济改革,解决了公民的温饱问题,并在局部地区实现了经济大繁荣。中国的改革仍在探索之中,完善的市场经济体制还远没有建立起来,这就需要加快政治体制改革,扭转经济、政治、思想的混乱关系。马克思主义的时代化根源于马克思思想的批判本质,这一批判本质让它能够不断变换自己。

在马克思看来,"任何真正的哲学都是自己时代精神的精华"①,"人民最精致、最珍贵和看不见的精髓都集中在哲学思想里"②。思想家"是自己的时代、自己的人民的产物"③。马克思主义的基本立场就是平等。马克思不仅揭示了资本家对工人的剥削,还认为私有制是不平等的根源,因此,他主张废除私有制。在他看来,"共产主义是私有财产即人的自我异化的积极的扬弃,因而也是通过人并且为了人而对人的本质的真正占有;因此,它是人向作为社会的人即合乎人的本性的人的自身的复归,这种复归是彻底的、自觉的、保存了以往发展的全部丰富成果的"④。客观地说,离开了平等的追求,脱离了时代精神,马克思主义就失去了存在的条件。私有制作为一种生产资料进行个人或集体的排他性占有的制度,体现的是个人权利。资本主义发展经济就是为了保障个人的权利不受侵犯。马克思对私有制造成的贫富差距极为不满,他期望工人获得应得的财富。我国实行改革开放以后,废除了计划经济体制,允许私有制经济发展,这一方面促进了生产力的发展,也引起了新的利益分配不均,造成贫富差距,因此,马克思主义时代化也要考虑公平和效率的问题。

因此,中国马克思主义时代化是改革开放实践的客观要求。市场经济在推动社会快速进步的同时,也带来了一些新的问题。经济方面,收入分配不公平,而且很多是因为不合理的体制造成的。比如权钱色交易、潜规则横行、关系网复杂等,

---

① 《马克思恩格斯全集》第 1 卷,中央编译局译,人民出版社 1995 年版,第 121 页。
② 《马克思恩格斯全集》第 1 卷,中央编译局译,人民出版社 1995 年版,第 121 页。
③ 《马克思恩格斯全集》第 1 卷,中央编译局译,人民出版社 1995 年版,第 121 页。
④ 马克思:《1844 年经济学哲学手稿》,中央编译局译,人民出版社 2000 年版,第 173 页。

还有官本位等传统思想仍在毒害社会。此外,土地的公有(政府卖地)与公民住房需求之间的矛盾导致房价过高,严重影响了公民的幸福感。房地产行业仍是价值规律在起作用,公民的购房需求不断增加,而土地供应不足,导致供需矛盾。政治方面,社会等级思想仍盘踞在人们头脑中,导致阶层关系的不和谐,出现了贫富严重分化等问题。体现较突出的就是城市拆迁和农民负担过重问题。中国马克思主义时代化正是中国执政党针对社会新情况,维持意识形态控制的必然选择。马克思指出:"一个时代所提出的问题,和任何在内容上是正当的因而也是合理的问题,有着共同的命运:主要的困难不是答案,而是问题。因此,真正的批判要分析的不是答案,而是问题。""问题就是时代的口号,是它表现自己精神状态的最实际的呼声。"①我们必须紧跟时代前进的步伐,在实践中积极探索,推动中国特色社会主义理论建设,这也是深化改革开放的迫切要求。

二、马克思主义时代化应然逻辑展开:理论创新与实践创新

马克思主义必须随着时代转移才能有所发展。在马克思看来,"一切划时代的体系的真正内容,都是由于产生这些体系的那个时期的需要而形成起来的"②。毛泽东也指出:"马克思主义一定要向前发展,要随着实践的发展而发展,不能停滞不前。停止了,老是那么一套,它就没有生命了。"③不难看出,不"老是那么一套"是马克思主义时代化的基本前提,也是促进马克思主义时代化的必然选择。因此,中国马克思主义时代化的应然逻辑不仅是一个从感性到理性的理论建构过程,也是一个从继承到创新的社会实践活动。理论不会自动发展,时代却在不停变动,马克思主义要想不被时代抛弃必须努力跟上时代的步伐,努力体现公民的利益。中国马克思主义时代化是把马克思主义基本原理、中国马克思主义最新理论成果、时代精神三者自觉结合的理论建构过程。

从理论建构的过程来看,中国马克思主义时代化是针对"教条化"和"书斋化"的。首先,马克思主义的时代化要反对教条主义。马克思主义以实践唯物主义的世界观和方法论为根本的理论特征。它是科学性与革命性紧密结合的实践哲学。它的特征是反权威、反僵化、反绝对。马克思主义是激进的、彻底的,马克思的思想有明确的价值取向,但它从没有不可更改的观点。其次,马克思主义不仅是一种批判理论,更重要的是一种改造世界的运动。它要推翻现存社会,建立

---

① 《马克思恩格斯全集》第 1 卷,中央编译局译,人民出版社 1995 年版,第 289 页。
② 《马克思恩格斯全集》第 3 卷,中央编译局译,人民出版社 1995 年版,第 228 页。
③ 《毛泽东文集》第 7 卷,人民出版社 1999 年版,第 281 页。

一个自由、平等、全面的人间天国,它批判资本对人的奴役,渴望复归单纯美好的生活。共产主义理想是美好的,但理想的实现是否需要坚持良知? 以牺牲部分人的利益换取未来的美好,显然是违背正义的。理论批判也许无关痛痒,只会遭到声讨,现实破坏却要付出现实的代价。马克思主义通过破坏旧世界来创造更好的生活,而马克思的哲学变革也是通过批判旧的形而上学实现的。马克思抓住了阶级斗争,把哲学变成改造世界的科学。因此,马克思极力反对调和、温情,而赞成暴力、决绝。马克思主义出场的方式就是进行彻底的批判,它充满了批判精神,这种批判不仅表现在理论上,还表现在实践上;不仅体现在对自身以外的东西,还体现在对自身。现实世界是不断运动的,作为人的思想成果的理论也不可能一成不变。再次,马克思主义时代化是"中国化"内涵的拓展。马克思主义作为一种产生于西方早期资本主义时代的理论,充满对资本主义的恐惧和厌恶,因此它极力想超越资本主义阶段,而原始社会平等自由的生活给了它理想启迪。中国经历了漫长的封建家国社会,血缘关系一直在社会中起着很大作用,官本位思想一直束缚着人们的头脑,要打破旧的生活,必须借助马克思批判精神的力量。马克思主义在中国的出场就是要使马克思主义对准中国的病症,防止产生病急乱用药的排斥反应。因此,马克思主义时代化就体现在马克思主义和中国现实的磨合和碰撞中。

从实践的发展过程来看,中国马克思主义时代化就是使马克思主义基本原理从书斋走进时代的深处,在反复的比较和考量中,拣选最体现良知的部分。中国马克思主义时代化也是一个不断选择的过程,现实的复杂性让我们必须有所舍弃、有所坚持。中国在解决温饱问题后,应该建立健全与市场经济相适应的法制,让社会建立充满人性的规则,并保证规则的通行,以抛弃适应传统家国血缘关系的人情规则。让潜规则的毒瘤消肿,让透明公开的规则的嫩芽长出。理论要和时代同行,让民主的思想在中国真正出场。因此,中国马克思主义时代化,不仅是一个认识过程,还是一个实践过程。"无论马克思主义中国化、时代化还是大众化,都是一个理论与实践之间双向互动的过程,其实质都是'两化'。"①因此,马克思主义时代化和时代化马克思主义是一体两面,共同体现在马克思主义中国化的进程中。所谓理论的时代化,就是随着时代的发展不断推动理论的创新发展,要坚持从理论到实践再从实践回到理论的认识过程,要通过生动的形式、时代的语言,深入浅出地创新理论。理论的时代化凸显的就是人的思考的能动性。马克思主

---

① 袁传银:《马克思主义中国化、时代化、大众化命题解析》,载《思想理论教育》,2010 年第 13 期。

义时代化是发挥人的思考认识作用的必然选择;时代化马克思主义表明的是马克思主义的当下性,创新中国马克思主义必须要紧跟改革开放的实践,并对实践问题进行反思。

理论和实践上的创新是推动马克思主义时代化的基本路径。马克思指出:"我们不想教条式地预料未来,而只是希望在批判旧世界中发现新世界。"①恩格斯也认为:"马克思的整个世界观不是教义,而是方法。"②马克思的基本方法就是批判,采用的思维模式是传统的二元对立,表现在具体方面就是阶级分析、资本分析等方法。马克思的思维方式虽然有缺点,但批判精神却仍与我们同在。不断地批判是马克思思想的内在逻辑,应然要求不断地抛弃已有观点。马克思就是在不断抛弃自己已有观点的前提下发展的,他先是抛弃了基督教精神,选择了黑格尔思想,既而抛弃黑格尔的绝对精神,选择空想社会主义的合理因素,晚年又转向人类生态学研究。马克思不断在不同的时空环境中转换其理论形态。他告诉我们:没有一种理论是可以超越时空、永恒不变的。不断地推陈出新才是理论的本真状态。理论之所以具有强大的生命力,就因为永远指向变动不安的未来。理论创新要坚持理论联系实际的方法,毛泽东指出:"中国共产党人只有在他们善于应用马克思列宁主义的立场、观点和方法,善于应用列宁斯大林关于中国革命的学说,进一步地从中国的历史实际和革命实际的认真研究中,在各方面做出合乎中国需要的理论性的创造,才叫作理论和实际相联系。"③因此,只有坚持理论与实际的结合,才能实现马克思主义的时代化。马克思主义时代化表明的就是中国马克思主义在理论和实践上的创新诉求。现在,我国的改革开放已经处于关键时期,发展方面已由单纯追求 GDP 提升到追求精神生活。各种矛盾凸显,处理不好,经济将停滞不前或倒退。为了巩固改革的成果,必须推动思想改革。

实践创新和理论创新的关系就是批判的武器和武器的批判的关系。马克思指出:"批判的武器当然不能代替武器的批判,物质力量只能用物质力量来摧毁,但是理论一经掌握群众,也会变成物质力量。"④马克思一再告诫后人不要把他的思想当成教条,我们应该尊重他的意见。我们不仅需要继承前人的理论观点,更重要的是在前人的基础上有所创新。离开质疑和反思,马克思主义是不会向前发展的。

---

① 《马克思恩格斯全集》第 1 卷,中央编译局译,人民出版社 1995 年版,第 416 页。
② 《马克思恩格斯选集》第 4 卷,中央编译局译,人民出版社 1995 年版,第 742 页。
③ 《马克思恩格斯全集》第 1 卷,中央编译局译,人民出版社 1972 年版,第 296 页。
④ 《毛泽东选集》第 1 卷,人民出版社 1991 年版,第 99 页。

三、创新是中国马克思主义时代化的应然逻辑

马克思主义中国化和马克思主义时代化有密切的联系。马克思主义时代化是马克思主义中国化的重要组成部分。创新是中国马克思主义出场的基本路径。马克思要随时适应现实的情况,才能更好地指导现实实践。这就需要理论工作者在新情况、新环境下,对不断变化的实践进行新的理论建构。理论建构必须与时代同行,体现每一个公民的利益,而不再做简单的敌我、领袖群众的划分。尊重每一个人的选择,是思想的基本品性。劝勉而不是灌输,开启民智而不是压制,应该是我们的秉持的基本法则。因此,理论成果需要为公民了解、认同。"物竞天择、适者生存"当然也是人类社会的法则,斗争也在所难免,但人也有宝贵的自由意志,可以对不合理的制度拒斥和选择。思想要坚持理论创新和实践创新的结合,把思想变成推动实践发展的巨大力量。推进中国马克思主义的时代化,不仅要坚持马克思主义的指导地位,更重要的是密切结合国情和时代特征进行理论创新。马克思主义要和时代开展对话,赋予理论以现实内涵。

中国马克思主义时代化就是在继承前人理论成果的前提下对理论进行创新性建构,从而形成具有时代特色的完备理论体系。中国马克思主义的时代化既是一个沿着前人的脚步前进的过程,也是一个吸取前人的经验教训的过程。理论联系实际就是要把马克思主义普遍原理同时代精神结合起来,其基本要求是要达到理论和实践、主观和客观具体的历史的统一。因此,在继承基础上的理论重构,必须坚持求真、求善、求美的统一,在真、善、美发生矛盾时,坚持善的法则,让爱出场化解矛盾。任何理论都应该秉持善的法则,真实可以让人绝望,美丽也可以让人沉迷,但善良却让人心存希望。中国马克思主义的时代化,本质上是一种求真与求善的结合,是面向时代的一种反思,因此,中国马克思主义时代化,必须以时代中的主要问题为依托,通过吸收、批判、升华等方式对理论进行创新性的建构,既要体现时代的价值追求,又要实事求是地分析现实具体问题,在总结前人实践经验教训的前提下,坚持理论联系实际。

综上所述,中国马克思主义的时代化是以改革开放的实践为导向,对马克思主义理论进行时代阐释的过程。在理论创新上,以马克思等人的论述为基础,展开积极的思想对话,对原理进行科学的历史论证;在实践创新上,以现实中的实践问题为依托,把时代精神和中国建设经验结合起来,对具体观点进行补充和完善。因此,以理论联系实际为中心、吸收、借鉴马克思主义的已有成果及展开丰富的理论创新活动,成为中国马克思主义"一体两翼"的时代化机制。

第二节　马克思主义当代出场的理论创新

马克思主义的理论创新就是一个不断解构与建构的过程,是一个从唯心到唯物、从抽象到具体、从分散到系统、从系统到升华不断扬弃的过程。不断的解构与建构同样是马克思主义中国化的创新路径。解构与建构的关系,就是摒弃和创新的关系。我们党历来非常重视理论创新。以毛泽东为首的革命者抛弃了共产国际"左"的路线,才开创了符合中国国情的革命道路;以邓小平为首的改革者抛弃了苏联僵化的社会主义模式,才开创了改革开放的事业。任何一个走在时代前列的民族,其文化都是国际性和时代性的结合。创新是最有效的摒弃,马克思主义中国化最根本的是要弘扬优秀传统文化,摒弃传统文化中的糟粕,充分体现文化的创新性。

中国化马克思主义创新呈现出面向理论和实践的双重向度。理论逻辑是马克思主义理论形态演化过程中彰显出来的理论线索。中国化马克思主义创新的理论逻辑既是对"主观和客观疏离与统一"的扬弃,又是对"主观能动反映客观"的发挥,是理论创新的应然追求,是力求建构"知行合一"科学理论的过程。

一、马克思主义理论形态创新的理论逻辑

马克思主义原生形态随着实践不断演化。马克思主义作为一种批判传统和现实的理论形态,展示的是从现实实践到理性认识,再从理性认识回到现实实践的认知过程。它的创新既体现着从感性认识到理性认识、从实践到真知的理论维度,又彰显着从继承到创新、从理论到应用的理论逻辑。

其一,马克思主义创新的逻辑起点:对唯心思辨观的解构。马克思主义创新的逻辑起点就是马克思对黑格尔等人的唯心思辨观的解构。黑格尔等人的思辨唯心观在充分发挥思辨的能力之时,缺乏现实关照的维度。任何理论形态的出场、演化都不能忽视和实践的互动。但黑格尔等人把思想看作独立运行的精神现象,从而把精神和存在的关系倒置,这具有唯心性。马克思解构了黑格尔唯心主义的思辨哲学系统,"根据否定的否定所包含的肯定方面把否定的否定看成真正的和唯一的肯定的东西,而根据它所包含的否定方面把它看成一切存在的唯一真正的活动和自我实现的活动,所以他只是为这种历史的运动找到抽象的、逻辑的、

思辨的表达"。① 在审思中,马克思又指出唯心主义逻辑思辨方法蕴含着积极的辩证要素,"《现象学》是一种隐蔽的、自身还不清楚的、被神秘化的批判;但是,由于《现象学》紧紧抓住人的异化——尽管人只是以精神的形式出现的——其中仍然隐藏着批判的一切要素,而且这些要素往往已经以远远超过黑格尔观点的方式准备好和加过工了"②。在继承思辨逻辑的前提下,马克思提出彻底的实践唯物主义理论形态。实践唯物主义作为无产阶级的世界观,力图以摧毁旧世界的方式,实现解放全人类的宗旨。马克思强烈反对西方传统的客观认知的探求态度,试图让理论成为改造现实的功利工具。马克思在对现实不合理现象批判的基础上,深刻地阐释了实践唯物主义理论的特征和实旨,建构起唯物主义和实践、人民大众的真切联系,从而把哲学改造为变革现实的工具性认识。因此,在对唯心思辨观的解构中,马克思建构起实践唯物主义理论形态。

其二,马克思主义理论创新的逻辑展开:对自然规律的唯物主义阐释。

恩格斯高度赞扬马克思所引起的哲学革命。他在一系列文本中阐释了对实践唯物主义辩证法的理解,并运用实践观点详细地阐释了外部世界与意识的关系问题。外部世界是意识的来源,而不是意识的产物。意识能反映外部世界,却不能生产外部世界。包括意识在内的整个人类世界都是自然的一部分,而不是自然的对立面。"必须时时记住:我们统治自然界,决不像征服者统治异民族一样,决不像站在自然界以外的人一样——相反地,我们连同我们的肉、血和头脑都是属于自然界,存在于自然界的;我们对自然界的整个统治,是在于我们比其他一切动物强,能够认识和正确运用自然规律。"③黑格尔等人的唯心哲学体系把人的法则尺度强加于外在世界,而把存在和思维的关系倒置。黑格尔的唯心辩证法也蕴含着合理的成分,"这样一来,黑格尔的这个命题,由于黑格尔的辩证法本身,就转化为自己的反面:凡在人类历史领域中是现实的,随着时间的推移,都会成为不合理性的,就是说,注定是不合理性的,一开始就包含着不合理性;凡在人们头脑中是合乎理性的,都注定要成为现实的,不管它同现存的、表面的现实多么矛盾"④。外在世界并不是无序的自由状态,而是按照必然的规律联系、生成、消逝的,"当我们深思熟虑地考察自然界或人类历史或我们自己的精神活动的时候,首先呈现在我们眼前的,是一幅由种种联系和相互作用无穷无尽地交织起来的画面,其中没

---

① 《马克思恩格斯全集》第 42 卷,中央编译局译,人民出版社 1979 年版,第 159—162 页。
② 《马克思恩格斯全集》第 42 卷,中央编译局译,人民出版社 1979 年版,第 159—162 页。
③ 《马克思恩格斯全集》第 20 卷,中央编译局译,人民出版社 1971 年版,第 519 页。
④ 《马克思恩格斯选集》第 4 卷,中央编译局译,人民出版社 1995 年版,第 216 页。

有任何东西是不动的和不变的,而是一切都在运动、变化、生成和消逝"①。通过钻研自然界的规律,唯物主义辩证法与现实发生紧密联系,并得到补充和完善。

其三,马克思主义理论创新的具体展现:对社会主义革命和建设理论的建构

列宁在马克思的基础上,以对立面统一的辩证法思想为基石建构起完整的社会主义革命和建设理论形态。马克思指出,共产主义就是个人可以实现完全自由的社会。共产主义并不能凭空产生,因为有私有制的存在,就不能实现财富共享。与基督教不同,马克思要求在现实世界中进行社会改造,而不是把希望寄托在彼岸世界。共产主义要凭借暴力革命实现,而不是由生产力自行提高而来。列宁沿袭了马克思的理论思路:"资产阶级国家由无产阶级国家(无产阶级专政)代替,不能通过'自行消亡',根据一般规律,只能通过暴力革命。"②然而,暴力革命后的社会现实并不完全符合共产主义理论对未来的设想。共产主义运动就是要促进国家、政党的尽快消亡,可反对势力的存在,不允许立即消灭无产阶级专政和共产主义政党组织,不但不能消除,反而要加强意识形态控制。既然在资本主义蓬勃发展的境遇下,无产阶级专政及其政党组织不可消亡,那么,按照马克思制订的既定方针,在无产阶级专政下,消灭私有制的行动就必须进行,就需要将生产资料集中到无产阶级手中。可现实的情况是:过早取消私有制也不可取。列宁批判了第二国际的修正主义,阐释了帝国主义的本质,发展了社会主义国家革命学说。列宁的革命学说体现着工人阶级的利益和需求,竭力揭示社会形态变革的规律,把辩证法推进到社会和自然领域,"可见,在任何一个命题中,好像在一个单位(细胞)中一样,都可以(而且应当)发现辩证法一切要素的萌芽,这就表明辩证法是人类全部认识所固有的"③。列宁阐释了帝国主义私有化垄断运动的实质,陈述了要祛除工业社会的异化生产现象、摧毁私有制度,就务必破坏现存的一切国家制度和生产关系形式。总之,列宁继承马克思的批判策略,把共产主义理论应用到俄国特殊的社会环境中,创造出蕴含着俄国特色的革命和建设理论。

历史经验证明:马克思主义大众化是中国革命胜利和改革开放的重要保障。马克思主义具有实践品质,这种品质让其生生不息。中国由革命到中国特色社会主义建设的历程更加有力地论证了中国马克思主义大众化的可能性和重要性。马克思主义基本原理的系统化是由马克思和恩格斯完成的。从十月革命前马克思主义已经系统化并被一些知识分子接受,到十月革命胜利后中国知识分子接触

---

① 《马克思恩格斯选集》第3卷,中央编译局译,人民出版社1995年版,第359页。
② 《列宁选集》第2卷,中央编译局译,人民出版社1995年版,第558—559页。
③ 《列宁选集》第3卷,中央编译局译,人民出版社1995年版,第127页。

并了解这一先进思想理论,马克思主义大众化开始在中国进入较为大规模和系统化的进程,一大批初步具有马克思主义思想的知识分子开始在大众中传播与宣传马克思主义思想,努力推动马克思主义成为变革历史的强大革新力量,推动中国共产党武装斗争事业的完成。毛泽东第一次较为系统地阐释了马克思主义大众化的含义:"为了做好我们的工作,各级党委应该大大提倡学习马克思主义认识论,使之群众化,为广大干部和人民群众所掌握。"①毛泽东积极主张马克思主义基本原理要与民众结合。在以毛泽东为核心的第一代中国共产党领导的集体努力下,马克思主义开始跳出知识分子研究的学术范围,内容上开始呈现出系统化,途径呈现出多样性,受众者范围呈现出扩大化,成为广大人民群众学习和研究的革命思想武器,并逐步转化为自觉的革命精神追求。以马克思主义为指导的中国革命也因马克思主义大众化而获得较为广泛的群众基础和革命力量。

改革开放后,马克思主义大众化由此步入一个崭新的历史时期。具体表现在以邓小平为核心的第二代中国共产党领导集体积极推动马克思主义基本原理同改革开放事业相结合;以江泽民为核心的第三代中央领导推动中国特色社会主义事业发展而提出的"三个代表"重要思想;以胡锦涛为核心的党中央领导集体提出的和谐社会理论和新一代领导人提出的"四个全面"战略,都是马克思主义大众化推进过程中的重要成果。马克思主义大众化由此在多个方面得到深层次的发展:在思想领域上,真理标准问题的讨论消解了人们对于教条主义马克思主义的僵化理解,提出了解放思想的方针,为马克思主义创新发展提供了认识前提;在学术研究方面,党有关马克思主义大众化的探索与学术界对于马克思主义大众化的研究相结合,拓宽了马克思主义大众化的探索视角,为广大人民群众积极学习和研究马克思主义精髓提供了更多渠道;在内容上更为系统化,方法上更为现代性,范围上更为开阔,使马克思主义大众化在更贴切人民群众社会生活的同时,提高了马克思主义大众化的思想研究深度和层次,丰富和扩展了马克思主义大众化学术研究的师资力量;在理论宣传方面,现代科技的发展为马克思主义大众化提供了多维度、更为形象的载体和宣传渠道,"邓小平理论""三个代表""和谐社会""中国梦"等社会主义建设时期马克思主义中国化成果更具体形象地深入各阶层中,更有力地转化为其在社会主义事业建设过程中的思想保障,推动着中华民族伟大复兴的更快实现。邓小平在改革开放建设的新时期明确指出:"马克思主义必须是与中国实际相结合的马克思主义。"②这也表明中国马克思主义必须是与中国特

---

① 《毛泽东文集》第8卷,人民出版社1999年版,第323页。

② 《邓小平文选》第3卷,人民出版社1993年版,第63页。

色社会主义市场经济相适应的、体现中国特殊国情的马克思主义。在推动中国特色社会主义市场经济的跨世纪发展中,江泽民指出:"中国化马克思主义既体现了马克思列宁主义的基本原理,又包含了中华民族的优秀思想和中国共产党人的实践经验。"①马克思激烈地批判私有制,认为私有制让人变得愚蠢,让人变得利己主义,成为金钱的奴隶。他特别鄙视资本运作机制,认为只有劳动才能创造价值,而交换只能带来混乱。

当代马克思主义大众化需要立足现实的个人。现实的个人不仅有物质生活,也有精神生活。历史只能是人的历史。社会主义核心价值观崇尚公平正义,经历了一个不断发展和扬弃的过程。我们需要通过批判宗教、论证自由,从而表达对正义的憧憬,要在对社会现实的批评当中,表达自己的正义观念和困惑。我们需要将思维触角深入社会生活的诸多领域,对资产阶级的正义进行反思和批判。马克思通过区分两种不同的解放,揭示了无产阶级的历史使命,批判了自由主义正义观。马克思通过异化劳动的阐述,认为要实现正义,必须扬弃私有财产制度。社会主义核心价值观凭借马克思主义精神抵挡资本主义全球化潮流,是传统优秀文化的当代传承。传统的中国精神注重公德,维护了社会稳定,重视形式化的礼仪,促进了人际关系和谐,建构了中国人安身立命的方法。这些优秀精神需要吸收到社会主义核心价值观中。中国人的精神以儒释道为内核,追求功用的人生,不畏惧鬼神。这种价值观更强调利益和血缘关系,能尊重文人,保障国家的富强,建构政府强大的统治根基。儒家教授世人很多做人的道德,为个人指定了为人处世的标杆。东欧剧变之后,马克思主义遭受了一些挫折,但近年来,随着全球形势的紧张,资本主义国家重新思考马克思主义的当代价值,让马克思主义与现实经济、生活发生了更紧密的联系。马克思始终是一个正义的追求者,但马克思主义思想是通过对自由主义正义观的批判来表达的。正是基于对正义的追求,马克思开始了思想的艰苦探索。自由是人的本性,需要对宗教持批判态度,因为宗教把神看作道德的基础,使人变得麻木,给予人的,只是盲从和愚昧。正义的基础就是这些具有普遍性的人的抽象的自我意识。"平等应当不仅是表面的,不仅在国家的领域中实行,它还应当是实际的,还应当在社会的、经济的领域中实行。"②唯物史观对科学发展观的形成有直接影响。我们需要从异化劳动出发批判资本主义的非正义性,思考共产主义的基础。

① 江泽民:《在庆祝中国共产党成立 80 周年大会上的讲话》,载《人民日报》,2001 年 7 月 2 日。
② 《马克思恩格斯全集》第 3 卷,中央编译局译,人民出版社 1995 年版,第 448 页。

综上所述，马克思及其实践唯物主义理论形态，一直行进在路上。在恩格斯和列宁的笔下，马克思是忠贞的革命家；在伯恩斯坦等第二国际的领导人那里，马克思是精细的政治经济学家；在卢卡奇等西方马克思主义者眼中，他又成了一位充满忧患意识的人道主义者。马克思主义的具体理论观点一直在发展中，但始终不变的是它对理想的执着追求和对现实的彻底批判。

二、解构和建构同样是中国化马克思主义理论创新的实然逻辑

实践唯物主义的出场轨迹既是一个把解构与建构结合起来的实然逻辑过程，又是一个由唯心到唯物、由抽象到具体、由系统到升华、由理论到应用的应然逻辑过程。中国化马克思主义的创新发展也需要坚持解构和建构的统一。

其一，不断的解构与建构是中国化马克思主义创新的实然逻辑。

要实现中国马克思主义的百花齐放，必须处理好批判与继承的辩证关系。不断进行理论批判和创新是马克思对后人的本真要求。马克思的矛盾观要求打破现实的一切，在毁坏中建立一个新的世界。换句话说，马克思把破坏即解构看作建设的基础。在他那里，破坏就是壮举，解构就是前行。这既让人惊悚，也能激发人的创造热情。在批判的过程中，马克思建构了自己的矛盾观。他首先指出矛盾运动的实质，进而阐述了矛盾运动的一般形式。马克思建构的矛盾观在唯物矛盾学说的发展过程中有先驱性的意义，他把黑格尔唯心的矛盾观颠倒过来，形成了唯物主义的矛盾观，从而奠定了唯物矛盾观发展的基础。无论解构还是建构都不是目的，更好地生活才是目的。以马克思为首的无产阶级革命者抛弃了基督教"空洞"的爱的策略，才能决绝地打碎旧世界，走上以斗争换取幸福的共产主义道路；以列宁为首的革命派抛弃了修正主义的温和路线，才在资本主义的围堵下，决然地建立起无产阶级专政。如今，处于消费社会的我们，表面被符号和景象控制，实际马克思意义上的政治斗争仍是未完成的任务，因为中国的市场经济还很不健全，我们仍处于商品社会的前期，空间、景观、符号的生产，绝不只是"人的自我迷失"，也是人追求更好生活的尝试。只不过尝试越多，发现陷阱越多。任何新的理论建构，必须坚持客观的立场。勇敢地质疑和解构是创新的先导。对传统纲常伦理思想的摒弃是创造新思想的前提。任何一种体现时代精神的思想，必然是批判性继承和创新性建构的结合。创新是解构和建构的实然逻辑，既需要继承又需要舍弃，既需要批判又需要改造。理性的选择应是在对马克思遗产充分认识和过滤筛选的前提下，分清善恶，坚守良知。追求自由固然有价值，但持守纯爱和善良，更有崇高的意义。承继马克思的传统，首先要面向真正的现实，而真正的现实就是每一个公民的正当利益和合理需求。

其二,解构与建构前提下的理论重构,必须把握时代精神,理性对待传统思想。

马克思主义的创新要立足于改革开放的时代精神。改革开放近40年,中国经济取得了巨大成就。物质文明建设成就卓著,精神文明建设却收效甚微,经济改革如日中天,政治、文化改革却举步维艰。这一矛盾现象与我们实现"中华民族伟大复兴"的目标是相违背的,与一个全面发展的大国是不相称的。在社会转型的关键时期,针对诸多社会问题,党中央及时提出了实现"中国梦"的伟大战略,以推动改革开放的持续进行。只有个体的公民成为自由、自主、能创造的人,才能实现共产主义。"中国梦"能够为共产主义的实现奠定物质基础,是理想的社会形态。马克思主义的一切论述都指向能实现消除私有制的共产主义美好理想。因此,共产主义不应是被束之高阁的信仰,而应是深入现实社会的实践活动,它就表现在无产阶级领导的一系列革命和建设活动中,就展现在亿万群众对历史的创造活动中。同时,在中国落地生根的马克思主义是不同于当今世界上的任何所谓马克思主义的,因为马克思主义要在中国立足必然会和中国传统文明相交融,这种交融不是简单的拿来主义,也不是简单的加减乘除。它是一种文明与另一种文明间的贯通,但绝不是等同。马克思主义的哲学境界也表现在中国儒家思想中,如王阳明所说的,"行之明觉精察处便是知,知之真切笃实处便是行"。中国哲学的精髓和马克思的哲思一致,表现的都是对理性形而上学的排斥,对概念前、逻辑前的社会生活本身的烘托。马克思主义中国化固然在一定程度上借鉴了西方文明的思想,但其本身却依傍着本国古老的文明传统,是在立足中国国情的层面上对中华传统思想的继承与发展。

综上所述,中国化马克思主义的创新发展,既要尊重每一个公民的选择和追求,又要紧密结合传统和现实,在承继马克思未竟事业的同时,秉持良知,坚守正义,不断进行理论解构和建构。如此行之,我们才能创造出既体现普世价值,又具有中国特色的马克思主义新的精彩篇章。

第三节　马克思主义当代出场的实践创新

马克思主义创新的实践向度彰显的是以理论和实践相统一为核心对马克思主义理论形态进行当代化重构的过程,既是对客观现实的尊重,又是对"理论联系实际"原则的遵循,力求达到理论和实践的紧密结合。

一、马克思主义创新的实践向度:马克思主义理论和具体实践的统一

马克思主义创新的实践向度展示的是马克思主义理论和现实实践相统一的倾向。处于内忧外患的动乱情势,在号召群众推翻旧制度的过程中,毛泽东建构了马克思主义理论形态的中国化形式。马克思主义不仅要融入实践,还要超越具体实践的限制。实践向度既是中国化马克思主义理论形态生成逻辑的必然趋势,又是理论要随着现实实践不断创新的必然选择,这既为批判传统和现实的不合理现象提供了现实保障,又为催动中国化马克思主义理论形态的演化创造了理论条件。马克思主义理论形态的实践创新要挣脱纯书斋性研究的藩篱,将马克思的实践和斗争精神融入公民的日常生活中,使其外化为变革现实的行动。

其一,马克思主义创新的"孕育者":以往的优秀理论成果。

深谙中国国情的前辈们在旧民主主义革命时期,就郑重提醒,只有把马克思主义真理看作实践指南,而不是神圣教条,才能组建壮大的无产阶级队伍,推动共产主义运动不断向前。"我们说马克思主义是对的,绝不是因为马克思这个人是什么'先哲',而是因为他的理论在我们的实践中,在我们的斗争中证明是对了的。"①因此,毛泽东反复强调:不存在可以"束之高阁"的马克思主义理论形态,只存在"某事某地"的马克思主义理论形态。客观世界具有丰富多彩的形式,作为具体时空限制下的理论形态只能反映客观世界的一部分,而不是全部,物质是不停地运动的,而理论具有相对性。马克思主义价值理念是提倡效率的同时更要兼顾公平,是提倡发展经济的同时更关注群众生活。市场经济条件下,一些企业单纯追求利润,忽视了工人的工作条件的改善。在城市化过程中,一些地区的城乡差距有所扩大,一些弱势群体得不到有效的社会保障,这与社会主义的目的和价值理念是背道而驰的。这需要更加坚定不移地以马克思主义为市场经济发展的指导思想,把握市场经济实践的特点,在经济活动中贯彻马克思主义思想,尤其是马克思主义经济思想,以此将马克思主义精髓深入人们的经济生活中,促进人们在纷繁的市场经济活动中更好地理解和应用马克思主义基本原理。中国化马克思主义理论形态的实践创新就是要注重群众实践的示范作用,为理论发展提供现实支持。

毛泽东强调:"社会的发展到了今天的时代,正确地认识世界和改造世界的责任,已经历史地落在无产阶级及其政党的肩上。"②由不被斯大林承认,到成为最

---

① 《毛泽东选集》第1卷,人民出版社1991年版,第111页。
② 《毛泽东选集》第3卷,人民出版社1991年版,第796页。

大发展中国家执政党,从共产国际的一个支部,到拥有众多党员的组织,中国共产党带领群众建立起人民民主专政。改革开放,中国由"以阶级斗争为纲"步入"以经济建设为中心"的新时期。"结党"并非为了"营私",而是为了"人定胜天"。伴随经济政治形势的转变,中国化马克思主义理论形态也具有了新的样式。具体呈现为以邓小平为代表的改革者积极倡导把建立市场经济体制和坚持思想基本原则结合起来,力图推动经济进步;以江泽民为代表的领导者,力图追赶世界潮流,把马克思主义意识形态和公民的生活结合起来,都是当代马克思主义中国化推进过程中的成果。由此,中国化马克思主义理论形态经历了多维度的深化:在认识路线上,相对自由宽松的学术环境,加强了国内外思想交流,消解了公民对毛泽东思想的狂热膜拜,重新建构起实事求是的思想原则,为中国化马克思主义理论形态的创新清除了思想认识壁垒;在思想渠道上,把巩固无产阶级意识形态和学界的研究紧密结合,拓宽了中国化马克思主义的出场样式,为公民更加深入理解马克思主义基本原理铺平了道路;在理论视阈上,运用更加科学的解读方法阐释马克思主义基本原理,并加强与西方马克思主义的对话,从而让现代性语境融入马克思主义理论形态;在思想载体上,媒体的进步为马克思主义意识形态提供了多维度、更简便快捷的普及途径,"党代会的报告""反腐倡廉""中国梦"等直接进入千家万户,深入人心,普遍地占据了公民的日常生活领域,从而巩固了马克思主义作为主流意识形态的地位。

在中国化马克思主义理论形态的逻辑生成过程中,毛泽东等理论先驱在尊重客观事实的前提下,将马克思主义理论形态的创新与时代潮流紧密结合,在坚持共产党领导和共产主义基本原则的基础上,在坚持马克思基本精神前提下,积极推动国内外的思想对话,从而为建立健全市场经济体制、实现中华民族伟大复兴的"中国梦"铺平理论道路。

其二,中国化马克思主义创新的"推动者":中国特色社会主义实践。

中国化马克思主义就是将马克思主义基本原理准确推广到中国革命和建设实践当中的理论形态。"中国共产党的二十年,就是马克思列宁主义的普遍真理和中国革命的具体实践日益结合的二十年。"①中国化马克思主义实践创新蕴含着时代化的维度和价值,这既不表明马克思思想的理论深度降低,也不表明与庸俗"同流合污",而是要把"党性"渗透到公民的灵魂中。实践创新就要消解"绝对服从"的法则,充分保证公民的自由意志。中国化马克思主义理论形态的实践创新要落实到公民的日常生活,将无产阶级意识形态嫁接到公民的自然观、社会观、

---

① 《毛泽东选集》第3卷,人民出版社1991年版,第796页。

道德观中,使其成为自发的精神世界追求,变成批判生活不合理现象的思想工具。中国化马克思主义创新的路径之一就是进行无情的批判,这种批判不仅展示在理论思辨上,还呈现在实践行动上。中国由阶级斗争为纲到所有制改革,再到建立社会主义市场经济的历程,彰显了中国化马克思主义理论形态实践创新的价值。中国目前的现代化程度仍然很低,与西方发达国家相比,无论在经济还是政治上,都存在巨大差距。改革开放解决了中国人的吃饭问题,却没有实现完全的现代化。因此,中国要实现现代化,追赶上发达国家的文明,消除落后贫穷的现状,就必须注重实践。中国化马克思主义的实践创新就要充分反映时代特色和社会潮流。

尽管中国仍与先进国家有很大差距,但不可否认,经过 30 多年的改革开放,中国已经成为世界的第二大经济体。在改革进入深水区的今天,中国面临巨大挑战。市场经济创造了丰富的物质财富、广阔的消费市场、多元的思想文化,也带来了程式化的政治、枯燥乏味的经济、单调僵化的生活。资本潜移默化地改造着人们的价值观念和思维方式,让人们忽视自由选择的意志,变为庸俗的欲望载体。消费社会肆意地崇尚奢侈享乐、金钱至上等腐朽思想,不利于净化社会风气,污染了人们原本纯洁的心灵。中国自 20 世纪 90 年代实行市场经济以来,资本起着日益重要的作用,这一方面消解了传统的腐朽观念,另一方面又造成了新的奴役。资本四面进发,越来越制约着人的价值判断。人们的消费行为除了满足自己的需要,更多的是受了资本的鼓惑。① 在资本的隐秘诱惑下,人的虚荣心不断膨胀,把金钱捧为至上地位。置身于市场经济背景下的马克思主义中国化在推进过程中无疑会受到一定的冲击。因此务必要加强意识形态控制以获取巩固无产阶级专政的能量。如何在市场经济背景下,加快推进中国化马克思主义理论形态的演化进程? 在全球化和市场经济的今天,是否继续在广大人民群众中推广马克思主义? 马克思主义自身所具有的实践性、科学性,让其在中国特色社会主义建设的今天作用和影响不仅没有减弱,反而越发凸显出其维护无产阶级专政的重要性,指导着广大公民进行社会主义事业建设,丰富和发展着广大公民的精神生活。在社会逐步开化和多元的今天,让时代精神和思想潮流融进中国化马克思主义理论形态之中,既是保持公民精神生活与社会主流意识形态融洽一致的重要途径,也

---

① 马克思吸收了《国富论》的有益观点。亚当·斯密在《国富论》中想当然地认为,劳动时间决定交换比例。实际是:劳动时间只能决定可成交比例的范围。专业生产者和非专业生产者在劳动时间上的差异越大,可成交范围就越大。马克思把这种观点发展为劳动决定价值。当然,马克思强调劳动,是因为马克思是工人阶级等体力劳动者的代表。而西方资产阶级一般强调智慧,认为人最大的价值在于能自由思考。

是使马克思主义基本原理真正地与广大公民的日常生活各方面相结合,变成生产生活准则的必然选择。

综上所述,中国化马克思主义理论在不断扬弃中自我完善。追问中国化马克思主义理论形态的创新机制,就要溯源于马克思主义中国化的理论基础及实践经验,从理论和实践双重维度为当代马克思主义中国化提供可能性和必要性支撑,并结合社会时代背景,为更好地推动当代马克思主义中国化提供理论支撑和经验支持。

二、中国化马克思主义实践创新机制:"解释世界"和"改造世界"的有机结合

马克思主义一经诞生,就把自己的任务界定为"改造世界"。马克思等理论先驱对以往"解释世界"哲学的批判和对实践唯物主义哲学形态的建构,彰显了马克思主义哲学形态从实践到认识,从感性认识上升到理性认识,再回到实践的实然维度。列宁等人对马克思主义形态中斗争的强调和对实践唯物主义的阐述,说明了马克思主义哲学形态也有从外在到内在、从宏观到微观的或然维度。毛泽东等人领导中国人民成功地进行了社会主义改造和建设,既形成了科学"解释世界"的理论,又积累了"改造世界"的宝贵经验,蕴含了马克思主义哲学形态建构的应然维度。

其一,中国化马克思主义实践创新的实然维度:理论形态的与时俱进。

中国化马克思主义脱胎于中国革命和建设的实践。马克思主义的理论特质就是与实践的紧密联系。实践是理论产生的源泉和动力,并是检验理论正确与否的标准。波澜壮阔的中国革命和建设实践孕育了中国化马克思主义的各种理论形态。马克思主义的价值不在于能够得出规律性认识"解释世界",而在于能够运用规律性认识"改造世界","马克思主义的哲学认为十分重要的问题,不在于懂得了客观世界的规律性,因而能够解释,而在于拿了这种对于客观规律性的认识去能动地改造世界"[1]。马克思主义刚传入中国,应者寥寥。即使中国共产党成立大会,参加者也只有区区 13 人。中国共产党领导人民不断反对帝国主义、封建主义和官僚资本主义,在斗争中不断汲取经验教训。刚开始,党坚决遵循共产国际的领导工人暴动的革命方法,但事与愿违,尤其是北伐革命后期,遭到国民党的残酷镇压。以毛泽东为首的革命党人坚决抛弃共产国际的错误路线,提出"农村包围城市"的主张,先后发动秋收起义等几次大的暴动。正当农村根据地以燎原之火蓬勃发展之际,国民党在"攘外必先安内"的方针下对红军进行了残酷的围剿,

---

① 《毛泽东选集》第 1 卷,人民出版社 1991 年版,第 292 页。

使革命力量损失惨重。长征挽救了红军，保留了红军的骨干力量。毛泽东总结经验，坚决抵制党内的教条主义，深刻批判对共产国际的盲目崇拜。抗日战争，八路军开辟敌后根据地，壮大了革命队伍。为了整合军队的战斗力，党开展了延安整风。毛泽东严厉地批判了"党八股"，指出："洋八股必须废止，空洞抽象的调头必须少唱，教条主义必须休息，而代之以新鲜活泼的、为中国老百姓所喜闻乐见的中国作风和中国气派。把国际主义的内容和民族形式分离起来，是一点也不懂国际主义的人们的做法，我们则要把二者紧密地结合起来。在这个问题上，我们队伍中存在着的一些严重的错误，是应该认真地克服的。"[1]经过延安整风，清除了党内的主观主义、经验主义、宗派主义等错误思想，为抗日战争的胜利做了理论准备。日本投降后，面对"中国向何处去"的历史抉择，中国共产党坚决拿起武器反对国民党的统治，经过三年的斗争，终于解放全中国，建立中华人民共和国。在革命的实践中，中国共产党不仅排除了共产国际"左"的干扰，而且清除了党内的错误思想，使党达到空前的团结。随着革命实践的进行，毛泽东的思想也不断成熟，最终形成中国化马克思主义的第一个理论成果：毛泽东思想。

新中国成立后，面对常年战争造成的烂摊子，中国共产党发愤图强，领导中国人民进行社会主义改造。短短几年，就把中国由"一穷二白"的旧面貌改造为公有制占主导地位的社会主义新国家。赫鲁晓夫的《秘密报告》出笼后，社会主义国家面临极严峻的形势，毛泽东当机立断，提出反对修正主义和帝国主义的论断。虽然经历过"大炼钢铁"和"人民公社化"的干扰，中国的经济还是取得了前所未有的进步。处于帝国主义封锁的形势下，"文革"爆发，严重破坏了中国经济。但中国共产党吸取历史经验，果断把中心工作由"以阶级斗争为纲"转移到社会主义经济建设上来。十一届三中全会的召开，标志着中国进入一个新的历史时期。经过"农村土地承包责任制"和国企改革，极大地解放了生产力。这是实事求是认识路线带来的现实成果。邓小平指出："我们提倡的实事求是，是马列主义、毛泽东思想的一个基本组成部分，因此提倡实事求是决不能离开马列主义、毛泽东思想的基本原理，决不能忽视毛泽东同志在这个问题上的伟大功绩。"[2]在进行经济建设的同时，邓小平始终提醒不要忘记四项基本原则："总之，为了实现四个现代化，我们必须坚持社会主义道路，坚持无产阶级专政，坚持共产党的领导，坚持马列主义、毛泽东思想。中央认为，今天必须反复强调坚持这四项基本原则，因为某些人（哪怕只是极少数人）企图动摇这些基本原则，这是决不许可的。每个共产党员，

---

① 《毛泽东选集》第 2 卷，人民出版社 1991 年版，第 534 页。
② 《邓小平文选》第 2 卷，人民出版社 1994 年版，第 278—279 页。

更不必说每个党的思想理论工作者,绝不允许在这个根本立场上有丝毫动摇。如果动摇了这四项基本原则中的任何一项,那就动摇了整个社会主义事业,整个现代化建设事业。"①由于坚持了马克思的基本原则,中国防止了帝国主义的和平演变,维护了社会主义事业。因此,当苏联、东欧纷纷改旗易帜时,中国的社会主义事业未受影响。正是在经济建设的实践中,中国化马克思主义的第二个理论成果:邓小平理论形成。进入 20 世纪 90 年代,中国共产党领导人民建立市场经济,不断推动改革,战胜了境内外反对势力的干扰,顺利实现了小康社会的理想。在建立社会主义市场经济的改革中,中国化马克思主义第三个理论成果:"三个代表"思想形成。进入新世纪,面对经济过热和社会矛盾,中国共产党提出了科学发展观和和谐社会思想。古往今来,人们一直没有放弃对理想社会的追求。建立富强民主文明和谐的现代化国家,一直是中国各族人民的理想追求。顺应人民的愿望,党中央在新的时期提出了实现中华民族伟大复兴"中国梦"的庄严承诺。这是中国化马克思主义的最新理论成果。

中国化马克思主义哲学形态建构的本然维度是以实践为基础对马克思主义哲学形态进行理论创新的过程。以往的哲学家只是以不同方式解释世界,而马克思则强调通过实践改造世界。这已经不是敬畏自然,而是把自然当作实现人类解放的手段。中国化马克思主义打破了传统的封建等级秩序,建立了无产阶级专政秩序。"改造世界"的理论宗旨,让马克思激烈地批判现实。中国化马克思主义哲学形态立足于马克思主义"改造世界"的实践品格,这一品格使它能够不断与时俱进。中国化马克思主义哲学形态的建构就是将马克思主义哲学原理同我国革命和建设的实践、国内外潮流和公民的利益紧密结合的过程。"马克思主义哲学形态中国化无论是从内容,还是从外部表现,都应该和时代潮流紧密结合,在推动实践的发展中,在马克思主义理论方法基础上,融入现代性的语境。"②中国化马克思主义哲学形态从毛泽东对社会主义矛盾的阐释,到邓小平对物质文明和精神文明的论述,到"三个代表"思想对利益分配的关注,到"和谐社会"对社会矛盾冲突的缓解,再到"中国梦"对深化改革的摸索,无不彰显着理论形态的与时俱进。

其二,中国化马克思主义实践创新的应然维度:理论和实践的密切结合。

毛泽东对传统的知行关系做了抽象概括,写成《实践论》。理论的问题只能在实践中才能得到解决。实践固然是理论生成的源泉和动力,但只有实践还不足以

---

① 《邓小平文选》第 2 卷,人民出版社 1994 年版,第 172 页。
② 孙全胜:《中国化马克思主义创新的三重逻辑形态——从实践矛盾观的视域》,载《天中学刊》,2013 年第 4 期。

形成真理性认识。真理性认识的获得必须充分发挥人的主观能动性,对外在的材料进行思维加工。这是一个从实践到理论、再回到实践的过程。在实践基础上的理论创新是一个认识论过程。首先,认识来源自实践,发端于直接经验。因此,要获得真理性认识,离开实践是万万不行的。人在认识的开始阶段,看到的只是事物的现象、事物的一部分和事物的表面关系。这只是认识的感性层面,只是外在的事物作用于人的感官,产生的表面印象。在这个层面上,人们既不能抽象出深刻的范畴,也不能得出可靠的判断。随着认识的继续增多,让人们觉察了事物的内部关系,产生抽象的范畴,运用思维的能力,此时就能得出可靠的结论。这是认识的理性层面。"认识的真正任务在于经过感觉而达于思维,到达于逐步了解客观事物的内部矛盾,了解它的规律性,了解这一过程和那一过程间的内部联系,即到达于论理的认识。"[1]因此,抽象的认识是感性认识的高级阶段,抽象的认识更能符合客观规律,"物质的抽象,自然规律的抽象,价值的抽象以及其他等等,一句话,一切科学的抽象都更深刻、更正确、更完全地反映着自然"[2]。感觉了并不代表理解,而理解了往往能更好地感觉。对于认知,必须秉持科学的方法,认真的态度。因为,认知有其自身的客观逻辑,容不得半点浮躁。

要获得直接的第一手的材料,就要亲自调查研究。由此,认识蕴涵两个层面:对事物形成感觉和对材料进行思维加工。感性认识和理性认识不是固定的关系,而是发展变化的。"理性认识依赖于感性认识,感性认识有待于发展到理性认识,这就是辩证唯物论的认识论。"[3]上升为理性认识,并不代表认识的结束。因为认识的目的不仅在于"解释世界",更重要的是"改造世界"。马克思重视理论,仅仅因为理论对实践具有指导作用。"马克思主义看重理论,正是、也仅仅是因为它能够指导行动。如果有了正确的理论,只是把它空谈一阵,束之高阁,并不实行,那么,这种理论再好也是没有意义的。"[4]理论必须回归实践,发挥应有的指导作用。认知的过程不能自己产生,必须凭借实践才能继续发展。经过实践,才能传承优秀理论成果,修正理论中的错误。认知并非仅仅为了获得真理性真理,更重要的是运用真理性认识达到实践目的。在具体的认知过程中,只有理论在实践中发挥了指导作用,这一认知过程才算是结束了。客观世界是无限复杂的,因此一定情境下的理论不一定完全反映客观情况,这就需要在理论应用中,学会变通。"然

---

① 《毛泽东选集》第 1 卷,人民出版社 1991 年版,第 826 页。
② 《列宁选集》第 55 卷,中央编译局译,人民出版社 1990 年版,第 142 页。
③ 《毛泽东选集》第 1 卷,人民出版社 1991 年版,第 291 页。
④ 《毛泽东选集》第 1 卷,人民出版社 1991 年版,第 292 页。

后，一般地说来，不论在变革自然或变革社会的实践中，人们原定的思想、理论、计划、方案，毫无改变地实现出来的事，是很少的。这是因为从事变革现实的人们，常常受着许多的限制，不但常常受着科学条件和技术条件的限制，而且也受着客观过程的发展及其表现程度的限制（客观过程的方面及本质尚未充分暴露）。在这种情形之下，由于实践中发现前所未料的情况，因而部分地改变思想、理论、计划、方案的事是常有的，全部地改变的事也是有的。"①具体实践的成功，不代表认知过程的结束。因为人类的生产实践活动是不断进行的。新的实践需要与之相符合的理论的指导。人的认知过程也应随着实践不断向前推进。理论与实践脱节的情况经常存在，这就需要积极发挥主观能动性，不断修正错误，推动认识的发展。理论和实践应保持同步，达到水乳交融的融洽状态，这种自由状态是相对于理论和实践脱节而言的，是认知主体在认识过程中能够做到知行合一，从而能动地改造自我和世界。"通过实践而发现真理，又通过实践而证实真理和发展真理。从感性认识而能动地发展到理性认识，又从理性认识而能动地指导革命实践，改造主观世界和客观世界。"②因此，得出真理性认识的目的，就是能够改造主观自我和客观世界。

　　中国化马克思主义哲学形态实践创新的应然维度是将理论成果应用到中国革命和建设的实践过程。马克思主义理论形态从其萌芽之日起，就声明要通过摧毁现有一切制度的形式来达到"改造世界"的目的。马克思从未因理论建构而放弃"改造世界"的努力，他从来不将"解释世界"当作理论的宗旨。马克思为实现"共产主义"理想有着切实的行动。因此，"中国梦"的实现，不仅是国家的强大、民族的振兴，更重要的是个体利益的实现，个体需求的满足。尊重每个公民的"个人梦"，而不是以"国家梦""民族梦"架空个人利益，更不能以领导者和群众的二分法架空公民需求。因为，国家是由每个现实的个人组成的组织。中国化马克思主义哲学形态建构的应然维度，就是把马克思基本原理运用到革命和建设的实践中，发挥理论对"改造世界"的作用。中国化马克思主义理论形态从毛泽东的"农村包围城市"，到邓小平的"坚持四项基本原则"，到江泽民的"代表人民的最根本利益"，到胡锦涛的"树立全面、协调、可持续的发展观"，再到习近平"实现中华民族伟大复兴的中国梦"，无不体现着理论和实践的紧密结合。

　　中国化马克思主义实践创新的应然维度就是将马克思主义哲学原理运用到中国的革命和建设实际之中形成理论的过程。在马克思主义哲学形态建构中，当

---

① 《毛泽东选集》第 1 卷，人民出版社 1991 年版，第 294 页。
② 《毛泽东选集》第 1 卷，人民出版社 1991 年版，第 296 页。

人们不能亲身参加实践斗争，必定不能开始认识过程；当人们对感性材料不进行思维加工，必定不能形成真理性认识。认知过程从感性经验到思维加工，再到接受实践检验，再发展到高一级认识，无限循环。这蕴涵了中国化马克思主义哲学形态建构的应然维度：在对时代潮流和中国特殊国情真切掌握的基础上，继承中外一切有益思想成果，迎接时代挑战，对马克思主义哲学形态进行当代化解构，并紧密联系改革开放的时代现实，发挥马克思主义"改造世界"的意义。

　　总而言之，对马克思主义理论形态进行实践创新，既要体现从实践到认识，将认识提升为理性认识的"解释世界"的实然维度，又要彰显用理性认识更好地指导实践，并接受实践检验的"改造世界"的应然维度，还要力求避免解释世界和改造世界疏离的或然维度。唯有如此，才能建构出既符合改革开放的时代背景，又切合"中国梦"的理想追求的中国化马克思主义哲学新形态。

三、马克思主义理论形态的创新机制：理论逻辑和实践向度的有机统一

　　马克思主义是一种不断创新的理论，创新也是马克思主义理论形态演化的内在要求。马克思主义的创新要把理论和实践结合起来。中国化马克思主义理论创新的宗旨就是用优秀的思想成果作用于日常生活实践。中国化马克思主义创新的实践向度，催化其创新的理论生成逻辑。中国化马克思主义创新的宗旨就是用优秀的思想成果作用于中国特色社会主义的伟大实践。

　　其一，中国化马克思主义创新的实践向度：实践和理论紧密统一。

　　中国化马克思主义创新的实践向度是以实践和理论相统一为中介对马克思主义理论形态进行当代化重构的趋势。马克思主义的具体理论样式一直处于变动之中，绝不能把它看作一成不变的僵化体系。中国化马克思主义理论形态的实践创新就是让马克思主义基本原理从封闭的书斋走向广阔的日常生活，使公民自发接受马克思的批判精神，并且内化为公民日常生活实践的指针。马克思主义理论形态创新的实践向度，是理论符合实际、主观符合客观的历程。资本主义的经济扩张已经从早期的殖民掠夺转变为如今的全球空间生产，政治统治已经由早期的镇压个人阶级革命转换为"一人一票"的民主形式，马克思主义理论形态必须反映发达工业社会的这种变化。中国化马克思主义理论形态的实践创新主张在马克思批判精神同具体现实相连接过程中，发挥公民的创造性，让知识成为日常生活的智慧。马克思主义的实践创新务必要与建立市场经济体制、实现"中国梦"等具体实践结合起来。"辩证法不崇拜任何东西，按其本质来说，它是批判的和革命

的。"①马克思主义没有建构起一元化的思想结构,既没有穷尽知识,也具有一定的时空情境性,需要在现实实践中继续开拓真理性认识的渠道。考察马克思主义理论形态的创新路径,需要新的研究视角和维度。但新的维度不能把本来很通俗的问题抽象化,变得晦涩难懂。马克思主义已经成为人类思想宝库中的珍贵财富,它必将成为人类全体继承的遗产。在后现代发达工业社会中,人们必须借助马克思主义的出场,才能学会更好地生活。晚期资本主义的诸多矛盾需要凭借马克思的批判精神才能得到说明。所以,马克思主义理论形态的具体出场形式,就是随着理论形态的改变继续对现实产生潜移默化的影响。

马克思作为工人阶级的代表,特别强调实践和劳动。实践并不是马克思臆想出来的,而是的确能改造世界。马克思辩证法强调总体,也重视个体,努力用总体革命实现基本人权。社会并不是总体一元的发展,而是有着多元因素,有时,个人意志影响了社会发展。马克思要求能动地改造世界,而不是被动适应。真理就是真善美的统一,应是永恒不变的。在推进马克思主义大众化研究时,不仅要着眼于认识自我、发展自我,而且要注意发挥自己的创造性,积极去影响社会、改变历史。中国化马克思主义理论形态的实践向度是实现中华民族伟大复兴"中国梦"实践的必然选择,也是坚守无产阶级意识形态主体地位的思想保障。我们需要大力推行市场经济,让市场真正成为社会的决定因素,以消解传统的等级秩序和官本位思想。"中国梦"不仅是国家的繁荣、民族的振兴、政权的稳固,更是人权的保障、个人理想的实现。国家富强是个人理想实现的手段和保障。"中国梦"的立足点是个人理想的实现,宗旨是为个人的成长创造更好的条件。中华民族的伟大复兴不是目的,而只是实现公民更好生活的手段。马克思早就指出,国家机器是阶级统治的工具,生产力的进步就是要促进国家机器的消亡。国家只是维护人生存的工具,而不是目的。"中国梦"的实现取决于市场经济发展和政治体制改革,但也不能忽视马克思批判精神的现实指向。中国必须进行政治体制改革,但改革需要理论的指导。面对残酷的丛林世界,我们既不能"刀剑入库、马放南山",也不能"宠辱不惊,去留无意",社会并不完全遵循进化规律,平等、博爱、自由还是我们一直倡导的价值观。马克思主义作为主流意识形态,理应对实践发挥应有的指导意义。马克思主义既是我们的同路人,又是我们的引路人。马克思主义如同具有生命力的人类,我们必须学会如何与其融洽共处,并根据现实需要,或对其继承,或对其筛选,或对其发展。马克思主义中国化既是中国特色社会主义理论形态的生成进程,又是运用先进理论进行革新世界的实践进程。"以马克思列宁主义的理

---

① 《马克思恩格斯选集》第 2 卷,中央编译局译,人民出版社 1995 年版,第 112 页。

论思想武装起来的中国共产党,在中国人民中产生了新的工作作风,这要的就是理论和实践相结合的作风,和人民群众紧密地联系在一起的作风及自我批评的作风。"①世界是复杂多元的,从来就没有一种理论可以揭示出世界的全部面貌,马克思主义当然也不例外,但批判精神使马克思主义能够不断解构自己,从而使其理论形态能够不断演化发展。因此,马克思主义中国化的出场逻辑的本然维度展示着从实践到理论,再从理论到实践的过程。

马克思主义大众化既是马克思主义基本原理投射到中国特殊实际的必然需求,又是使马克思主义应用到中国具体改革开放实践的过程。政治工作是经济建设和文化教育的生命线,马克思主义大众化要紧抓政治路线,尊重公民个体利益,创造出符合公民个体利益的思想体系。马克思对有关经济范畴与社会矛盾的研究奠定了《资本论》的基本框架。马克思辩证法的核心不是自然辩证法,而是在改造过程中有主体的建构作用,是人的具有主观建构作用的实践。人学辩证法不是客观外在的,而是支配理性的人的实践,还有一个整体化特征,具有意识性。意识性本身是人类共同的社会实践,是整体化,但以单个人的实践为基础。当代中国马克思主义大众化是两个过程的统一,既是群众实践过程,又是马克思主义理论创新过程,需要引导群众发挥创造历史的主体作用。所谓"解读"不应该是在借权威的嘴说自己的话让古人与时俱进,而要直截了当地说自己的话,这也许是马克思希望的与时俱进。这需要人的主体选择,某种超人的能力去实践,人如果没有自觉的积极的选择,那么解放就是空话。因此需要抛弃一些范畴,而让人在一定的理想中。矛盾的本质是由矛盾的多元决定,以矛盾内部结构变化为机制。每一个矛盾在现实发展中都表现为多元的结构整体,其性质、作用都呈现为不平衡的结构关系,矛盾和矛盾结构的各个方面决定了事物,因此矛盾是多元决定的。②马克思主义是由不成熟才发展为科学理论的。马克思在早期受制于所处的环境,产生了带有时代情境性的意识形态。马克思主义能在中国传播是因为马克思主义中的革命因素和中国传统文化中的奋斗精神契合。西方资本主义的发展并没有让官本位消失,而是仍然有高低贵贱之分。传统文化在资本主义面前一败涂地,让落后国家被迫利用资本维护传统秩序。资本主义革命破坏了一些传统文化,这些破坏以维护等级秩序为目的和前提。资本主义革命对资本霸权的竭力维

---

① 《毛泽东选集》第4卷,人民出版社1991年版,第1094页。

② 毛泽东发挥了矛盾的普遍性,把"对抗是矛盾"发展为事事有矛盾、处处有矛盾。在他看来:矛盾无时不在,矛盾无处不有,差异就是矛盾。他根据自身革命经验,从列宁的"对立面统一"中发挥出"对立统一"这一观点,并把对立统一规律上升为辩证法的核心规律。

护,大大损害了社会秩序,破坏了统治基础,让政府不得不重新审视西方文明,重新接受西方的先进文明和经验。市场经济大大促进了全球经济的发展,让资本家更加奉行个人主义和利己主义。急速发展的时代潮流,让普通居民无所适从,只能跟从资本的潮流向前迈步。我国以马克思主义为指导,要建立社会主义核心价值观以对抗西方自由平等价值观,维护人民民主专政和党的领导,坚持马克思主义的斗争思想,批判私有制,进展到以劳动为主体的共产主义社会。

　　当代马克思主义大众化需要将中国传统文化精神改造为符合中国化马克思主义要求的意识形态。马克思主义能够打通传统文化的基本价值,建立儒学与马克思主义的联系,儒家的大同社会和共产主义有契合之处。当代中国马克思主义是综合各种文化的结果,是思想、实践等的综合创新,倡导集体主义、共同富裕、政治和谐,实行赏罚严明的惩戒制度。国家治理体系的现代化不仅需要制度建设、法律制约,更需要正确价值观的引领和指导。也就是说,现代化的国家治理体系不仅有科学的、理性的一面,也同样有伦理价值的一面。我们所积极推进的现代化的国家治理体系与当代马克思主义大众化是不可分离的,当代马克思主义大众化内在于国家治理体系之中,是其不可分割的部分,从而能从思想认知、精神价值上为推进国家治理体系现代化铺平道路。中国崛起主要是因为废除了旧的经济体制、实行了市场经济,消除了旧观念,以及政治上坚持现代化改革。中国传统文化中有实用主义精神,这种实用精神强调一切都是功用性的,有利于集体主义观念的形成,能够促进国家教育发展。中国也有一定的商业传统,西方帝国主义的入侵破坏了民族资本主义的发展,但帝国主义的入侵也阻挡不了中国商业经济的发展,中国的商品经济顽强地再度萌发了。中国经济的恢复生机还是基于传统商品经济的基础。中国自宋朝以来就有繁荣的商业经济,虽然历经多次磨难,还是在冲破外国资本主义封锁后再度萌发。市场经济并非只在西方有萌芽,在中国古代也有一些萌芽。中国的当代复兴需要发挥市场的作用,依靠政府推动大规模的劳动力生产,走特色中国化道路。近百年来,中国的社会秩序在西方文明面前的挫败,让中国人自尊心受挫,不断要救亡图存。我党领导的革命挽救了国家和民族,用先进的思想破坏了中国人的封建皇权思想。要批判资本主义价值观,消除传统封建理念,促进居民的妥协和对话。社会主义改革需要吸取传统的合理因素,尽量避免传统农民起义的过大代价,要依靠群众路线和有效的战略战术。资本主义标榜的民主不过是压制人民的虚伪面具,实质是要取得政治霸权,维持暴力专政统治,而不是满足个人利益,建立真正的宪政民主,是要消灭群众利益,摧毁一切好的东西。资本主义制度是封建制度的升级版,用宏大的民主范畴掩盖个体利益,用不切实际的自由口号代替真实的人权。资产阶级的政治统治必然是暴力和谎言,必然是行政垄断和无尽的痛苦。资本主义仍服务于国家机器的运作,充满剥削、奴役和不平等,仍没有完全消除饥饿,仍不能消除恐怖主义和主从关系。资本主义革命的目的是摧毁人类千辛万苦建立起的协商制度,建立集权专制,打着公民的旗号,实行资本暴政。不仅要消除资产阶级专政的暴力机器,还要消除资本主义压迫的精神力量。资产阶级剥夺了公民利益,压制了公有制,目的不是民主,而是摧毁安定的制度,制造超自然的个人主义怪胎,是巨大的反社会怪兽,是寄生在社会的毒瘤,毒害着社会有机体。社会主义民主是真正的民主,是为了群众利益,消除了奴役和压迫体制。

其二,中国化马克思主义创新的理论逻辑:继承和弘扬紧密结合。

中国化马克思主义创新的生成逻辑是以继承和弘扬结合为前提对马克思主义理论形态进行时代化重构的历程。在中国化马克思主义理论形态演化的特定道路中,建构符合市场经济体制的理论形态,既是中国化马克思主义理论形态演化的必然选择,也是中国化马克思主义理论形态实践创新的现实要求。马克思为我们描绘了一幅优美的共产主义图景,但这并不表明追求理想就是马克思的唯一目标。马克思也很注重现实实践对变革世界的作用。因此,改造世界的实践精神构成了马克思思想的特质。从"暴力夺取政权"的新民主主义革命理论到"解放生产力、发展生产力"的经济改革理论,从"以人为本"的号召到实现"中国梦"的追求,中国化马克思主义的具体理论样式始终处于转换之中。中国化马克思主义理论形态务必要彰显市场经济规律,体现为公民利益服务的宗旨。中国化马克思主义理论形态的演化过程必定伴随市场经济的发展。马克思主义的理论创新既是国内外形势的总结,又是全体公民努力实现"中国梦"的理论保障,有着指路明灯的意义。马克思主义立足于工人阶级的斗争实践,而彰显了解放全人类的宏观理想。马克思主义的特点就在于它是无产阶级的意识形态,必将回到公民的日常生活中,渗透到公民的脑海和血液中。马克思主义以实现大众的普遍利益为宗旨,而不是以实现个人利益的满足为目的。"马克思从未在共产主义的主要吸引力在于它使个人全面自由的实现成为可能这一点上动摇过,但他也从未把个人置于通向共产主义阶段的解释过程的中心。"①调动理论反作用实践的价值,首先需要理论符合实践,让理论融入公民的生活,这要求把实践创新和理论创新相结合。

马克思主义理论形态不是凝固僵化的统一体,而是各种思想意识的结合体。马克思主义不仅是一种批判传统和现实的学说,还是现实实践的行动指南,它不

---

① 〔美〕乔恩·埃尔斯特:《理解马克思》,何怀远译,中国人民大学出版社 2008 年版,第 7 页。

仅展示在马克思等人的诸多文稿中,还不断地被后人解释和说明,从而呈现出多彩的面貌。理论形态上呈现出众多的出场路径是有利于思想发展的,马克思主义的众多出场路径使它自己能够不断被重新组合,能够不断与时俱进。彻底的批判精神让马克思主义成为易于被工人阶级接受的理论。马克思一再强调现实实践对理论建构的价值,并指出,只有现实行动才能祛除幻想。中国化马克思主义的理论创新必须挣脱书斋式的"闭门造车",以批判和改变不平等的社会现实为责任,以实现公民的权益为宗旨。马克思主义理论形态就是在继承人类一切优秀理论果实的前提下生成发展的。正确的做法应是既要大胆舍弃,对传统文化进行鉴别筛选,又要勇敢创新,将马克思批判精神应用到社会分析和理论建构中。因此,中国化马克思主义的创新呈现的是继承和弘扬相结合的过程。

社会主义核心价值体系的建构需要在总结中国革命与社会主义建设经验教训的基础上,着眼当前国际国内现实情况,从建构原则、建构路径、建构方式三个方面入手寻找立足点。我们需要倡导多元主义民主。多元主义民主是利益、意见、权力的多元,多元利益主体对权力起着制约作用。多元主义民主需要对权力进行制衡,准确表达民意,通过不断竞争影响政府决策,保障公民自由。多元主义民主是利益集团数量的无限多,是利益集团活动为公民权利的定向性,是利益集团对政府的制衡性。多元主义民主实现的社会条件主要表现为:一定的经济水平和教育程度。我们也要倡导科学和理性精神,倡导民主和法治精神,去除封建道德枷锁,倡导自由平等精神,打破官本位思想,倡导公平正义,但不只是统治阶级内部的公平,而是全民的,需要为中国人建构精神家园。人除了满足肉体需要,更需要满足精神需要,需要用信仰建构精神家园。精神家园不仅是物质的,更是思想层面的,能够为人提供精神动力和价值皈依。社会主义核心价值体系是中国人的精神之根,扎根于中国人的灵魂深处,需要从传统思想文化中得到养分。改革开放让中国人解决了吃饭问题,让中国人感觉中国已经崛起了。爱国青年也反复高喊:中国的崛起是规模最大的崛起。中国传统精神有着 5000 多年的历史,已经沉淀进中国人的血液中。中国崛起是中国人辛苦劳作的结果,是勤劳的国人挣脱保守势力枷锁、努力奋斗的结果,蕴含着传统文化的独特力量。中国传统文化精神仍然有决定性影响,维护着社会的秩序和民族意识。社会主义核心价值观需要依靠传统精神,在马克思主义占据主导地位的前提下,发挥传统文化精神对居民日常生活的影响。中国人民是最勤劳的,一直不辞辛苦地追求幸福生活,支撑了国家的运行。中国共产党领导人民群众坚持科学发展观,努力协调各方利益,在发展经济的过程中追求民主正义,尊重人民群众的主体地位。正义既是微观的人力资本,又是宏观的社会资本,能够激发生产主体的能动精神和合作意识,让人的潜在能力转化为人力资本；既弘扬共有的伦理观，产生社会凝聚力，引导人们的生产行为，又能建构一定的生产伦理制度，有效配置社会资源，凭借降低交易成本，增加合作效益实现经济运作。中国经济发展坚持空间正义，尊重市场发展规律，不断提高城市化发展质量，保障不同群体的空间利益，完善政府的服务职能，提高居民的文化水平。中国经济发展还要继续突破体制壁垒，推动城乡人口自由流动，促进城乡一体化进程，实现各项基础设施和公共服务水平的提升，形成新型的公农关系、城乡关系。要建立集群化、网络化的城市空间体系，尽快完善城乡公共交通体系，缩短城乡距离，促进城市群和城乡之间的信息交流。中国经济发展的目的就是提高人民的生活水平、消除城乡差距，最终实现共同富裕。

2012 年我国 20 多个省份进入"万亿元俱乐部"，尤其是排名靠前的广东、江苏、山东进入"5 万亿俱乐部"，我国经济的硬实力得到较大提升，但是软实力相对比较弱，需要进一步加强文化软实力。文化创意产业可以成为促进文化繁荣和发展的重要着眼点。我们需要进一步完善文化创意产业发展理论的内涵，丰富其发展模式的内容，促进以党的领导为根本、以人为本为核心、以企业运营为主导、以市场为导向与以文化体制改革和政策创新支持为保障的发展模式的形成，其中尤其是各种政策的支撑可以有效推动文化创意产业的发展。我们要正视我国文化创意产业发展中存在的问题，发现存在的各种影响发展的体制障碍，理顺文化创意产业发展的思路，提出政策层面的建议，促进文化创意产业的更好发展，增强和提升我国的文化软实力。我们需要根据文化创意产业发展的具体状况，综合分析产业的成熟度、行业特点等多方面因素，针对文化创意产业发展中政策仍处在基础层面、配套政策不完善的现实状况，结合文化创意产业发展的具体情形，从加强创意人才的培育、拓宽文化创意产业的融资渠道等方面加强政策的支持。我们要建基于产业经济学理论，借鉴国内外的文化创意产业发展模式，采用特色的文化创意产业发展模式，立足于客观存在的产业结构，在特定社会环境中，促使经济、文化和技术紧密结合。针对文化创意产业的地区发展不平衡、政策激励不到位等情况，相应地提出完善国际交流协作等对策。我国文化资源较为丰富，文化创意产业也有较为雄厚的基础。其中政策的支持必不可少。文化创意产业兼有文化与技术的双重属性，其产业发展也兼具科技发展与文化发展的双重目标。在政策设定与体系构建时，既要考虑文化内容符合我国社会主义精神文明建设的政治导向，又要考虑成果载体形式的技术创新符合科技发展的客观规律，最终实现文化创意产业在社会需求、文化导向、科技发展上的有机结合。在此基础上，还要在现实国情下，充分考虑政策实施的阶段和层次，以确保文化创意产业的快速、有序发展。为此，开展文化创意产业扶持政策取向研究除了可以克服政策实践中的盲目性,还可以研究现行政策目标的问题与不足,使文化创意产业发展更有效地服务于更广泛的社会、经济和政治目标,可以推动以马克思主义为主导的文化思想的繁荣。社会主义价值观坚持对私有制的批判,仍然坚持集体劳作模式。社会主义就是要解放和发展生产力,努力为人民群众服务。当前,我国社会主要矛盾已经转化为人民日益增长的美好生活需要和不平衡不充分的发展之间的矛盾。我们要深刻把握我国社会主要矛盾在新时期的新特点,努力实现全面小康社会,着力解决好社会发展中的不平衡问题,更好地促进人的全面发展,最终实现全体人民的共同富裕。社会主义仍坚持集体主义,强调集体利益,主张为大多数人服务。社会主义的终极形态共产主义是组成一个大集体,虽然强调的是自由人的联合体,但仍是集体主义的思路。总之,社会主义核心价值观坚持集体主义,建立全面发展的社会形态。

概而言之,在中国化马克思主义理论形态的演化过程中,其创新既蕴含了改革开放的时代现实,又彰显了中国化马克思主义理论的理论逻辑。实践创新需要理论创新的指引,而理论创新需要实践的检验。只有倡导实践创新和理论创新的融合,才能建构出中国化马克思主义新的理论形态。

其三,马克思主义大众化需要不断加以实践创新。

全球化态势下,意识形态方面的交锋不但没有停止,反而呈现出许多新情况。当前,西方各种反马克思主义思潮对我国主流意识形态冲击和影响越来越大,我们必须提高警惕。所谓意识形态终结不过是西方资产阶级学者的一厢情愿。马克思承载着乌托邦的渴望,用人的精神力量通向美好未来。但现实的高压、绝望消解了乌托邦梦想。全球化消解了盲从,清除了国家政权对资本运作的干预,让自由主义大行其道。人制造了中心和界限,全球化更加凸显了资产阶级的个人利益。宏观的全球化和微观的身体联系起来了。当代马克思主义的建构也不能离开哲学的基地,这更要注重人的价值观建设。改革开放以后,学者对传统文化做了重新反思,对五四运动的儒学批判也拨乱反正,不断突出传统文化价值的时代意义。马克思主义要求消除异化,社会主义核心价值观的建构不仅要消除物质领域中的异化现象,也要消除精神领域中的异化现象。精神异化最终来自现实异化,要清除精神异化首先要消除现实异化。马克思对现实异化做了很多批判,在建构自己的异化劳动理论逻辑时,将人本主义异化逻辑彻底颠覆了。资本逻辑引起的异化现象既表现在生产过程中,又表现在劳动者的精神生活中。要创立科学的社会主义核心价值观,就要批判人本主义唯心史观。社会主义核心价值观是在马克思主义指导下,在革命和建设实践中逐渐形成的,打通了马克思主义和中国革命实践的联系,整合了中国传统文化和世界文明的关系,是创造和新生,是直面现实的种种现象。社会主义核心价值既要倡导继承过去，又要倡导开创未来，需要从传统精神中汲取优良成果，核心价值重建中国人的精神世界，让中国人的精神之树枝繁叶茂。

　　随着改革开放实践的推进，马克思主义需要不断创新。当代中国马克思主义大众化不是一句口号，而是体现广大人民群众利益的实践活动。马克思主义理论创新要放在主体经验和动机的基础上。要坚决拓展马克思的关于历史背景的理论，马克思主义发展到今天，如果只拘泥于马克思的范式，不去思考真正的动力，就会陷入理论的死胡同。"我们说马克思主义是对的，绝不是因为马克思这个人是什么'先哲'，而是因为他的理论在我们的实践中，在我们的斗争中证明是对了的。"①马克思主义大众化是中国特色社会主义理论发展的一个显著特点，也是马克思主义基本原理运用到中国的一个基本特点。马克思主义大众化的演化历程是马克思主义与中国革命和建设实际密切结合的过程，同时也是不断强化马克思主义指导地位的过程，要彰显对理论创新与实践创新相结合的诉求。马克思主义是试图宏观描述历史的激进尝试，努力实现人的权利。世界中有差异，矛盾和差异促成了斗争。话语已经成为包含政治权利的意识形态。政治减少，却没有消失，反抗仍在继续。在现代化建设新时期，创新对我国非常重要。因此，当代马克思主义大众化既要在学术研究上不断创新，又要随着改革开放在实践上不断创新。

　　当代中国既存在以马克思主义为代表的主流思想，也存在随现代化发展逐渐形成的非主流思想，马克思主义大众化势必在文化多元化发展下受到一定的影响。事实上，多元思想因其自身所具有的大众性和通俗化的表现形式，能为马克思主义大众化增添新的价值和意义。从形式上看，将马克思主义的思想精髓由深奥的文本而采用通俗易懂大众文化宣传，不仅不会与马克思主义大众化产生矛盾，恰恰是丰富了马克思主义大众化的途径，使得马克思主义基本原理更为贴近人民群众生活；从内容上看，多元化的思想趋势并不与马克思主义大众化推进相矛盾，积极向上的思想内容对于马克思主义大众化发展具有启示作用。马克思主义在于揭示现实的局限，让人们感到围绕我们思想的壁垒，在于使我们通过纯粹的感应看见现实局限，在于在生产方式自身中使我们想象现实困境，在于使乌托邦理想直面时代的困境，不是为了建造完美的人间乐园，而是把现在与未来、现实不同社会制度之间的冲突揭示出来，不再是为现实制度辩护，而是直面现实种种争论，不再是展现某个理想构想，而是描述现实生产及构建过程本身，让不同乌托

---

① 《毛泽东选集》第1卷，人民出版社1991年版，第296页。

邦的矛盾暴露,并在冲突和斗争中融合。我们需要强化国情教育,提高文化自觉意识,培育人文精神,抵制资本主义文化意识。马克思主义的理论创新要彰显时代精神的精华,真正体现广大人民群众的利益需求。当前要紧密结合改革开放的时代现实,努力增强科学理论的教育引导意义。马克思主义的实践创新就蕴含在中华民族伟大复兴的实践过程中,是将马克思主义基本原理运用到中国特色社会主义实践中、努力实现全面小康社会的过程。马克思主义的实践创新需要马克思主义思想为群众所把握,让马克思主义变成群众改造世界的有力武器。现代化实践能够推动马克思主义的具体实践,创新具有中国特色的马克思主义理论,完成理论演进的历史使命。只有实现马克思主义大众化,才能让马克思主义与现实改革开放实践进一步紧密结合。

中国近四十年的改革并不仅是经济体制的变革,更是涉及政治、思想、生活等多层面的社会变革。其中,思想文明建设一直是改革开放的重要组成部分。在复杂的形势下,我们需要把深化改革的目标放在推进国家治理现代化、加强社会主义核心价值建设上。实现马克思主义大众化、维护社会主义核心价值观是达成"中国梦"的重要路径之一。随着全球化的不断推进,西方价值观念不断向中国推进,对社会主义核心价值观造成了一定冲击。我们需要对全球化和社会主义核心价值观作更深入的研究,整合它们之间的联系。显然,这样一种整合维度,对于推进当前全球化过程中培育主流价值观有重要指导作用。社会主义核心价值建构也需要落实到国家治理体系中,更好地促进精神文明建设。坚持中国特色社会主义道路最基本的就是坚持马克思主义信仰的正统地位,从中国国情出发坚决抵制西方那种自由化道路,也就是不照搬国外的治理模式和经验,逐步实现四个现代化,把我国建设成为坚持特色社会主义的强大国家。

马克思主义大众化就是创新出适合中国现实情况的马克思主义,就是达成理论创新和实践创新相结合的过程。马克思早就明确指出,创新的理论必须要成为驱动社会前进的物质武器。我们需要带着问题去分析马克思主义的结构。马克思主义存在着早期的意识形态和之后的科学等不同时期。其实,马克思后期也有人本主义认知,用劳动生产将历史时空整合为一个整体。理论要做到"说服人",就要"与本国国情相结合、与时代发展同进步、与人民群众共命运"①。因此,推进马克思主义大众化和增强群众的幸福感是同一过程的不同方面。马克思主义大众化既要返本开新,积极吸取传统文化的优秀成果,又要综合创新,积极吸取国内

---

① 胡锦涛:《高举中国特色社会主义伟大旗帜,为夺取全面建设小康社会新胜利而奋斗》,载《人民日报》,2007 年 10 月 16 日。

外一切优秀成果,还要推陈出新,立足于现实实践,不断推动理论和现实的结合。理论创新与实践创新的结合,既反映了当前中国现代化实践的客观现实,又彰显了马克思主义推动中华民族伟大复兴的历程。

本章小结

马克思主义的当代出场需要落实马克思的批判精神。随着社会主义市场经济体制的不断完善,我们的日常生活中逐渐暴露出了一些问题。我国市场经济体制不断完善和发展,但是,市场经济本身与一系列的文化观念相适应,如保护私有财产的观念。按照经典马克思主义观点,社会主义的建立和存在就是要铲除私有制观念。有私利就有竞争,而市场经济的竞争可能会带来一系列社会问题,例如两极分化、社会公平倾斜等,从而激化社会矛盾,进而对社会主义价值理念产生严重冲击。人在异化劳动中不住地将自身抽象,降低到动物般的存在,时刻感受空虚和冷漠,整个的都异化了。异化劳动导致人与世界往往是远离颠倒的否定关系。异化劳动也能产生解放力量,能提供人消除异化的条件和途径。在消除了私有产权制的共产主义社会里,一切分工都将消除。人将在发挥一切能动性的基础上创造完全属于自己的自由人生。那时,人的一切活动不仅是完全自主的,而且是完美无瑕的。

马克思主义的当代出场必须以新生的"中国精神"为其内在动力。"中国梦"是一个政治问题,它不代表乌托邦,而是所有可能的乌托邦的终结。无论如何,"中国梦"是未来的乌托邦所能想象的绝对分离,从它的更大意义上的反资本主义的社会主义游离。"中国梦"的意义就是:在资本主义的霸权时代,提供别的可能性。21世纪的中国人,应当深切体悟中华民族文化的本源,认识其精神内核,取其精华、弃其糟粕,对"中国梦"做出合乎时代特征的现代诠释,以适应人类社会生活的新实际,为个体追求梦想提供行为准则,使中华民族精神得以弘扬和扩充,使现代化继续惠泽民众。"中国梦"需要群众的支持才能实现,其目的也是为了群众的幸福,其实现不以保护私有财产为手段,而以集体主义为手段,实质是人民之梦,每个中国人之梦。实现"中国梦"需要落实马克思的共产主义理念。我们需要使居民清楚而又强烈地感觉到:个人的解放、个人的自由,个人的全面发展已经不只是停留在抽象的价值理念层面,而终将真切地落实到日常生活之中。

全文小结

　　东欧剧变后,就在不少一向以正统马克思主义者自居的人纷纷对马克思主义落井下石之时,原本漠视马克思主义的德里达却开口为马克思说话了。不能否认,德里达对马克思的解读是怀着崇敬的心情的,解构的马克思主义是他在一定程度上对马克思的自觉回归和敬意。他对马克思"幽灵"的论证,就是对马克思主义当代价值的肯定。他在《马克思的幽灵》中的诸多词句,如"没有马克思就没有将来","我们都是马克思主义遗产的继承者"等,在一定意义上,也是对"马克思主义终结论"的否定。

　　当然,德里达此时走向马克思,并不意味着他真正转向马克思主义。他此时走向马克思主义,也是解构的一种策略。在马克思主义是主导话语时,德里达也反对这种话语;而当马克思主义处于话语中心的边缘时,他要使用它来对其他主导话语发言。德里达要质疑的主导话语就是福山为代表的"历史终结论"。他明确地警告陶醉在胜利喜悦中的人们,马克思的"幽灵"并没有离去,它时刻会再次显形。在他看来,马克思主义作为一种思想意识,已经成为我们"必须继承"的"遗产",谁拒绝了马克思主义,谁就拒绝了时代的挑战。东欧剧变,只是马克思"幽灵"的暂时隐形,这个"幽灵"迟早还会回来。

　　在《马克思的幽灵》一书中,德里达把解构主义的方法运用到对马克思文本的解读当中,从而形成一种关于马克思主义解读的新模式。它的价值在于唤起了我们对现实的批判和对更好的生活的追求。正如德里达指出的,马克思的批判精神是我们批判当代社会的最好武器,的确如此,马克思主义出场的方式就是进行彻底的批判,实际地毁坏现存的一切事物,出场的主要路径是"使现存世界革命化"的实践。我们仍然面临着资本主义时代,灾难和战争仍在不断降临。追求平等和幸福的目标,使马克思的"幽灵"有可能成为我们这个时代的"良心"。彻底的批判性,使马克思主义不断向前发展。马克思主义作为人类"必须继承"的"遗产",它更多是一种责任和一份社会良知。

　　马克思近乎固执的行为和狂热的激情,点燃了人们解放的热情。德里达解构的利箭击中了人们。萦绕在人们脑海的,始终是德里达的那句:"现在该维护马克思的幽灵们了。"马克思主义已经成了幽灵了吗?这怎么会?人可以同幽灵交流吗?人们惊异于德里达的这种表现方式。但现实清楚地告诉人们:马克思主义还有旺盛的生命力,中国的社会主义就是明证。① 人们为社会主义呼喊过,用诸多的辞藻赞美它。可社会主义也遭受了挫折,让很多受马克思主义正统教育多年的人难以接受这一事实,因为他们为马克思真心哭过、笑过。人们曾经无比狂热地崇拜马克思主义的学说,也有过彷徨和怀疑;如今,对它崇敬中更多的是淡然。

改革开放以来,各种思想的不断涌现、冲击和融合,对以马克思主义为主流指导思想的中国社会产生了深刻冲击,马克思主义信仰的主导地位也受到一定的削弱。革命实践证明,马克思主义彰显了革命时期广大群众的最根本要求,是引导中国人民革命的思想武器和理论支柱。在当代中国特色社会主义建设的今天,加快马克思主义大众化是维护马克思主义主流信仰地位的重要途径。马克思主义大众化的理论创新需要不断彰显马克思主义所处的时代背景。当前要紧密结合改革开放的时代现实,努力增强科学理论的教育引导意义。马克思主义作为一种意识形态,能为国家治理体系现代化起导航定位的功能,能够为国家治理体系现代化提供凝聚人心的精神意义。社会主义核心价值观的教育需要以马克思主义为指导,继承中华文明的优良传统,借鉴国内外优秀文化成果,结合中国社会经济发展实际,坚持以人为本,从而构建有中国特色、符合时代精神、促进人和社会全面发展的价值体系。坚持社会主义道路就要坚持群众的主体地位,始终为人民群众的利益服务。这是坚持马克思主义群众史观的基本要求,又是推进马克思主义大众化的根本原则之一。现代化实践能够推动马克思主义大众化的具体实践,创新具有中国特色的马克思主义理论,以完成理论演进的历史使命。只有实现马克思主义大众化,才能让马克思主义与现实改革开放实践更紧密结合。马克思主义中国化的应然逻辑蕴涵三重维度:首先,马克思等人的理论为马克思主义中国化提供学理支持;其次,国内外背景为马克思主义中国化提供出场动力;最后,人民

---

① 目前来看,马克思主义作为一种学说,在中国仍具有巨大的影响力。马克思主义时代化中国化仍蓬勃进行,不仅吸收了儒家、法家等传统思想的精华,而且吸取了一些现代文明意识。马克思主义在当今仍旧兴旺发达,在于中国特色社会主义的不断发展,在于中国人民对党和国家的无限热爱,在于人民对国家富强、民族复兴的不屑追求。有党的坚强领导和人民的坚定支持,中国必能击溃个人主义和自由主义的进攻,冲破西方国家的围堵,达成"自由人联合体"的共产主义社会,让马克思的"幽灵"再次大放异彩,指引人类实现完全的平等和幸福,彻底消除私有制和人心的分离,一劳永逸地恢复人的劳动和社会关系的本质。

群众的根本需要是马克思主义中国化的理论宗旨。这三重维度紧密联系,共同推动马克思主义中国化的实践。

如同马克思主义当年传入中国,像黑夜里的一盏明灯,照亮了我们前进的路一样,今天,马克思主义虽然经受了暂时的挫折,但它不会消失,它仍将继续指引我们的生活。

参考文献

一、中文著作

(一)马克思主义经典著作

[1]《马克思恩格斯选集》(第1—4卷),人民出版社1995年版。

[2]《马克思恩格斯全集》(第1卷),人民出版社1965年版。

[3]《马克思恩格斯全集》(第4卷),人民出版社1958年版。

[4]《马克思恩格斯全集》(第26卷),人民出版社1969年版。

[5]《马克思恩格斯全集》(第40卷),人民出版社1956年版。

[6]《马克思恩格斯全集》(第42卷),人民出版社1979年版。

[7]《马克思恩格斯全集》(第46卷上),人民出版社1979年版。

[8]《马克思恩格斯全集》(第46卷下),人民出版社1980年版。

[9]马克思:《资本论》(第1卷),人民出版社2004年版。

[10]马克思:《资本论》(第3卷),人民出版社2004年版。

[11]马克思:《1844年经济学哲学手稿》,刘丕坤译,人民出版社1995年版。

(二)国外哲学经典著作

[1]〔比〕J. M. 布洛克曼:《结构主义:莫斯科—布拉格—巴黎》,李幼燕译,上海译文出版社1980年版。

[2]〔德〕恩斯特·贝勒尔:《尼采、海德格尔与德里达》,李朝晖译,社会科学文献出版社2001年版。

[3]〔德〕马丁·海德格尔:《存在与时间》,陈嘉映等译,生活·读书·新知三联书店1987年版。

[4]〔法〕弗朗索瓦. 多斯:《结构主义史》,季广茂译,金城出版社2012年版。

[5]〔法〕弗朗索瓦. 多斯:《解构主义史》,季广茂译,金城出版社2011年版。

[6]〔法〕亨利·列斐伏尔:《空间与政治》,李春译,上海人民出版社2008年版。

[7]〔法〕居伊·德波:《景观社会》,王昭凤译,南京大学出版社2006年版。

[8]〔法〕罗兰·巴特:《恋人絮语:一个解构主义的文本》,汪耀进、武佩荣译,上海人民出版社2009年版。

[9]〔法〕米歇尔·福柯:《安全、领土与人口》,钱翰、陈晓径译,上海人民出版社2010年版。

[10]〔法〕让·鲍德里亚:《符号政治经济学批判》,夏莹译,南京大学出版社2009年版。

[11]〔法〕让·鲍德里亚:《生产之镜》,仰海峰译,中央编译出版社2005年版。

[12]〔法〕让·鲍德里亚:《消费社会》,刘成富等译,南京大学出版社2008年版。

[13]〔法〕让–弗朗索瓦·利奥塔:《后现代状况》,车槿山译,南京大学出版社2011年版。

[14]〔法〕雅克·德里达:《多重立场》,余碧平译,生活·读书·新知三联书店2004年版。

[15]〔法〕雅克·德里达:《德里达中国演讲录》,杜小真等编译,中央编译出版社2003年版。

[16]〔法〕雅克·德里达.《胡塞尔〈几何学的起源〉引论》,方向红译,南京大学出版社2004年版。

[17]〔法〕雅克·德里达:《胡塞尔哲学中的发生问题》,余奇智译,商务印书馆2009年版。

[18]〔法〕雅克·德里达:《论精神——海德格尔与问题》,朱刚译,上海译文出版社2014年版。

[19]〔法〕雅克·德里达:《论文字学》,汪堂家译,上海译文出版社1999年版。

[20]〔法〕雅克·德里达:《解构与思想的未来》,夏可君译,吉林人民出版社2006年版。

[21]〔法〕雅克·德里达:《马克思的幽灵——债务国家、哀悼活动和新国际》,何一译,中国人民大学出版社1999年版。

[22]〔法〕雅克·德里达:《马克思的幽灵——债务国家、哀悼活动和新国际》,何一译,中国人民大学出版社2008年版。

[23]〔法〕雅克·德里达:《声音与现象》,杜小真译,商务印书馆1999年版。

[24]〔法〕雅克·德里达:《书写与差异》,张宁译,生活·读书·新知三联书

店 2001 年版。

[25]〔法〕雅克·德里达:《无赖》,汪堂家、李之喆译,上海译文出版社 2011 年版。

[26]〔法〕雅克·德里达:《一种疯狂守护着思想:德里达访谈录》,何佩群译,上海人民出版社 1997 年版。

[27]〔法〕雅克·德里达:《〈友爱的政治学〉及其他》,胡继华译,吉林人民出版社 2006 年版。

[28]〔加〕弗莱切:《记忆的承诺:马克思、本雅明、德里达的历史与政治》,田明译,华东师范大学出版社 2009 年版。

[29]〔美〕道格拉斯·凯尔纳:《媒体奇观——当代美国社会文化透视》,史安斌译,清华大学出版社 2003 年版。

[30]〔美〕弗朗西斯·福山:《历史的终结及最后之人》,黄胜强等译,中国社会科学出版社 2003 年版。

[31]〔美〕弗雷德里克·詹明信:《晚期资本主义的文化逻辑》,陈清侨等译,生活·读书·新知三联书店 2003 年版。

[32]〔美〕马克·爱德蒙森:《文学对抗哲学:从柏拉图到德里达》,王柏华等译,中央编译出版社 2000 年版。

[33]〔美〕乔纳森·卡勒:《论解构》,陆扬译,中国社会科学出版社 1998 年版。

[34]〔美〕斯蒂芬·哈恩:《德里达》,吴琼译,中华书局 2003 年版。

[35]〔日〕高桥哲哉:《德里达:解构》,王欣译,河北教育出版社 2001 版。

[36]〔英〕格博格·布罗伊尔:《法意哲学家圆桌》,叶隽等译,华夏出版社 2003 年版。

[37]〔英〕尼古拉斯·罗伊尔:《导读德里达》,严子杰译,重庆大学出版社 2015 年版。

[38]〔英〕克里斯托弗·诺里斯:《德里达》,吴易译,昆仑出版社 1999 年版。

[39]〔英〕克里斯蒂娜·豪维尔斯:《德里达》,张颖等译,黑龙江大学出版社 2002 年版。

[40]〔英〕罗伊·博伊恩:《福柯与德里达:理性的另一面》,贾辰阳译,北京大学出版社 2010 年版。

[41]〔英〕斯图亚特·西姆:《德里达与历史的终结》,王昆译,北京大学出版社 2005 年版。

[42]〔英〕特里·伊格尔顿:《历史中的政治、哲学、爱欲》,马海良译,中国社

会科学出版社 1999 年版。

[43]〔英〕威廉·莎士比亚:《莎士比亚全集》第 9 卷,朱生豪译,人民出版社
1978 年版。

[44]〔英〕约翰·雷契:《敲开智者的脑袋——当代西方 50 位著名思想家的
智慧人生》,吴琼等译,新华出版社 2002 年版。

(3)国内哲学研究著作

[1]蔡新乐:《翻译与自我(德里达死结的翻译学解读与批判)》,中国社会科
学出版社 2008 年版。

[2]常士阍:《政治现代性的解构:后现代多元主义政治思》,天津人民出版社
2001 年版。

[3]陈晓明:《德里达的底线——解构的要义与新人文学的到来》,北京大学
出版社 2009 年版。

[4]陈晓明:《无边的挑战:中国先锋文学的后现代性》,时代文艺出版社 1993
年版。

[5]戴登云:《解构的难题:德里达再研究》,人民出版社 2013 年版。

[6]方向红:《生成与解构:德里达早期现象学批判疏论》,南京大学出版社
2006 年版。

[7]方向红:《幽灵之舞:德里达与现象学》,江苏人民出版社 2010 年版。

[8]付利峰:《游戏的哲学(从赫拉克利特到德里达)》,中国社会科学出版社
2012 年版。

[9]黄其洪:《艺术的背后:德里达论艺术》,吉林美术出版社 2007 年版。

[10]胡继华:《后现代语境中伦理文化转向:论列维纳斯、德里达和南希》,京
华出版社 2005 年版。

[11]胡经之、王岳川:《文艺学美学方法论》,北京大学出版社 1994 年版。

[12]李龙泉:《借鉴与批判——解构主义翻译观专题研究》,重庆大学出版社
2009 年版。

[13]李为学:《自我吞噬的视野:德里达〈延异〉文绎解》,华东师范大学出版
社 2015 年版。

[14]李毅:《德里达与欧洲思想经典的对话》,科学出版社 2017 年版。

[15]李振:《解构与解构的马克思主义——德里达思想研究》,上海人民出版
社 2004 年版。

[16]刘育文:《解构主义视角下的文学翻译批评》,浙江大学出版社 2014
年版。

[17]卢德友:《德里达》,陕西师范大学出版社2017年版。

[18]陆扬:《德里达的幽灵》,武汉大学出版社2008年版。

[19]陆扬:《德里达:解构之维》,华中师范大学出版社1996年版。

[20]陆扬:《后现代性的文本阐释:福柯与德里达》,上海三联书店2000年版。

[21]任平:《当代视野中的马克思》,江苏人民出版社2008年版。

[22]尚杰:《从胡塞尔到德里达》,江苏人民出版社2008年版。

[23]尚杰:《德里达》,湖南教育出版社1999年版。

[24]尚杰:《解构的文本:读书札记》,中国社会科学出版社1999年版。

[25]尚杰:《精神的分裂:与老年德里达的对话》,同济大学出版社2006年版。

[26]孙伯鍨、张一兵:《走进马克思》,江苏人民出版社2001年版。

[27]王东:《马克思学新奠基——马克思哲学新解读的方法论导言》,北京大学出版社2006年版。

[28]王敏:《解构主义误读理论研究》,中国社会科学出版社2015年版。

[29]王宁:《超越后现代主义》,人民文学出版社2002年版。

[30]王庆丰:《德里达发生现象学研究义》,中国社会科学出版社2011年版。

[31]王岳川:《后现代主义文化与美学》,北京大学出版社1992年版。

[32]汪家堂:《汪家堂讲德里达》,北京大学出版社2008年版。

[33]郧晓燕:《科学乌托邦主义的建构与解构》,中国社会科学出版社2013年版。

[34]肖锦龙:《德里达的解构理论思想性质论》,中国社会科学出版社2004年版。

[35]徐崇温:《结构主义与后结构主义》,重庆出版社1986年版。

[36]杨冬:《文学理论:从柏拉图到德里达》,北京大学出版社2009年版。

[37]杨耕:《为马克思辩护》,中国人民大学出版社2010年版。

[38]袁先来:《德里达诗学与西方文化传统》,东北师范大学出版社2015年版。

[39]岳梁:《从幽灵到宽恕:德里达晚期思想研究》,苏州大学出版社2014年版。

[40]岳梁:《幽灵学方法批判》,人民出版社2008年版。

[41]张宁:《解构之旅·中国印记——德里达专集》,南京大学出版社2009年版。

[42]张一兵:《回到马克思:经济学语境中的哲学话语》,江苏人民出版社2009年版。

[43]张一兵:《文本的深度耕犁——西方马克思主义经典文本解读》,中国人民大学出版社2004年版。

[44]曾枝盛:《后马克思主义:解构还是僭越?》,北京师范大学出版社2015年版。

[45]朱刚:《本原与延异:德里达对本原形而上学的解构》,上海人民大学出版社2006年版。

二、中文论文

[1]曹丽新:《幽灵学、新国际和马克思的遗产——〈马克思和儿子们〉的文本解读》,载《哲学动态》,2010年第5期。

[2]陈晓明:《幽灵学与异质性的马克思精神——对德里达《马克思的幽灵》的一种解读》,载《马克思主义美学研究》,2007年第10期。

[3]陈本益:《论德里达的"延异"思想》,载《浙江学刊》,2001年第5期。

[4]陈红桂.:《作为幽灵出场的马克思与马克思的批判精神——对德里达解构马克思的一种反思》,载《天津社会科学》,2007年第4期。

[5]陈学明:《对福山的"福音"的有力驳斥—读德里达的〈马克思的幽灵〉》,载《哲学研究》,2000年第6期。

[6]陈学明:《为马克思辩护——读雅克·德里达的马克思的幽灵》,载《教学与研究》,2000年第1期。

[7]陈学明:《我们应当如何继承马克思主义的遗产——雅克·德里达的有关话语评析》,载《马克思主义研究》,2000年第5期。

[8]丛培兵、梅定国:《德里达与马克思主义——从《马克思的幽灵》说开去》,载《理论月刊》,2013年第8期。

[9]戴登云:《哲学话语的解读可能性(下)——以德里达与伽达默尔之争为导引》,载《西南民族大学学报(人文社科版)》,2009年第7期。

[10]杜小真:《德里达和现象学》,载《现代哲学》,2006年第4期。

[11]方向红:《论德里达历史哲学中的"准–先验"维度》,载《同济大学学报(社会科学版)》,2005年第1期。

[12]方向红:《论德里达与马克思及马克思主义的关系》,载《马克思主义与现实》,2003年第4期。

[13]方向红:《马里翁与德里达的"礼物"之争》,载《哲学研究》,2016年第10期。

[14]高宣扬:《论德里达晚年的政治哲学思想》,载《上海交通大学学报(哲学

社会科学版)》,2016 年第 3 期。

[15]郭嘤蔚:《不在场幽灵的激进在场——读雅克·德里达的〈马克思的幽灵〉》,载《社会科学战线》,2010 年第 5 期。

[16]郭嘤蔚:《后现代语境下马克思的幽灵再现》载《学术交流》,2008 年第 11 期。

[17]郭嘤蔚、赵卫东:《延异、在场、踪迹化——德里达〈马克思的幽灵〉解读》,载《北华大学学报(社会科学版)》,2009 年第 2 期。

[18]贺翠香:《德里达:幽灵与意识形态》,载《教学与研究》,2006 年第 10 期。

[19]李西祥:《德里达的幽灵学与解构的马克思主义》,载《中国社会科学院研究生院学报》,2006 年第 6 期。

[20]李永毅:《德里达的政治学转向》,载《国外理论动态.》,2004 年第 11 期。

[21]刘成富:《德里达究竟解构了什么?》,载《南京大学学报(哲学.人文科学.社会科学版)》,2001 年第 5 期。

[22]刘力永:《德里达与马克思的遗产:一个批判性的考察》,载《中共南京市委党校学报》,2006 年第 5 期。

[23]刘同舫:《德里达对马克思精神的捍卫与解构实质》,载《理论探索》,2012 年第 3 期。

[24]陆扬:《维特根斯坦:保守的解构主义者?》,载《天津社会科学》,2007 年第 3 期。

[25]陆扬:《学习与幽灵共存》,载《华北水利水电学院学报(社科版)》,2007 年第 2 期。

[26]马成昌:《论德里达对海德格尔尼采解释的批判》,载《学术交流》,2015 年第 4 期。

[27]罗骞:《解构批评最终是一种政治实践——对德里达解构主义政治思想的阐释》,载《中国人民大学学报》,2013 年第 6 期。

[28]罗跃军:《德里达的解构主义与马克思主义》,载《国外理论动态》,2001 年第 3 期。

[29]毛崇杰:《结构的激情与"后"之"后"——评〈马克思的幽灵〉》,载《哲学研究》,2000 年第 6 期。

[30]莫伟民:《德里达的"新国际"思想》,载《哲学研究》,2013 年第 9 期。

[31]欧阳谦:《"后马克思时代"与马克思的精神遗产——评德里达〈马克思的幽灵〉》,载《理论视野》,2008 年第 4 期。

[32]欧阳谦:《德里达的"咏叹调"与马克思的精神遗产》,载《当代国外马克

思主义评论》,2007 年第 12 期。

[33]欧阳英:《德里达政治哲学简析》,载《东岳论丛》,2005 年第 2 期。

[34]庞晓明:《德里达的解构策略及其应用范例分析》,载《国外社会科学》,2009 年第 2 期。

[35]钱翰:《德里达的解构视野与马克思主义》,载《文艺理论研究》,2011 年第 2 期。

[36]任平:《今日马克思主义:如何超越后现代主义的地平线——与雅克·德里达〈马克思的幽灵〉的对话》,载《江苏社会科学》,2001 年第 2 期。

[37]任平:《马克思的现代性视域与当代中国新现代性建构》,载《新华文摘》,2005 年第 11 期。

[38]尚杰:《德里达对我们究竟意味着什么?》,载《哲学研究》,2005 年第 1 期。

[39]尚杰:《归隐之路——20 世纪法国哲学踪迹》,载《中国社会科学》,2001 年第 5 期。

[40]尚杰:《危险的增补性——读德里达〈马克思的幽灵〉》,载《南京大学学报(哲学.人文科学.社会科学版)》,2001 年第 5 期。

[41]生安峰:《解构理论的回响与超越》,载《清华大学学报(哲学社会科学版)》,2001 年第 5 期。

[42]宋伟:《德里达的幽灵学:马克思主义与解构主义》,载《沈阳师范大学学报(社会科学版)》,2010 年第 2 期。

[43]宋伟:《马克思主义与后现代主义的当代接合》,载《马克思主义美学研究》,2009 年第 2 期。

[44]孙全胜:《德里达"幽灵政治学"伦理形态的出场逻辑》,载《西安建筑科技大学学报(社会科学版)》,2014 年第 2 期。

[45]孙全胜:《两歧性与多重性:德里达解构思想的出场形态》,载《山东科技大学学报(社会科学版)》,2012 年第 4 期。

[46]孙全胜:《解构视域下马克思主义的出场形态——德里达的〈马克思的幽灵〉》,载《武汉科技大学学报(社会科学版)》,2014 年第 2 期。

[47]孙全胜:《论"解构主义马克思主义"的出场形态》,载《东北师大学报(哲学社会科学版)》,2015 年第 3 期。

[48]孙全胜:《论"解构主义马克思主义"的批判向度》,载《学术交流》,2015 年第 10 期。

[49]王金林:《幽灵出没的激进批判与解放允诺——德里达论马克思与马克

思主义》,载《苏州大学学报(哲学社会科学版)》,2011 年第 1 期。

[50]王宁:《马克思主义与解构理论》,载《学术月刊》,2007 年第 9 期。

[51]王宁:《德里达与解构批评的启示:重新思考》,载《清华大学学报(哲学社会科学版)》,2005 年第 2 期。

[52]王西华:《论德里达对马克思的幽灵化解构与去在场化》,载《理论探讨》,2012 年第 1 期。

[53]王音力:《德里达的"幽灵"——从〈马克思的幽灵〉看解构主义的政治》,载《复旦学报(社会科学版)》,2004 年第 5 期。

[54]王永战:《从〈马克思的幽灵〉看德里达眼中的马克思主义》,载《皖西学院学报》,2007 年第 1 期。

[55]汪楚雄:《解构主义大师德里达》,载《世界文化》,2005 年第 1 期。

[56]吴学琴:《解构解释学视域中的马克思——德里达的解读方法评析》,载《马克思主义研究》.,2006 年第 4 期。

[57]肖锦龙:《意犹未尽——评陈晓明〈德里达的底线——解构的要义与新人文学的到来〉》,载《文艺研究》,2010 年第 1 期。

[58]苟泉:《德里达"解构主义的马克思主义"研究述评》,载《山东理工大学学报(社会科学版)》,2012 年第 6 期。

[59]苟泉:《论德里达"幽灵政治学"的伦理意蕴》,载《井冈山大学学报(社会科学版)》,2014 年第 4 期。

[60]姚文放:《文化政治与德里达的解构理论》,载《江苏社会科学》,2011 年第 2 期。

[61]杨耕:《德里达〈从结构主义转向马克思主义——解读〈马克思的幽灵〉》,载《哲学研究》,2000 年第 5 期。

[62]杨生平:《对资本主义终结论重重一击——评德里达〈马克思的幽灵〉》,载《马克思主义研究》,2004 年第 1 期。

[63]杨生平:《解析德里达的〈马克思的幽灵〉》,载《哲学研究》,2005 年第 3 期。

[64]杨秀芝:《德里达解构主义理论解读》,载《理论月刊》,2005 年第 4 期。

[65]仰海峰:《形而上学的解构与面向未来的承诺:德里达解读马克思》,载《哲学研究》,2006 年第 1 期。

[66]佘碧平:《解构之道:雅克·德里达思想研究》,载《复旦学报(社会科学版)》,1990 年第 1 期。

[67]余乃忠:《德里达"延异"后的马克思幽灵》,载《理论探讨》,2010 年第

2 期。

　　[68]余乃忠:《论德里达"延异"的非概念化解构》,载《社会科学研究》,2011年第 4 期。

　　[69]岳梁:《出场学视域:德里达的"幽灵学"解构》,载《江海学刊》,2008 年第 6 期。

　　[70]张传泉:论雅克·德里达的马克思主义观——解读〈马克思的幽灵〉》,载《延安大学学报(社会科学版)》,2010 年第 6 期。

　　[71]张亮:《德里达之箴言的马克思主义启示》,载《探索》,2001 年第 4 期。

　　[72]张文喜:《理性话语霸权的检测与解构——读马克思、福柯、德里达》,载《理论探讨.》,2002 年第 1 期。

　　[73]张文喜:《论解构与友爱政治》,载《福建论坛(人文社会科学版)》,2005 年第 2 期。

　　[74]张文喜:《幽灵政治哲学:政治性的又不是政治性的——读德里达的〈马克思的幽灵〉》,载《山东社会科学》,2006 年第 2 期。

　　[75]张旭:《以解构的方式捍卫马克思——论德里达对马克思的新解释》,载《教学与研究》,2009 年第 4 期。

　　[76]张一兵:《德里达:不在场幽灵的激进在场——〈马克思的幽灵〉的文本学解读》,载《马克思主义与现实》,2006 年第 1 期。

　　[77]张一兵:《德里达幽灵说的理论逻辑——〈马克思的幽灵〉的文本学解读》,载《理论探讨》,2005 年第 5 期。

　　[78]张一兵:《分延马克思:被解构了的精神遗产——德里达〈马克思的幽灵〉的文本学解读》,载《马克思主义研究》,2006 年第 1 期。

　　[79]郑朝阳:《为什么"不能没有马克思"——论德里达对马克思遗产的当代解读》,载《学术研究》,2008 年第 11 期。

　　[80]朱刚:《存在与踪迹——德里达对海德格尔及传统存在本原观的解构》,载《中山大学学报(社会科学版)》,2005 年第 6 期。

　　[81]朱力宇:《马克思的"幽灵"与德里达的人权思想》,载《中共中央党校学报》,2002 年第 3 期。

　　[82]朱荣英:《德里达〈马克思的幽灵〉启示录——今天我们究竟该如何"走进马克思"?》,载《中共南京市委党校学报》,2010 年第 1 期。

三、英文著作

　　[1] C. Howells, *Derrida*: *Deconstruction from Phenomenology to Ethics*, Cam-

bridge：Polity Press，1998.

　　[2]D. Harvey，*Cosmopolitanism and the Geographies of Freedom*，New York：Columbine University Press，2009.

　　[3]D. Harvey，*Social justice and the city*（*Revised Edition*），Athens：University of Georgia Press，2009.

　　[4]D. Harvey，*The New Imperialism*，Oxford：Oxford University Press，2003.

　　[5] J. Derrida，*Archive Fever*：*A Freudian Impression* ，Chicago ：University of Chicago Press，1998.

　　[6] J. Derrida，*Dissemination* ，Chicago ：University of Chicago Press，1983.

　　[7] J. Derrida，*Given Time*：*Counterfeit Money v.* 1 ，Chicago ：University of Chicago Press，1994.

　　[8] J. Derrida，*Of Grammatology*，baltimore：Johns Hohnkins University Press，1976.

　　[9] J. Derrida，*Of Spirit*：*Heidegger and the Question* ，Chicago ：University of Chicago Press，1991.

　　[10] J. Derrida，*Positions*，Chicago ：University of Chicago Press，1982.

　　[11] J. Derrida，*Post Card*：*From Socrates to Freud and Beyond* ，Chicago ：University of Chicago Press，1987.

　　[12] J. Derrida，*Specters of Marx*，New York：Routledge Press，1988.

　　[13] J. Derrida，*Specters of Marx*，Oxford：Taylor and FrancisPress，2006.

　　[14] J. Derrida，*Writing and Difference* ，Chicago ：University of Chicago Press，1980.

　　[15] J. Derrida，*Signature Derrida* ，Chicago ：University of Chicago Press，2013.

　　[16] J. Derrida，*Spurs*：*Nietzsche's Styles* ，Chicago ：University of Chicago Press，1981.

　　[17] J. Derrida，*The Gift of Death* ，Chicago ：University of Chicago Press，2008.

　　[18] J. Derrida，*The Truth in Painting* ，Chicago ：University of Chicago Press，1987.

　　[19] J. Derrida，*The Work of Mourning* ，Chicago ：University of Chicago Press，2003.

　　[20] J. Derrida（ed. ），*The Problem of Genesis in Husserl's Philosophy* ，Chicago ：University of Chicago Press，2003.

［21］R. Moati，*Derrida/Searle*：*Deconstruction and Ordinary Language*，New York：Columbia University Press 2014.

［22］S. Glendinningi，*Derrida*：*A Very Short Introduction*，Oxfor：Oxford University Press，2011.

后　记

　　回顾书稿的写作过程，内心的感受还是很复杂的。我以德里达的解构主义为选题准备毕业论文的写作，是很突然的。那时，正是三月花开的季节，可窗外的雨一直稀稀落落地下个不停。每年到了这个时节，梅雨总是不期而至。这让人气闷也颇感无聊。当时我正一边看德里达的《马克思的幽灵》，一边漫无边际地瞎想，脑子里竟然出现了这样几句："马克思头枕着伤痛，身上盖着梦，吞咽着泪水，咀嚼着寒风，面对无边的暗夜，到处被人驱赶。"我奇怪，头脑中怎么会有马克思的这种形象，我怎么能够如此想？马克思可是我们的伟大导师啊！这使我想起，曾经也是一次瞎想，就让我对共产主义产生了浓厚的兴趣。但是，这对要写论文的我来说却是莫大的鼓励，我意识到自己也可以写写德里达，也许这是很好玩的事情。这种兴奋让我觉得做学问也许并不是那么难，我傻傻地认为，只要凭着自己的兴趣，就可以纯粹地为求知而求知。此时我只有一个念头：我就写德里达。于是，将就着一股大无畏的挑战热情，我轻率地披挂上阵，莽撞地站到德里达阴暗晦涩的哲学文本面前。

　　论文的写作，是命运的安排，同时也是为了总结自己过去的历史。我曾深深地崇拜马克思主义，很小的时候就读了马列的一些著作，整天沉浸在乐观、激情、宗教式的情绪里，写一些学习马列著作的心得、笔记。因此，论文的写作，又是对自己灵魂的负责。我从不敢奢望它能产生重大意义。因为，我明白，单单奢望是没有用的，生活需要的是真正的善良与宽容。论文的写作，也是一次朝圣旅程。一直以来，解构主义总是披着一层神秘的面纱，诱惑着我想一窥究竟，当我进行论文写作的时候，我是带着忐忑的心情来感受前辈学人思想的，我无法用自己拙劣的笔来描述他们思想的深邃和见解的深刻，只好用蠢笨的文字，记下自己粗浅的理解，也许会亵渎了先辈贤人，但好在我的心是真诚的。回顾这段旅程，我深知，我之所以能在考验中坚持下来，是因为有太多善良的人陪伴着我，对此，我心存感激。

首先，要特别感谢我的导师郑忆石教授。郑老师是我求学阶段为人为学的楷模。她用严谨求实的治学作风和正直热情的处世态度为我指明了求学做人的道路。郑老师被我们亲切地称为"郑妈妈"，因为她始终给予我们温暖的关心和帮助，关心我们的思想、学业、生活、情感，解答和处理我们遇到的各种难题。三年当中，在学业上，郑老师给予我孜孜不倦的教导和鼓励；在论文写作过程中，郑老师给予我耐心的指导和建议；在生活上，郑老师给予我无微不至的关心和照顾。总之，我在学习和生活上的遇到的各种问题，总是能得到"郑妈妈"的热心指导和帮助。

我自然也要感谢杨国荣教授、郁振华教授、安维复教授、李似珍教授、来建础副教授、潘斌副教授、钟锦副教授、蔡剑锋老师等曾经在学业和生活上给予我的关心和指导；要感谢曹英紫、叶焉、周小丫、王小艳、胡娣、戴刚等哲学专业同学的切磋和帮助，感谢我们一起走过的快乐岁月，那些落英缤纷的日子，美得像雪一样；要感谢辅导员老师，是您不辞劳苦、不厌其烦地为我们处理学习生活中遇到的各种琐碎问题；要感谢哲学系严谨的学风赐予我以滋润与营养；要感谢师大良好的学习氛围和美丽的校园环境给予我以成长与感悟。在师大求学的时光，是我读研期间和今后继续研究中的宝贵财富。"感恩师大，爱在师大。"

在这里，借此机会也要感谢我攻读博士学位之前的各位老师，因为有你们的谆谆教诲，才使我有了今天的成长，从你们身上我学到的不仅是专业知识，更多是为人处事的道理。真心感谢每一位帮助过我的师长。有些人真的很美好，他（她）们的心如同云朵一样洁白，他（她）们的关怀如同一片细腻的叶子，不经意间就让我的心底充满温暖，使我无条件地相信善良会永存人间。爱，宛如山间的一条小溪，又是天边的一抹云霞，总是悄悄地来去，静默地如诗如画。爱，不一定惊天动地，可总让天下人为之动情。所谓生活就是幸福，活着就是一种快乐。比如此刻，我不经意地仰望雨后湛蓝的天空，看到的是洁白的流云，如此清新，让我心里无比感动和温暖。我突然发现，我从前就是一个"盲人"，如今，可以看见了，我看见那一朵朵洁白的流云，生活的流云，原来它们一直就飘浮在我的心中，是我忽视了它们的存在。我终于明白，纯真与温暖原来一直都在我的身边。

最后要感谢的是我的家人。为了我的学业，家人付出了太多。父母年过半百,本应无忧无虑、安享生活,却还要操心我的学业,无法过上轻松的日子。父母时刻都在关心我,鼓励我,支持我。可怜天下父母心,我让父母把心都操碎了。对此,我常怀愧疚,并勉励自己,希望能够竭尽所能,尽早承担起责任和义务,使他们过上幸福的生活。

去年开始论文写作的时候,是杨柳依依的春天,而今却是阴雨霏霏的夏日。原来许多对我有意义的东西,现在看起来似乎平淡无奇了。而许多过去没有留心的事物,现在突然占据了我的内心。抛弃我的那些人和事,已经不可挽留,乱我心的这些情和意,如今却烦烦扰扰。即使最卑微的生命,也向往着美好的明天,正如金灿灿的向日葵始终朝向温暖的阳光。我们应该有新的生活,以前所未经生活过的;德里达倡导人们要努力学会生活,的确我们应该得从他者处学会生活,努力让自己幸福下去,一直甜蜜下去。黑夜如此漫长,但终究太阳还是会出来。当太阳再次升起的时候,一切噩梦都会结束。但当天边刚现黎明之时,黑暗将再次吞噬,黎明前是最黑暗的。我终究还是无法明白自己想要什么。可我知道在这个世界上没有比爱更好的东西。只要能忘记曾经,我们就能自由,就能获得重生;只要能保持希望,我们就能坦然,就能重新站起。那么,就用歌声给过去送葬吧,为了新的生路。那么,就愉快地同过去诀别吧,因为历经磨难才获新生。

德里达主张学会生活就要不断地总结过去,从过往的日子中学会生活。突然开始怀念以前的日子了,那么单纯的开心,天天追着太阳跑,天天去数星星,一只大蝴蝶都会让自己开心好一阵,捧着一本小说,哭得稀里哗啦,看着韩剧里的爱情,感动得要晕厥过去……已经变得十分遥远的那个飘雪的下午,当母亲带我来到这个世界的时候,我就开始了我的悲与喜、爱与恨,命运安排我走上了这片土地,一切的梦和记忆都从那时开始。尽管一切并非一味的快乐幸福,有烦恼心酸,更有无可补偿的愧疚和遗憾。都过去了,河边美丽的杨柳;都过去了,田间一朵朵的小花,还有执着的哭泣、天真的微笑。挥别过去,挥别天真,从此开始要实在的人生、真实的幸福。卸下沉重的人生十字架,开始柴米油盐的交响。想也想明白了,美好就如烟花一样,总是那么短暂,但至少还有美丽的记忆。人生不在长短,贵在对待生活的态度,做人须正,立志不须高。做人要真实、真性、真诚。对得起自己简单的生活就好了。现在,一切的一切就像其他许多事情一样,都过去了,尽管这个过去有些悲痛,但它不会因为过去的事而消失,总有重现的一天。有些人,有些事,连时间也冲刷不了。

　　本书在出版过程中得到本人所在单位的同事和朋友的很多帮助,一些朋友给予热情鼓励,中联华文(北京)图书有限公司、中联学林文化发展中心张金良老师及其同事以高度的的责任心和崇高的职业精神推动了本书的出版;编辑老师为本书的出版做了大量工作,在此表示衷心的感谢!

　　感谢岁月,于世间之欢愉与悲苦,许以宽宏。愿时光能缓,众生皆能被温柔以待。愿世间不再有暴力和谎言,众生不再遇到试探,脱离一切凶恶。感谢世界日益自由多元,有更多爱和宽容,让我觉得人间值得。感谢国家日益走向开放,让我获得更多安全感。感谢社会逐步走向现代文明,让我有更多现代意识。在此表示衷心的感谢!感谢所有给予我阳光的人们,感谢所有让我成长的人们,这一切,我将终生铭记。

孙全胜

2016 年 4 月 20 日上海闵行尚义花园